Informática

El mundo como información y representación

Javier Arévalo Royo

Informática
El mundo como información y representación

© Javier Arévalo Royo
ORCID 0009-0002-6377-1200
SRCTI 00263-01-IN
CPITIR 261-0054P

1ª Edición, enero 2025
ISBN- 9798340452597

Publica APROCYT (NIF G56793482)
Asociación para la promoción de la Ciencia y la Tecnología de la Rioja

Índice

Prólogo

El concepto de *información* forma parte de los fundamentos de diversas ramas del conocimiento, tales como la física, la biología, la neurociencia, la sociología, la cibernética y por supuesto la computación. En física, la cuantificación de la información se aborda especialmente dentro del marco de la termodinámica, la teoría cuántica y los estudios sobre los agujeros negros. En este contexto, la entropía, relacionada con el desorden o la cantidad de microestados posibles de un sistema, marca su dimensión. Según la segunda ley de la termodinámica, la entropía tiende a incrementarse en sistemas cerrados, y existe una conexión intrínseca entre la entropía y la información. Conocer la disposición exacta de un sistema reduce su entropía, implicando así la adquisición de información sobre dicho sistema. Además, la eliminación de una mínima porción de información conlleva un costo energético mínimo. Este principio ,el de Landauer, nos lleva a la afirmación de que la información no es meramente una abstracción, sino que posee una representación física tangible [1]. ¿Es por lo tanto también el conocimiento algo físico y tangible?

El principio holográfico, establece que toda la información contenida en un volumen de espacio puede estar codificada en su superficie, estableciendo para esta disciplina una conexión profunda entre la información, el espacio y el tiempo [2]. La paradoja de la información surge al contemplar que la información sobre los objetos que caen en un agujero negro podría perderse al evaporarse este último mediante la llama *radiación de Hawking* [3]. Sin embargo, la *teoría de la relatividad general de Einstein* [4] y las leyes de la *mecánica cuántica* [5]sostienen que la información no puede ser destruida, lo que ha generado intensos debates en la comunidad científica. Otras teorías, apuntan a que toda la realidad física podría estar fundamentada en la información, donde los objetos y fenómenos del universo no serían más que manifestaciones de información procesada [6]. Pero ¿qué es la información?

1

En su forma más clásica, Claude Shannon desarrolló la *Teoría de la Información* en 1948, definiéndola como una medida de la capacidad de un sistema para transmitir datos a través de un canal de comunicación [7]. Según su trascendental aporte, la información se cuantifica en bits y está vinculada a la cantidad de incertidumbre que se reduce al recibir un mensaje. Cuanto más incierto o impredecible es el mensaje, mayor es la cantidad de información que contiene. Por ende, la *información* representa la reducción de la incertidumbre, mientras que la *entropía* mide la cantidad de incertidumbre en un conjunto de datos o en un mensaje.

La informática se dedica al estudio y aplicación de tecnologías relacionadas con la gestión, procesamiento y almacenamiento de datos e información [8]. La información se considera como datos procesados, organizados o estructurados para ser útiles, es decir, datos que poseen significado o propósito. Los sistemas informáticos están diseñados para procesar grandes volúmenes de información de manera eficiente, empleando algoritmos y estructuras de datos adecuadas. Los sistemas de bases de datos, las redes de computadoras y los sistemas de archivos se enfocan en cómo almacenar, recuperar y transmitir información de manera óptima. Por otra parte, las ciencias de la computación [9] constituyen un campo más amplio que abarca la teoría, diseño, desarrollo y análisis de algoritmos, sistemas y programas que procesan información.

A nivel teórico, la información en las ciencias de la computación se aborda principalmente desde la perspectiva de los problemas que pueden ser resueltos de manera eficiente por una máquina y la cantidad de información necesaria para resolver dichos problemas [10]. Además, se analiza cuántos recursos computacionales, en términos de tiempo y espacio, son requeridos para procesar cierta cantidad de información, investigando formas de representar la información de manera eficiente y minimizando el espacio de almacenamiento, como ocurre con los algoritmos de compresión de datos [11].

Todo lo expuesto, está íntimamente relacionado con la semiótica, la ciencia que estudia los signos y los procesos de significación. Esta disciplina se centra en analizar cómo se crean, interpretan y transmiten los signos en diferentes contextos, y cómo estos signos representan conceptos, objetos o ideas en el mundo. La semiótica estudia los sintagmas, que son combinaciones lineales o secuenciales de signos que, siguiendo ciertas reglas, conforman una unidad con sentido [12]. Un ejemplo clásico es una oración, en la que las palabras se combinan de manera secuencial siguiendo reglas gramaticales para formar un mensaje coherente, contando con un *significado* —el concepto mental o idea que el signo evoca— y un *significante* —la forma del signo—, además de formar un paradigma —conjunto de signos que pueden sustituirse entre sí en una estructura sintagmática—.

Este libro versa, en gran medida, sobre estas interrelaciones. La *información* determina cómo percibimos el mundo a nivel consciente, influyendo en nuestras interpretaciones, decisiones y acciones. Nuestra percepción consciente no es simplemente el resultado de una interpretación directa de los estímulos sensoriales, sino que está profundamente mediada por la información que recibimos, procesamos y almacenamos a lo largo del tiempo [13]. La información tiene el poder de modificar nuestros marcos mentales, alterar nuestras interpretaciones de la realidad y, en última instancia, afectar nuestra experiencia del mundo. La informática, como herramienta que nos permite procesar una ingente cantidad de información que de otro modo sería inabarcable, constituye la pieza clave que fundamenta la visión del mundo como información y representación que aquí se expone. La informática proporciona las herramientas necesarias para procesar, almacenar y analizar enormes volúmenes de información, influyendo de manera decisiva en cómo concebimos y entendemos el mundo contemporáneo. Antes de la era informática, nuestras capacidades para gestionar grandes conjuntos de datos estaban limitadas por nuestra cognición y las herramientas manuales disponibles. A partir de los avances en las ciencias de la computación consolidados en el siglo XX, somos capaces de modelar fenómenos complejos, realizar simulaciones de eventos que no podemos observar directamente y extraer patrones y conocimientos que de otra manera permanecerían ocultos en extensos corpues de datos [14]. Este procesamiento eficiente de la información ha dado lugar a una visión del mundo como un sistema de datos y

3

representaciones, donde tanto la naturaleza como los fenómenos sociales y económicos son modelados, comprendidos y manipulados a través del lenguaje de la información. La informática facilita este procesamiento masivo, y actúa como una interfaz entre la realidad física y nuestras representaciones abstractas de ella, permitiendo que la información se convierta en el fundamento central de nuestro entendimiento del mundo. De esta manera, la informática es la pieza clave que sustenta la visión del mundo como información y representación, otorgándonos la capacidad de transformar la realidad en datos que podemos procesar, interpretar y utilizar para tomar decisiones, resolver problemas y explorar nuevas fronteras del conocimiento.

Todo lo que hasta ahora se ha mencionado, constituye el núcleo profundo de la informática que el ingeniero debe tener siempre presente, ya sea este ingeniero de titulación o de facto. La ingeniería, en su esencia, ha existido desde tiempos inmemoriales, mucho antes de que el método científico se consolidara como la vía predominante para entender el mundo que nos rodea, o las instituciones académicas ofrecieran programas de formación en sus múltiples vertientes. A lo largo de la historia, los ingenieros han empleado herramientas, técnicas y soluciones que, aunque no siempre derivaron de la ciencia moderna, reflejaban una comprensión profunda de la naturaleza y sus leyes [15]. Es por esto por lo que la formación de un ingeniero ha de estar firmemente sustentada por los cimientos del conocimiento científico —siendo también consciente de las críticas y limitaciones que este método puede presentar— y por multitud de disciplinas que la complementen. De esta manera, el ingeniero será capaz de abordar los problemas desde una perspectiva más amplia, considerando no solo las certezas que ofrece la ciencia, sino también los espacios de duda y cuestionamiento que permiten la innovación y el avance en su campo, y los aportes de otros enfoques al problema o solución a tratar.

Este ambicioso objetivo —proporcionar las pautas que permitan iniciar el camino hacia un conocimiento profundo de los fundamentos de la informática y de las otras disciplinas en las que se sustenta— guía todo lo que aquí se expone.

Cuando en ciencia y tecnología se exploran nuevos caminos bajo la pretensión de divulgar e instigar para realizar a posteriori un trabajo meticuloso y concienzudo de estudio y aplicación, pueden cometerse errores. El objetivo marcado aquí no es tanto una exactitud minuciosa ni un desarrollo exhaustivo de los planteamientos que se proponen, sino plantear interrogantes, abrir nuevas vías y animar al lector a continuar su investigación y profundizar en su propio camino, apoyándose no solamente en lo expuesto, sino en la abundantísima bibliografía propuesta. Un ejemplo ilustrativo de esta dinámica es el modelo atómico propuesto por J.J. Thomson a finales del siglo XIX, conocido como el modelo del *pudín de pasas*. Según este planteamiento, los electrones estarían incrustados en una masa positiva, como pasas en un pudín. Aunque más tarde se demostró que este modelo era incorrecto, se abrió con él una nueva línea de investigación sobre la estructura del átomo. Fue precisamente este modelo el que motivó experimentos fundamentales, como el de la lámina de oro de Ernest Rutherford, que culminaron en el descubrimiento del núcleo atómico y sentaron las bases de la física moderna. Así, este ejemplo evidencia cómo un enfoque inicial impreciso puede estimular el desarrollo de trabajos más rigurosos que perfeccionen las ideas iniciales y amplíen los horizontes del conocimiento [16].

Si con lo aquí escrito se logra una crítica constructiva, una corrección esclarecedora o, incluso, se despierta en el lector la chispa que encienda su curiosidad y lo impulse a investigar, aunque sea para refutar con argumentos más sólidos lo aquí expuesto, el objetivo estará cumplido. La historia de la ciencia y la tecnología demuestra que refutar teorías erróneas ha sido a menudo el punto de partida para desarrollar nuevas ideas y, en algunos casos, aplicaciones prácticas revolucionarias.

En computación e informática, la transición del uso de germanio al silicio en la fabricación de semiconductores atiende a este planteamiento. En las décadas de 1940 y 1950, el germanio fue ampliamente considerado el material semiconductor ideal para la fabricación de dispositivos electrónicos, especialmente transistores y diodos. Su alta movilidad electrónica y la facilidad para obtener cristales de alta pureza lo hicieron atractivo para los primeros desarrollos

5

en la tecnología de semiconductores. De esta forma, en la década de 1950, los transistores se fabricaban predominantemente con germanio debido a su capacidad para conducir electricidad. Sin embargo, estos dispositivos presentaban limitaciones significativas, dada su tendencia a fallar a altas temperaturas, lo que afectaba su fiabilidad en diversas aplicaciones. A medida que la industria electrónica avanzaba, se descubrió que el silicio ofrecía ventajas superiores: mayor estabilidad térmica, abundancia en la naturaleza y la posibilidad de obtener cristales de alta pureza. Estas propiedades permitieron la fabricación de transistores más eficientes y fiables [17].

Esta transición facilitó el desarrollo de circuitos integrados más complejos y potentes, sentando las bases para la revolución informática y la creación de los microprocesadores que impulsan la tecnología moderna. Sería Federico Faggin, quien, en 1968, mientras trabajaba en Fairchild Semiconductor, desarrolló la tecnología de *puerta de silicio* (SGT), permitiendo con ello la fabricación de circuitos integrados más rápidos y fiables, lo cual se aplicaría por primera vez en el circuito integrado Fairchild 3708. Profundizando en su línea de investigación, posteriormente, trabajando para Intel, Faggin lideró el diseño del primer microprocesador comercial de un solo chip, el Intel 4004, utilizando la tecnología de puerta de silicio. La tecnología de puerta de silicio desarrollada por Faggin también hizo posible la creación de memorias semiconductoras, incluyendo memorias no volátiles, y otros componentes claves de la tecnología actual.

La identificación y corrección de una elección inicial errónea en la selección de materiales condujo a avances tecnológicos que demuestra la importancia del error, la crítica y la reevaluación en el progreso científico y tecnológico. Aquí se propone explorar caminos aún inexplorados y redescubrir fundamentos, partiendo de la premisa de que, en ocasiones, avanzar — aunque sea para confirmar que el rumbo tomado no es el adecuado— resulta más fructífero que quedarse inmóvil, atrapado en un análisis interminable y paralizado por el temor al error.

1 Introducción: El mundo como información

El término informática aparece por primera vez en 1957, en un artículo firmado por Karl Steinbuch, quien anteriormente había trabajado junto a Wernher von Braun en el proyecto V-2. Bajo el título "Informatik: Automatische Informationsverarbeitung" (literalmente, "Informática: procesamiento automático de la información"), se introduce la noción de tratamiento automático de la información mediante sistemas técnicos. Posteriormente, este término fue popularizado en 1962 por el ingeniero Philippe Dreyfus, entonces director del "Centre National de Calcul Électronique" de la multinacional Bull. El concepto fue adoptado rápidamente [18], impulsado por el auge de la computación y el procesamiento de datos en las décadas siguientes. Así, la informática se consolidó como la disciplina que integra tanto la ciencia de la computación como las tecnologías que permiten el tratamiento automático de información.

Desde los primeros intentos por entender la naturaleza de la realidad hasta las teorías más avanzadas de la computación moderna, la idea de que el mundo puede ser visto como un vasto sistema de información ha resonado a través de siglos de pensamiento humano. Para los clásicos [19], la realidad era una mezcla compleja de formas ideales y objetos físicos, donde el conocimiento surgía del acto de representar adecuadamente esa realidad en nuestras mentes. Con el advenimiento de la era moderna, mentes inquietas continuaron la tarea de indagar sobre la representación, explorando cómo nuestras percepciones del mundo se transforman en conocimiento a través de la mediación de nuestras mentes y sentidos [20].

Conviene aquí al principio hacer una clara distinción de carácter ontológico, entre informática y computación, dado que **la computación acota, pero no agota, a la informática.**

A modo de ejemplo, puede observarse una escena en la que, mediante una licencia deliberadamente excesiva, se presenta

7

al que podría denominarse el primer proto-informático riojano. Esta figura aparece en el códice Albeldense o Vigilano, un códice realizado a finales del siglo X en el actual territorio de La Rioja (España). En la imagen, el lector está sentado delante del manuscrito, junto a la inscripción "analogium".

Es importante señalar que "analogium", según la interpretación clásica, no se refiere al soporte físico —que corresponde al arca en que se depositan los códices—, sino que debe entenderse como una referencia conceptual. En este contexto se plantea la hipótesis de que el "analogium" representado en la ilustración medieval podría funcionar como un artefacto de procesamiento proto-informático, mientras no existan evidencias claras en sentido contrario. Además, el nombre resulta especialmente atractivo para una computadora actual, del mismo modo que "abulafia" lo fue en "El péndulo de Foucault" de Umberto Eco.

El uso de "proto-informático" en este contexto debe entenderse como una licencia expositiva. Su finalidad es destacar el carácter sistemático, organizativo y transmisor del saber propio de la actividad intelectual monástica, sin sugerir equivalencias funcionales con la informática moderna. El propósito es facilitar la comprensión de los métodos de gestión de información que, mucho antes del nacimiento de la disciplina actual, ya se practicaban en los escritorios medievales. Todo ello debe entenderse respetando la distancia conceptual entre ambos contextos históricos, aunque compartan el fondo común de la continua relación entre las personas y el conocimiento.

Si se prefiere a este respecto un ejemplo más conocido, conviene recordar que las tabuladoras de Hollerith, desarrolladas a finales del siglo XIX para el procesamiento mecanizado de los censos, operaban sobre enormes volúmenes de información sin computar. Estos dispositivos, basados en tarjetas perforadas, permitían clasificar, organizar y recapitular datos de forma automática, pero no ejecutaban algoritmos formales ni resolvían operaciones matemáticas, algo que solo los modelos más avanzados acabarían incorporando con el tiempo. Su función, centrada en la administración y explotación sistemática de la información, anticipa la lógica de la informática moderna y evidencia cómo la gestión estructurada de los datos precede a la computación formal, e incluso puede llegar a trascenderla en determinados contextos de aplicación.

En el siglo XX, con el desarrollo de la *Teoría de la Información* [7] y el surgimiento de la informática, se introdujo una visión completamente nueva de la realidad. La información es una medida cuantificable, basada en probabilidades de representación y procesamiento de mensajes en un sistema. Esta definición estrictamente matemática, aunque pensada originalmente para resolver problemas de comunicación técnica, pronto comenzó a tener resonancias mucho más amplias. ¿Es posible que todo el universo, tal como lo percibimos, pueda ser comprendido como un sistema de procesamiento de información? ¿Estamos viviendo dentro de una simulación? Esta pregunta conecta directamente con una línea de investigaciones que se remonta a siglos atrás, fusionando la tradición del análisis lógico y epistemológico con las tecnologías y teorías contemporáneas de la computación.

Nuestra representación mental de la información como humanos, puede ser tratada a través del lenguaje y los conceptos lógicos [21]. Desde este punto de vista, los símbolos ya sean palabras o proposiciones lógicas, corresponden a la realidad externa que percibimos o inferimos. La cuestión de cómo los objetos, ideas o procesos del mundo real se reflejan en nuestras mentes, y cómo esas representaciones informan nuestras acciones, pensamientos y decisiones, es la clave tanto para las ciencias de la computación como para la semiótica moderna. Aquí surge el paralelismo: tanto los sistemas que buscan entender cómo conocemos el mundo para emular o potenciar así nuestras capacidades cognitivas, como los sistemas de información que procesan y almacenan datos para ponerlos a nuestra disposición de manera estructurada, enfrentan problemas análogos de representación, transmisión y comprensión.

Explorar cómo los signos y símbolos representan significados en un sistema estructurado, muestra la realidad como una red de signos que interpretamos constantemente, asignando significado y contexto a la información que percibimos [22]. La información, tal y como veremos en detalle, es algo tangible, pero el conocimiento que extraemos de ella —esa red de conceptos y relación en un marco conceptual— es un intangible. ¿Es entonces el mundo, tal como lo experimentamos, fundamentalmente un sistema de información y representaciones sobre el que operamos? Si la realidad es, en última instancia, información en diferentes niveles de complejidad, desde los átomos y moléculas, hasta las redes de comunicación global, entonces podríamos decir que el conocimiento del mundo se reduce a la correcta interpretación y manipulación de esa información.

Con el advenimiento de la *teoría cuántica de la información*, esta idea se extiende aún más allá de los límites de lo inicialmente las ciencias de la computación estimaron. En el ámbito cuántico, donde las partículas pueden estar en superposiciones y entrelazarse en formas que desafiaban la lógica clásica, la información adquiere nuevas formas. Los *qubits* [23], las unidades fundamentales de información cuántica no solo representan un "0" o un "1", sino que pueden estar en ambos estados simultáneamente, permitiendo formas de procesamiento de información inimaginables en los sistemas tradicionales. El entrelazamiento cuántico, otro concepto central en la teoría cuántica [5], establece conexiones instantáneas entre partículas, con lo que ha de haber una interconexión fundamental entre las partes de la realidad que desafía nuestra comprensión clásica del espacio y el tiempo. ¿Es, entonces, el universo en su esencia más profunda un vasto entramado de información cuántica?

La convergencia de estas ideas semióticas, lógicas y cuánticas apunta a una tesis provocativa: el mundo no solo contiene información, sino que es información. La realidad, tal como la percibimos, puede ser entendido como un conjunto de representaciones y flujos de información a diferentes niveles de complejidad. Cada fenómeno, desde las partículas subatómicas hasta las interacciones humanas, puede interpretarse como el intercambio, la transformación o la interpretación de información. Así, las leyes del universo no serían tantas descripciones de cómo funcionan las cosas, sino reglas sobre cómo se organiza y procesa la información que estructura la realidad misma. Este es el interrogante que plantea la teoría cuántica de la información [23] y que nos lleva a replantear la naturaleza misma del mundo: un vasto sistema de procesamiento, representación y transmisión de información en constante evolución, en el que el profesional ha de saber desenvolverse con solvencia.

A todo esto, La irrupción de las tecnologías informáticas de inteligencia artificial (IA) en el ámbito profesional ha suscitado preocupaciones legítimas sobre el posible desplazamiento de tareas que tradicionalmente realizábamos los seres humanos. Estas tecnologías, capaces de procesar información y ejecutar tareas con una eficiencia sin precedentes, cuestionan el papel convencional del profesional. Sin embargo, en este contexto se abre una oportunidad singular para redefinir y potenciar las capacidades humanas.

La estrategia más acertada para enfrentar este escenario no es competir directamente con la IA en sus fortalezas inherentes, sino enfocarse en áreas donde aún presenta limitaciones notables. La IA, por avanzada que sea, tal y como más adelante analizaremos carece de la consciencia propia de un razonamiento contextual profundo que caracterizan el pensamiento humano. No posee una comprensión auténtica de la ética, la creatividad genuina ni la capacidad de interpretar matices culturales y emocionales. Estas son áreas donde el profesional puede desarrollar habilidades que la IA no puede replicar fácilmente. Estas son las áreas en las que desde aquí se anima a formarse activamente.

Formarse en estas debilidades de la IA implica una inversión en el desarrollo del pensamiento crítico, la empatía y la reflexión ética. Significa profundizar en el conocimiento consciente, que abarca el *cómo*, el *por qué* y el *para qué* de cada acción, para evolucionar hacia un interlocutor indispensable en la era de la automatización, capaz de aportar una perspectiva humana que enriquece y complementa las capacidades técnicas de la IA para conformar así un sistema tan complejo como, sobre todo, completo y pleno. Además, esta forma de abordar la situación permite al profesional convertirse en un mediador entre la tecnología y la sociedad, asegurando que el desarrollo y la aplicación de la IA se alineen con los valores y necesidades humanas. Entendiendo las limitaciones de la IA, el profesional está en una posición privilegiada para guiar su implementación de manera óptima, anticipando posibles consecuencias y mitigando riesgos asociados.

De esta manera, ante el avance inevitable de la IA, la mejor preparación para el profesional no es resistirse al cambio tal y como los luditas [24] hicieron, sino adaptarse y evolucionar fortaleciendo aquellas habilidades que son tan intrínsecamente humanas como difíciles de automatizar.

1.1 Carta abierta a los ingenieros

Antes de adentrarnos en el contenido central de este volumen, resulta pertinente una reflexión sobre su enfoque y el perfil del potencial lector: el ingeniero. Este texto aspira a capturar su interés no solo desde una perspectiva técnica, sino invitando al lector a un ámbito más amplio de reflexión crítica y comprensión contextual de su propia labor. La ingeniería, tan arraigada en la precisión y la aplicación práctica, a menudo deja poco espacio para otros cuestionamientos en los que se enmarcan sus logros. Sin embargo, es precisamente a través de esa reflexión profunda donde el ingeniero puede encontrar un sentido más pleno y responsable de su profesión. Es por eso por lo que no se pretende aquí autolimitarse a aspectos técnicos, sino que se busca ofrecer una perspectiva que permita al ingeniero trascender las dimensiones inmediatas de su práctica.

Etimológicamente, el término *ingeniero* proviene del latín *ingenium*, que se refiere al talento o habilidad natural de una persona, una capacidad innata que denota ingenio y creatividad. Sin embargo, en la praxis, esta habilidad innata no constituye un requisito indispensable para ejercer la ingeniería, ya que la figura del ingeniero se define más por la obtención de una titulación formal que por una aptitud natural específica. La profesión se basa en la adquisición de conocimientos técnicos y en la capacidad de aplicar métodos sistemáticos, sin tener especialmente en cuenta si el profesional posee ese *ingenium* original. De hecho, la ingeniería moderna permite que individuos sin talento innato, pero con una destacada capacidad de trabajo, suplan estas carencias mediante una combinación de metodología rigurosa, esfuerzo disciplinado y aprendizaje constante, logrando así resultados notables. Paralelamente, existen profesionales talentosos que, al desempeñar labores propias de la ingeniería sin la titulación formal, no son considerados ingenieros, aunque, gracias a sus conocimientos técnicos y a un trabajo bien hecho, en muchos casos igualan o incluso superan el desempeño de quienes sí poseen el título.

Dejando a un lado la polémica de las titulaciones, la ingeniería es una disciplina que involucra la creación y el diseño de materiales, estructuras, máquinas y sistemas bajo los condicionamientos de viabilidad práctica, seguridad y economía. En su quehacer, el ingeniero aplica saberes científicos, complementados con recursos como la intuición, la experiencia y evaluaciones económicas; y sin embargo, no se le considera un científico per se. No obstante, diversas instituciones académicas argumentan que la formación adquirida en la ingeniería proporciona al profesional una preparación sólida para emprender labores de investigación científica. Instituciones como el *Massachusetts Institute of Technology* (MIT), la *Universidad de Stanford*, y la *Universidad de Cambridge*, por ejemplo, ofrecen programas que enfatizan tanto la investigación científica como la aplicación práctica de la ingeniería. Estas universidades impulsan una formación en ingeniería que combina el rigor de la ciencia básica con el desarrollo de habilidades para la investigación, preparando así a los estudiantes no solo para la práctica profesional sino también para la exploración científica avanzada. Además, en Europa, la *École Polytechnique* y el *Instituto Federal Suizo de Tecnología* (ETH) en Zúrich fomentan enfoques similares, integrando cursos avanzados de investigación en sus programas de ingeniería.

En las instituciones académicas de prestigio, aquellas que lideran la formación en ingeniería con un enfoque integral, se observa una creciente apertura hacia los saberes propios de la filosofía y otras disciplinas de las humanidades. Esto responde a la concienciación de que el ingeniero, lejos de ser únicamente un técnico especializado, se beneficia profundamente al incorporar nuevas perspectivas a su formación. La filosofía — esa palabra tabú para demasiados ingenieros—, al cultivar habilidades de reflexión, análisis conceptual y una comprensión ética de las implicaciones tecnológicas, enriquece al ingeniero y lo prepara para enfrentar los complejos desafíos morales y sociales que plantea la innovación técnica.

Aunque la ciencia y la tecnología han fomentado investigaciones filosóficas en sus respectivos ámbitos, una reflexión similar no es habitual en el campo de la ingeniería. Actualmente, la filosofía de la ciencia y la filosofía de la tecnología se han consolidado como disciplinas profesionales plenamente establecidas. Este cambio de enfoque hacia la integración de perspectivas filosóficas en la ingeniería se consolidó en 1998 en la Delft University of Technology, donde se celebró el taller *"The Empirical Turn in the Philosophy of Technology"* [25]. Este evento promovió la idea de que el análisis aplicable en ingeniería debía ir más allá de los efectos sociales y normativos de la tecnología, dirigiéndose hacia una comprensión profunda de su estructura interna y de los procesos de diseño. Este *giro empírico* impulsó la exploración de la esencia misma de la tecnología —sus principios operativos, sus configuraciones funcionales y su interacción con usuarios reales y potenciales—, y reveló la necesidad de un diálogo genuino entre filosofía e ingeniería. En este contexto, la ingeniería empezó a ser reconocida como un campo legítimo de reflexión, independiente, aunque relacionado con la ciencia y la tecnología, y dotado de su propio universo de problemas éticos, epistemológicos y metodológicos.

En la figura tradicional del ingeniero, uno puede identificar la imagen de un operario funcional, atrapado en una estructura cerrada, similar a una *caja negra*, que ejecuta sus tareas sin considerar las implicaciones más amplias y profundas de sus actos. Este enfoque eminentemente técnico encierra al ingeniero en una lógica de eficiencia instrumental, donde el código que escribe, el condensador de tantalio que instala para estabilizar una placa base o la optimización de los recursos en un sistema de alta disponibilidad constituyen los únicos elementos de su análisis. Sin embargo, un ingeniero confinado en estas limitaciones técnicas corre el riesgo de reducirse a un ejecutor mecánico, ajeno a la reflexión crítica, y, como tal, un perfil susceptible de ser reemplazado fácilmente por una IA que pueda replicar o incluso superar sus habilidades operativas.

La incorporación de saberes adicionales permite al ingeniero salir de esta estructura rígida, impulsándolo a trascender la lógica del *cómo* hacia la exploración del *por qué* y el *para qué* de sus creaciones. Lejos de ser meros complementos culturales, estas disciplinas enriquecen la capacidad del ingeniero para analizar de manera crítica y reflexiva las repercusiones de su trabajo. Con esta perspectiva ampliada, el ingeniero deja de ser un simple ejecutor de soluciones técnicas para transformarse en un agente activo y consciente, preparado para evaluar el impacto real y simbólico de sus creaciones en el entramado social y ambiental que le rodea, y por tanto difícilmente sustituible por una IA.

Este enfoque holístico y multidisciplinar en la formación del ingeniero permite desentrañar los aspectos ocultos de esa caja negra, dotándolo de una visión que trasciende los circuitos y algoritmos, brindándole una comprensión más profunda de las implicaciones de su labor. Se invita aquí al ingeniero, sea de titulación o de *ingenium* [1], a adentrarse en disciplinas que, aunque tradicionalmente ajenas a su formación, enriquecen su quehacer profesional y expanden su capacidad de análisis funcional y crítico. Con este volumen, se busca abrir la puerta a un aporte de perspectiva y conocimiento que ha permanecido, en gran medida, al margen de la práctica ingenieril, iluminando caminos que lo conecten con una dimensión más reflexiva, consciente y productiva de su profesión.

---

[1] El concepto de *ingenium* durante el Renacimiento temprano no se limitaba a una cualidad inherente, sino que se asociaba también a la habilidad de observar y comprender la naturaleza de manera profunda. Este concepto se utilizaba para describir la facultad que permitía superar los límites del conocimiento convencional, desafiando las nociones aristotélicas y escolásticas. Figuras como Leonardo da Vinci y Galileo Galilei encarnaron este espíritu, fusionando observación empírica, imaginación y capacidad analítica para desarrollar nuevas perspectivas sobre el mundo natural. Un aspecto notable del *ingenium* renacentista fue su vinculación con la *prudentia* y la *ars*. La *prudentia* hacía referencia al juicio práctico y la capacidad de discernir, mientras que la *ars* representaba el dominio técnico o artístico. La conjunción de estos elementos otorgaba al *ingenium* una dimensión práctica y productiva, que permitirá los avances en ingeniería, anatomía, astronomía y otras disciplinas emergentes.

2 El mundo: Gnoseología y Epistemología

La pregunta *¿qué es el mundo?* va más allá de la mera especulación abstracta y se presenta como un tema central en la ciencia, comprometida como lo está con la comprensión profunda de la realidad. Ante este interrogante, dos áreas de estudio se destacan por su capacidad de iluminar la cuestión: la *gnoseología* y la *epistemología*. La *gnoseología* se dedica a investigar la naturaleza del conocimiento, explorando cómo los seres humanos accedemos a la comprensión del mundo, cuáles son los límites de ese acceso y si dicho conocimiento es confiable o subjetivo. Aborda preguntas sobre el papel de la experiencia sensorial en la formación de nuestras ideas y sobre la existencia de principios innatos que organizan nuestra percepción, cuestiones que han dividido históricamente a empiristas y racionalistas. Por su parte, la *epistemología* se enfoca en analizar los métodos mediante los cuales adquirimos conocimiento, evaluando su validez, fiabilidad y los procesos que subyacen a la construcción de teorías sobre el mundo [26]. Lejos de ser una simple acumulación de datos, el conocimiento implica una constante revisión de los fundamentos sobre los que se apoya, y la epistemología examina estos fundamentos, cuestionando hasta qué punto nuestras teorías reflejan una realidad objetiva o están limitadas por nuestras capacidades cognitivas. La epistemología se centra por tanto más en cuestiones científicas, aunque tanto la gnoseología como la epistemología nos permiten abordar no solo el contenido del mundo que observamos, sino también los medios a través de los cuales lo comprendemos, proporcionando una base para evaluar nuestro conocimiento de manera crítica y reflexiva.

2.1 Gnoseología

El término gnoseología tiene su origen etimológico en el griego, derivando de las palabras *gnosis* (γνῶσις), que significa "conocimiento", y *logos* (λόγος), que alude a "estudio" o

17

"tratado". En este sentido, la gnoseología se refiere al "estudio del conocimiento" en general, y aborda las preguntas fundamentales sobre cómo adquirimos, estructuramos y validamos el saber. A diferencia de la epistemología, que en su origen estaba más ligada a los métodos y justificaciones del conocimiento y método científico, la gnoseología se centra en comprender el conocimiento en un sentido más amplio, abarcando tanto lo sensorial como lo racional, lo concreto y lo abstracto.

Los primeros intentos de sistematizar el estudio del conocimiento en la cultura occidental se remontan a la antigua Grecia, particularmente con las obras de Platón y Aristóteles. Platón, en sus diálogos [27], introduce la distinción entre la *doxa* (opinión) y la *episteme* (conocimiento verdadero), señalando que el conocimiento auténtico no puede basarse en las meras apariencias, sino que debe estar fundamentado en las Ideas o *formas universales*. Aristóteles, por su parte, con una perspectiva más empírica, sistematizó el proceso del conocimiento a través de sus tratados de lógica y metafísica, proponiendo que el conocimiento surge de la experiencia sensorial, pero se eleva hacia principios universales mediante la abstracción [28] [29]. Estos primeros desarrollos sentaron las bases de lo que más tarde sería la gnoseología, disciplina que seguiría evolucionando con pensadores medievales, cuyos estudios en el ámbito científico supusieron una revolución [15].

Bajo un punto de vista actualizado, la gnoseología es una disciplina que examina las condiciones y características del conocimiento a nivel general, distinguiéndose de otras aproximaciones en su enfoque sobre la materia y la forma del conocimiento. A través de un análisis material y formal, la gnoseología aborda el conocimiento desde un punto de vista estructural y evolucionista, procurando dividir las ciencias en sus componentes formales, lo que le otorga un carácter más materialista y no meramente ideal o platónico. La gnoseología no puede separarse del marco materialista en el que opera, ya que el conocimiento no surge de una relación puramente subjetiva entre el sujeto y el objeto, sino que se encuentra mediado por contextos materiales, históricos y sociales. [30]

La gnoseología se ocupa de las estructuras formales del conocimiento, pero siempre considerando que dichas estructuras están insertas en una realidad material [31]. Este enfoque se contrapone con el que se suele atribuir a la epistemología, que centra sus preguntas en las relaciones entre el sujeto y el objeto del conocimiento. En cambio, la gnoseología articula sus estudios en torno a la relación entre materia y forma, distinguiendo entre una gnoseología general y una especial. La gnoseología general busca construir una idea global de lo que es la ciencia, valiéndose de la lingüística para descomponer la ciencia en tres ejes fundamentales: sintaxis, semántica y pragmática. Mientras tanto, la gnoseología especial se enfoca en estudiar las ciencias particulares, recurriendo constantemente de unas a otras en un proceso recursivo.

La gnoseología general también se descompone en dos partes: la analítica, que se encarga de la anatomía estructural de las ciencias a través del lenguaje, y la sintética, que estudia cómo estas ciencias operan de forma dinámica como sistemas de teoremas y teorías. En este sentido, la gnoseología no se limita a observar las ciencias desde una perspectiva externa, sino que busca comprender su funcionamiento interno, subrayando la importancia de las operaciones y el cierre categorial como procesos que consolidan el conocimiento científico.

La gnoseología analítica toma como punto de partida el lenguaje, el cual, si bien es capaz de representar estructuras científicas, no agota la totalidad de las relaciones que configuran el saber. Esta aproximación distingue entre sintaxis, semántica y pragmática como ejes lingüísticos fundamentales. Con ello se organiza el conocimiento científico en un sistema coherente que permite abordar términos, relaciones y operaciones propias de las ciencias formales y empíricas .

Cierre categorial
En la vertiente sintética de la gnoseología, el riojano Gustavo Bueno propuso una integración de las ciencias formales y las empíricas mediante lo que denomina *"cierre categorial"* [26]. Aquí, el análisis gnoseológico va más allá de la mera descripción, y se orienta hacia la comprensión de las interacciones entre descripción y teoría en el seno de las disciplinas científicas. Esta

noción es la clave para entender cómo el conocimiento no es solo una colección de hechos aislados, sino que se organiza en sistemas coherentes y categorialmente cerrados que permiten deducciones y operaciones dentro de su ámbito de estudio.

El *cierre categorial* es un concepto gnoseológico que busca explicar cómo las ciencias construyen sus estructuras de conocimiento. Según esta teoría, las ciencias se diferencian de otras formas de saber por su capacidad de generar un *cierre operatorio*. Esto significa que las ciencias desarrollan un sistema de operaciones que permite que, al manipular los elementos de un campo determinado, se generen siempre nuevos elementos dentro de ese mismo campo, lo que asegura la autosuficiencia y coherencia de sus estructuras. El proceso del cierre categorial no es meramente un cierre de los términos o de las reglas que rigen las relaciones entre ellos; se trata fundamentalmente de un cierre operatorio, que se instaura a nivel de las transformaciones que ejecutan los científicos en los objetos de estudio. Estas transformaciones no se limitan a aplicar teorías de manera externa, además están incorporadas dentro del propio campo de la ciencia, lo que garantiza que cada nuevo resultado que emerge de una operación dentro del sistema se mantenga dentro del mismo marco categorial. En esta forma, el cierre categorial no es absoluto, sino parcial, y las ciencias pueden expandir su campo incluyendo nuevos términos y configuraciones operativas, pero siempre conservando el control sobre las relaciones que se establecen entre estos nuevos elementos y los ya existentes

El *cierre categorial* no implica un aislamiento absoluto del resto de las ciencias o conocimientos, sino que se refiere a la capacidad de una ciencia para operar dentro de sus propios límites, garantizando la validez interna de sus procedimientos y resultados. De esta forma, una ciencia que alcanza el cierre categorial es una ciencia madura, capaz de auto sustentarse en la dimensión tanto teórica como operativa, en la cual sus conceptos, términos y operaciones se relacionan internamente formando una unidad autónoma y diferenciada. Este cierre implica que la ciencia tiene sus propios principios, métodos y teoremas que le otorgan identidad y la distinguen de otras ciencias, así como de disciplinas no científicas.

Aunque hay quien afirma lo contrario tal vez por limitar su campo de acción a la IA [30], la informática, entendida como la ciencia que estudia el tratamiento automático de la información mediante dispositivos electrónicos y sistemas computacionales, ha desarrollado un cuerpo de conocimientos propio. Cuenta con conceptos fundamentales como algoritmos, estructuras de datos, lenguajes de programación, sistemas operativos, bases de datos y redes informáticas. Estos conceptos se interrelacionan y se organizan siguiendo principios y teorías específicas, como la teoría de la computación, la complejidad computacional, la teoría de autómatas y lenguajes formales. Además, la informática emplea métodos y técnicas propias para el diseño, análisis y optimización de sistemas y programas. Los teoremas y resultados en informática, como el *Teorema de la Indecibilidad* [32] o los diferentes y diversos conjuntos de algoritmos [9], son unidades gnoseológicas básicas que estructuran el campo y permiten la construcción de nuevo conocimiento dentro del mismo.

La informática también se distingue de otras ciencias por su campo gnoseológico específico, el cual no puede ser reducido completamente a otras disciplinas como las matemáticas o la ingeniería. Si bien comparte herramientas y conceptos con estas ciencias, la informática aborda problemas y desarrolla soluciones que son propias de su ámbito. La informática cumple por lo tanto con los criterios para ser considerada una ciencia con cierre categorial:

i. *Unidad interna*: Sus conceptos y teoremas forman un sistema coherente y autosuficiente. La teoría de autómatas y lenguajes formales forma un sistema interno coherente en informática. Conceptos como gramáticas regulares, máquinas de Turing y lenguajes de programación están interrelacionados y se estudian de manera sistemática dentro de un marco matemático propio, sin depender directamente de otras disciplinas.

ii. *Principios y métodos propios*: Cuenta con fundamentos teóricos y metodologías específicas que guían la investigación y el desarrollo dentro del campo. El diseño y análisis de algoritmos es un principio central en informática.

Métodos como el paradigma "divide y vencerás" o las técnicas de optimización dinámica son propios de este campo y han sido desarrollados para resolver problemas computacionales de manera eficiente.

iii. *Distinción frente a otras ciencias*: Se diferencia de otras disciplinas por su objeto de estudio y por las problemáticas que aborda. A diferencia de la matemática pura, que estudia estructuras abstractas, la informática se centra en problemas relacionados con la computación y la automatización, como el diseño de sistemas operativos, la creación de redes de comunicación o la construcción de compiladores. Estas problemáticas son exclusivas de la informática y no tienen un equivalente directo en otras ciencias.

iv. *Construcción de verdad científica*: Genera verdades en forma de teoremas y resultados que son válidos y necesarios dentro de su campo, sin depender de otras ciencias. El *Teorema de la Indecidibilidad de Turing* [33] es un resultado fundamental en informática que establece que no todos los problemas son computables. Aunque tiene raíces en la lógica matemática, su desarrollo y aplicación pertenecen exclusivamente al ámbito de la informática teórica, ya que define los límites de las máquinas computacionales.

Es por esto, por lo que de manera argumentada se concluye aquí que la informática sí tiene cierre categorial, ya que constituye un campo gnoseológico cerrado con sus propias estructuras, principios y verdades científicas[2].

---

[2] Un rápido análisis de los expuesto puede llevar al lector a identificar los teoremas y fundamentos esgrimidos aquí como propios de otras ramas de la ciencia como la matemática o la física. Incluso si profundiza al respecto, no le será difícil encontrar conferencias de la Fundación Gustavo Bueno, en la que se trata a la informática casi de manera peyorativa, y se niega que constituya en si una ciencia y que por lo tanto cuente con cierre categorial. ¿Turing y McCarthy fueron matemáticos? ¿Gödel físico? ¿Shannon ingeniero de telecomunicaciones? ¿von Neumann químico? ¿Tan solo eso?

2.2 Epistemología

El término "epistemología" también proviene del griego, del término *episteme* (ἐπιστήμη), que significa "conocimiento" o "ciencia", y del término *logos* (λόγος), que se traduce como "estudio" o "discurso". La epistemología es entonces atendiendo a sus raíces semánticas, el análisis riguroso del conocimiento, particularmente tal y como veremos en el científico, enfocándose en cómo se construye, valida y justifica dicho saber. Mientras otras disciplinas se preocupan por la naturaleza de la realidad o el ser, la epistemología aborda cuestiones sobre el conocimiento relativa a ¿qué significa conocer? ¿cómo podemos estar seguros de que lo que conocemos es verdadero? o ¿cuáles son los límites y fuentes del conocimiento humano? La epistemología se centra en el saber derivado de métodos sistemáticos y verificables, que se pueden reducir a relación entre sujeto y objeto. Esta relación entre sujeto y objeto, central en el estudio epistemológico, plantea interrogantes sobre la capacidad del sujeto para aprehender —captar o comprender algo mentalmente, asimilando su esencia o significado — la realidad objetiva. En este contexto, se han desarrollado diversas aproximaciones que intentan explicar cómo ocurre el proceso de conocer. El *realismo*, por ejemplo, sostiene que existe una realidad externa independiente del sujeto, la cual puede ser conocida mediante una observación adecuada y un razonamiento riguroso. Por otro lado, el *constructivismo* argumenta que el conocimiento no es una mera copia de la realidad externa, sino una construcción que resulta de la interacción entre el sujeto cognoscente y su contexto. [34].

Comparando esta especialización con la *gnoseología*, vemos que esta última es una disciplina más amplia que estudia el conocimiento en su totalidad, abarcando no solo el saber científico, sino también otras formas de conocimiento, como el intuitivo, el empírico y el metafísico. Mientras la epistemología se interroga por el conocimiento en su versión más formal y técnica, la gnoseología considera cualquier tipo de saber, explorando sus fuentes, naturaleza y posibilidades de alcanzar la verdad en un sentido general. Además, dentro del marco

23

científico, la epistemología no solo se interesa por el contenido del conocimiento, sino también y sobre todo por los procedimientos empleados para obtenerlo. Esto nos lleva al concepto de *criterios de demarcación*, es decir, los estándares que distinguen el conocimiento científico de otras formas de saber, como las creencias o las opiniones.

Las raíces de la epistemología, como cabía esperar, se encuentran en el pensamiento griego clásico. Más allá de Platón y Aristóteles, varios otros pensadores griegos dedicaron su reflexión a estas cuestiones. Parménides distingue entre verdad y apariencia [35]. Protágoras introduce el relativismo con su famosa frase: "el hombre es la medida de todas las cosas" [36]. Gorgias examina las limitaciones del conocimiento humano [37]. Demócrito, en sus escritos sobre atomismo, plantea dudas sobre la percepción sensorial como fuente confiable de conocimiento [38]. Pirrón, fundador del escepticismo, argumenta la suspensión del juicio como respuesta ante la incertidumbre del saber [39].

Durante la Edad Media, la reflexión sobre el conocimiento se vio marcada por preocupaciones religiosas. Los escolásticos [40] intentaron reconciliar las enseñanzas de Aristóteles con la doctrina cristiana, defendiendo que el entendimiento humano, aunque limitado, podía alcanzar ciertas verdades universales mediante la razón y la revelación divina. En contraste, Guillermo de Ockham defendió el nominalismo, negando la existencia real de los universales, esos conceptos o entidades que se refieren a características comunes compartidas por múltiples objetos. Para Ockham, los universales no eran más que *flatus vocis* —un soplo de voz—, simples palabras sin existencia fuera del pensamiento humano. Según su perspectiva, los términos universales son solo nombres (*nomina*) para referirnos a objetos similares, pero carecen de una entidad metafísica detrás. Este giro supuso una ruptura en la reflexión medieval, al separar el lenguaje de la realidad, anticipando discusiones futuras sobre el rol del lenguaje en la construcción del conocimiento [41].

Con la llegada de la modernidad, la epistemología adquirió una forma más precisa, especialmente con el trabajo de René Descartes. Su búsqueda de una certeza indudable culminó en el famoso *cogito ergo sum* [42], estableciendo el uso de la razón como fuente última de certeza, sentando así las bases para el método científico. Locke, Hume y otros empiristas ingleses sostuvieron que todo conocimiento proviene de la experiencia sensorial. Según Locke, la mente es una *"tabula rasa"* al nacer, una pizarra en blanco que se va llenando de ideas mediante la percepción [43]. Hume, llevando el empirismo a su extremo, dudó de la capacidad de la mente para conocer las causas reales de los fenómenos, afirmando que lo que llamamos causalidad es solo una costumbre mental [44]. Estas posiciones llevaron a Kant a una síntesis crítica: aunque el conocimiento comienza con la experiencia, la mente posee estructuras a priori que organizan esa experiencia, permitiendo conocer el mundo de manera coherente, aunque sin acceso directo a la *cosa en sí* (*noumeno*) [20].

Con el tiempo, la epistemología ha continuado evolucionando, especialmente bajo la influencia de los avances científicos. En el siglo XX, pensadores como Karl Popper, Thomas Kuhn y Willard Van Orman Quine reformularon las discusiones en función de los desarrollos científicos, adaptando el estudio del conocimiento a los nuevos tiempos tal y como veremos más adelante [45]. Actualmente, la epistemología sigue siendo un campo plural y dinámico. Existen enfoques que van desde el naturalismo, que busca alinear el estudio del conocimiento con los métodos de las ciencias naturales, hasta perspectivas más tradicionales que exploran las clásicas preguntas sobre la verdad, la justificación y la creencia. Además, el debate moderno abarca el papel de la tecnología y las máquinas en el proceso de adquisición del saber, así como cuestiones de epistemología social, que examinan cómo el conocimiento se ve influido por las estructuras de poder y las relaciones sociales. La epistemología, por tanto, sigue siendo una disciplina en evolución, respondiendo a las necesitades de un mundo en transformación, centrada en los mecanismos que nos permiten alcanzar la certeza necesaria en el ámbito científico.

Repasaremos a continuación el conocimiento necesario que sobre el método científico y sus críticas hemos de tener, para poder afrontar nuestra labor desde la perspectiva anunciada en la *carta abierta a los ingenieros* del punto 1.1

2.2.1 El método científico

Se atribuye el método científico a la obra de René Descartes, particularmente en su tratado *Discurso del método* [42] , donde estableció las bases del pensamiento racional para la investigación científica. Sin embargo, es importante conocer que, aunque Descartes fue una figura decisiva en la consolidación de este enfoque, no trabajó partiendo de un vacío intelectual. Su obra se cimentó en el trabajo anterior de numerosas figuras que también hicieron contribuciones incrementales al desarrollo del método científico[3].

El método experimental que promovió Galileo Galilei, por ejemplo, ya había comenzado a transformar la ciencia en su búsqueda de leyes universales mediante la observación y el experimento. Galilei, al igual que Francis Bacon, abogaba por el uso de la experiencia como piedra angular del conocimiento científico. Bacon, ofreció un sistema metodológico basado en la inducción, criticando el conocimiento que se basaba únicamente en la razón especulativa sin apoyarse en observaciones empíricas de las cuales poder extraer conocimiento razonado [46]. Descartes tomó estos y otros elementos previos y los integró con su propio enfoque, orientado hacia un racionalismo estricto que buscaba principios indudables a partir de los cuales construir un edificio del conocimiento.

René Descartes, nacido en 1596 en La Haye en Touraine, una pequeña localidad francesa que hoy lleva su nombre. Provenía de una familia acomodada de la nobleza provincial, con lo cual. tuvo acceso a una educación privilegiada. A los ocho años fue enviado al prestigioso Colegio de La Flèche, dirigido por los Jesuitas, donde estudió durante diez años. Allí fue instruido en las disciplinas tradicionales de la escolástica, como la lógica y la epistemología aristotélica, pero también se familiarizó con las matemáticas y la física de su época, disciplinas que comenzaban

---

[3] Más de del Método Científico (con mayúsculas), como veremos se trata de *los métodos científicos*, complementarios, cuajados de los que a posteriori de demostró fueron errores, y en constante evolución.

a adquirir protagonismo como campos del conocimiento renovado.

Después de concluir su educación inicial, Descartes prosiguió sus estudios en derecho en la Universidad de Poitiers, donde obtuvo su título en 1616. Sin embargo, no siguió una carrera en la abogacía, optando en su lugar por una vida de viajes y experiencias militares. Sirvió bajo las órdenes del Duque de Baviera durante la Guerra de los Treinta Años, un conflicto que lo llevó a recorrer diversas partes de Europa. En este periodo, su inclinación hacia la búsqueda de certezas absolutas comenzó a afianzarse, como respuesta a su insatisfacción con la fragmentación y el dogmatismo prevaleciente en el pensamiento de la época. En 1619, mientras siendo soldado pasaba el invierno en la ciudad alemana de Ulm, Descartes tuvo una serie de visiones que, según él, lo inspiraron para concebir la idea de un método universal para el conocimiento, basado en la razón. Este episodio es considerado el principio de su pensamiento sobre la ciencia, y fue el germen de su proyecto de encontrar una base sólida para todo saber humano.

Tiempo después, Descartes se trasladó a los Países Bajos, donde la relativa libertad intelectual de la que gozaba el país le permitió vivir en un retiro voluntario durante más de veinte años. En este exilio, alejado de los círculos académicos y sin problemas económicos para llevar un retiro tranquilo, escribió su obra más famosa, *Discurso del método* [42]. Este periodo de su vida estuvo marcado por una intensa introspección y una independencia de pensamiento que pocos de sus contemporáneos podían permitirse, con lo que desarrollo su obra sin las restricciones impuestas por las instituciones académicas de la época, dando pie al disruptivo avance que sus aportes supusieron. Sirva el contexto personal de Descartes que aquí se da, para comprender el origen de su obra.

El discurso del método
La obra seminal del método científico tal y como hoy en día lo conocemos, se divide en seis partes principales, en las cuales Descartes detalla el proceso que lo llevó a desarrollar su famoso método. Este método busca guiar al pensamiento hacia el conocimiento cierto mediante la duda metódica.

i. *Primera Parte*: Se expone una reflexión sobre la diversidad de opiniones que existen en la humanidad respecto al conocimiento, y cómo esto lo llevó a desconfiar del conocimiento que había recibido a lo largo de su vida. Se introduce aquí la idea de la duda como un mecanismo para apartarse de la falsedad y dirigirse hacia la verdad.

ii. *Segunda Parte*: Presenta un método de pensamiento, basado en cuatro reglas básicas:
   - No aceptar nada como verdadero que no sea evidente.
   "El primer precepto era no aceptar jamás cosa alguna como verdadera que no la conociese evidentemente como tal; es decir, evitar cuidadosamente la precipitación".
   - Dividir cada problema en tantas partes como sea posible para resolverlo mejor.
   - Conducir los pensamientos ordenadamente, empezando por los objetos más simples y fáciles de conocer.
   - Revisar de manera exhaustiva para asegurarse de que no se omita nada.

v. *Tercera Parte*: Describe una *"moral provisional"*, necesaria para que su método no conduzca a la parálisis de la acción. Propone seguir las leyes y costumbres del país, ser firme y decidido en las acciones, y tratar de vencer más bien a sí mismo que a la fortuna, ajustando sus deseos a lo que puede alcanzar.

vi. *Cuarta Parte*: Aquí se presenta el *"Cogito, ergo sum"*, el famoso *pienso, luego existo*, como el primer principio cierto que encuentra tras aplicar su método. A partir de este punto, se intenta construir un sistema de conocimiento basado en verdades indudables, utilizando la razón como única herramienta confiable.

vii. *Quinta Parte*: Describe la diferencia entre los humanos y los animales, argumentando que el alma racional distingue a los primeros de los segundos. También incluye ideas sobre la física y la biología, y presenta su concepción del funcionamiento del cuerpo humano como una máquina, anticipándose a teorías mecanicistas.

viii. *Sexta Parte*: Finalmente, se diserta sobre la utilidad práctica del nuevo método expuesta para la ciencia y el progreso del conocimiento humano, destacando aquí la importancia de continuar investigando con paciencia y sistematicidad para el avance de la humanidad.

En su totalidad, el *"Discurso del Método"* es la semilla a partir de la cual germina el racionalismo moderno, ofreciendo un enfoque nuevo sobre cómo proceder ante la complejidad del conocimiento humano, guiado por un criterio de certeza y rigor en la búsqueda de la verdad [42].

Tras Descartes, una figura destable en el desarrollo del método científico fue Sir Isaac Newton, cuya influencia en la ciencia es indiscutible. Mientras que Descartes se inclinaba por un enfoque racionalista y metafísico, Newton consolidó una metodología empírica, retomando y perfeccionando los principios introducidos por Francis Bacon [46]. Con el éxito de su obra *"Philosophiæ Naturalis Principia Mathematica"* publicada en 1687 , Newton mostró que el conocimiento del mundo natural debía basarse en la observación precisa y la inducción, proporcionando un modelo que las ciencias seguirían durante los siglos posteriores [47].

Uno de los aportes más importantes de Newton fue la formulación de sus *reglas del razonamiento en los Principia*, que establecen las bases del razonamiento científico empírico. Estas reglas permitieron afianzar un método que evitara caer en especulaciones sin base observacional:

i. *No admitir más causas de las necesarias*: Newton insistía en que no se debía postular más causas de las que eran necesarias para explicar los fenómenos observados. Este principio, en sintonía con el llamado *"principio de economía"* o navaja de Ockham [48], ayudaba a simplificar las teorías sin perder rigor. La explicación más sencilla que sea suficiente para describir un fenómeno, evitando postular entidades o complejidades innecesarias, será la elegida.
ii. *Asignar las mismas causas a efectos similares*: Newton proponía que los fenómenos similares, en ausencia de razones para lo contrario, debían tener las mismas causas. Este principio ayudaba a generar explicaciones universales aplicables a diferentes contextos.
iii. *Considerar propiedades universales*: Las propiedades que se observan de manera constante en todos los cuerpos

29

estudiados deben ser consideradas universales para toda la materia. Con esto se estableció la base para generalizar leyes físicas, como las que se derivan de la gravitación.

iv. *Aceptar las proposiciones derivadas por inducción*: Newton defendía que las proposiciones obtenidas mediante la observación repetida debían ser consideradas verdaderas hasta que se encontraran nuevas pruebas o fenómenos que las pusieran en duda. Esta regla subraya el carácter autocorrectivo y provisional del conocimiento científico.

Estas reglas del razonamiento guiaban a los científicos hacia una práctica rigurosa, haciendo hincapié en la simplicidad y la observación directa. Aunque Newton dejó claro que explicar toda la naturaleza era una tarea demasiado vasta para un solo hombre o una sola era, su método inductivo fue la piedra angular del avance de las ciencias en los siglos siguientes, en coherencia recursiva con sus propias palabras " *If I have seen further it is by standing on the shoulders of Giants.*" [49]

Newton, al alejarse del racionalismo cartesiano y adoptar el empirismo baconiano, marcó el rumbo del método científico tal como se consolidó en el siglo XVIII. Su obra no solo influyó de manera decisiva en la física, convirtiéndola en un modelo para otras ciencias que buscaron emular su enfoque, basándose en la observación, la experimentación y el análisis. Es por esto por lo que los métodos de razonamiento inductivo, que Sir Isaac Newton había aplicado con gran éxito en sus investigaciones científicas, fueron posteriormente formalizados y sistematizados por Stuart Mill, estableciendo lo que se conocería como los "métodos de Mill" o "cánones de Mill", un conjunto de cinco reglas que no ofrecen un marco estructurado para la inferencia inductiva, es decir, el proceso de derivar principios generales a partir de observaciones específicas. Estas reglas ayudaron a clarificar cómo las relaciones causales podían ser descubiertas mediante la observación cuidadosa y el análisis de patrones en los fenómenos.

i. *El método de concordancia*: Si en todas las ocasiones en que ocurre un fenómeno determinado, existe una única circunstancia común, esa circunstancia es la causa —o parte de la causa— del fenómeno. Este método busca identificar un factor común en diferentes casos en los que se presenta el mismo efecto.

ii. *El método de diferencia*: Si al comparar dos situaciones, una en la que ocurre el fenómeno y otra en la que no, la única diferencia es la presencia de un factor en una de ellas, se puede inferir que este factor es la causa del fenómeno. Este método subraya la importancia de la comparación en el descubrimiento causal.

iii. *El método conjunto de concordancia y diferencia*: Combina los dos métodos anteriores, permitiendo refinar la búsqueda de una causa al aplicar tanto la observación de similitudes como de diferencias entre los casos observados.

iv. *El método de las variaciones concomitantes*: Si una variación en un fenómeno siempre está acompañada de una variación en otro fenómeno, se puede deducir una relación causal entre ambos. Este método es especialmente útil en el análisis de relaciones cuantitativas, como en los estudios de correlación.

v. *El método de residuos*: Una vez se han identificado las causas de todos los componentes de un fenómeno complejo, cualquier remanente del fenómeno debe atribuirse a una causa aún no identificada. Este método es particularmente útil en la eliminación de factores ya conocidos para aislar nuevas causas.

Estos métodos de Mill proporcionaron a la ciencia una herramienta más precisa para lidiar con la complejidad de la inferencia causal; el proceso mediante el cual se identifica una relación de causa y efecto entre dos fenómenos, basada en la observación de patrones consistentes y la eliminación de otras posibles explicaciones [50]. Paralelamente, figuras como Boole y Jevons continuaron desarrollando los principios del razonamiento lógico, aplicados tanto al campo de la matemática como al análisis de los procesos mentales. Boole, en su obra *The Mathematical Analysis of Logic* [51] y más tarde en *An Investigation of the Laws of Thought* [52], creó lo que hoy conocemos como álgebra booleana, un sistema de lógica simbólica que revolucionó la forma en que se abordaba el razonamiento lógico. Este desarrollo sentó las bases de la informática moderna.

El álgebra booleana traduce las operaciones lógicas fundamentales —como el "y", "o", "no"— en ecuaciones algebraicas, permitiendo por primera vez una manipulación matemática de la lógica. Este avance consiguió reducir el pensamiento lógico a operaciones que podían ser expresadas de manera algebraica, con lo que se abrió la puerta a la posibilidad de que las máquinas pudieran realizar cálculos lógicos. De hecho, las operaciones booleanas son la base de los sistemas binarios que rigen el funcionamiento de nuestra actual sociedad digitalizada.

Cada vez que una computadora —bien sea de aspecto tradicional, o bien esté embebida en otro sistema— procesa datos, toma decisiones basadas en operaciones lógicas binarias, que siguen exactamente los principios que Boole formuló en el siglo XIX. El *AND, OR* y *NOT*, entre otros operadores lógicos, se traducen en instrucciones simples que las computadoras pueden ejecutar de manera rápida y eficiente. Este modelo lógico permite todo tipo de sistemas digitales, desde los algoritmos de búsqueda en internet hasta los circuitos integrados que hacen funcionar los procesadores. Es así como el trabajo de Boole fue el germen de la revolución computacional. Estos sistemas lógicos pasaron de ser abstracciones filosóficas a convertirse en el fundamento práctico de la ciencia de la computación, permitiendo la creación de las primeras máquinas capaces de realizar cálculos lógicos complejos. A partir de estas ideas, se desarrollaron las estructuras matemáticas que serían adoptadas en la ingeniería informática, marcando el origen de la tecnología digital tal como la conocemos. La primera máquina que aplicó los principios del álgebra booleana de manera práctica llegaría décadas después ya en el siglo XX, porque cuando estos principios que fueron enunciados, el ámbito de las matemáticas estaba mayoritariamente enfocado en cuestiones prácticas relacionadas con geometría, álgebra clásica y cálculos aplicables a la física y la ingeniería. Las abstracciones propuestas por Boole sobre la lógica como una rama de las matemáticas fueron vistas por muchos como un ejercicio intelectual sin aplicación inmediata, y esto contribuyó a que fueran percibidas como de poca importancia práctica. La *lógica tradicional aristotélica* aún dominaba el pensamiento académico, y las ideas de Boole rompían radicalmente con esta tradición. Al reducir la lógica a una forma algebraica, eliminó la dependencia de los contenidos semánticos de los argumentos, enfocándose en su estructura formal. Aunque esta aproximación es la base de la lógica moderna, para sus contemporáneos parecía abstracta y desconectada de los problemas centrales de su tiempo. Sin embargo, algunos matemáticos y lógicos, como Augustus De Morgan [53] , reconocieron la profundidad de sus trabajos, aunque la influencia de Boole no se consolidó hasta décadas más tarde, cuando su lógica booleana encontró aplicaciones prácticas en la teoría de circuitos eléctricos (Shannon) [54] y, posteriormente, en la computación. Es irónico que las ideas que parecían irrelevantes en su época terminaran siendo un pilar de nuestro desarrollo tecnológico.

William Stanley Jevons, profundamente influenciado por las ideas de George Boole, dedicó su trabajo a aplicar la lógica simbólica tanto a la matemática, como a la economía y la filosofía. Jevons comprendía que las herramientas lógicas desarrolladas por Boole ofrecían un enorme potencial para estructurar el pensamiento científico de manera rigurosa. A través de su obra *The Principles of Science*, buscó unificar el razonamiento lógico y el método inductivo, proponiendo así un enfoque más formal y sistemático para los procedimientos de investigación científica. En esta obra se analiza de manera exhaustiva tanto la inferencia inductiva como la deductiva. La inferencia inductiva, que parte de la observación de hechos particulares para llegar a conclusiones generales, es el punto de partida de la ciencia experimental. Sin embargo, Jevons percibió que para lograr que este tipo de inferencias fueran más precisas y menos propensas al error, debía aplicarse una lógica clara y bien definida. Así, buscó perfeccionar el proceso inductivo, proporcionando reglas rigurosas para extraer conclusiones basadas en observaciones empíricas[55]. Además, integró el razonamiento deductivo, que parte de principios generales para llegar a conclusiones particulares, dentro de su análisis científico. Consideraba que ambos métodos de inferencia —inducción y deducción— debían complementarse para formar un marco coherente y confiable para el progreso del conocimiento. De este modo, Jevons no intentaba formalizar el método científico, estableciendo conexiones entre las ciencias naturales y las sociales.

33

Un aspecto innovador de la obra de Jevons es la aplicación de estos principios lógicos a la economía, un campo donde la lógica simbólica en el estudio de los fenómenos económicos, Jevons contribuyó al desarrollo de la teoría marginalista, la cual transformó el análisis económico con la introducción del concepto de utilidad marginal. Así, su obra no solo fue un intento de sistematizar el pensamiento científico, sino también un paso pionero en la aplicación de la lógica a disciplinas que antes se consideraban más especulativas. Estos avances en el razonamiento inductivo y lógico contribuyeron significativamente a la evolución del pensamiento científico, dando lugar al método científico moderno tal como se ha consolidado a lo largo de los siglos tras sus diferentes evoluciones. El método se estructura alrededor de cuatro principios básicos:

i. *Observación*: El punto de partida del método científico es la observación de fenómenos naturales. Este principio se remonta a la filosofía empírica de Aristóteles, quien argumentó que el conocimiento comienza con la experiencia sensorial. Según Aristóteles "*todos los hombres por naturaleza desean saber*" [29], y este saber comienza con la percepción del mundo que nos rodea. En la ciencia moderna, la observación implica tanto los sentidos humanos como el uso de herramientas tecnológicas que permiten ampliar nuestra capacidad de captar fenómenos naturales, desde microscopios y telescopios hasta aceleradores de partículas. En los últimos tiempos, en esta fase de observación, las herramientas informáticas permiten recopilar y gestionar cantidades masivas de datos provenientes de sensores, satélites, microscopios de alta resolución y dispositivos de registro automatizado, habilitando una capacidad sin precedentes para observar fenómenos que antes escapaban al alcance humano.

ii. *Hipótesis*: Tras la observación, el siguiente paso es la formulación de una hipótesis, una explicación provisional que intenta describir el fenómeno observado. La hipótesis es una suposición razonable que debe poder ser verifica y que plantea una posible solución o explicación al fenómeno estudiado. Descartes, con su búsqueda de certezas y la formulación de problemas claramente definidos, sentó las bases para que las hipótesis científicas sean formuladas con precisión y rigurosidad adecuadas. Aquí la informática facilita procesos más complejos mediante técnicas como la minería de datos, el aprendizaje automático y el modelado computacional. Estas herramientas permiten identificar patrones en datos que serían inabordables para el análisis humano tradicional. La hipótesis, en este contexto, no surge únicamente de la intuición o la experiencia del científico, sino de inferencias extraídas de algoritmos capaces de sintetizar información de múltiples fuentes.

iii. *Experimentación*: Una vez formulada la hipótesis, el método científico requiere que esta sea puesta a prueba a través de la experimentación. Galileo Galilei, en el siglo XVII, fue uno de los primeros en introducir de manera sistemática el experimento controlado en la ciencia, lo que supuso un paso decisivo en la metodología científica. En su obra *Diálogo sobre los dos máximos sistemas del mundo*, Galileo presenta la experimentación como un modo de poner a prueba las hipótesis, y sus experimentos con la caída de los cuerpos en Pisa y en planos inclinados revolucionaron la física. En este contexto, la experimentación permite determinar si la hipótesis propuesta se corresponde con la realidad, es decir, si es válida o debe ser rechazada [56]. Está fase de prueba de hipótesis a través de la experimentación, durante las últimas décadas está siendo sustituida por una prueba de hipótesis a través de la simulación informática, porque una vez más y aquí también, nos encontramos vestigios de una visión del mundo como información y representación. Esta transición de la experimentación tradicional a la simulación informática no implica un abandono de los principios fundamentales del método científico, sino más bien una evolución adaptada al desarrollo de nuevas herramientas tecnológicas. Las simulaciones informáticas permiten explorar escenarios imposibles o impracticables en un laboratorio físico, como el estudio de fenómenos astrofísicos, la evolución de sistemas climáticos o el comportamiento molecular en procesos químicos complejos. Sin embargo, esta sustitución también plantea interrogantes epistemológicos. Mientras que en el experimento tradicional la interacción directa con el mundo físico permite validar hipótesis mediante la observación empírica, en la simulación informática se trabaja con modelos matemáticos que, aunque basados en datos reales, son construcciones abstractas del mundo. En este sentido, la validez de la simulación depende intrínsecamente de la fidelidad del modelo y de las hipótesis asumidas en su diseño. La simulación, entonces, opera como una herramienta mediadora entre la teoría y la realidad, permitiendo un acceso indirecto pero invaluable a sistemas que desafían los límites del experimento físico [57].

iv. *Análisis*: El último paso del método científico implica el análisis de los datos obtenidos en el proceso experimental. Este principio se basa los aportes de Bacon [46] y Newton [47], quienes propusieron que los resultados de los experimentos deben ser analizados y sometidos a un escrutinio lógico y matemático para extraer conclusiones válidas. El análisis implica no solo interpretar los datos, sino también la repetición de experimentos para confirmar o refutar la hipótesis, lo que convierte al método científico en un proceso cíclico y autocorrectivo. El impacto de la informática es aún más evidente en esta fase. Con software estadístico avanzado, IA y visualización de datos, los investigadores podemos interpretar los resultados de formas que amplían el alcance del conocimiento adquirido. Herramientas como Python, R o Matlab permiten realizar análisis multivariantes, modelado predictivo y simulaciones retrospectivas que refuerzan las conclusiones obtenidas. Además, las técnicas de visualización de datos convierten información compleja en gráficos comprensibles, facilitando tanto la comunicación como la validación de resultados.

Si bien resaltamos que la informática juega su papel en la fase de experimentación del método científico mediante las simulaciones, hemos también de recalcar que el resto de las fases (observación, hipótesis y análisis) la informática ha irrumpido con fuerza.
a profunda influencia de la informática en el método científico contemporáneo pone de manifiesto cómo la visión del mundo ha evolucionado hacia una concepción en la que todo fenómeno puede ser entendido como información que puede ser de ser representada, manipulada y analizada. Esta transformación no es casual, sino un reflejo de un cambio

paradigmático en el pensamiento humano, donde la realidad se interpreta cada vez más como un sistema de datos interrelacionados.

La informática, al establecerse como pilar del método científico, refuerza esta idea al proporcionar las herramientas necesarias para captar, procesar y modelar fenómenos naturales y sociales en términos de información. Por ejemplo, en biología molecular, el genoma se entiende como un vasto conjunto de datos codificados que describen las instrucciones fundamentales para la vida. En física, los sistemas cuánticos son modelados mediante algoritmos que exploran posibilidades estadísticas antes inimaginables. Incluso en las ciencias sociales, las interacciones humanas se conceptualizan en términos de redes y flujos de información.

En este contexto, la informática no se limita a ser una herramienta auxiliar del científico; se convierte en un puente entre lo tangible y lo conceptual, en el medio a través del cual la naturaleza se traduce en modelos comprensibles y manipulables. La afirmación de que vivimos en una era dominada por una visión del mundo como información y representación es, por tanto, una descripción precisa de cómo la ciencia moderna se practica, pero también de cómo el ser humano contemporáneo interpreta su entorno.

2.2.1 El paradigma científico

Un *paradigma* constituye el conjunto de creencias, valores, técnicas y supuestos compartidos por una comunidad en un período determinado. Los paradigmas moldean la manera en que los colectivos perciben el mundo, interpretan los datos y desarrollan nuevas teorías.

Samuel Kuhn, historiador de la ciencia, ocupa un lugar preeminente en la epistemología contemporánea gracias a su influyente obra [58], un texto que transformó profundamente la comprensión del desarrollo científico. Kuhn argumentó que la ciencia no avanza de manera lineal ni acumulativa, sino que está sujeta a un proceso discontinuo que involucra lo que él denominó *cambios paradigmáticos*. Este concepto central, el paradigma, se refiere a un conjunto compartido de creencias, valores, métodos y supuestos tácitos que definen y delimitan la práctica de una comunidad científica en un periodo histórico determinado. Kuhn sostenía que los paradigmas proporcionan un marco dentro del cual los científicos abordan problemas específicos, formulando y resolviendo enigmas que, en sus palabras, constituyen la *ciencia normal*. A esto hay que agregar el concepto de la *inconmensurabilidad* de los paradigmas, una idea según la cual los paradigmas sucesivos son incompatibles en términos conceptuales y metodológicos, dificultando la comunicación entre ellos.

Según el análisis kuhniano, los paradigmas son inherentemente limitados, pues existen anomalías—fenómenos que no encajan en el marco conceptual predominante—que, acumulándose con el tiempo, conducen a una crisis en la disciplina. Este momento de crisis permite la emergencia de un nuevo paradigma que reemplaza al anterior en un proceso que Kuhn denominó revolución científica. Este cambio no implica simplemente una corrección o mejora del paradigma anterior, lleva a una transformación radical que altera la manera en que los científicos perciben e interpretan el mundo. Kuhn ilustró este fenómeno con ejemplos históricos como la revolución copernicana, el surgimiento de la mecánica newtoniana o el *paradigma del flogisto* —que fue una teoría científica predominante durante los siglos XVII y XVIII que postulaba la existencia de una sustancia invisible denominada flogisto, contenida en todos los materiales combustibles— explicando fenómenos como la oxidación y la quema, que aunque presentaba inconsistencias al no poder explicar adecuadamente ciertos procesos químicos observados, era todo lo válido que su época requería.

Un enfoque inicial en la exploración de la primacía de los paradigmas en la ciencia, parte de la compresión de cómo los historiadores científicos identifican los elementos fundamentales que constituyen las reglas aceptadas dentro de una comunidad. Las investigaciones detalladas en una especialidad específica revelan patrones recurrentes en las teorías que se manifiestan en los libros de texto, las aulas y las prácticas de laboratorio. Estos paradigmas, adoptados por la comunidad científica, se aprenden y aplican mediante la educación y la práctica constante, formando la base sobre la cual se construye el conocimiento científico.

Sin embargo, los paradigmas trascienden la mera acumulación de reglas compartidas. Definir los componentes específicos que los científicos extraen de estos paradigmas implica una comparación entre diferentes paradigmas y sus informes de investigación. Este proceso resulta intrincado y a menudo insatisfactorio, ya que las generalizaciones sobre las creencias compartidas pueden resultar demasiado rígidas o ser rechazadas por ciertos miembros de la comunidad. A pesar de estas complicaciones, los paradigmas en una comunidad científica consolidada son identificables con relativa facilidad, incluso sin un conjunto exhaustivo de reglas explícitas. La educación científica desempeña aquí su papel. Los científicos no adquieren conceptos, leyes y teorías de manera aislada, sino dentro de un contexto histórico y pedagógico que condiciona sus aplicaciones prácticas. Este proceso de aprendizaje, que abarca desde la educación inicial hasta la formación profesional avanzada, implica la internalización de modelos y paradigmas a través de la resolución de problemas y la práctica experimental. Aunque los científicos puedan no ser plenamente conscientes de las reglas subyacentes en su campo, su capacidad para investigar con éxito refleja la adopción efectiva de los paradigmas establecidos.

La rigidez de los paradigmas y la cohesión de las comunidades científicas contribuyen a la resistencia al cambio. Durante periodos preparadigmáticos o crisis científicas —como a transición de la teoría geocéntrica de Ptolomeo al modelo heliocéntrico de Copérnico, respaldado posteriormente por Galileo y Kepler— los debates sobre métodos y normas son frecuentes y profundos, definiendo escuelas de pensamiento más que generando consenso. Incluso tras la adopción de un nuevo paradigma, las disputas sobre su interpretación y racionalización persisten, especialmente durante las revoluciones científicas que implican cambios paradigmáticos significativos, como la transición de la mecánica newtoniana a la cuántica.

Ejemplos emblemáticos ilustran cómo emergen y se asimilan nuevas ideas dentro de un paradigma existente. El descubrimiento del oxígeno y de los rayos X [49] demuestran cómo las anomalías y las nuevas observaciones pueden desencadenar procesos de ajuste conceptual que eventualmente llevan a la adopción de nuevos paradigmas. En el caso del oxígeno, la identificación y aceptación de este nuevo gas no fue un acto aislado, sino parte de una revisión más amplia de la teoría química del flogisto que más atrás citamos, culminando en una revolución química liderada por Lavoisier, ofreciendo una explicación más coherente y basada en evidencias empíricas sobre la combustión y la respiración. Por otro lado, el descubrimiento de los rayos X por Roentgen choco contra las expectativas existentes, aunque no provocó inmediatamente un cambio de paradigma completo. Vemos aquí cómo las anomalías y las observaciones inesperadas fuerzan a la comunidad científica a reconsiderar y modificar sus marcos teóricos.

El descubrimiento científico es un proceso complejo que integra tanto observaciones empíricas como desarrollos teóricos. No se trata de un evento único y aislado, sino de una serie de etapas que incluyen la percepción de anomalías, la exploración de estas irregularidades y la eventual modificación o reemplazo del paradigma existente. Experimentos psicológicos, como los realizados por Bruner y Postman [59], demuestran cómo las anomalías son inicialmente percibidas dentro de las categorías conceptuales existentes hasta que se reconoce la necesidad de ajustar estas categorías para acomodar la nueva información. En el desarrollo de cualquier ciencia, es habitual que el primer paradigma aceptado explique con eficacia la mayoría de las observaciones y experimentos accesibles a quienes practican dicha ciencia. No obstante, el avance ulterior generalmente requiere la construcción de un marco más refinado, el desarrollo de un vocabulario especializado y un ajuste de los conceptos que, progresivamente, se alejan de los prototipos de sentido común. Esta profesionalización conduce a una notable restricción de la visión del científico y a una considerable oposición al cambio de paradigma. La ciencia se ha tornado más rígida, pero en las áreas hacia las cuales el paradigma dirige la atención del grupo, la ciencia normal promueve un detalle en la información y una precisión en la correspondencia entre teoría y observación que de otra manera no se lograría.

Las expectativas instrumentales, además de las teóricas, juegan un rol determinante en el desarrollo científico. Por ejemplo, en el descubrimiento del oxígeno, tanto Priestley como Lavoisier emplearon procedimientos experimentales estándar que, basados en experiencias previas, les aseguraban resultados consistentes. Cuando los resultados no coincidían con las expectativas establecidas por el paradigma del flogisto, esto indicaba una anomalía que requería una revisión conceptual profunda. Este tipo de interacción entre expectativas y observaciones refuerza la idea de que los paradigmas no son meramente conjuntos de reglas, sino estructuras dinámicas que guían y limitan la investigación científica.

La resistencia al cambio paradigmático asegura que solo las anomalías persistentes y profundamente arraigadas puedan llevar a verdaderas revoluciones científicas, manteniendo así la integridad y la continuidad del progreso científico. Esta resistencia actúa como un mecanismo de filtrado, permitiendo que los cambios de paradigma sean sostenidos por un consenso robusto y no meramente por anomalías pasajeras o interpretaciones individuales. De esta manera, los paradigmas juegan un papel determinante en la dirección y la evolución de la ciencia, moldeando no solo el conocimiento existente sino también las futuras líneas de investigación.

2.2.2 Críticas al método científico

El *cientificismo* es una corriente de pensamiento que postula la ciencia como la única fuente de conocimiento fiable y verdadero. Según esta perspectiva fundamentalista>, cualquier forma de conocimiento que no se ajuste a los criterios del método científico como la filosofía, la religión, o incluso el arte, debe ser considerado inferior o irrelevante en su capacidad de describir la realidad de manera precisa. El *cientificismo* asume que la ciencia, basada en la observación, la experimentación y la verificación empírica, es el único camino válido para acceder a la verdad. Para los defensores de esta visión, los avances en la comprensión del universo y de la naturaleza humana deben derivar exclusivamente de la investigación científica.

Históricamente, el *cientificismo* ha encontrado su apogeo en el periodo posterior a la Ilustración, donde la razón y la observación sistemática del mundo natural comenzaron a desplazar las formas tradicionales de conocimiento basadas en la autoridad religiosa o la intuición filosófica. Esta fe ultraortodoxa en el poder de la ciencia se consolidó a medida que disciplinas como la física, la biología o la química ofrecían resultados tangibles que transformaban la sociedad y desentrañaban misterios naturales, desde la estructura del átomo hasta las leyes de la gravitación. Sin embargo, el *cientificismo* ha sido objeto de críticas considerables. La ciencia, por muy poderosa que sea, no puede responder a todas las preguntas no ya escatológicas sobre la existencia humana, sino las que forman parte de su domino directo de conocimiento, como la naturaleza de la consciencia, la flecha del tiempo —dirección unidireccional en la que transcurre el tiempo— o el funcionamiento exacto de la gravedad cuántica. Algunos han argumentado que el método científico es intrínsecamente limitado, ya que se basa en lo que es medible, observable y reducible, dejando de lado otros aspectos de la realidad que podrían ser igual de importantes, aunque más difíciles de cuantificar, e incluso influyendo en la realidad con ese constante acto de medición.

Diversos trabajos han cuestionado el predominio del método científico y su capacidad para explicar completamente la realidad. En ellos se plantean bajo diferentes perspectivas interrogantes sobre los límites del conocimiento científico, y sobre si este debiera ser considerado como la única forma válida de acercarse al entendimiento de lo real. Repasaremos algunos de las más influyentes, que, de una u otra forma, han ofrecido una crítica directa o indirecta al cientificismo.

Novum Organum (1620)
Francis Bacon presenta una de las críticas más tempranas al pensamiento científico de su época. Si bien precede al *Discurso del método* de Descartes —el cual es considerado en nacimiento formal del método científico— también puede leerse como una crítica anticipada a este, ya que Bacon se opone a varios principios clave que luego serían parte del racionalismo cartesiano. Descartes confiaba en el poder de la

razón para conducirnos a verdades claras y distintas, comenzando con la duda y deducción. Bacon, por el contrario, ataca las limitaciones de la razón cuando no está respaldada por la observación empírica y el análisis inductivo. Para Bacon, el pensamiento racional puro, desligado de la experiencia, es insuficiente para comprender el mundo natural sosteniendo con ellos su crítica a la razón pura particular.

En el *Novum Organum*, Bacon propone un nuevo método para el avance de la ciencia, basado en la *inducción*. En lugar de partir de principios generales y buscar pruebas que los confirmen, Bacon parte de recopilar datos empíricos sistemáticamente, observar patrones en la naturaleza, y luego formular teorías a partir de estas observaciones. Este método inductivo marca un claro contraste con la tradición aristotélica y, más tarde, con el método cartesiano, que confiaba en la deducción de verdades desde axiomas claros y distintos. Bacon sostiene que la deducción es propensa a errores, pues a menudo conduce a suposiciones infundadas o a la aceptación de teorías sin pruebas suficientes [46].

Uno de los aspectos más destacados de su crítica es la identificación de los *ídolos* que obstaculizan el progreso del conocimiento humano. Bacon argumenta que el pensamiento humano está corrompido por diversas ilusiones y sesgos, los cuales clasifica en cuatro categorías:

i. Los *ídolos de la tribu*, que se refieren a los errores inherentes a la naturaleza humana. Estos surgen de nuestras limitaciones cognitivas y de la tendencia a imponer nuestras propias interpretaciones subjetivas a los fenómenos naturales.

ii. Los *ídolos de la caverna*, que son los prejuicios personales que cada individuo tiene, basados en su educación, entorno y experiencia particular. Estos sesgos individuales desvían el juicio y el pensamiento, afectando la capacidad de observar la naturaleza de manera objetiva.

iii. Los *ídolos del foro*, que resultan del mal uso del lenguaje. Bacon considera que las palabras y el lenguaje pueden oscurecer la comprensión de la realidad cuando se usan términos vagos, imprecisos o que llevan consigo supuestos engañosos.

iv. Los *ídolos del teatro*, que se refieren a las falsas filosofías o sistemas de pensamiento que han sido aceptados a lo largo del tiempo como dogmas. Para Bacon, la aceptación irreflexiva de teorías tradicionales, como las aristotélicas o escolásticas, es uno de los mayores obstáculos para el avance del conocimiento.

Estos ídolos, para Bacon, son responsables de la mayoría de los errores en el conocimiento humano, y el método científico debe, en primer lugar, purgar el entendimiento de estos obstáculos. La necesidad de liberar a la mente de estos prejuicios es lo que fundamenta su insistencia en un enfoque inductivo basado en la observación directa del mundo natural. Este nuevo método inductivo, tal como lo concibe Bacon, implica una acumulación progresiva de datos que, con el tiempo, revelarán los patrones y leyes de la naturaleza. Bacon critica explícitamente los métodos deductivos previos, que, según él, empezaban con principios abstractos y luego buscaban pruebas que los confirmaran, lo cual, a menudo, solo reforzaba las ideas preconcebidas en lugar de descubrir nuevas verdades. Para Bacon, la experiencia es el único juez confiable para decidir la validez de una teoría, y cualquier teoría debe someterse a la prueba constante de los experimentos.

El *Novum Organum* también critica la noción de que el conocimiento científico es definitivo o absoluto. Bacon reconoce que el conocimiento humano es progresivo y contingente, y que, a medida que se realicen más observaciones y se refinen los experimentos, nuestras teorías también evolucionarán. En lugar de considerar las teorías científicas como verdades finales, Bacon subraya que el método científico es un proceso continuo de descubrimiento y corrección. Esto marca una clara diferencia con la idea cartesiana de alcanzar verdades claras e indudables a través de la razón pura. Además, Bacon establece que la ciencia debe tener un propósito práctico: mejorar la condición humana. Esta idea de la ciencia como un medio para dominar la naturaleza y mejorar la vida es un tema central en su filosofía. Mientras que el método cartesiano se centra en la certeza y el rigor lógico, Bacon promueve una visión de la ciencia que tiene como fin último el progreso material y el bienestar de la humanidad. La ciencia no debe ser un mero ejercicio intelectual, sino una herramienta para transformar el mundo y aliviar los sufrimientos humanos.

En este sentido, su crítica al método científico previo no es un rechazo total de la ciencia o la razón, sino un llamado a una forma más humilde y pragmática de abordar el conocimiento. Bacon sostiene que el avance científico no proviene de grandes teorías abstractas, sino del trabajo minucioso de recolección de datos, de la observación precisa y de la experimentación. Las leyes de la naturaleza no son algo que se descubra a través de un destello de intuición o un proceso deductivo perfecto; son los productos de un esfuerzo constante y acumulativo de interacción con el mundo natural. Podemos imaginar un Bacon en un mercado, decidido a aplicar su método inductivo. En lugar de aceptar sin cuestionar la afirmación común de que "*las manzanas rojas son dulces*", Bacon se dedicaría a probar manzana tras manzana, anotando cuidadosamente el sabor, el color y la textura. Después de haber probado una cantidad considerable, concluye que las manzanas rojas *generalmente* son dulces, aunque encuentra excepciones. En paralelo, un aristotélico que lo observa desde la sombra del mercado, se indigna al ver tal derroche de manzanas y tiempo, argumentando que, si un sabio ya afirmó que las manzanas rojas son dulces, no hace falta masticarlas todas para creerlo

Ensayo sobre el entendimiento humano (1689)
John Locke ofrece una visión profundamente empírica del conocimiento, que puede interpretarse como una crítica indirecta a ciertos aspectos del método científico, especialmente en lo que respecta a las ideas innatas y la confianza en la razón como fuente primaria de conocimiento. Locke, como empirista, se posiciona en contra de la noción de que los seres humanos nacen con ideas preestablecidas o verdades innatas, como había sugerido el racionalismo cartesiano. Para él, todo el conocimiento humano proviene de la *experiencia*, y nuestra mente, al nacer, es una "*tabula rasa*", un lienzo vacío que se va llenando con las impresiones sensoriales y la reflexión sobre estas impresiones [43].

La crítica que Locke desarrolla no es una objeción directa al método científico en su totalidad, sino más bien una reconsideración de los fundamentos sobre los cuales se basa el conocimiento, incluidas las ideas y teorías científicas. Uno de los puntos de partida más importantes de Locke es su rechazo a las ideas innatas. Los defensores del racionalismo, como Descartes, afirmaban que ciertos principios, como las ideas de Dios o los axiomas matemáticos, estaban impresos en la mente humana desde el nacimiento. Locke, en cambio, afirma que no existe ninguna evidencia de tales ideas innatas, y que toda nuestra comprensión del mundo surge a través de la experiencia sensorial o la reflexión. Esto es una crítica indirecta a la idea de que la razón por sí sola puede conducirnos a verdades universales, dando pie a enfoques científicos basados en principios deductivos. Locke, partiendo de que toda idea debe originarse en la experiencia, pone en duda las verdades abstractas que no se derivan de la observación del mundo, socavando así una de las bases del conocimiento científico tal como se concebía en la tradición racionalista.

El empirismo de Locke también plantea una visión particular sobre el proceso de descubrimiento científico. Si todo conocimiento humano procede de la experiencia, entonces la observación directa del mundo es la única fuente válida de comprensión. Para Locke, los sentidos proporcionan la *materia prima* del conocimiento, mientras que la reflexión se ocupa de combinar, comparar y analizar esas percepciones. La ciencia, por lo tanto, ha de ser experimental o no es ciencia, pero al mismo tiempo pone límites claros: todo lo que conocemos y entendemos está restringido a lo que hemos percibido a través de nuestros sentidos. Locke argumenta que nuestras ideas más complejas —como las de causalidad, sustancia o identidad— no son más que *construcciones* mentales basadas en la repetición de impresiones sensoriales. Esto es una crítica indirecta a las grandes abstracciones científicas que tratan de trascender los límites de la experiencia. En lugar de confiar en teorías amplias o deductivas, Locke postula que el verdadero conocimiento debe basarse siempre en lo que se puede observar y medir.

En este sentido, Locke también aborda un tema clave para el método científico: la *causalidad*. Locke sostiene que nuestra idea de causalidad es una construcción basada en la observación repetida de eventos consecutivos, pero no tenemos acceso directo a la conexión subyacente entre la causa y el efecto. Aunque observamos que un evento sigue a otro con regularidad, no podemos afirmar que tenemos un conocimiento completo o absoluto sobre por qué ocurre esta relación. Este punto anticipa las críticas posteriores de Hume, y cuestiona una de las suposiciones más importantes del método científico: que las relaciones causales son absolutas y universales.

Locke admite que nuestras observaciones nos permiten formular *leyes de la naturaleza* —que son de gran utilidad—, pero nos advierte que no debemos suponer que estas leyes son perfectas o que reflejan la realidad última. Esto nos lleva a una especie de *escepticismo empírico*: mientras que el método científico se basa en la observación de patrones y regularidades, Locke enuncia que nuestro conocimiento de estos patrones es necesariamente limitado y que nunca podemos alcanzar una comprensión total de los mecanismos subyacentes en la naturaleza.

Uno de los aspectos más profundos de la crítica de Locke al conocimiento científico es su reflexión sobre los *límites del entendimiento humano*. Locke reconoce que, aunque los seres humanos han avanzado enormemente en su comprensión del mundo a través de la observación y la experiencia, nuestras capacidades cognitivas están restringidas. El mundo es mucho más vasto y complejo de lo que nuestra limitada percepción puede abarcar, y muchas de las cuestiones más profundas de la ciencia, como la naturaleza última de la materia o el origen de las leyes del universo, pueden estar más allá de nuestro alcance. En este sentido, Locke es profundamente realista acerca de lo que el método científico puede lograr. Aunque el enfoque empírico proporciona el conocimiento más confiable disponible, no nos conduce a una comprensión perfecta del mundo. Nuestro conocimiento es siempre *probable* y *contingente*, nunca definitivo ni absoluto. Así, aunque la crítica de Locke al método científico es moderada, su énfasis en la *experiencia* y su insistencia en los límites del conocimiento humano fueron inmensamente influyentes. Su enfoque empírico proporcionó una base sólida para el desarrollo de la ciencia moderna, especialmente en la tradición experimental británica que siguió en figuras como Robert Boyle e Isaac Newton [60]. Sin embargo, su insistencia en que todo el conocimiento deriva de la experiencia también introdujo un grado de escepticismo respecto a los modelos teóricos amplios o las explicaciones universales que trascienden la observación directa. En lugar de buscar explicaciones absolutas, Locke nos enseña a ser *cautelosos* y *pragmáticos* en la ciencia, a reconocer las limitaciones de nuestras teorías y a estar siempre abiertos a nuevas observaciones que puedan ampliar o modificar nuestro entendimiento del mundo.

Critica de la razón pura (1781)

Immanuel Kant no rechaza el método científico, pero sí al igual que sus predecesores pone en cuestión su alcance y la capacidad de la razón pura para acceder a verdades absolutas sobre la realidad. A lo largo de su obra, Kant introduce una distinción fundamental entre el *conocimiento fenoménico* —el mundo tal como lo percibimos— y el *nouménico* —el mundo tal como es en sí mismo, más allá de nuestras percepciones—. Kant critica la pretensión del racionalismo —que Descartes, entre otros, había defendido— de acceder a verdades indubitables a través de la razón pura, así como las limitaciones del empirismo defendido por pensadores como Locke y Hume, que afirma que todo conocimiento proviene de la experiencia sensorial. Según Kant, ambos enfoques no alcanzan a comprender plenamente el proceso cognitivo. Kant fundamenta su crítica en cuatro pilares:

i. *Los límites del conocimiento empírico:* Aunque el método científico, basado en la observación empírica y la experimentación, es muy poderoso para entender el mundo fenoménico, no puede acceder al conocimiento del *noumeno*, es decir, el mundo tal como es en sí mismo. El conocimiento científico, por tanto, está limitado a lo que se nos presenta a través de nuestros sentidos y está organizado por las estructuras a priori de nuestra mente, como el espacio y el tiempo." *El entendimiento no extrae sus leyes (a priori) de la naturaleza, sino que las prescribe a esta"* [20].

ii. *El problema de la causalidad:* Para Kant, la causalidad, uno de los pilares del método científico, no es una propiedad inherente al mundo en sí mismo, sino una categoría que nuestra mente impone a la experiencia. Es decir, nosotros no observamos las causas en la naturaleza de forma directa, sino que organizamos nuestras percepciones bajo esta categoría. Así, aunque el método científico puede establecer leyes causales dentro del mundo fenoménico, no puede asegurar que estas leyes reflejen la realidad última.

iii. *El conflicto entre lo finito y lo infinito*: Kant también pone de relieve las tensiones entre lo finito y lo infinito en el conocimiento científico. Por ejemplo, los problemas relacionados con el tiempo y el espacio absolutos — discutidos en física— exceden los límites de la razón humana cuando esta intenta abordar conceptos como el origen del universo o la infinitud del espacio. Estos conceptos pertenecen al ámbito de la razón pura, pero no pueden ser completamente resueltos ni por la ciencia ni por la razón.

iv. *La imposibilidad de conocer lo absoluto:* A través de su "dialéctica trascendental", Kant expone las aporías — contradicciones— a las que llega la razón cuando intenta abordar cuestiones metafísicas utilizando los principios del método científico. Cuestiones como la inmortalidad del alma, la existencia de Dios o la libertad humana no pueden resolverse a través de la ciencia, ya que trascienden el ámbito del fenómeno y pertenecen al mundo nouménico."*Si la realidad en sí misma es incognoscible, no podemos usar el método científico para llegar a ella*" [20].

La tesis fundamental de Kant en la "*Crítica de la razón pura*"es que el conocimiento humano surge de la interacción entre las experiencias sensibles (a posteriori) y las estructuras innatas del entendimiento (a priori), lo que implica que no conocemos las cosas en sí mismas (*noumenos*), sino solo los fenómenos tal como aparecen según las condiciones de nuestra facultad cognoscitiva.

Investigación sobre el entendimiento humano (1748)
En la obra de David Hume encontramos una crítica profunda al método científico que se ha mantenido como una de las más influyentes y penetrantes en la historia. Aunque Hume no desmantela el método científico de forma directa, su análisis de los fundamentos de nuestro conocimiento sobre el mundo físico pone en cuestión algunas de las suposiciones más básicas sobre las cuales se asienta.

El punto de partida de Hume es el empirismo, la creencia de que todo conocimiento deriva, en última instancia, de la experiencia sensorial. Para Hume, nuestra mente no nace con ideas innatas, sino que es una pizarra en blanco. Esta es la misma hipótesis que hemos visto era defendida por John Locke, el cual también consideraba que esta pizarra se va llenando a través de la experiencia. Hasta aquí, Hume no se desvía demasiado de los empiristas anteriores. Pero su genialidad crítica se despliega cuando analiza conceptos fundamentales como la causalidad, sobre los cuales descansa buena parte del método científico. El método científico, tal como lo entendemos hoy, depende en gran medida de la noción de causalidad: la idea de que ciertos eventos (las causas) producen inevitablemente otros eventos (los efectos). El conocimiento científico pretende identificar estas relaciones causales para predecir y controlar fenómenos en el mundo. La observación de patrones repetidos, como el hecho de que el fuego siempre calienta el agua, lleva a los científicos a concluir que "*el fuego causa el calentamiento del agua*". Para Hume, este salto no es tan sencillo ni justificado como parece.

Hume argumenta que la causalidad no es algo que observemos directamente en el mundo. No podemos, por ejemplo, ver el poder que hace que el fuego caliente el agua. Lo que vemos es simplemente que el fuego y el calor coexisten en numerosas ocasiones, pero nunca percibimos una conexión necesaria entre ambos. ¿De dónde proviene, entonces, la idea de causalidad? Para Hume, no de la razón, sino de un *hábito mental*: después de observar que dos eventos ocurren juntos una y otra vez, nuestra mente se acostumbra a asociarlos. Esta asociación repetida es lo que nos lleva a suponer una relación causal entre los eventos, pero en realidad no hay ninguna base racional para creer que tal relación exista de manera necesaria en el mundo. Hume desmorona aquí la pretensión de certeza del método científico. El hecho de que algo haya ocurrido de una determinada manera en el pasado no garantiza que ocurrirá de la misma forma en el futuro. Si bien la ciencia basa sus predicciones en la uniformidad de la naturaleza, esta suposición no puede justificarse racionalmente. Es solo una creencia basada en la costumbre. Así, para Hume, todas las leyes científicas, incluso las más establecidas, no son más que generalizaciones basadas en la experiencia pasada, sin garantía lógica de que seguirán siendo válidas en el futuro.

Un ejemplo clásico que Hume emplea es el del sol: hemos observado que el sol sale todos los días, y por tanto creemos que lo hará mañana. Pero ¿tenemos alguna base racional para estar seguros de esto? La respuesta de Hume es un rotundo no. Nuestro conocimiento de las leyes de la naturaleza se basa exclusivamente en la regularidad de las observaciones pasadas, pero no podemos demostrar que esas regularidades seguirán operando en el futuro. Esta crítica brutal de Hume al principio de inducción —el proceso mediante el cual llegamos a generalizaciones a partir de casos particulares— socava una de las piedras angulares del método científico. La ciencia, según Hume, no descansa sobre verdades lógicas o necesarias, sino sobre creencias que hemos adquirido por la costumbre de observar ciertos patrones. Dichas creencias pueden ser útiles, pero no son conocimiento cierto. El método científico, en consecuencia, se revela como una herramienta pragmática, más que como un acceso definitivo a la verdad.

En el corazón de esta crítica se encuentra un escepticismo radical sobre la capacidad humana para conocer el mundo tal como es en sí mismo. La única certeza que tenemos es sobre nuestras impresiones sensoriales y las asociaciones que nuestra mente realiza entre ellas. Pero las conexiones causales que suponemos en el mundo externo son una construcción de nuestra mente, no algo que podamos percibir directamente ni garantizar a través de la razón. A pesar de esta crítica devastadora que dinamita los cimientos del conocimiento, Hume no rechaza el método científico como inútil. Al contrario, reconoce que es indispensable para la vida diaria y para el progreso humano. Sin embargo, nos insta a ser conscientes de sus limitaciones y a no otorgarle un estatus de verdad absoluta. En este sentido, la obra de Hume es una advertencia contra el dogmatismo: el científico debe ser consciente de que sus conocimientos están basados en suposiciones que, aunque prácticas y necesarias, no son infalibles ni incuestionables.

El mundo como voluntad y representación (1818)
Arthur Schopenhauer expone una crítica al método científico y, más ampliamente, al enfoque racionalista y empirista del conocimiento. En esta obra, Schopenhauer sostiene que el mundo que percibimos y estudiamos a través de la ciencia no es el mundo en su totalidad, sino una mera representación. Esta

representación es el mundo tal como aparece ante nosotros a través de nuestras formas de conocimiento: la percepción sensorial, el intelecto, y el análisis racional. Schopenhauer toma prestada la distinción kantiana entre fenómeno (lo que aparece) y noúmeno (la cosa en sí), pero lleva esta idea más allá al afirmar que la ciencia, al estar limitada a estudiar el mundo de los fenómenos, jamás podrá acceder a la verdadera realidad.

Para Schopenhauer, esta verdadera realidad es la *voluntad*, una fuerza irracional, ciega e incontrolable que subyace a todo lo que existe y que no puede ser comprendida ni por el método científico ni por la razón. La ciencia, según su visión, solo rasca la superficie de la realidad al descomponer el mundo en conceptos, categorías y leyes, pero no tiene acceso a la naturaleza esencial de lo que existe. Esta "voluntad" no es accesible a través de la observación o el experimento, ya que se encuentra más allá del ámbito de lo que puede ser representado o conceptualizado. Schopenhauer, por tanto, introduce una división radical entre la apariencia del mundo (la representación) y su esencia interna (la voluntad). En su sistema, el método científico, por su dependencia del mundo representado, está condenado a ser una herramienta insuficiente para comprender la verdadera naturaleza de la existencia. Aunque la ciencia puede descubrir las leyes que gobiernan el comportamiento de los fenómenos, no puede decir nada sobre el porqué último o la naturaleza esencial de esos fenómenos, ya que esta pertenece al reino de la voluntad, un dominio que es irracional e inefable [61].

Este dualismo entre *voluntad* y *representación* anticipa muchas de las críticas posteriores al cientificismo y al optimismo del racionalismo. Schopenhauer, al igual que Nietzsche después de él, ve en la ciencia un instrumento útil, pero limitado, que no puede responder a las preguntas más profundas sobre la condición humana o el significado de la vida. Para él, la filosofía, y en especial el arte, ofrecen vías más adecuadas para aproximarse a esta comprensión, ya que permiten un acceso más directo a la experiencia de la voluntad.

Aunque Schopenhauer parte de una distinción entre el fenómeno y la esencia, entre la representación y la voluntad, el análisis contemporáneo del conocimiento y la realidad ha evolucionado hacia nuevas formas de crítica del cientificismo y de los métodos racionalistas. En *"El mundo como información y representación"*, se recoge este legado al exponer las categorías mediante las cuales intentamos comprender el mundo, no ya desde la perspectiva de la voluntad metafísica, sino desde el papel que desempeñan la información y la representación en la construcción del conocimiento. La tesis fundamental de Schopenhauer en su publicación —que es su primera edición no tuvo éxito comercial ni académico, y pasó prácticamente desapercibida — es que el mundo tal como lo experimentamos es una representación subjetiva, moldeada por nuestras facultades cognoscitivas, pero su esencia última es la *voluntad*, una fuerza irracional, ciega e incesante que subyace a todos los fenómenos y actúa como el motor de la existencia. Si sustituimos esa voluntad que vertebra la existencia, por la información —la cual se argumenta aquí es el verdadero eje vertebrador de lo que existe [6]— obtenemos entonces la visión del mundo como información y representación: nuestro leitmotiv para tanto lo tangible como lo intangible.

Introducción a las ciencias del espíritu (1883)
El positivismo es una corriente que sostiene que el conocimiento auténtico proviene exclusivamente de la observación empírica y la aplicación del método científico, rechazando cualquier especulación metafísica o nociones a priori. El principal baluarte de este planteamiento es Auguste Comte, considerado el padre del positivismo. Comte propuso que el conocimiento auténtico debía basarse en hechos observables, verificables y organizados mediante el método científico, excluyendo cualquier especulación metafísica [62] .

Por su parte, el reduccionismo es un enfoque que busca comprender sistemas complejos descomponiéndolos en sus partes más simples, con la idea de que el análisis de estos componentes básicos permite explicar el todo. Descartes sentó bases del reduccionismo con su idea de analizar los fenómenos dividiéndolos en partes simples para comprenderlos mejor. Destaca en esta corriente Francis Crick, codescubridor de la estructura del ADN, quien defendió que la consciencia puede explicarse mediante procesos neuronales [63]

Ambas corrientes impulsaron el progreso científico y tecnológico del siglo XIX, estableciendo una visión científica del mundo basada en hechos observables y teorías comprobables. Sin embargo, sus limitaciones dieron lugar a críticas y enfoques alternativos. Por ejemplo, Wilhelm Dilthey en su *"Einleitung in die Geisteswissenschaften"* [64], publicada en 1883, argumento que las ciencias humanas o del espíritu (*Geisteswissenschaften*) requieren métodos distintos a los de las ciencias naturales, enfatizando la importancia de la comprensión (*Verstehen*) sobre la mera explicación causal. Además, en su "Ideen über eine beschreibende und zergliedernde Psychologie" (de 1894), propuso una psicología que ha de respetar la complejidad de la vida psíquica, en contraposición a las tendencias reduccionistas de su tiempo que intentaban explicar los fenómenos psicológicos únicamente mediante leyes fisicoquímicas. También es esta línea su teoría de la concepción del mundo [65] desarrolla una comprensión de la realidad humana a partir de la experiencia vivida, sosteniendo que el mundo no puede reducirse a meras categorías científicas ni a principios universales aplicables indistintamente a todos los ámbitos del conocimiento.

La vida humana está constituida por una red compleja de significados, emociones y contextos históricos que deben interpretarse en su totalidad. Su enfoque hermenéutico busca entender el sentido de las acciones humanas mediante un proceso interpretativo que trasciende la explicación causal y objetiva propia de las ciencias naturales. De esta manera, Dilthey ofreció una alternativa metodológica al dominio del positivismo y el reduccionismo en el pensamiento científico del siglo XIX.

Ser y tiempo (1927)
Martin Heidegger ofreció una crítica profunda y radical a la comprensión del ser en la tradición filosófica occidental, y de manera profunda, al método científico, al argumentar que la ciencia, con su enfoque en lo objetivo y mensurable, no puede acceder a la cuestión más fundamental de todas: ¿qué significa ser? Heidegger sostiene que la ciencia, aunque poderosa en su capacidad para describir y manipular el mundo, se basa en una ontología que ha olvidado la pregunta por el ser. Esta

"olvidanza del ser", como él la llama, es el resultado de una tradición que, desde los tiempos de Platón y Aristóteles, ha tratado al ser como algo que puede ser objeto de conocimiento o representación, y no como algo que debe ser vivido y comprendido en nuestra existencia cotidiana.

Heidegger introduce el concepto de *Dasein* —literalmente "ser-ahí"— para referirse a la manera en que los seres humanos existimos en el mundo, no como observadores externos, sino como seres inmersos en un contexto de significados, relaciones y temporalidad, inyectados es la realidad. Para Heidegger, el ser no puede reducirse a un conjunto de datos o a una serie de leyes científicas que describen su comportamiento. Más bien, el ser es algo que experimentamos directamente en nuestro estar-en-el-mundo, una experiencia que está condicionada por nuestra temporalidad, nuestras preocupaciones y nuestras relaciones con los demás.

La ciencia, con su énfasis en lo que Heidegger llama la "presencia constante" —es decir, aquello que puede ser medido, observado y registrado—, olvida esta dimensión existencial del ser. Al enfocarse en el mundo como un conjunto de objetos disponibles para ser representados y analizados, la ciencia reduce la realidad a lo que puede ser objetivado, dejando fuera el contexto más amplio de la existencia humana, en el que el ser se revela en su complejidad y en su conexión con el tiempo y la muerte. No se rechaza la ciencia, pero se afirma que el enfoque científico es limitado porque no puede captar las dimensiones más profundas y significativas de la existencia humana. La experiencia del ser no puede ser tratada como un objeto de estudio empírico, ya que nuestra existencia está marcada por la *temporalidad* y por el hecho de que siempre estamos proyectándonos hacia el futuro, hacia posibilidades, y hacia nuestra propia finitud. Este carácter proyectivo y finito de la existencia humana no puede ser explicado por el método científico, que solo se interesa por lo que es presente y mensurable. No todo lo que es real puede ser comprendido a través del prisma de la ciencia. La ciencia es excelente para describir el "cómo" de los fenómenos, pero no puede abordar las preguntas más profundas sobre el "por qué" de la existencia y el ser.

Principio de incertidumbre (1927)

Werner Heisenberg, físico alemán y ganador del Premio Nobel de Física en 1932, formuló un principio que transformó radicalmente la física y planteó una crítica implícita pero profunda al método científico tradicional. Este principio surge en el marco de la mecánica cuántica, el área que estudia el comportamiento de partículas subatómicas, y sostiene que es imposible conocer simultáneamente y con precisión absoluta dos propiedades complementarias de una partícula, como su posición y su momento —la combinación de su velocidad y masa— no siendo esta imposibilidad un defecto del equipo de medición o una limitación tecnológica, sino una característica intrínseca de la naturaleza cuántica.

Heisenberg, desde su posición de físico teórico, descubre que la observación del mundo subatómico está limitada por principios fundamentales que afectan directamente la capacidad del método científico para proporcionar certezas. En la física clásica —la que derivada de los postulados de Newton— se asumía que, dado un conjunto de datos iniciales, sería posible predecir con exactitud el comportamiento futuro de un sistema. Sin embargo, el principio de incertidumbre invalida esta idea determinista al demostrar que, en el ámbito cuántico, existe una indeterminación inevitable. Cuanto más precisamente intentamos medir una de las propiedades de una partícula, mayor es la incertidumbre sobre la otra. Este hecho socava la idea de que el universo puede ser completamente comprendido y predecible mediante el análisis científico, y refuta el paradigma científico hasta entonces imperante.

Heisenberg enuncia otro punto que ataca los fundamentos del método científico tradicional: el papel del observador. En la mecánica cuántica, el acto de medir altera el sistema que se está observando. En otras palabras, no se puede observar una partícula cuántica sin afectar su comportamiento. Esta intervención del observador introduce un nuevo límite a la objetividad científica, ya que la medición no solo revela información sobre el sistema, sino que lo modifica, lo que genera una barrera epistemológica para la ciencia clásica, que había confiado en que el mundo podía ser observado sin alterar su curso natural. El impacto de estas ideas en la ciencia fue inmenso, obligando a replantear la física, y cuestionó las bases ontológicas del conocimiento científico, enunciando que no todo es medible o predecible de manera absoluta. El principio de incertidumbre, por tanto, introduce una visión del universo donde la realidad es fundamentalmente incierta en ciertos niveles y donde el método científico encuentra un límite inherente en su capacidad para proporcionar descripciones completas y definitivas. La ciencia debe reconocer estas limitaciones y aceptar que el conocimiento está siempre sujeto a incertidumbres que no pueden eliminarse.

Principio de complementariedad (1928)
Niels Bohr, físico danés y ganador del Premio Nobel de Física en 1922, introdujo el *Komplementaritätsprinzip*, un concepto sobre el que pivota la interpretación de la mecánica cuántica. Este principio fue diseñado para abordar las aparentes contradicciones surgidas en la descripción del comportamiento de partículas subatómicas, y representa una crítica significativa al método científico clásico. El principio de complementariedad sostiene que las propiedades de las partículas cuánticas, como los electrones y los fotones, no pueden ser descritas completamente mediante una sola perspectiva o experimento. Por ejemplo, dependiendo de cómo se realice una medición, una partícula puede comportarse como una onda o como una partícula, pero nunca se pueden observar ambas propiedades al mismo tiempo en un mismo experimento. Bohr enuncia que estos dos aspectos, aunque aparentemente contradictorios, son complementarios: ambos son necesarios para una descripción completa del fenómeno cuántico, pero no pueden ser observados simultáneamente, contradiciendo así las ideas tradicionales del método científico, que asumían que los fenómenos físicos podían ser descritos desde una única perspectiva coherente y objetiva, sino que se necesita de una serie de enfoques complementarios, que en conjunto proporcionan una visión más completa pero no exhaustiva [6].

Al igual que Heisenberg con su principio de incertidumbre, Bohr pone en cuestión la idea de que el método científico clásico, basado en la observación precisa, la experimentación controlada y la formulación de leyes universales, pueda proporcionar un conocimiento absoluto y definitivo. La realidad es más compleja de lo que el método científico clásico suponía.

Teoremas de la incompletitud (1931)

Kurt Gödel, uno de los matemáticos más influyentes del siglo XX, revolucionó la lógica matemática con sus *Teoremas de incompletitud*. Estos teoremas afectaron profundamente el campo de las matemáticas, poniendo en tela de juicio las aspiraciones del método científico de alcanzar un conocimiento absoluto y definitivo mediante la lógica formal y los sistemas axiomáticos.

El primer teorema de Gödel afirma que en cualquier sistema formal lo suficientemente complejo como para incluir la aritmética, siempre existirán proposiciones que no pueden ser ni demostradas ni refutadas dentro de ese mismo sistema. Incluso en un sistema lógico perfectamente definido, habrá verdades que no se pueden demostrar, lo que implica que la ciencia, que busca construir modelos formales para describir la realidad, también estará limitada por estos mismos principios. Las ciencias que dependen de la formalización matemática, como la física o la informática, heredan esta incompletitud, lo que pone en cuestión su capacidad de ofrecer una comprensión exhaustiva de la realidad.

El segundo teorema, igualmente impactante, afirma que ningún sistema formal consistente puede probar su propia consistencia. Esto refuerza la crítica al señalar que el propio sistema de la ciencia no puede validarse internamente sin recurrir a premisas externas. La ciencia, entonces, no puede justificar de manera completa y autosuficiente sus propios fundamentos teóricos y metodológicos, lo que establece un límite inevitable en su capacidad de demostrar su verdad y consistencia [66].

Gödel, en su trabajo como matemático, no atacó directamente al método científico, pero su descubrimiento de la incompletitud inherente en los sistemas formales revela una crítica implícita: cualquier intento de formalizar la ciencia bajo un sistema lógico o axiomático estará necesariamente incompleto. La incompletitud desafía la creencia en la autosuficiencia de la matemática y la lógica, cuestionando hasta qué punto puede el método científico tradicional ser considerado el único camino hacia el conocimiento fiable.

La lógica de la investigación científica (1934)

Popper es conocido por su teoría de la falsabilidad, argumento que enuncia que las teorías científicas no pueden ser confirmadas definitivamente, sino que deben ser continuamente puestas a prueba y falsadas. Esto se resume de manera rápida, en que en realidad nada es verdadero, sino que es *no falso*, es decir, es considerado verdadero en base a cumplir ciertos criterios, pero tan solo hasta que se demuestre lo contrario [67].

En La lógica de la investigación científica, Karl Popper presenta una profunda crítica al método científico tradicional, particularmente a la concepción inductiva del conocimiento científico que dominaba desde la época de Francis Bacon. Mientras que el *Novum Organum* de Bacon abogaba por la inducción, la idea de que los científicos construyen teorías a partir de la acumulación de observaciones empíricas, Popper rechaza esta visión, argumentando que la inducción no puede ser la base del conocimiento científico. En cambio, Popper propone que la ciencia avanza mediante un proceso de falsación (o refutación), no de verificación. La ciencia no se basa en verificar que algo es cierto, sino en verificar que es no falso. Como ya hemos visto, las leyes de Newton fueron tomadas como verdades absolutas durante siglos debido a su capacidad para predecir con precisión el comportamiento de objetos en condiciones terrestres y astronómicas. Sin embargo, cuando se estudiaron fenómenos a velocidades cercanas a la luz y a escalas subatómicas, las predicciones de las leyes de Newton comenzaron a fallar, lo que llevó al desarrollo de la teoría de la relatividad de Einstein y la mecánica cuántica. Estos nuevos paradigmas demostraron que las leyes de Newton no son universales, y su falsabilidad permitió el avance del conocimiento científico hacia teorías más generales y precisas.

Popper señala que el proceso mediante el cual los científicos pretenden pasar de casos particulares a principios generales, es decir el método inductivo, es lógicamente inválido. Una serie de observaciones positivas no garantiza la verdad irrefutable de una ley científica, ya que cualquier futuro experimento podría contradecirla. Para él, la ciencia no puede proceder simplemente acumulando observaciones confirmatorias. Más bien, la ciencia debe centrarse en la falsabilidad: la capacidad de una teoría para ser refutada por medio de pruebas experimentales. En este sentido, una teoría científica no es buena porque sea confirmada repetidamente, sino porque ofrece hipótesis que pueden ponerse a prueba y ser potencialmente refutado, sucediendo en la realidad —y por el momento— que no los es. Así el criterio de falsabilidad es el eje de la crítica al método inductivo y el fundamento de una nueva concepción del conocimiento científico. Para que una teoría sea considerada científica, debe ser posible, al menos en principio, diseñar un experimento que pueda demostrar que es falsa. Una teoría que no puede ser falsada no es una teoría científica, sino una cuestión de fe, dogma o especulación metafísica. La ciencia es un proceso de conjeturas y refutaciones, donde las teorías no son verificadas definitivamente, sino sometidas a constantes pruebas con el riesgo de ser descartadas.

Popper también se distancia de los positivistas lógicos, quienes intentaron basar el conocimiento científico en principios verificables empíricamente. Para Popper, el problema con esta postura es que no todas las afirmaciones verificables son científicas. De hecho, muchas afirmaciones que no pueden ser falsadas —como las afirmaciones metafísicas— no tienen ningún valor científico, por más que puedan parecer lógicas o coherentes internamente. Por ejemplo, la afirmación metafísica "*el universo tiene un propósito último*" no puede someterse a pruebas empíricas que la confirmen o refuten, ya que se encuentra fuera del ámbito de lo observable y medible. El criterio de falsabilidad, por tanto, es el que distingue entre ciencia y pseudociencia. Teorías que no pueden ser falsadas —como la astrología o el psicoanálisis, según Popper— no son científicas, precisamente porque no están sujetas a la prueba empírica de la refutación.

Popper critica también el método científico tradicional es su rechazo de la certeza. En oposición al enfoque de Descartes, que buscaba una certeza absoluta a partir de la razón, y al inductivismo baconiano que acumulaba pruebas para obtener leyes generales, Popper sostiene que no puede haber certeza en la ciencia. Toda teoría científica es provisional y está destinada a ser reemplazada por una teoría mejor a medida que se realizan nuevos descubrimientos. La certeza, para Popper, es ilusoria: la ciencia es, en esencia, un proceso crítico, en el que las teorías están sujetas a la revisión y el error.

Popper también introduce la idea de que el conocimiento científico progresa mediante lo que él llama conjeturas audaces y refutaciones rigurosas. Los mejores científicos, según él, no son aquellos que acumulan confirmaciones, sino aquellos que proponen teorías que son atrevidas y que ponen en riesgo su falsación. Cuanto más arriesgada es la predicción, más valiosa es la teoría si sobrevive a las pruebas. El avance de la ciencia se produce cuando las teorías más audaces y mejor corroboradas sobreviven a intentos repetidos de refutarlas, aunque siempre están expuestas a la posibilidad de ser rechazadas en el futuro.

El ser y la nada (1943)

Jean-Paul Sartre crítica al método científico en cuanto a su capacidad para comprender la existencia humana en su totalidad. Aunque Sartre no escribe explícitamente una refutación del método científico, su análisis fenomenológico del ser humano revela una serie de tensiones entre las limitaciones de la ciencia y las particularidades de la existencia humana, especialmente en lo que respecta a la libertad, la subjetividad y la consciencia [68].

Sartre enuncia que el método científico, centrado en el estudio de objetos externos y en la búsqueda de leyes generales que expliquen la realidad física, resulta inapropiado para captar la naturaleza del ser humano. En su ontología, Sartre distingue entre dos tipos de ser: el *ser en sí* (*être-en-soi*), que corresponde a los objetos inertes del mundo, y el *ser para sí* (*être-pour-soi*), que se refiere al ser humano y su consciencia. El *ser en sí* es fijo, determinado, sin posibilidad de cambio o transformación interior. Es el mundo de las cosas, de los fenómenos que pueden ser observados y explicados por las ciencias naturales. En cambio, el *ser para sí* es libertad pura, indeterminación, y está siempre proyectándose hacia el futuro, eligiendo su propio ser a través de sus acciones. El método científico es capaz de estudiar el *ser en sí*, porque se basa en la observación objetiva de fenómenos que son estables y repetibles. El método científico presupone que lo que estudia es accesible desde fuera, que puede medirse, explicarse mediante leyes, y que su comportamiento es predecible. Esta aproximación, que resulta adecuada para estudiar el mundo físico, no puede, según Sartre, aplicarse al *ser para sí*, es decir, a la consciencia humana. Esto se debe a que la existencia humana no es un objeto fijo que pueda ser encapsulado en leyes o predicciones. La libertad radical de la consciencia humana hace imposible una explicación determinista.

Una de las críticas más directas que Sartre hace al método científico se encuentra en su concepto de "mala fe". La *mala fe* es el autoengaño, el intento de los seres humanos de verse a sí mismos como objetos para evitar la angustia de la libertad. En términos científicos, esto se traduce en la tendencia a explicarse a uno mismo de manera objetiva, como si el ser humano fuera un conjunto de características fijas que pueden ser medidas y catalogadas, como un objeto físico. Esta cosificación de la persona es una forma de autoengaño porque implica negar la propia libertad, el hecho de que el ser humano no está determinado de manera absoluta por su biología, su entorno social o cualquier otra circunstancia externa. La *mala fe*, según Sartre, es el intento de verse a uno mismo como un objeto predefinido, algo que el método científico puede fácilmente propiciar al tratar de reducir al ser humano a un conjunto de datos y comportamientos observables.

En última instancia, *El ser y la nada* enuncia que la ciencia, por su propia naturaleza, no está equipada para abordar cuestiones relacionadas con la libertad, la angustia, la responsabilidad y la subjetividad humana. El método científico se basa en la observación de hechos objetivos y en la creación de teorías generales, pero la existencia humana no es un hecho que pueda observarse desde fuera ni generalizarse. La consciencia, en su capacidad para elegir y proyectarse hacia el futuro, escapa a cualquier intento de ser capturada por un enfoque determinista o predictivo. Por tanto, la obra de Sartre no solo es una reflexión sobre la existencia y la libertad humanas, sino también una crítica implícita a la pretensión del método científico de abarcar la totalidad de la experiencia humana. La ciencia, en su capacidad para explicar el mundo físico, es valiosa, pero cuando se extiende más allá de sus límites y trata de reducir al ser humano a meros objetos, se convierte en una forma de mala fe.

Dialéctica de la Ilustración (1947)

Max Horkheimer y Theodor Adorno elaboran una crítica radical al proyecto de la Ilustración, enfocándose en cómo la razón, que inicialmente prometía emancipar a la humanidad de la superstición y el mito, terminó convirtiéndose en una nueva forma de dominación. Los autores enuncian que la racionalidad instrumental, derivada del impulso ilustrado, no solo no ha liberado al ser humano, sino que lo ha sometido a un régimen de control técnico y burocrático, donde el poder se ejerce a través de la ciencia, la tecnología y el capitalismo avanzado.

Horkheimer y Adorno argumentan que la razón, al reducirse a su dimensión instrumental, es decir, al convertirse en una herramienta para dominar la naturaleza y organizar la sociedad de manera más eficiente, ha traicionado su propósito original. En lugar de ser un medio para la autocomprensión y la autonomía del ser humano, se ha transformado en un mecanismo que reduce la realidad a lo que puede ser calculado, predicho y manipulado. Este proceso ha llevado a lo que los autores llaman la "*regresión de la razón*": una degradación de la razón ilustrada en un instrumento de control que, paradójicamente, reinstala formas de dominación que la Ilustración pretendía abolir [69].

Uno de los puntos centrales que enuncian es que, en su afán de eliminar el mito, la Ilustración genera su propio mito: el de la omnipotencia de la razón y de la ciencia. El *cientificismo*, la creencia de que solo el conocimiento científico es válido y que todos los aspectos de la realidad pueden ser explicados por el método científico, es la culminación de este proceso. Para Horkheimer y Adorno, el cientificismo es una visión reduccionista del conocimiento, y una forma de poder, que permite la colonización de todos los aspectos de la vida por la racionalidad técnica.

La Ilustración, que en su esencia buscaba liberar al ser humano del temor y del dominio de fuerzas irracionales, terminó subyugando al individuo bajo una nueva forma de dominio: el dominio de la técnica. La racionalidad instrumental, en lugar de ser una herramienta para el florecimiento humano, se convierte en una racionalidad fría y calculadora que no pregunta por los fines últimos, sino solo por los medios más eficientes para alcanzar determinados objetivos. Esto, según los autores, queda patente en la lógica del capitalismo industrial y en los regímenes totalitarios del siglo XX, que usan la ciencia y la tecnología para imponer un control total sobre la sociedad.

Además, Horkheimer y Adorno enuncian que la dominación instrumental de la naturaleza, que la ciencia moderna ha perfeccionado, no se limita a la explotación de los recursos naturales, sino que se extiende a los propios seres humanos. La ciencia, al aliarse con la tecnología y el capitalismo, ha producido un sistema donde los seres humanos son reducidos a meros engranajes de una máquina productiva, sus vidas organizadas y reguladas por una racionalidad que ya no tiene en cuenta la libertad o la dignidad. Este fenómeno es lo que los autores describen como la "racionalidad técnica", que deshumaniza a los individuos, al transformar tanto el mundo natural como el social en objetos de manipulación.

La obra de Horkheimer y Adorno también destaca que esta visión reduccionista de la ciencia y la razón ha llevado a una alienación profunda, tanto de la naturaleza como de los seres humanos. El mundo se convierte en algo que debe ser dominado y explotado, y las personas se ven a sí mismas como meros objetos dentro de un sistema tecnocrático que define sus vidas en términos de producción y consumo. Esta alienación, en última instancia, conduce a la reificación de las relaciones humanas, es decir, las relaciones entre personas se convierten en relaciones entre cosas, donde los individuos son tratados como objetos o recursos a ser gestionados.

Dos dogmas del empirismo (1951)

Quine realiza una crítica decisiva a dos principios fundamentales del empirismo lógico en su ensayo *"Dos dogmas del empirismo"*, lo que impacta profundamente la comprensión del método científico. La obra desafía los pilares en los que se basa gran parte de la filosofía analítica del siglo XX, y en particular, las ideas promovidas por el positivismo lógico. Quine ataca dos "dogmas" clave de la tradición empirista: la distinción entre enunciados analíticos y sintéticos, y el reduccionismo de las teorías científicas a afirmaciones sobre la experiencia sensorial.

El primer dogma, que establece una distinción entre enunciados analíticos —aquellos verdaderos únicamente por el significado de sus términos, como "todos los solteros son hombres no casados"— y enunciados sintéticos —aquellos cuya verdad depende de la experiencia—, constituye un pilar del empirismo lógico. Quine, no obstante, argumenta que esta separación carece de una base sólida. Sostiene que no existe un criterio claro y no circular para diferenciar entre lo analítico y lo sintético. El esfuerzo por establecer una división precisa entre verdades lógicas (analíticas) y verdades empíricas (sintéticas) resulta infructuoso, dado que ambos tipos de enunciados están profundamente interconectados dentro de la compleja red de creencias que conforma nuestro sistema de conocimiento. Los enunciados que se consideran analíticos dependen de convenciones lingüísticas y, por lo tanto, no están completamente separados de la experiencia. Incluso las leyes de la lógica o las definiciones, que el empirismo lógico consideraba inmutables y verdaderas en virtud de su forma, están sujetas a revisión si así lo requieren los datos empíricos. El conocimiento no puede dividirse en un núcleo de verdades necesarias y universales, y una periferia de enunciados contingentes. Toda nuestra red de creencias, incluidas las leyes de la lógica y las definiciones, está sujeta a la revisión y al ajuste frente a los cambios en la experiencia.

El segundo dogma criticado por Quine es el *reduccionismo*, la idea de que cada enunciado significativo puede traducirse o reducirse a una afirmación sobre la experiencia sensorial. Esta concepción, defendida por el empirismo lógico, sostiene que las teorías científicas pueden descomponerse en enunciados básicos, cada uno de los cuales puede ser verificado de manera directa por la experiencia. Quine rechaza esta noción, argumentando que las teorías científicas no se verifican en términos de enunciados individuales, sino como sistemas completos. La verificación de una teoría no consiste en corroborar enunciados aislados, sino en evaluar todo el sistema teórico en su conjunto. cualquier intento de verificar una teoría se enfrenta a lo que él llama la "indeterminación de la traducción", es decir, que los enunciados científicos están interconectados de tal manera que nunca es posible aislar un solo enunciado y contrastarlo directamente con la experiencia. Cuando una observación entra en conflicto con una teoría, no está claro qué parte de la teoría debe ser ajustada o revisada. En lugar de corregir un enunciado específico, es posible que se modifiquen otras partes de la teoría, incluidas las definiciones, los principios lógicos o las interpretaciones de los términos. Por lo tanto, el conocimiento científico debe ser visto como un "todo", donde las creencias están interconectadas y cualquier enunciado puede, en principio, ser ajustado para preservar la coherencia del sistema global.

Esta concepción global del conocimiento es lo que Quine denomina *holismo epistemológico*, una idea central en su obra. El holismo de Quine implica que la ciencia no es un edificio construido sobre hechos empíricos firmemente establecidos, sino una red flexible de hipótesis, enunciados y teorías que se ajustan continuamente en función de la experiencia. Para Quine, no hay un límite claro entre la ciencia y la filosofía, ni entre la verdad lógica y las verdades empíricas. Todo está sujeto a revisión, desde los enunciados más abstractos hasta los principios básicos de la matemática o la lógica [45].

Esta crítica a los dos dogmas del empirismo altera la forma en que entendemos el método científico. El rechazo de la distinción analítico-sintético y del reduccionismo significa que el conocimiento científico no es un proceso de acumulación de hechos verificables, sino una actividad en constante revisión y ajuste. Las teorías no se derivan de manera directa de la experiencia, sino que se enfrentan a ella como sistemas globales. Es así como incluso los enunciados más básicos de las teorías científicas son tan contingentes como cualquier otro.

La estructura de las revoluciones científicas (1962)
Kuhn, marcó un punto de inflexión en la forma en que se concibe el progreso del conocimiento científico. Partimos del cuestionamiento de la visión tradicional de la ciencia como un proceso acumulativo y lineal, en el que los avances científicos se basan en la adición constante de conocimientos nuevos a los ya existentes. El método científico avanzaría supuestamente

de manera progresiva hacia una verdad más completa mediante la acumulación de datos y la mejora de las teorías. En cambio, el desarrollo científico está estructurado *paradigmas*, es decir, marcos teóricos que organizan y guían la investigación en cada campo de la ciencia [58].

Kuhn sostiene que la ciencia *normal* se desarrolla dentro de un *paradigma* establecido, donde los científicos realizan investigaciones encaminadas a resolver problemas concretos que encajan dentro de ese marco teórico. Durante estos periodos de ciencia normal, los científicos no cuestionan el paradigma en sí, sino que trabajan para afinar y ampliar su alcance. Sin embargo, con el tiempo, comienzan a surgir anomalías: datos y fenómenos que no pueden explicarse satisfactoriamente dentro del paradigma existente. Estas anomalías no derrumban el paradigma de inmediato, pero a medida que se acumulan y se hacen más evidentes, el modelo teórico comienza a desmoronarse.

La acumulación de estas anomalías lleva a un periodo de crisis, en el que el paradigma dominante ya no es capaz de ofrecer soluciones coherentes a los problemas que enfrenta. Es entonces cuando ocurre lo que Kuhn describe como revolución científica. Durante estas revoluciones, un nuevo paradigma, a menudo completamente incompatible con el anterior, surge para reemplazar al antiguo. Este cambio no es gradual ni acumulativo, sino más bien un cambio de paradigma abrupto, donde la visión del mundo científico cambia de forma radical. Ejemplos históricos de este tipo de revoluciones incluyen la revolución copernicana, el cambio de la física newtoniana a la relatividad de Einstein, o el desarrollo de la mecánica cuántica. En el ámbito de las ciencias de la computación, un caso análogo es la transición de las computadoras analógicas a las digitales, que marcó un cambio profundo en la forma en que se procesaba la información. Asimismo, la aparición de la IA basada en redes neuronales frente a los sistemas expertos dominantes de las décadas previas —que básicamente eran una larga lista de expresiones condicionantes a evaluar— representa otra transformación paradigmática. Otro ejemplo significativo es el paso de la computación centralizada a los sistemas distribuidos, que alteró radicalmente las arquitecturas y prácticas en el diseño de software. Estos eventos redefinieron las herramientas y métodos empleados, y que transformaron las preguntas mismas que los científicos e ingenieros buscaban responder.

Uno de los aspectos más provocadores de la tesis de Kuhn es su afirmación de que los paradigmas son *inconmensurables* entre sí. Esto significa que no hay una base común desde la cual comparar dos paradigmas científicos rivales. Los conceptos, teorías y métodos que definen un paradigma no se pueden traducir sin más al marco conceptual del otro. Así, la elección entre paradigmas no se basa en una simple comparación de cuál es más "correcto" desde un punto de vista objetivo o neutral. En lugar de ello, las decisiones sobre cuál paradigma adoptar pueden depender de factores como la persuasión entre los científicos, los éxitos que un paradigma consigue en resolver problemas, o incluso de influencias socioculturales.

Kuhn también niega la idea de que la ciencia siempre progresa hacia una mayor verdad. Si los paradigmas son inconmensurables, entonces no es posible decir que uno es más verdadero que el otro en un sentido absoluto. El paso de un paradigma a otro no significa necesariamente que nos acercamos más a una descripción "final" de la realidad, sino que estamos adoptando una nueva forma de ver y de interactuar con el mundo. Esto cuestiona la visión tradicional de que la ciencia, al acumular conocimientos, se mueve inevitablemente hacia una verdad más completa y objetiva.

La obra de Kuhn ha tenido un impacto considerable en la filosofía de la ciencia, ya que introduce la idea de que el conocimiento científico está, en gran medida, influido por factores humanos, históricos y sociales. La elección de un nuevo paradigma no es simplemente el resultado de la aplicación de un método científico objetivo, sino que involucra una transformación en la forma en que los científicos ven el mundo. Así, la ciencia no es solo una cuestión de observación y lógica, sino también de las percepciones, expectativas y acuerdos compartidos dentro de una comunidad científica. Al proponer que las revoluciones científicas son irracionales desde una perspectiva lógica, se introduce una dimensión histórica en la ciencia que antes se había pasado por alto en gran medida. Las grandes transformaciones en el conocimiento científico no son necesariamente el resultado de un proceso puramente racional, sino que involucran saltos y rupturas que no siempre pueden justificarse únicamente desde el método científico tradicional.

La estructura de las revoluciones científicas transforma nuestra concepción de cómo la ciencia cambia y progresa, defendiendo que, en vez de ser un proceso continuo y acumulativo, es más bien una secuencia de largos periodos de estabilidad interrumpidos por crisis y cambios radicales, algo que por ejemplo en el ámbito de la IA, podemos ver ejemplificado en los llamados *veranos* e *inviernos* en su desarrollo [70].

Pasos hacía una ecología de la mente (1972)
Gregory Bateson, un antropólogo, sociólogo y cibernético británico, fue una de las figuras más influyentes en el desarrollo de una visión sistémica del pensamiento y la ecología. En su obra *Pasos hacia una ecología de la mente*, Bateson recopila ensayos y reflexiones que exploran las interconexiones entre la mente, el comportamiento, la comunicación y el entorno, articulando una crítica profunda al reduccionismo del método científico tradicional [71].

Bateson desafía la idea de que el conocimiento puede ser obtenido descomponiendo los fenómenos complejos en sus partes más simples y estudiándolos de forma aislada, una técnica clave en el método científico positivista. Un científico positivista es aquel que sostiene que el conocimiento válido se obtiene exclusivamente a través de la observación empírica y el método científico, rechazando explicaciones metafísicas o especulativas. Este enfoque fragmentario falla en captar la complejidad y la interdependencia de los sistemas vivos y las redes de relaciones que conforman tanto la mente como el medio ambiente. Para Bateson, la mente y el entorno no son entidades separadas, sino que forman un *sistema de relaciones*, y cualquier intento de entender la mente o la realidad sin considerar esta ecología es, en el mejor de los casos, incompleto y, en el peor, erróneo.

Uno de los temas centrales de la obra es la noción de *circularidad y retroalimentación* dentro de los sistemas, concepto que Bateson adopta de la cibernética y que utiliza para criticar las visiones lineales y deterministas del método científico clásico. En lugar de ver los fenómenos como cadenas de causas y efectos aislados, Bateson enuncia que los sistemas vivos operan mediante ciclos de retroalimentación que producen comportamientos emergentes y autoorganizados. El conocimiento, por tanto, no puede ser alcanzado simplemente a través de observaciones aisladas o experimentos controlados que desarticulan el todo en sus partes, ya que este enfoque pierde de vista la interacción dinámica y las interrelaciones de los elementos dentro de un sistema.

La epistemología del método científico clásico, basada en la separación entre sujeto y objeto, no es adecuada para entender la relación entre mente y naturaleza. Esta división es artificial y el ser humano, como observador, no está separado del mundo que estudia, sino inmerso en él. El conocimiento es, en su visión, *participativo* y situado en contextos más amplios de interacción. La premisa fundamental del método científico tradicional, que considera posible una objetividad desapegada y neutral, queda entonces invalidada, y se sustituye por una visión sistémica y ecológica que critica el reduccionismo y el mecanicismo, proponiendo en su lugar una comprensión más holística, donde los fenómenos deben ser entendidos en términos de relaciones y patrones. La incapacidad del método científico para capturar esta complejidad limita su alcance y puede llevar a errores en la interpretación del mundo, especialmente en ámbitos tan complejos como la psicología, la ecología y la sociedad.

Es necesario un cambio radical en nuestra forma de pensar y conocer. Necesitamos una nueva epistemología que abarque la complejidad, la interdependencia y los sistemas circulares que conforman nuestra realidad.

Contra el método (1975)

Paul Feyerabend ofrece una crítica radical a la noción de que la ciencia se desarrolla siguiendo un único método riguroso o universalmente válido, desafiando la concepción tradicional de la ciencia como una actividad que sigue normas fijas y racionales, argumentando que el análisis y estudio de la historia de la ciencia muestra algo muy distinto. No hay un conjunto de reglas metodológicas que siempre haya sido respetado por los científicos, ni siquiera en los momentos más transcendentales de los avances científicos. De hecho, sostiene que algunos de los progresos más importantes en la ciencia se lograron precisamente cuando los científicos desobedecieron las normas establecidas [72].

Particularmente cuestionable es la idea de que la ciencia es la única forma de conocimiento verdaderamente racional y de que sigue un camino metodológico superior a otras formas de saber. En este sentido, *"Contra el método"* es una crítica tanto al racionalismo como al empirismo en la ciencia. La imposición de un solo método a lo largo de la historia de la ciencia sería una receta para el estancamiento, y la diversidad de enfoques es lo que ha permitido que la ciencia avance. Esto nos lleva a postura más radical: la idea de que "todo vale" en el desarrollo del conocimiento científico. Esta frase no es un llamado al caos, sino una afirmación de que el pluralismo metodológico, y no la adherencia estricta a un único enfoque, es lo que ha permitido que la ciencia evolucione.

La crítica de Feyerabend es particularmente severa hacia el falsacionismo propuesto por Karl Popper, y hacia cualquier intento de definir un criterio rígido que pueda distinguir la ciencia de la pseudociencia. La historia de la ciencia está llena de casos en los que las teorías que eventualmente triunfaron y dieron lugar a revoluciones científicas fueron aceptadas y desarrolladas a pesar de ser, en sus inicios, contrarias a la evidencia empírica o a los métodos aceptados de la época. La ciencia se mueve hacia adelante no porque siga reglas fijas, sino porque los científicos se atreven a romper esas reglas, a adoptar hipótesis aparentemente absurdas y a desafiar las convenciones dominantes. Un ejemplo notable es el de Miguel Servet, quien, en el siglo XVI, propuso la circulación pulmonar de la sangre en su obra *Christianismi Restitutio*. Este descubrimiento, aunque preciso, fue rechazado en su tiempo debido a las creencias dogmáticas dominantes y al conflicto con las autoridades religiosas y científicas, lo que le valió la persecución y la condena a muerte en la hoguera. La contribución de Servet solo fue reconocida posteriormente, pudiéndose ver aquí un claro ejemplo de que avances de vital importancia surgen fuera de los márgenes establecidos, y en radical oposición a los poderes establecidos.

El hallazgo de Servet negaba directamente la veracidad de lo expuesto por Galeno, cuya autoridad había predominado durante más de un milenio en la medicina occidental. Según Galeno, la sangre se generaba en el hígado, se consumía en los tejidos y se movía en el cuerpo sin un sistema circulatorio completo. Esta concepción, aceptada de forma casi incuestionable, proporcionaba una base teórica sólida para la medicina medieval, que combinaba elementos empíricos con visiones cosmológicas y espirituales. La propuesta de Servet, que describía cómo la sangre fluye del ventrículo derecho del corazón a los pulmones para oxigenarse y regresar al ventrículo izquierdo, contradecía a Galeno e introducía una perspectiva mecánica y funcional de la fisiología que sentaría las bases para los estudios modernos. Este desafío al dogma galénico desató la ira de las autoridades religiosas, e incomodó a la comunidad científica de su época, aferrada a las ideas clásicas como fundamento incuestionable. La resistencia a aceptar las ideas de Servet demuestra cómo las estructuras de poder y los paradigmas dominantes pueden entorpecer la aceptación de nuevos conocimientos, incluso cuando están respaldados por observaciones empíricas. Solo con el trabajo posterior de figuras como William Harvey, quien sistematizó la teoría de la circulación completa, las ideas de Servet encontraron su lugar en la narrativa científica, convirtiéndose en un ejemplo emblemático de cómo los avances pueden dinamitar los pilares mismos de una disciplina [73].

Feyerabend muestra cómo muchos de los grandes científicos tuvieron que adoptar estrategias que iban en contra de las normas metodológicas de su tiempo para sobrevivir y lograr que sus ideas fueran tomadas en serio. Galileo, por ejemplo, no se limitó a basar su defensa del heliocentrismo en pruebas empíricas —que en su época eran todavía insuficientes para convencer a sus contemporáneos—, además desplegó un conjunto sofisticado de tácticas retóricas, políticas y culturales para ganar apoyo a su teoría. Entre estas estrategias, destaca su habilidad para reformular los problemas astronómicos en términos accesibles y visuales, como con el uso de observaciones realizadas con el telescopio, un instrumento que él mejoró significativamente y que empleó como símbolo de autoridad técnica y científica.

Galileo también utilizó analogías convincentes, como la comparación entre el movimiento de los cuerpos celestes y fenómenos cotidianos, para persuadir a sus interlocutores de la plausibilidad del modelo heliocéntrico. Además, buscó legitimidad al escribir sus obras en italiano, en lugar del latín académico, lo que le permitió llegar a un público más amplio y generar un debate fuera de los círculos académicos tradicionales. Paralelamente, cultivó relaciones con figuras influyentes de la Iglesia y la nobleza, buscando protección y apoyo político para sus ideas, lo cual fue de inestimable ayuda en un contexto en el que el Tribunal de la Inquisición ejercía un control férreo sobre la ortodoxia intelectual. Unido a esto, otra táctica notable fue su capacidad para desviar la atención de las lagunas de su teoría —como la ausencia de una explicación convincente del movimiento terrestre en términos mecánicos— hacia cuestiones más filosóficas, destacando las limitaciones del modelo geocéntrico de Ptolomeo y la necesidad de una nueva forma de interpretar el cosmos. Galileo también empleó un estilo polémico en sus escritos, ridiculizando las objeciones de sus adversarios y desacreditando a los defensores del geocentrismo como incapaces de entender la verdad científica [16].

Desde la perspectiva de Feyerabend, estas estrategias muestran que el progreso de la ciencia no puede limitarse al cumplimiento estricto de normas metodológicas preestablecidas. En su lugar, depende de una *anarquía epistemológica*, en el sentido de que los avances surgen cuando los científicos tienen la libertad de explorar ideas radicales, emplear métodos heterodoxos, y desarrollar su habilidad para defenderlos. La historia de Galileo, lejos de ser un ejemplo de ciencia pura y objetiva, ilustra cómo el éxito científico a menudo requiere creatividad, pragmatismo y una capacidad para maniobrar en contextos sociales y políticos adversos.

Otro de los aspectos fundamentales de la crítica de Feyerabend es su rechazo a la supremacía de la ciencia sobre otras formas de conocimiento. Según Feyerabend, la ciencia no tiene el monopolio de la verdad, y otras formas de conocimiento —sean estas religiosas, filosóficas o tradicionales— tienen tanto derecho a existir como la ciencia. Esta postura antielitista niega la idea de que la ciencia es inherentemente superior o más racional que otras prácticas culturales. La ciencia es una práctica cultural más, y no debería ser vista como un estándar absoluto contra el cual se miden todas las demás formas de entender el mundo. Además, a de partirse de un pluralismo metodológico: diferentes disciplinas y teorías deben convivir y competir, en lugar de ser eliminadas por no ajustarse a un canon rígido. Esto es lo que subyace a su famosa afirmación de que "todo vale" en el avance del conocimiento. Feyerabend no propone que la ciencia deba ser caótica o arbitraria, sino que argumenta que los científicos deben ser libres de adoptar cualquier método que funcione en un momento dado, y que los avances científicos a menudo requieren la exploración de vías no convencionales y la ruptura de normas establecidas. Feyerabend también critica el cientificismo, la creencia de que la ciencia es la única fuente válida de conocimiento y que sus métodos son superiores a los de otras disciplinas. Para Feyerabend, este tipo de dogmatismo es peligroso, ya que cierra la puerta a la creatividad y a la innovación en la ciencia misma. El autor argumenta que la ciencia, en lugar de ser una búsqueda imparcial de la verdad, está influida por factores culturales, políticos y sociales, y que estos factores también deben tenerse en cuenta a la hora de entender cómo progresa el conocimiento. No hay necesidad de un marco metodológico universal dado que el desarrollo científico ha sido, en gran medida, producto de la flexibilidad y la improvisación, más que de la adhesión estricta a reglas fijas. Para que la ciencia siga siendo una fuente dinámica de conocimiento, debe estar abierta a la experimentación con diferentes enfoques, incluidos aquellos que puedan parecer irracionales o heterodoxos desde el punto de vista del método científico tradicional.

La metodología de los programas de investigación científica (1976)

Imre Lakatos presenta una crítica y reformulación del método científico basado en las propuestas de Karl Popper. Lakatos desarrolla una visión más matizada y flexible de cómo progresa la ciencia, al introducir el concepto de *programas de investigación científica*, con una respuesta a las limitaciones que tanto el falsacionismo estricto de Popper como el enfoque de las revoluciones científicas de Thomas Kuhn imponían a la práctica científica. Lakatos critica la idea simplista del método científico, que tradicionalmente se basaba en la verificación o refutación directa de teorías aisladas mediante experimentos. En cambio, sostiene que la ciencia no progresa a través de la simple refutación de teorías individuales, sino mediante el desarrollo de *programas de investigación* que consisten en un núcleo central de ideas fundamentales y una serie de hipótesis y teorías auxiliares que rodean y protegen ese núcleo. El criterio de demarcación que introduce Lakatos entre ciencia y pseudociencia no se basa en la falsabilidad de una sola hipótesis, sino en la capacidad de un programa de investigación para generar nuevos desarrollos teóricos que lleven a la resolución de problemas y la predicción de nuevos fenómenos [74].

Una de las críticas más destacadas que Lakatos plantea al método científico tradicional es la falta de realismo en el modelo popperiano de falsacionismo ingenuo. Para Lakatos, los científicos no abandonan una teoría inmediatamente tras encontrar un contraejemplo o anomalía. Las teorías pueden ser revisadas, modificadas o incluso "protegidas" temporalmente a través de hipótesis auxiliares que permitan al núcleo duro de un programa mantenerse intacto. Es decir, la ciencia no progresa por un simple juego de pruebas y refutaciones, como Popper había sugerido, sino por la evolución interna de programas que son capaces de adaptarse a los nuevos descubrimientos y desafíos empíricos.

Un ejemplo contemporáneo que ilustra esta dinámica es el concepto de la materia oscura. Las observaciones de la rotación de las galaxias y la distribución de cúmulos galácticos presentaron anomalías que no podían explicarse dentro del marco estándar de la física gravitacional basada únicamente en la materia visible. Sin embargo, en lugar de abandonar las teorías de Newton o Einstein, los científicos propusieron hipótesis auxiliares, como la existencia de una forma de materia invisible que interactúa gravitacionalmente pero no emite ni absorbe luz. Esta hipótesis permitió preservar el núcleo teórico de la física gravitacional mientras se abordaban las discrepancias observacionales.

A lo largo de las décadas, el programa de investigación de la materia oscura ha evolucionado, incorporando nuevos modelos y métodos experimentales, como la búsqueda de partículas masivas de interacción débil (WIMPs) y la investigación sobre neutrinos y axiones . Aunque hasta ahora la materia oscura sigue siendo una hipótesis sin detección directa, el programa permanece vigente debido a su capacidad para explicar un amplio rango de fenómenos cosmológicos y galácticos, mientras otros intentos alternativos, como las teorías modificadas de la gravedad, aún no han logrado el mismo nivel de coherencia explicativa. Este caso muestra cómo las hipótesis auxiliares pueden proteger un programa de investigación, permitiendo a los científicos seguir explorando y refinando ideas dentro de un marco teórico, lo cual enlaza con la perspectiva de Lakatos, sobre que la capacidad de un programa para adaptarse y generar nuevas predicciones relevantes es lo que define su progreso, no la eliminación inmediata de teorías ante anomalías [75].

Lakatos critica tanto el empirismo inductivo como el falsacionismo estricto, enunciando que ninguna de estas metodologías captura el comportamiento real de los científicos en su trabajo diario. En su lugar, propone que el éxito de un programa científico debe medirse por su capacidad de expandir el conocimiento y resolver problemas a lo largo del tiempo, en lugar de simplemente evitar ser falsado. Un programa de investigación progresivo es aquel que no solo resiste las refutaciones, sino que también es capaz de prever nuevos hechos y explicar anomalías sin abandonar su núcleo esencial, pero partiendo de un marco dinámico y más realista de cómo funciona la ciencia en la práctica. Así, el progreso científico depende de la interacción entre la creatividad teórica y la confrontación empírica, pero dentro de una estructura más amplia de programas que evolucionan y compiten a lo largo del tiempo.

La totalidad y el orden implicado (1980)
David Bohm, físico teórico reconocido por sus contribuciones a la física cuántica —teoría causal de la mecánica cuántica—, presentó una crítica fundamental al paradigma científico clásico, proponiendo una nueva visión de la realidad basada en la idea de totalidad y un *orden implicado* subyacente. Influenciado por sus trabajos en mecánica cuántica, cuestiona la fragmentación del conocimiento y el reduccionismo del

método científico tradicional, concluyendo que la realidad no puede entenderse adecuadamente mediante la descomposición de sus partes. A partir de este punto de partida, critica la perspectiva dominante en la ciencia, que postula que el universo puede analizarse a través de la separación de sus elementos constituyentes, como lo hace la física clásica. Esta visión fragmentaria es limitada porque no logra captar la interconexión inherente de los fenómenos. En su lugar, introduce el concepto de *orden implicado* (*implicate order*), una estructura oculta y unificada que subyace a toda la realidad observable. A diferencia del *orden explicado* que percibimos en el mundo externo a través de los sentidos y la ciencia tradicional, el *orden implicado* establece que las partes del universo no están verdaderamente separadas, sino que están profundamente conectadas en una totalidad indivisible [76].

El método científico, tal como se practica convencionalmente, es incapaz de captar esta dimensión más profunda de la realidad, ya que se enfoca en aspectos fragmentados y no en el tejido subyacente que los conecta. La física cuántica, según Bohm, ya ha comenzado a mostrar las limitaciones del enfoque científico clásico, especialmente con fenómenos como el entrelazamiento, que enuncia que las partículas subatómicas pueden estar correlacionadas instantáneamente a través de vastas distancias, una idea incompatible con la visión mecanicista de la causalidad local. El universo no sigue una cadena predecible de causas y efectos aislados, sino que opera dentro de una red dinámica donde cada parte está en constante relación con el todo. La separación entre el observador y lo observado —un principio básico del método científico— es artificial dado que el observador participa activamente en la creación de la realidad que percibe. Necesitamos un enfoque que abarque tanto el *orden implicado* como el *orden explicado*, y que reconozca la interconexión esencial de todos los fenómenos.

La vida misma (1991)

Robert Rosen, un biólogo teórico y matemático, realiza una crítica profunda al método científico tradicional, especialmente en su capacidad para explicar los sistemas vivos. Existe un problema fundamental de la biología: ¿qué es la vida? Su enfoque rompe con el reduccionismo mecanicista predominante en la ciencia, que trata de entender los organismos vivos como meras máquinas o sistemas físicos gobernados por las mismas leyes que los objetos inanimados [77]. Rosen parte de una crítica hacia paradigma mecanicista, que utiliza el método científico clásico, por reducir la vida a un conjunto de partes y procesos materiales, ignorando las características únicas de los organismos vivos que los diferencian de las máquinas. En su análisis, destaca que la vida no puede ser explicada únicamente a través de las leyes de la física y la química, como postula el enfoque reduccionista, sino que requiere una visión más amplia y compleja que incorpore las propiedades organizacionales y relacionales de los sistemas vivos [78].

Una de las características primordiales de los organismos vivos es su capacidad de anticipar y adaptarse a su entorno, algo que no puede ser explicado por la causalidad lineal del método científico tradicional. Esta anticipación implica una forma de autoorganización y una red de causalidades internas que escapan a los marcos explicativos de la física clásica. El error del método científico aquí es asumir que la biología debe ser tratada como la física, utilizando los mismos principios para estudiar tanto sistemas vivos como inanimados. El enfoque mecanicista ha fallado en proporcionar una comprensión completa de la vida porque ignora las propiedades relacionales entre las partes de un sistema. En lugar de tratar a los organismos como máquinas con partes independientes, se propone un enfoque sistémico y relacional que vea la vida como una red de interacciones complejas y jerárquicas, donde la organización interna es tan importante como los componentes físicos. El método científico, que a menudo busca aislar variables y estudiar fenómenos de manera independiente, no puede capturar esta complejidad. Para entender la vida, es necesario un nuevo marco conceptual que permita integrar estas propiedades organizacionales y relacionales, siendo la teoría de sistemas complejos una vía más adecuada para este prposposito.

La biología como ideología (1991)
Richard Lewontin, un destacado biólogo evolutivo y genetista, esgrime una crítica profunda al uso del método científico en biología, específicamente en la genética y el reduccionismo

biológico. La biología contemporánea ha caído en una trampa ideológica al postular que el ADN y los genes son la única fuente de explicación de todos los fenómenos biológicos, minimizando o ignorando los complejos factores ambientales, sociales y culturales que también influyen en la vida. El enfoque que reduce el organismo y su comportamiento a meros resultados de la información genética contenida en el ADN, es una simplificación extrema que refleja más una ideología que una ciencia rigurosa. En lugar de considerar la interacción dinámica entre el entorno y los organismos, los genes son el centro exclusivo de la vida y la evolución, dejando de lado la complejidad inherente a los organismos vivos [79].

El método científico en biología ha sido utilizado de manera simplista para justificar conclusiones deterministas sobre la naturaleza humana y la sociedad, convirtiendo los descubrimientos genéticos en una ideología que refuerza ciertas estructuras sociales y políticas. Esta visión genéticamente determinista de la biología se ha utilizado para justificar desigualdades sociales y para promover la idea de que las características humanas, como la inteligencia, el comportamiento y las predisposiciones sociales, están predeterminadas por el ADN, lo cual es una falacia desde un punto de vista biológico. El aislamiento de variables en experimentos genéticos no puede capturar la interacción compleja y bidireccional entre los genes y el entorno. La biología tradicional, ha caído en el error de intentar explicar la vida de manera mecanicista, siguiendo el mismo enfoque que en física o química, pero ignorando que los sistemas biológicos no son lineales ni reducibles a una sola causa. La vida, es el resultado de la interacción entre múltiples factores, no simplemente la ejecución de un "código genético".

Teoría del cierre categorial (1992)
Gustavo Bueno elabora una crítica singular al método científico tradicional al proponer un enfoque que se distancia de la perspectiva epistemológica clásica. En su lugar, Bueno introduce la *gnoseología*, una disciplina que no se limita a considerar el conocimiento como una relación entre sujeto y objeto, sino que entiende las ciencias como entidades autónomas y organizadas, cuyas operaciones y términos forman un sistema cerrado y autosuficiente. Se redefine así la

79

manera en que concebimos el desarrollo del conocimiento científico, alejándose de la simple acumulación de datos o de la refutación de teorías, y aboga por una construcción interna de cada ciencia. La *teoría del cierre categorial* sostiene que las ciencias no son unificables ni reducibles unas a otras. Cada ciencia —ya sea la física, la biología o la química— constituye un cuerpo autónomo, un sistema cerrado en el que los términos y operaciones están interrelacionados de manera que su progreso depende de sus propios principios internos. Esta independencia entre ciencias es lo que permite que cada disciplina tenga su propio campo categorial, con sus propias reglas y verdades. Así, se estable una oposición a la existencia de un único método científico válido para todas las ciencias y que postula que estas eventualmente se unificarán en una única ciencia [80].

El concepto de *cierre categorial* establece que cada ciencia crea un marco de operaciones y términos que, al cerrarse sobre sí mismo, genera identidades sintéticas dentro de ese campo específico. Un ejemplo de ello es el teorema de Pitágoras, que forma parte del campo de la geometría y que, dentro de ese sistema, establece una identidad entre los términos geométricos. Este enfoque no se limita a describir o representar la realidad externa, dado que se centra en la construcción interna del conocimiento dentro de cada ciencia. Con ello, el progreso de las ciencias no se basa en una correspondencia directa con la realidad, sino en la capacidad de generar verdades científicas dentro de su propio sistema categorial.

Una de las críticas más contundentes que Gustavo Bueno realiza al método científico es su oposición a las teorías que pretenden unificar el conocimiento bajo un solo marco. Para Bueno, no existe una *ciencia universal* ni un conjunto de categorías que abarque todas las ciencias. Cada disciplina científica tiene su propio campo y sus propias reglas, y no se puede reducir ni subordinar una ciencia a otra. Con esta visión pluralista se rechaza la idea de que la ciencia progresa hacia una comprensión unificada del mundo, y se plantea que la verdadera riqueza del conocimiento científico reside en la diversidad y en la especificidad de cada campo categorial.

El materialismo gnoseológico de Bueno también se diferencia de otras corrientes como el *falsacionismo* de Karl Popper, que propone que las teorías científicas deben ser refutables para ser válidas. Para Bueno, las teorías no se validan ni se refutan desde fuera, sino que se construyen internamente mediante la neutralización de operaciones y términos dentro del campo categorial al que pertenecen. Esta visión constructivista implica que el conocimiento científico no es simplemente un descubrimiento de verdades ya dadas, sino un proceso de construcción activa en el que las identidades sintéticas — construcciones identitarias que integran elementos diversos, a menudo contradictorios, en respuesta a contextos sociales, culturales o históricos, permitiendo una autoimagen compleja y flexible — generadas dentro de un campo categorial son las que determinan el avance del conocimiento.

La *"Teoría del cierre categorial"* redefine la ciencia como un conjunto de campos autónomos y cerrados, cuya estructura interna es la que determina el desarrollo del conocimiento. Partiendo del cuestionamiento de la existencia de un método científico universal, se ofrece aquí una nueva perspectiva que valora la diversidad y la autonomía de las ciencias, y que rechaza las pretensiones de unificación y universalidad típicas del cientificismo.

La estructura de la teoría de la evolución (2002)
Stephen Jay Gould, paleontólogo y biólogo evolucionista, publicó una exhaustiva sobre el desarrollo y las implicaciones de la teoría de la evolución desde Charles Darwin hasta nuestros días. Gould ofrece una revisión crítica del darwinismo clásico, defendiendo su relevancia, pero también señalando que el método científico aplicado a la biología evolutiva debe incorporar ciertas revisiones y ajustes para reflejar las complejidades que han sido descubiertas en las últimas décadas. El método científico tradicional, tiende a centrarse en la selección natural como el único o principal motor de la evolución y en su lugar, la teoría evolutiva debe considerar otros factores importantes, como los procesos de deriva genética, la contingencia histórica y los patrones de cambio a nivel macroevolutivo. En este sentido, se propone una ampliación del marco darwinista clásico a través de su teoría del *equilibrio puntuado*, que sostiene que las especies permanecen

estables durante largos períodos, seguidos por breves episodios de cambio evolutivo rápido. Esta teoría niega la visión gradualista y lineal que caracteriza al darwinismo clásico [81].

La tendencia de los científicos a buscar explicaciones universales para los fenómenos biológicos a menudo implica subestimar la importancia de la variabilidad, la estructura interna de los organismos y el contexto ecológico e histórico. La ciencia no debe solo centrarse en la selección natural como el principal mecanismo evolutivo, sino que debe incorporar una visión más pluralista que contemple múltiples factores que interactúan a diferentes niveles de organización biológica y temporal. La excesiva dependencia de modelos reduccionistas que simplifican la complejidad de la vida no tiene en cuenta las circunstancias singulares e impredecibles que pueden desempeñar un papel transcendental en la evolución de las especies. El método científico debe considerar no solo leyes universales, sino también la importancia de la contingencia y los eventos singulares. Cualquier marco explicativo de la evolución debe tener en cuenta tanto la microevolución, regida por mecanismos como la selección natural, como la macroevolución, donde los patrones de cambio no son lineales y pueden incluir factores históricos y estructurales que van más allá de lo que los modelos darwinistas clásicos pueden explicar.

El problema con la física (2006)
Lee Smolin —un renombrado físico teórico y profesor del *Perimeter Institute for Theoretical Physics* en Canadá— realiza una crítica profunda y exhaustiva del estado actual de la física fundamental, especialmente con respecto a la teoría de cuerdas. La obra se estructura como una revisión crítica del método científico tal como se ha aplicado en las últimas décadas dentro de este campo, donde Smolin enuncia que se ha producido una desviación significativa del método empírico tradicional hacia una ciencia basada más en especulaciones matemáticas que en evidencias observables. La teoría de cuerdas, que propone que todas las partículas fundamentales no son puntos sino pequeñas cuerdas vibrantes, ha sido durante más de treinta años uno de los principales enfoques en la física teórica. Sin embargo, a pesar de décadas de investigación, esta teoría no ha sido capaz de ofrecer

predicciones comprobables experimentalmente, lo cual la aleja de los principios fundamentales del método científico, tal como lo definieron Popper, donde la falsabilidad de una teoría es central para su validación científica [82].

Uno de los aspectos más incisivos de la crítica de Smolin es su análisis sobre cómo el predominio de la teoría de cuerdas ha afectado el desarrollo de la física. La falta de resultados experimentales, en combinación con la inversión masiva de recursos intelectuales y materiales en una teoría que aún no ha proporcionado una verificación empírica, plantea una peligrosa dependencia de la ciencia de la especulación teórica. En lugar de intentar confirmar o refutar modelos mediante la observación y la experimentación, se ha creado una cultura en la que las predicciones no verificables son aceptadas como válidas simplemente porque encajan dentro de un marco matemático elegante y cohesivo. La cultura académica que ha surgido alrededor de la teoría de cuerdas, describiéndola como un "*monocultivo intelectual*". Los físicos jóvenes se ven incentivados a trabajar dentro de este paradigma, lo que ha llevado a un estancamiento en el desarrollo de otras teorías alternativas que podrían ofrecer diferentes perspectivas y avances en la comprensión del universo. El método científico, basado en la diversidad de enfoques y en la evaluación crítica de todas las hipótesis, ha sido sustituido por un enfoque único que domina la agenda de la física teórica.

El uso excesivo de la matemática abstracta en detrimento de la comprobación experimental — aun con la importancia de las matemáticas en la formulación de teorías científicas— hace que demasiadas de las ideas en la física moderna, como la teoría de cuerdas, hayan llegado a depender demasiado de construcciones matemáticas que no están respaldadas por datos empíricos. Esto va en contra de la tradición científica, en la que las teorías matemáticas deben ser confirmadas por la observación para ser consideradas válidas. La gravedad cuántica, la cosmología y los intentos de unificar las fuerzas fundamentales, han de reformularse para ser más rigurosas y estar menos influido por las tendencias académicas dominantes. En lugar de permitir que una teoría no falsable monopolice el campo, ha de darse un retorno a una ciencia más abierta y pluralista, en la que las ideas compitan en igualdad de condiciones y se priorice el trabajo experimental. Esto es una llamada a retornar a los fundamentos del método científico, basados en la experimentación, la observación y la posibilidad de refutación, para evitar que la física se convierta en un ejercicio puramente especulativo.

Hasta aquí hemos revisado tanto el método científico, como algunas de sus corrientes críticas más influyentes. Estas reflexiones encuentran aplicaciones tangibles en las ciencias de la computación y la informática, donde el conocimiento no solo avanza mediante el rigor lógico y experimental, sino que está mediado por tensiones entre creatividad, pragmatismo y las limitaciones epistemológicas propias de los sistemas complejos. Por ejemplo, la visión inductiva de Francis Bacon tiene una correspondencia directa en los algoritmos de aprendizaje automático, que dependen de grandes volúmenes de datos para extraer patrones y formular predicciones. Sin embargo, como ya señalara Bacon con sus *ídolos del entendimiento*, los sesgos inherentes a los datos pueden distorsionar los resultados y perpetuar desigualdades sistémicas, como ocurre en los sistemas de selección de personal o en los algoritmos de recomendación de contenido. Asimismo, la crítica de David Hume sobre las inferencias causales enlaza con la incapacidad de muchos sistemas predictivos de IA para distinguir correlaciones de causalidades reales. Un modelo que asocia ciertas características con el riesgo de enfermedad puede ser útil para predecir, pero insuficiente para guiar intervenciones, destacando los límites del enfoque puramente inductivo en estas disciplinas.

La perspectiva de Thomas Kuhn sobre las revoluciones paradigmáticas es evidente en los cambios disruptivos dentro de la informática, como la transición de sistemas basados en reglas a modelos de aprendizaje profundo, que transformaron no solo las herramientas utilizadas, sino también las preguntas que los investigadores buscaban responder. Del mismo modo, el principio de incertidumbre de Heisenberg encuentra paralelismos en sistemas interactivos como los algoritmos de recomendación, donde las interacciones entre usuarios y sistema generan dinámicas impredecibles y alteran el comportamiento del modelo. Paul Feyerabend, por su parte, nos mostró que el progreso del conocimiento depende de la ruptura de normas, una idea reflejada en métodos no convencionales como los algoritmos evolutivos, que rompen con las expectativas iniciales al evolucionar estructuras de redes neuronales sin diseño humano explícito. Por último, el principio de falsabilidad de Karl Popper pone de manifiesto la necesidad de que los sistemas autónomos, como los vehículos sin conductor, se prueben en escenarios más diversos y realistas para garantizar su robustez. Estas críticas iluminan los límites de los paradigmas científicos aplicados a la informática, y nos invitan a reflexionar sobre cómo diseñar sistemas más adaptativos y conscientes de la complejidad inherente al conocimiento computacional en evolución.

2.2.3   Lo irreducible

La inducción, la deducción y la abducción son pilares del razonamiento científico que permiten derivar conclusiones y explicaciones a partir de patrones observables y principios generales. La inducción es un proceso de razonamiento que parte de casos específicos para formular generalizaciones o leyes universales. La deducción implica aplicar reglas generales a casos particulares para obtener conclusiones lógicas y necesarias. La abducción consiste en generar hipótesis plausibles a partir de observaciones para explicar fenómenos desconocidos, aunque estas hipótesis no estén garantizadas por la evidencia inicial.

La voluntad que emana de nuestra consciencia es capaz de dirigir este razonamiento hacia el punto de nuestro interés. Sin embargo, estos métodos que se acaban de exponer encuentran limitaciones cuando se aplican a fenómenos cuya complejidad no puede ser captada mediante la fragmentación o reducción a componentes más simples. En esta problemática que plantea el reduccionismo, entra en juego el concepto de lo irreducible el cual categoriza a aquellos sistemas o fenómenos que, al ser descompuestos, pierden su naturaleza fundamental. Este concepto plantea nuevas preguntas sobre cómo abordar el conocimiento, mostrando que ciertos aspectos de la realidad, como la mente humana y la consciencia, requieren enfoques más integradores que los métodos tradicionales, al no poder ser explicados adecuadamente por estos en su totalidad [83].

El debate que suscita esta problemática tiene profundas implicaciones epistemológicas: ¿es imposible reducir los fenómenos de la mente humana a simples interacciones neuronales, gobernadas por principios físicos y químicos o es que sencillamente aún no sabemos cómo hacerlo? F. Kelly, en su "*Irreducible Mind*", responde a esta pregunta. Este texto, resultado de una amplia investigación interdisciplinaria, desafía el paradigma materialista dominante en psicología y neurociencia, concluyendo que la experiencia humana y la consciencia misma poseen dimensiones que trascienden las explicaciones convencionales [84].

El hilo conductor de *Irreducible Mind* es la reivindicación de la figura de Frederic W.H. Myers, un pionero en la investigación de la mente y la personalidad humana, cuyo trabajo quedó relegado al olvido tras el auge del conductismo, una corriente psicológica que estudia el comportamiento observable y medible, dejando de lado los procesos mentales internos, y considera que este se moldea mediante estímulos y respuestas en el entorno. Para Myers, la mente no es meramente un epifenómeno de la actividad cerebral, sino un ente amplio y profundo, capaz de trascender los límites impuestos por el cuerpo. Su concepto del *yo subliminal* establece que bajo el umbral de la consciencia ordinaria reside una vasta extensión de procesos mentales que pueden manifestarse en forma de fenómenos que hoy día denominamos *supranormales* y que a los que la normalmente la ciencia oficial da la espalda, y al parecer están ahí: telepatía, clarividencia, precognición, psicoquinesis, hipnotismo, experiencias extracorporales, visión remota, retrocognición, percepción extrasensorial, escritura automática, entre otros. Estos fenómenos no son, según Myers y los autores de este libro, anomalías que deben ser descartadas; al contrario, son pruebas de la naturaleza expandida de la mente, y su estudio es necesario si queremos llegar a un conocimiento verdadero. No parece descabella su propuesta. A lo largo de la historia, la comunidad científica ha ignorado o rechazado ciertos fenómenos naturales observables que desafiaban las teorías dominantes de su época. Un ejemplo es la teoría de la generación espontánea, que sostenía que la vida podía surgir de materia inerte, como gusanos apareciendo en carne en descomposición. Aunque observaciones empíricas cuestionaban esta creencia, la teoría prevaleció hasta que experimentos de científicos como Francesco Redi en el siglo XVII y Louis Pasteur en el siglo XIX demostraron que la vida no surge espontáneamente, sino de otros seres vivos, refutando finalmente esta idea arraigada.

En este sentido, hay un corpus de evidencias que desafían los postulados materialistas y apuntan hacia la necesidad de una reevaluación de las bases mismas de los planteamientos científicos al respecto. Uno de los puntos más robustos que se plantea aquí es la existencia de fenómenos psíquicos que no pueden ser reducidos a meras disfunciones o ilusiones. Un ejemplo paradigmático es la precognición, donde individuos reportan haber experimentado visiones o presentimientos detallados de eventos futuros que luego ocurren con sorprendente precisión. Casos documentados en investigaciones muestran patrones que exceden el azar estadístico, indicando una posible capacidad de la mente para acceder, de alguna manera aún incomprensible, a información no condicionada por el presente inmediato.

El estudio de la memoria es otra área donde las teorías materialistas enfrentan serias dificultades. El concepto tradicional de memoria como un "trazo" almacenado en el cerebro ha sido cuestionado por casos que muestran que, tras daños cerebrales severos, ciertas memorias permanecen intactas. Aún más intrigantes son los casos en los que personas en estado de coma o anestesia general experimentan recuerdos claros o incluso percepciones externas al cuerpo. Estos casos nos llevan a pensar que la memoria podría no estar completamente vinculada a la estructura física del cerebro, lo que abre la posibilidad de que el fenómeno de la memoria esté operando en niveles no explicados por las actuales teorías neurológicas. Los automatismos psicológicos, como la escritura automática y las experiencias de disociación, ofrecen otra línea de evidencia que pone en tela de juicio el reduccionismo. Algunas personas parecen actuar bajo la influencia de "*centros de consciencia*" separados, a menudo con recuerdos y comportamientos completamente ajenos a su yo consciente habitual. Estos fenómenos no están alineados con la idea de que la mente es un ente unitario completamente bajo el control consciente, y preconizan la existencia de niveles subconscientes que operan independientemente y pueden incluso manifestarse físicamente.

No debe confundirse la naturaleza de los fenómenos observados en los automatismos psicológicos, como la escritura automática y las experiencias de disociación, con la teoría del *inconsciente colectivo* de Jung. Mientras que los automatismos reflejan manifestaciones independientes de niveles subconscientes personales que actúan al margen del control consciente, el inconsciente colectivo jungiano se refiere a una capa profunda de la psique humana que trasciende la individualidad y está formada por arquetipos y patrones simbólicos compartidos por toda la humanidad. Los automatismos psicológicos surgen de procesos internos del inconsciente personal, mientras que el inconsciente colectivo opera como una estructura universal que influye en la percepción y la cultura a través de significados comunes inherentes a la experiencia humana [85].

El fenómeno de la genialidad, en especial cuando involucra creatividad extrema o "inspiración", se aborda también como un reto a las explicaciones convencionales. Muchos artistas, científicos y matemáticos han reportado recibir "visiones" o soluciones complejas a problemas que no podrían haber derivado de procesos conscientes convencionales. Algunos de estos casos incluyen a prodigios que son capaces de realizar cálculos matemáticos complejos de manera automática y sin aparente esfuerzo consciente. El estudio de estos fenómenos conduce a la conclusión de que existen procesos mentales que operan fuera de los límites de la consciencia ordinaria, y cuya explicación se escapa de las teorías materialistas.

La ciencia de la mente necesita ser ampliada para incluir fenómenos que hasta ahora han sido marginados o rechazados por no encajar en los moldes tradicionales del reduccionismo materialista. La obra *Irreducible Mind* insiste en que es imperativo para la psicología del siglo XXI integrar estas anomalías dentro de una nueva teoría de la mente, una teoría que reconozca tanto los límites como las vastas potencialidades de la consciencia humana.

En la línea argumental de este planteamiento, Federico Faggin, ampliamente reconocido por su contribución pionera al mundo de la informática como el creador del primer microprocesador comercial, el Intel 4004, y fundador de la empresa Zilog, durante los últimos años ha llevado su enfoque más allá del ámbito tecnológico hacia la exploración la naturaleza de la consciencia. En su obra *"Irreducible"* expone su visión acerca de la irreductibilidad de la consciencia, argumentando que la mente humana no puede ser explicada únicamente en términos de procesos computacionales o físicos. Este argumento niega las creencias predominantes en el materialismo reduccionista, afirmando que la consciencia es una propiedad fundamental del universo, no meramente un epifenómeno del cerebro [83].

A través de su teoría de panpsiquismo basada en la información cuántica (QIP), que desarrolló en colaboración con el físico Giacomo Mauro D'Ariano, Faggin postula que la consciencia está presente en todas las entidades del universo y que las mentes humanas son solo una manifestación de esta realidad consciente. Faggin rechaza de plano la visión materialista que domina gran parte de la ciencia actual, que considera al ser humano como una máquina biológica similar a una computadora. Faggin sostiene y argumenta que las propiedades esenciales de la vida, como el libre albedrío y la autoconsciencia, son irreductibles, no derivadas de la interacción de partículas materiales. Para él, la consciencia tiene una naturaleza única, indivisible, que trasciende las explicaciones físicas tradicionales y que debe ser comprendida desde un enfoque holístico. Esta teoría implica que la consciencia no es producto del cerebro, sino que lo permea todo, y propone una visión del universo como un todo interconectado, en el que los elementos conscientes interactúan de manera libre y creativa. Este planteamiento de Faggin no solo representa un giro radical desde el campo de la computación hacia la filosofía de la mente, además también invita a un replanteamiento profundo de nuestra comprensión del ser humano y de la naturaleza de la realidad.

El panpsiquismo tradicional sostiene que la consciencia no es exclusiva de los seres humanos o los animales complejos, sino que, en algún grado, está presente en todas las entidades del universo, desde las partículas subatómicas hasta los organismos vivos. En este sentido, toda materia, desde los átomos hasta las células, tiene alguna forma de consciencia o capacidad de experimentar, aunque a un nivel extremadamente básico. Este enfoque choca con el materialismo clásico, que ve la consciencia como un producto exclusivo de la complejidad cerebral y las interacciones neuronales.

Lo que distingue la propuesta de Faggin y D'Ariano es la incorporación de la información cuántica dentro de esta teoría panpsiquista. La teoría QIP postula que las unidades de consciencia o *seities*, como las llama Faggin, son entidades cuánticas conscientes capaces de interactuar entre sí y con el mundo físico. Estas unidades conscientes no solo poseen libre albedrío, sino que también tienen la capacidad de actuar e influir en el universo de formas no determinadas completamente por las leyes físicas clásicas. En este marco, la consciencia es entendida no solo como un fenómeno emergente a partir de complejas configuraciones de materia, sino como una característica fundamental e irreducible del universo mismo. Faggin teoriza que estas unidades de consciencia a las que llama *seities*, forman parte de la esencia de la estructura de la realidad, y su capacidad de interactuar de manera cuántica conlleva que las interacciones conscientes no están completamente sujetas a las leyes deterministas que rigen la materia inanimada. Con ello se ofrece una posible explicación para fenómenos que el materialismo científico encuentra difíciles de abordar, como el libre albedrío, la subjetividad y las experiencias internas de la mente.

Faggin aún no ha desarrollado un formalismo matemático riguroso que describa cómo las *seities* interactúan específicamente con el universo físico ni cómo estas interacciones pueden ser cuantificadas de manera experimental. A diferencia de las teorías tradicionales en física, como la mecánica cuántica y la relatividad general, que están sustentadas por ecuaciones y principios claramente definidos y comprobables empíricamente, la teoría QIP opera actualmente en el ámbito de la especulación, dado que no tienen aún una correspondencia exacta con las formulaciones matemáticas que puedan ser sometidas a prueba experimental.

3   La información

La era en la que vivimos es, sin duda, la era de la información, un tiempo en el que nuestro entorno nos sumerge en un flujo incesante de datos, como si corrientes invisibles nos arrastraran sin que apenas lo percibamos. Este fenómeno, fruto de siglos de avances tecnológicos que comenzaron con la imprenta y culminaron en la digitalización global, ha multiplicado la cantidad de datos disponibles y transformado nuestra relación con ellos. No obstante, en medio de este vasto océano informativo, surge una cuestión que raramente se analiza: ¿es la información lo mismo que el significado? Si bien los datos se presentan como elementos objetivos y tangibles, el significado emerge únicamente cuando estos son interpretados y contextualizados, un acto que implica dotarlos de coherencia dentro de un marco conceptual más amplio. En este sentido, los datos, por sí mismos, son neutros y carecen de dirección; su transformación en significado requiere la intervención activa de una mente humana, influida por su experiencia, cultura y las particularidades del contexto en el que opera. Por ejemplo, una cifra tan simple como 35 grados Celsius puede interpretarse de formas radicalmente distintas: como un indicador de alerta por cambio climático para un científico, o como una temperatura habitual para un habitante de una región tropical. Así, el significado no es inherente al dato, sino una construcción que depende de su integración en una narrativa que lo haga comprensible y lo dote no solo de semántica sino también de sentido. En un mundo saturado de información, el verdadero reto no reside en la acumulación de datos, sino en la capacidad de extraer de ellos un conocimiento significativo mediante un proceso reflexivo que trascienda lo superficial y ponga orden en el caos. Sin esta interpretación crítica, los datos permanecen como ruido, un torrente sin dirección que amenaza con diluir la comprensión y oscurecer el conocimiento.

No es el futuro, y no son nuevas tecnologías. Es el presente fundamentado en tecnologías fuertemente consolidadas. Aun así, en el lenguaje cotidiano que describe nuestra relación con ellas, tendemos a confundir información con significado, como si el mero hecho de acumular más datos nos acercara a una comprensión más profunda de las cosas. Pero ¿qué es la información? ¿Qué dimensiones abarca? ¿Qué implicaciones tiene en su esencia? En términos científicos, la información puede definirse como un conjunto de símbolos organizados bajo ciertos patrones, ya sean bits en una computadora, letras en un libro o señales neuronales en el cerebro. Sin embargo, esta organización por sí sola no es suficiente para otorgarles valor o sentido. La información, en su estado bruto, es solo un código. Solo cuando se interpreta esta información adquiere lo que llamamos significado.

El significado, entonces, surge de la interacción entre los datos y un intérprete capaz de darle contexto. Es el acto de atribuir valor a la información, de ver más allá de los bits y los bytes para descubrir su papel dentro de un marco más amplio de referencia. Aquí radica la gran diferencia: la información es estructural, mientras que el significado es funcional y contextual. La distinción, aunque sutil, es en fundamento para entender no solo el mundo digital, sino también la naturaleza de la consciencia y el conocimiento humano.

3.1 Teorías de la información

Conviene hacer un breve repaso a las diferentes teorías de la información, antes de profundizar en todo cuanto su procesamiento y almacenamiento conlleva [86].

Antes de los descubrimientos y avances conseguidos en el siglo XX, los trabajos de Blaise Pascal y Pierre-Simon Laplace [87] en probabilidad introdujeron un enfoque matemático capaz de manejar la incertidumbre. Estas teorías serían las que más adelante nos permitirían definir la información en términos probabilísticos, ya que el procesamiento de información depende en parte de la reducción de la incertidumbre en la recepción del mensaje a la hora de realizar una trasmisión, bien sea a un tercero, o bien para su almacenamiento. Sería en el siglo XIX cuando con la invención de telégrafo, se comenzaron a estudiar principios sobre cómo las señales podrían viajar grandes distancias con mínima pérdida de claridad. Aunque rudimentaria, esta tecnología sentó las bases para los futuros sistemas de codificación, incluyendo el Morse, que proponía una representación eficiente y económica de mensajes [88].

Ferdinand de Saussure, uno de los padres de la lingüística moderna, no desarrolló una teoría de la información como tal, pero sus ideas influyeron profundamente en su desarrollo posterior, especialmente en áreas relacionadas con los signos, el significado y la estructura de la comunicación, conceptos implícitos en toda teoría de la información. Para ello partió de una distinción profunda entre los conceptos de *lengua* y *habla*, donde la primera se refiere al sistema abstracto y estructurado de signos y reglas compartido por una comunidad, mientras que el habla constituye la expresión individual y concreta de dicho sistema en situaciones específicas. Esta dualidad inspiró un análisis más amplio de los sistemas de comunicación, interpretándolos como estructuras codificadas que permiten la transmisión de información en instancias particulares de uso. Otro de sus aportes clave es el concepto de *signo lingüístico*, que definió como la conjunción de un *significante* —la forma o sonido de una palabra— y un *significado* —el concepto al que se asocia esta forma—. Según Saussure, esta relación no es natural, sino arbitraria y depende del sistema de la lengua, no de la realidad física; este concepto de "código" como conjunto de elementos arbitrarios pero estables ha sido central en el análisis de cómo los signos y símbolos —como los bits y códigos— permiten la transmisión de significado en sistemas organizados. Asimismo, Saussure subrayó el *principio de arbitrariedad* de los signos, resaltando que la conexión entre significante y significado es convencional y basada en un acuerdo social; este principio resultó influyente para conceptualizar los códigos de comunicación como sistemas flexibles, donde símbolos y representaciones —como en el código Morse o el sistema binario— solo cobran sentido dentro de un marco de referencia compartido. También desarrolló un enfoque estructuralista, en el cual propuso que la lengua funciona como un sistema de relaciones donde el valor de cada signo depende de su posición y diferencia respecto a los demás signos. Esta interdependencia de elementos fue fundamental para comprender cómo se organiza y procesa la información, además de constituir una base para el análisis de la redundancia, la predictibilidad y la estructura de los mensajes en la teoría de la información. De igual modo, Saussure distinguió entre el estudio *sincrónico* —que examina la lengua en un momento específico— y el *diacrónico* —que explora la evolución de la lengua a través del tiempo—. Esta diferenciación resultó útil para estudiar los sistemas de comunicación desde una perspectiva estructurada, permitiendo ver la información desde dos enfoques: como un sistema estático en un instante o como uno en constante transformación, y generando aportes significativos para el análisis de la transmisión de datos en redes cambiantes y dinámicas [89].

Aparte de los fundamentos estructurales, las ideas de Saussure han influido en el desarrollo de algoritmos para el procesamiento del lenguaje natural y en la inteligencia artificial, donde la comprensión de los sistemas de signos y su interrelación permite interpretar y generar información coherente. Actualmente, los modelos de lenguaje basados en redes neuronales emplean la *noción saussuriana* de que el significado surge de las diferencias y relaciones entre los signos dentro de un sistema, posibilitando una interpretación contextualizada y dinámica de los datos. Asimismo, en el ámbito de la codificación y transmisión de datos, los principios de arbitrariedad y convención de Saussure facilitan el diseño de protocolos de comunicación eficientes que dependen de acuerdos preestablecidos para la correcta interpretación de los mensajes. La influencia saussuriana también se manifiesta en el análisis de la redundancia y la eficiencia de la información, aspectos fundamentales para optimizar el almacenamiento y la transferencia de datos en redes modernas. Las contribuciones de Saussure continúan sirviendo como una base teórica que enriquece y orienta las innovaciones en la teoría de la información, adaptándose a los avances tecnológicos y permitiendo una comprensión más profunda de los complejos sistemas de comunicación actuales.

Harry Nyquist, ingeniero e investigador en telecomunicaciones, realizó contribuciones fundamentales al campo de la teoría de la información y el procesamiento de señales, plasmadas principalmente en sus artículos y trabajos técnicos más que en libros. Uno de sus escritos más influyentes es el artículo titulado *Certain Topics in Telegraph Transmission Theory* [90]. En este trabajo, Nyquist exploró los límites de la transmisión de datos y sentó las bases para lo que más tarde se conocería como el *teorema de muestreo de Nyquist-Shannon*, principio de partida en la teoría de la comunicación digital. Nyquist introdujo la idea de que la tasa de transmisión de información de un sistema está limitada por el ancho de banda y la frecuencia máxima de la señal, lo que viene a ser el fundamento de la tasa de Nyquist. Esto implica que, para capturar una señal analógica sin pérdida de información, es necesario muestrearla a una frecuencia al menos dos veces superior a su frecuencia máxima. Esta idea se convirtió en un principio central para el diseño de sistemas de telecomunicaciones y transmisión de señales en la era digital, influenciando enormemente el desarrollo de tecnologías de transmisión de datos y el diseño de redes.

Serían el propio Nyquist junto con Ralph Hartley, los que en el contexto de su trabajo para los laboratorios Bell, explorarían las nociones de *capacidad de transmisión* y *cantidad de información*, sentando las bases para el desarrollo de la teoría de la información con la que hoy en día operamos. Hartley propuso una fórmula para calcular la cantidad de información transmitida, que dependía del número de símbolos en el alfabeto de transmisión y la longitud del mensaje. Su trabajo fue relevante no solo para los sistemas de comunicación telegráfica y telefónica, sino también para cimentar la idea de que la información es una entidad cuantificable y, lo que es más relevante aún, que puede medirse sin referencia a su significado. Con este enfoque técnico y estructural, Hartley allanó el camino para una visión matemática de la información, permitiendo concebirla en términos de elección o probabilidad, en lugar de interpretación semántica. Nyquist y Hartley, al abordar estos aspectos cuantitativos de la información, sentaron una base conceptual que inspiraría directamente a Claude Shannon para desarrollar su teoría revolucionaria [7] en la década de 1940.

Claude Shannon y Alan Turing durante la Segunda Guerra Mundial, presentaron una fusión de conceptos matemáticos y lógicos que transformaron radicalmente la comprensión y el procesamiento de datos en la era moderna. En 1943, Shannon y Turing, ambos criptoanalistas en Bell Labs, se reunían diariamente en la cafetería sin discutir directamente sobre su trabajo debido a la naturaleza secreta de sus proyectos.

Mientras Turing trabajaba en el descifrado de la máquina Enigma utilizada por las fuerzas alemanas, Shannon se enfocaba en analizar teóricamente el *Sistema X*, utilizado para encriptar conversaciones de voz entre el Pentágono y las War Rooms de Churchill. Shannon demostró que este sistema era inquebrantable, estableciendo así una base sólida para la criptografía científica [86].

Shannon abstrajo la idea de mensaje de sus detalles físicos, enfocándose en la cuantificación de la información mediante conceptos como la entropía y la redundancia, conceptos sobre los que más adelante volveremos. Definió así la información como una medida de incertidumbre y elección, eliminando el contenido semántico del mensaje para centrarse en su estructura estadística. Además, Shannon demostró la capacidad del canal, que es el límite absoluto de velocidad de cualquier canal de comunicación, conocido hoy como el límite de Shannon. También probó que dentro de este límite es posible diseñar esquemas de corrección de errores que superen cualquier nivel de ruido, lo que inspiró futuros desarrollos en la ciencia de la computación.

Añadido a lo anterior, Shannon analizó la redundancia inherente en los lenguajes naturales, estimando que el inglés tiene una redundancia de aproximadamente el 50%. Esto significa que los textos en inglés pueden reducirse a la mitad sin pérdida de información. Esta redundancia es el talón de Aquiles de los sistemas de cifrado simples, ya que permite a los criptoanalistas identificar patrones y frecuencias de letras para descifrar mensajes.

Norbert Wiener, el matemático pionero de la cibernética, exploró la teoría de la información y el control en su influyente libro *Cybernetics: Or Control and Communication in the Animal and the Machine* [91]. Este texto seminal aborda la idea de la información como un elemento central en los sistemas de comunicación y control, tanto en organismos biológicos como en máquinas, introduciendo conceptos que sentaron las bases de diversas disciplinas científicas y técnicas. Wiener argumenta que la cibernética, entendida como la ciencia de la comunicación y el control, puede aplicarse a un amplio rango de sistemas en los que la transmisión y procesamiento de la información resultan primordiales. Entre los temas más destacados, examina cómo los sistemas complejos logran el equilibrio y se adaptan mediante retroalimentación, lo que permite la autorregulación. El libro impactó tanto en las ciencias exactas como en las ciencias sociales, al ofrecer una perspectiva integrada de los mecanismos que sustentan la organización y el comportamiento de sistemas dinámicos en entornos cambiantes. *Cybernetics* es considerado un texto fundamental para quienes estudian la teoría de sistemas, la IA y el control automatizado, y se caracteriza por su estilo riguroso y su capacidad para integrar ideas de la matemática, la ingeniería y la biología.

3.2 Una teoría matemática de la información

La teoría de la información de Claude Shannon, presentada en su obra seminal "*A Mathematical Theory of Communication*" [7], revolucionó nuestra comprensión de la comunicación y estableció los fundamentos matemáticos que sustentan la era digital. Su teoría transformó el campo de la telecomunicación, dejando una profunda huella en áreas tan dispares como la criptografía, la computación, la teoría de la probabilidad, la lingüística, y la IA. Su propuesta como ya adelantemos se inscribe en un contexto histórico donde los avances tecnológicos, generaron una demanda urgente por sistemas de comunicación más eficientes y seguros. Shannon, influido por estos desarrollos y por las ideas previas en teoría de señales de Norbert Wiener [91]y Harry Nyquist [90], abordó el problema de la transmisión y codificación de la información, que fue más allá de las preocupaciones meramente técnicas de la época.

La teoría de la información de Shannon parte de una visión abstracta de la comunicación, en la cual se conceptualiza cualquier mensaje como una secuencia de símbolos provenientes de una fuente bien sea esta una persona, un dispositivo, o en general cualquier sistema. Shannon introdujo el concepto de *entropía* como medida de la cantidad de incertidumbre o sorpresa en un conjunto de mensajes, cuantificando la información de un sistema en términos de probabilidad. La entropía, expresada en bits, define el límite fundamental de compresión posible para una fuente de información: mientras mayor es la entropía, mayor es la cantidad de información que un mensaje puede portar, y mayor es su imprevisibilidad. Shannon formuló matemáticamente esta idea, definiendo la entropía H de una fuente de información como:

$$H = - \sum_{\{i=1\}}^{n} p(x_i) \, log_2 \, p(x_i)$$

donde $p(x_i)$ representa la probabilidad de aparición de cada símbolo x_i en el mensaje. Esta ecuación establece un límite teórico para la cantidad de datos necesaria para representar un mensaje sin pérdida de información. En este sentido, Shannon sentó también las bases para técnicas de compresión de datos, como las usadas en archivos de audio y video digitales.

Otro concepto clave en su teoría es el de *capacidad del canal*, que define la máxima cantidad de información que puede ser transmitida a través de un canal de comunicación, como una línea telefónica o una red de datos, sin que la señal se degrade por ruido o interferencias. Shannon formuló esta capacidad como una función de la relación señal-ruido, determinando que existe un límite intrínseco para la tasa de bits que se puede enviar de manera fiable a través de cualquier canal:

$$C = B \, log_2 \left(1 + \frac{S}{N}\right)$$

Donde C es la capacidad del canal en bits por segundo, B es el ancho de banda del canal en hertzios, y $\frac{S}{N}$ es la relación señal-ruido. Este principio de capacidad del canal permite optimizar la transmisión de datos para minimizar errores en presencia de interferencias.

Si queremos expresar esta capacidad en *nats por segundo* en lugar de *bits por segundo*, convertimos el logaritmo en base 2 ($log\,2$) a un logaritmo natural (ln). Un *nat* es una unidad de medida de información utilizada en teoría de la información, equivalente al contenido informativo de un evento cuya probabilidad es $1/e$ (donde e es la base del logaritmo natural, aproximadamente 2.718).

$$1\ nat\ =\ 1/ln(2)\ bits\ \approx\ 1.44\ bits$$

Expresar la capacidad de un canal en bits resulta ventajoso en contextos tecnológicos y prácticos, ya que los bits son la unidad estándar en telecomunicaciones y almacenamiento, facilitando la interpretación por ingenieros y diseñadores, además de ser ampliamente adoptados en normativas y herramientas. Sin embargo, su uso implica trabajar con logaritmos base 2, lo que puede requerir conversiones adicionales en cálculos teóricos. Por otro lado, los nats, al emplear logaritmos naturales, simplifican las expresiones matemáticas y son más coherentes con otras disciplinas como la física y la estadística, aunque su adopción es limitada en aplicaciones prácticas y su utilidad en sistemas digitales, basados directamente en bits, es menos evidente, lo que puede generar confusión o la necesidad de conversión para su implementación.

La pregunta aquí es ¿no es cierto que una señal enviada entre dos puntos puede interpretarse bajo diferentes perspectivas? Es decir, por una parte, podemos aplicar la fórmula de Shannon para ver el límite máximo de los bits que nos permite transmitir, pero también, por otra parte, en base a la distorsión de la señal recibida, podemos inferir variables meteorológicas entre el punto de origen y el punto de destino de la transmisión.

Este planteamiento refleja la dualidad inherente en el análisis de una señal. Desde una perspectiva teórica de la información, la fórmula de Shannon nos permite calcular la capacidad del canal, es decir, la máxima cantidad de datos que pueden ser transmitidos con precisión, considerando factores como el ruido, la potencia de la señal y el ancho de banda disponible. Así la señal se entiende como un medio técnico y abstracto cuyo propósito principal es optimizar la eficiencia de la transmisión de información entre dos puntos. Sin embargo, una señal también puede ser vista como un fenómeno físico influenciado por su entorno, como de hecho lo es. En este sentido, la distorsión de la señal recibida, lejos de ser únicamente un obstáculo, puede convertirse en una fuente de información contextual. Por ejemplo, las alteraciones en la amplitud, frecuencia o tiempo de propagación pueden reflejar cambios en las condiciones ambientales, como la densidad del aire, la temperatura, la humedad o incluso fenómenos meteorológicos más complejos, como tormentas o precipitaciones. Esto permite que la señal no solo sea un canal para transportar datos, sino también un medio para inferir propiedades del entorno entre el transmisor y el receptor. ¿Cuánta información lleva entonces la señal?

Este enfoque dual tiene aplicaciones prácticas significativas. Por un lado, permite optimizar el diseño de sistemas de comunicación ajustando parámetros que maximicen la capacidad de transmisión. Por otro, abre la puerta a su uso como herramienta de teledetección. Por ejemplo, las ondas de radar utilizadas en meteorología no solo transmiten información entre estaciones, sino que también analizan las reflexiones y distorsiones de la señal para estimar precipitaciones, vientos o estructuras de tormentas. Así, el análisis de señales no se limita a su contenido explícito, sino que también incluye la interpretación de las alteraciones implícitas que experimenta durante su propagación. Este doble enfoque invita a una comprensión más holística, donde la señal no solo transporta datos de manera intencionada entre un origen y un destino, sino también evidencia las huellas de su interacción con el medio en el que viaja, ampliando así su utilidad más allá de la mera comunicación.

La teoría de Shannon tiene también importantes implicaciones epistemológicas: su concepción de la información es estrictamente cuantitativa y deliberadamente desvinculada del contenido semántico, es decir, no considera el *significatio* de los mensajes, sino únicamente su estructura probabilística. Esta perspectiva estableció una clara separación entre la información y el significado, una distinción que resultó altamente influyente y, en cierto modo, limitante para el desarrollo de la IA. La abstracción propuesta por Shannon facilitó la creación de sistemas extremadamente eficientes en la transmisión y almacenamiento de datos, pero en los que la comprensión del contenido es innecesaria. Si bien este enfoque es óptimo para la transferencia de información, es decir las telecomunicaciones, plantea serias limitaciones cuando se trata del procesamiento y la interpretación en la lógica de las máquinas, es decir, la informática. ¿Deberíamos, entonces, replantear la teoría de Shannon para añadir la dimensión semántica de la que adolece? La respuesta a este interrogante es que esta ampliación ya ha comenzado a tomar forma en diversos dominios de la informática en la que la ingeniería se aplica con toda la potencia de su tecnología computacional. En disciplinas propias de la IA que van desde el procesamiento del lenguaje natural hasta el desarrollo de redes semánticas y modelos de aprendizaje profundo, se comienza ya a capturar el *sensus* inherente a los datos y su contexto.

Ahora bien, si bien podemos pensar que la obtención de soluciones, aunque sean por el momento parciales, a este problema es algo reciente, esto no ha sido debido a que hasta ahora no fuéramos conscientes de él. Yehoshua Bar-Hillel y Rudolf Carnap, propusieron una *teoría semántica de la información* que pretendía integrar el significado en la medición de la información [92]. En su artículo *"An Outline of a Theory of Semantic Information"*, publicado en 1952 en la revista *Language and Information*, propusieron un enfoque alternativo que se centraba en la probabilidad de verdad, es decir, en cómo los mensajes transmitidos podían aportar "información verdadera" sobre el estado de un sistema. Esto intentaba añadir una capa semántica, pero resultó complejo y difícil de aplicar en sistemas de comunicación reales debido a la subjetividad del significado de la verdad y su dependencia del contexto, por lo que su influencia fe muy limitada, dando todo el protagonismo a la teoría expuesta por Shannon. No olvidemos tampoco que Shannon fue matemático, ingeniero eléctrico, criptógrafo en época de guerra y, eventualmente, profesor en el MIT, donde pudo divulgar sus ideas. Por el contrario, Bar-Hillel fue filósofo y lingüista, y desarrolló sus investigaciones en la Universidad Hebrea de Jerusalén.

Bar-Hillel buscó unir la filosofía del lenguaje con la teoría de la comunicación, colaborando con figuras como Rudolf Carnap, el cual fue un filósofo y lógico alemán, destacado miembro del Círculo de Viena — un grupo influyente de filósofos que promovió el positivismo lógico en la primera mitad del siglo XX — cuyo trabajo se centró en la filosofía de la ciencia, la lógica formal, la probabilidad y la teoría del lenguaje. Carnap es conocido por su enfoque analítico en la construcción lógica del

101

conocimiento y por su esfuerzo en establecer una base científica y lógica para el conocimiento, evitando la metafísica y enfocándose en la verificación empírica, en investigaciones como la que nos ofrece en su "Der logische Aufbau der Welt" [93].

Desde su publicación, la teoría de la información de Shannon ha permeado otros campos de estudios aun siendo estos ajenos a su enfoque inicial. En biología, por ejemplo, inspiró una visión del ADN como un portador de *información genética* plasmada en los trabajos de investigación de James Watson que divulga en su "The molecular biology of the gene" [94], y en neurociencia ha influido en el modelado de la transmisión de señales en el cerebro, que podemos consultar en los estudios de Walter Rosenblith [95]. En el ámbito de la IA, también la entropía y el procesamiento de datos probabilísticos que preconizó Shanon son herramientas de partida para el aprendizaje automático [96], donde los algoritmos optimizan patrones y reducen incertidumbre en la toma de decisiones autónoma. Aunque ante todo y por supuesto, desde su enunciado inicial a constituido el núcleo en el que se sustenta la ingeniería de telecomunicaciones, pariente cercana de la informática.

3.2.1 Redundancia y compresión

La redundancia, en el contexto de la teoría de la información, no enfrenta al aparente problema de la repetición de datos dentro de un mensaje que no añade información nueva, pero que sin embargo puede ser útil para garantizar su correcta transmisión. Shannon introduce este concepto como una propiedad inherente de los sistemas de comunicación [7]. Según sus postulados, la redundancia en un mensaje contrarresta los efectos del ruido en el canal de comunicación, permitiendo que el receptor reconstruya correctamente el mensaje original incluso en condiciones adversas.

La redundancia entonces puede ser entendida como el exceso de información respecto a la mínima necesaria para transmitir un mensaje. Aplicando este concepto al ámbito de la lingüística, R. Jakobson señala que los lenguajes naturales poseen un alto grado de redundancia, cuyo objetivo es facilitar la comprensión en situaciones donde partes del mensaje son inaudibles o ilegibles [97]. Por ejemplo, en la frase "E_to s un_ej_mpl", la redundancia en el idioma español permite reconstruirla como "Esto es un ejemplo" aun faltando información.

En el campo de la compresión de datos, reducir la redundancia es una técnica ampliamente utilizada para optimizar el almacenamiento y la transmisión de información. D. Huffman, en su artículo "A Method for the Construction of Minimum-Redundancy Codes" (1952), propuso un algoritmo que elimina redundancia mediante la asignación de códigos más cortos a los elementos que ocurren con mayor frecuencia en un mensaje, generando así representaciones más compactas. Esto dio origen al conocido *código de Huffman*, utilizado en múltiples aplicaciones como la compresión de texto y archivos multimedia [98]. Por otra parte, A. Lempel y J. Ziv desarrollaron algoritmos de compresión basados en la identificación y eliminación de patrones repetidos en los datos, como se detalla en su artículo *"A Universal Algorithm for Sequential Data Compression"* (1977). Los algoritmos LZ77 y LZ78 sentaron las bases de formatos de compresión ampliamente usados como ZIP y GIF, demostrando cómo la redundancia puede ser identificada y eliminada sin pérdida de información [99].

Aunque la redundancia pueda parecer innecesaria al abordar la optimización de datos, su eliminación total acarrea riesgos significativos, especialmente en sistemas donde la integridad de la información es un punto crítico. En el ámbito de las comunicaciones aeronáuticas, operaciones médicas remotas o sistemas de control de tráfico, la redundancia desempeña un papel indispensable en la detección y corrección de errores. Este principio es abordado en profundidad por R. Hamming en su obra *"Error Detecting and Error Correcting Codes"* (1950), donde introduce los *códigos Hamming*, diseñados para corregir errores en transmisiones ruidosas sin necesidad de reenvío [100].

Los canales ruidosos, descritos por Shannon, ilustran la inevitabilidad de interferencias en entornos reales, ya sean electrónicas, climáticas o mecánicas. En tales casos, la redundancia actúa como un escudo para preservar el mensaje original. Por ejemplo, en los sistemas de comunicación satelital, las técnicas de corrección de errores como el *forward error correction* (FEC) añaden bits redundantes a los datos transmitidos, permitiendo que el receptor identifique y corrija errores sin necesidad de una retransmisión, lo cual es necesario en escenarios de gran latencia o ancho de banda limitado. En paralelo, los algoritmos modernos de compresión, como el utilizado en los estándares de video H.264 o HEVC, buscan equilibrar la eliminación de redundancia con la capacidad de reconstruir los datos de forma casi exacta. Aquí entra en juego el concepto de *redundancia estructural* — la repetición inherente en los patrones o relaciones de los datos que permite su compresión y recuperación sin pérdida de información esencial—, en el que patrones repetitivos se comprimen, pero pueden ser recuperados a través de metadatos cuidadosamente diseñados.

En sistemas de compresión de datos, la *redundancia estructural* permite identificar patrones repetitivos dentro de un conjunto de información y representarlos de manera más eficiente mediante algoritmos especializados. Estos patrones no se eliminan por completo, sino que son reemplazados por referencias o metadatos que actúan como instrucciones para su reconstrucción exacta o aproximada. Por ejemplo, los algoritmos LZ77 y LZ78, desarrollados por Lempel y Ziv, aprovechan esta redundancia estructural al sustituir secuencias repetidas con punteros a su primera aparición, lo que reduce significativamente el tamaño del archivo sin sacrificar su integridad. Este principio subyace en formatos de compresión ampliamente usados como ZIP y PNG, donde los datos comprimidos pueden ser reconstruidos de manera precisa a partir de los metadatos generados durante el proceso de compresión, garantizando la preservación de la información original y optimizando al mismo tiempo los recursos de almacenamiento y transmisión [11].

Consideremos un ejemplo concreto para ilustrar cómo el algoritmo LZ77 opera sobre una cadena binaria que encapsula un concepto semántico. Supongamos que la secuencia binaria 01010101110101011010101010101010 representa un patrón en un sistema de codificación para transmitir una señal periódica. Esta señal podría tener un significado semántico específico, como la identificación de un canal de comunicación o la sincronización entre un emisor y un receptor

En esta secuencia, observamos que ciertos patrones, como 1010, se repiten varias veces. Al aplicar LZ77, el algoritmo identifica la primera aparición de cada subsecuencia repetitiva y la conserva íntegramente. Las subsecuencias siguientes se reemplazan con punteros que indican la posición y la longitud de la subsecuencia original. Este proceso genera una representación más compacta de la información, que podría lucir de la siguiente manera:

Original: 010101011101010110101010101010101010 (36 *bits*)
Comprimida: 0101 (*Puntero a* 1010) 1101 (*Puntero a* 1010) (*Puntero a* 1010) ...

En la cadena comprimida:

- La primera aparición de 1010 ocupa 4 bits.
- Cada repetición de 1010 es reemplazada por un puntero que requiere 4 bits (2 bits para la posición y 2 bits para la longitud).
- Los bits restantes, no redundantes, se mantienen sin compresión.

En este caso, la cadena original tiene 36 bits, y el algoritmo genera una versión comprimida de 24 bits, desglosados en:

- 4 bits para la primera aparición de 1010.
- 5 punteros adicionales para las siguientes apariciones de 1010, que representan 20 bits en total.
- Los bits no redundantes permanecen sin modificaciones.

Para estimar el porcentaje de compresión logrado, se calcula la diferencia entre el tamaño original y el comprimido, expresada como porcentaje del tamaño original:

$$Porcentaje\ de\ compresión = \left[\frac{(36 - 24)}{36} \right] * 100 \approx 33.33\%$$

Esto nos lleva a que el tamaño de la cadena se reduce en aproximadamente un 33.33%, logrando una representación más compacta sin alterar el significado semántico, con lo que evidenciamos cómo la compresión mediante LZ77 —un algoritmo antiguo cuya funcionalidad ha sido superada por variantes más avanzadas, aunque sus principios siguen siendo la base de muchos sistemas de compresión modernos— disminuye la cantidad de información física que se almacena o se transmite, pero preserva exactamente el significado semántico de la secuencia original. La información comprimida contiene menos datos, pero su utilidad semántica permanece intacta. De hecho, al reducir las redundancias estructurales, el conocimiento encapsulado en la cadena comprimida se vuelve proporcionalmente más denso. Esta eficiencia demuestra que el valor del conocimiento no reside en la cantidad de bits almacenados, sino en cómo estos logran preservar y transmitir el significado original.

La demostración de que el valor del conocimiento no radica en la cantidad de bits almacenados, sino en su capacidad para preservar y transmitir el significado original, remarca una distinción fundamental entre información y conocimiento. Mientras que la información puede medirse en términos cuantitativos —bits, bytes o cualquier otra unidad de almacenamiento—, el conocimiento pertenece a un plano cualitativo, definido por la estructura y la interpretación que los datos adquieren en un contexto determinado y determinante. Al reducir los datos mediante la eliminación de redundancias, no se pierde contenido semántico; por el contrario, se intensifica la *densidad de conocimiento*. Esto ocurre porque los bits resultantes encapsulan, con mayor eficiencia, el significado necesario para la reconstrucción o la interpretación original. En otras palabras, la economía de bits no implica una merma en el valor del mensaje, sino una reorganización que optimiza su transmisión y almacenamiento. De manera análoga, en el ámbito de la comunicación humana y la *codificación* de ideas para comunicarlas, no es la longitud del discurso lo que otorga profundidad, sino la capacidad de las palabras para concentrar significado y despertar entendimiento.

Además, no hemos de perder de vista que el lector —el lector inclusive de estas mismas líneas que en este momento lee— no es un receptor pasivo de información, sino un intérprete activo que colabora en la construcción del significado del texto. El contenido explícito en las palabras es solo una parte del mensaje, y el lector, al interpretar, llena los espacios vacíos, generando un conocimiento subjetivo y matizado. Tal y como Eco nos advirtió en su *"Lector in fabula"* [46] el autor, en su proceso creativo, actúa como un compresor de conocimiento, seleccionando palabras, frases y estructuras para encapsular ideas complejas en un formato accesible. Cada palabra constituye una *codificación* intencional del pensamiento, diseñada para transmitir significado al lector. Este acto implica una síntesis en la que el autor descarta elementos redundantes o superfluos, eligiendo solo aquellos que considera necesarios para que el receptor pueda *descomprimir* el mensaje y reconstruir el conocimiento contenido. ¿Acierta siempre el autor?

Pues bien, este proceso no es perfectamente simétrico. El lector, al recibir el texto, aplica su propio *algoritmo de descompresión*, compuesto por su bagaje cultural, su experiencia y su capacidad de interpretar. Aquí es donde surge una disonancia inherente: el autor, consciente o inconscientemente, presupone que el lector compartirá un entendimiento tácito del *algoritmo de descompresión* adecuado para su mensaje, aquel que permitirá interpretar fielmente la semántica codificada. Sin embargo, en muchos casos, el lector emplea un método interpretativo similar, pero no idéntico, al que el autor anticipaba, y el mensaje llega transformado, tal vez enriquecido, pero también alejado del propósito original. Por ejemplo, imaginemos un profesor que, tras publicar las listas de resultados de los exámenes, intenta motivar a un alumno que ha suspendido sacando una calificación por debajo de sus posibilidades porque ha trabajado poco la materia. El profesor le escribe con tono conciliador al alumno que sus resultados no son los esperados porque hay que estar "a Dios rogando, y con el mazo dando". Con ello el profesor pretende que el alumno no pierda la fe en sus capacidades, pero quiere transmitirle que esas capacidades deben de ir acompañadas de un trabajo significativo para aprobar en la recuperación. Al poco, el alumno se presenta en el despacho del profesor a la revisión del examen con un bate de béisbol a modo de mazo, para reclamar sobre la calificación, sin plantearse siquiera presentarse al examen de recuperación.

La interpretación literal desvía completamente la intención inicial del mensaje, mostrando las complejidades —y las posibles sorpresas que requieren de tratamiento traumatológico— de la comunicación humana. Tal y como reflexionaba Noam Chomsky en su *Estructuras sintácticas* [47], el significado de una expresión lingüística no reside únicamente en su superficie, sino que se halla en una estructura más profunda que debe ser descifrada. Según Chomsky, "*la estructura superficial de una oración no refleja necesariamente las relaciones semánticas subyacentes*", es decir, el lector al interpretar un texto puede descifrar o reconstruir significados que el autor no pretendía originalmente, dependiendo de cómo interprete estas estructuras profundas. Este desajuste entre la intención del autor y la interpretación del lector no es un fallo del sistema comunicativo, sino una característica intrínseca del lenguaje humano y su capacidad para generar múltiples significados. Cada texto es una máquina perezosa que requiere la colaboración activa del lector. Pero, en ese acto de colaboración, el lector introduce subjetividades que, aunque enriquecen la experiencia interpretativa, pueden distorsionar la fidelidad del mensaje original. Así, el proceso de comunicación escrita no es meramente una transferencia de conocimiento, sino una negociación constante entre las estructuras semánticas que el autor intenta codificar a través de las sintácticas y los algoritmos interpretativos que el lector emplea. Este diálogo, lejos de ser un obstáculo, refleja la riqueza del lenguaje como un sistema dinámico, en el que cada interacción entre emisor y receptor amplía el universo del significado.

El balance entre redundancia y compresión plantea un desafío técnico, teórico y práctico a múltiples niveles, ya que un exceso de compresión puede comprometer la capacidad de recuperación ante errores, mientras que un exceso de redundancia incrementa los costos de almacenamiento y transmisión. Esto puede ser aplicado tanto a la comunicación entre máquinas, como a la comunicación entre humanos, como a la comunicación entre humanos y máquinas —mediante la llamada *ingeniería de prompts*—. El equilibrio entre redundancia y compresión sigue siendo un tema activo de investigación, con aplicaciones en ingeniería que abarcan desde sistemas de almacenamiento distribuido en la nube hasta redes de sensores en entornos industriales, y también en sociología donde el lenguaje y sus matices comunicativos permiten calibrar la redundancia necesaria para garantizar la comprensión mutua en entornos multiculturales o interdisciplinarios. Así, la redundancia, lejos de ser un mero excedente, es un componente orgánico que ha de saberse calibrar.

3.3 La medida de la información

La medida de la información es el concepto central de la Teoría de la Información y lo que en definitiva se acota y discretiza mediante su aplicación. La medida de la información simplifica la cuestión que plateamos sobre cuanta información real transmite una seña, cuantificando el contenido informativo de un mensaje o conjunto de datos conforme a una serie de códigos preestablecidos, midiendo cuánto reduce la incertidumbre o el desconocimiento sobre un fenómeno o sistema. Es entonces como el enfoque más común para medir la información es la entropía, una idea desarrollada por Claude Shannon en 1948, que sentó las bases de la teoría de la información moderna. Aun así hemos de insistir, ¿cuánta información subyace en la palabra hipopotomonstrosesquipedaliofobia?

Claude Shannon, en su seminal artículo "*A Mathematical Theory of Communication*" (1948), marcó un punto de inflexión en el desarrollo de las tecnologías de la información, influyendo decisivamente en campos como la informática, las telecomunicaciones y la ciencia de la computación. Shannon estableció las bases para conceptualizar la información de manera cuantitativa, introduciendo por primera vez la noción de bit como unidad básica de medida de la información. Esta definición formal permitió la modelación matemática del proceso de transmisión y almacenamiento de datos, lo que tuvo profundas implicaciones para la informática y la era digital.

Uno de los aspectos más influyentes de su teoría fue la introducción del concepto de entropía de la información, que mide la cantidad de incertidumbre o aleatoriedad en un conjunto de datos. Este concepto ha sido el punto de partida para la compresión de datos, la criptografía y el diseño de códigos eficientes. Científicos como David Huffman y Robert Fano, inspirados por Shannon, desarrollaron algoritmos de compresión sin pérdida, como los códigos de Huffman y Fano, desde los que se evolucionó hasta los actuales.

La influencia de Shannon también se extiende a las telecomunicaciones y la ingeniería de redes. Su teoría del canal de comunicación estableció los límites teóricos de la capacidad de transmisión de datos a través de un canal ruidoso, lo que resultó en avances prácticos en el diseño de sistemas de telecomunicaciones. Ingenieros como John Pierce y Jack Keil Wolf aplicaron estos principios en el desarrollo de tecnologías de comunicación modernas, como los sistemas de transmisión satelital y las redes de fibra óptica.

Asimismo, la visión de Shannon sobre la codificación de la información aportó de manera significativa al desarrollo de la computación digital. El lenguaje binario y la manipulación eficiente de la información en sistemas de cómputo son conceptos extraídos directamente de la teoría de Shannon, han sido fundamentales en la evolución de la informática. Shannon, en su tesis de doctoral defendida de 1937, titulada *"A Symbolic Analysis of Relay and Switching Circuits"*, fue el primero en aplicar el álgebra booleana a los circuitos eléctricos, demostrando que los circuitos de conmutación podían resolver problemas lógicos mediante procesos binarios (0 y 1). Mediante la aplicación de este principio, se desarrollaron de las primeras computadoras modernas, capaces de operan en un sistema binario de "encendido" y "apagado" (1 y 0), de manera análoga a los relés eléctricos de los circuitos conmutados.

3.3.1 Bits, nibbles, bytes y otras unidades

Partiendo de la unidad mínima de la información, el bit (1 ó 0), el byte, se definió como un grupo de 8 bits. Esto se estableció por razones prácticas y técnicas dado que su tamaño permite representar 256 valores (2^8), lo que es adecuado para codificaciones de caracteres como ASCII, y facilita además el diseño eficiente de hardware. Sin embargo, por ejemplo, en la década de 1970 varios sistemas informáticos emplearon nibbles (4 bits) como unidad básica de datos. A este respecto, los primeros microprocesadores de 4 bits, como el Intel 4004, operaban con nibbles, permitiendo representar 16 valores distintos (0-15) o un dígito decimal en formato BCD (Binary-Coded Decimal), donde cada dígito decimal se codifica individualmente en su equivalente binario de 4 bits. Así, el número decimal 259 se representa en BCD como 0010 (el 2) 0101 (el 5) 1001 (el 9) [17].

En informática, la interpretación de *kilobyte* ha variado entre sistemas decimal y binario. Conforme al *sistema tradicional binario* —originado en las computadoras basadas en las ideas de John von Neumann y las aplicaciones prácticas de las teorías de Claude Shannon sobre el uso del binario para representar información, como el EDSAC [17]—, un kilobyte se ha considerado como 1.024 bytes (2^{10} bytes). Sin embargo, según el Sistema Internacional de Unidades (SI) —que utiliza prefijos decimales basados en potencias de 10— un kilobyte se define como 1.000 bytes (10^3 bytes). Esta dualidad lleva a confusiones en la representación de capacidades de almacenamiento y transmisión de datos, las cuales se intentaron solventar en 1998, cuando la Comisión Electrotécnica Internacional (IEC) introdujo los prefijos binarios, como *kibibyte* (KiB), para representar 1.024 bytes, reservando *kilobyte* (kB) para 1.000 bytes [101]. Los siguientes listados desarrollan los tres sistemas de medida con sus nombres completos (partiendo del prefijo) y sus siglas.

Sistema tradicional binario:
- Kilobyte (KB): 1.024 bytes
- Megabyte (MB): 1.048.576 bytes
- Gigabyte (GB): 1.073.741.824 bytes
- Terabyte (TB): 1.099.511.627.776 bytes
- Petabyte (PB): 1.125.899.906.842.624 bytes
- Exabyte (EB): 1.152.921.504.606.846.976 bytes
- Zettabyte (ZB): 1.180.591.620.717.411.303.424 bytes
- Yottabyte (YB): 1.208.925.819.614.629.174.706.176 bytes

Sistema Internacional de Unidades (SI) decimal:
- Kilobyte (kB): 1.000 bytes
- Megabyte (MB): 1.000.000 bytes
- Gigabyte (GB): 1.000.000.000 bytes
- Terabyte (TB): 1.000.000.000.000 bytes
- Petabyte (PB): 1.000.000.000.000.000 bytes

- Exabyte (EB): 1.000.000.000.000.000.000 bytes
- Zettabyte (ZB): 1.000.000.000.000.000.000.000 bytes
- Yottabyte (YB): 1.000.000.000.000.000.000.000.000 bytes

Comisión Electrotécnica Internacional (IEC) binario:
- Kibibyte (KiB): 1.024 bytes
- Mebibyte (MiB): 1.048.576 bytes
- Gibibyte (GiB): 1.073.741.824 bytes
- Tebibyte (TiB): 1.099.511.627.776 bytes
- Pebibyte (PiB): 1.125.899.906.842.624 bytes
- Exbibyte (EiB): 1.152.921.504.606.846.976 bytes
- Zebibyte (ZiB): 1.180.591.620.717.411.303.424 bytes
- Yobibyte (YiB): 1.208.925.819.614.629.174.706.176 bytes

Vemos como el *sistema tradicional binario* y el SI utilizan el mismo término para denotar cantidades diferentes de bytes. Por ejemplo, un "gigabyte" (GB) en el SI equivale a 1.000.000.000 bytes, mientras que, en el sistema tradicional binario ese mismo "gigabyte" (GB) se refiere a 1.073.741.824 bytes, haciendo uso del mismo sintagma para diferente semántica. Por su parte, el sistema IEC, que representa las mismas cantidades de bytes que el binario tradicional (1.073.741.824 bytes), introduce términos diferentes, como "gibibyte" (GiB) en vez de "gigabyte" (GB), para evitar confusiones entre sintagmas y semántica.

Esta dualidad en las definiciones y el uso de las unidades de medida afecta la percepción de las capacidades en diferentes dispositivos. Por ejemplo, los fabricantes de hardware suelen especificar la capacidad utilizando prefijos decimales del SI. Así, una unidad de almacenamiento etiquetada como de "*500 GB*" según el SI tiene una capacidad de 500.000.000.000 bytes. Sin embargo, sistemas operativos como Windows interpretan estas capacidades en términos binarios, y no utilizando las siglas GiB del IEC que sería lo adecuado, sino "*GB*" del sistema tradicional binario. De esta forma Windows considera que 1 GB es igual a 1.073.741.824 bytes (1.024³). Al dividir 500.000.000.000 bytes entre 1.073.741.824 bytes, el sistema operativo muestra aproximadamente 465,66 GB, lo que lleva a los usuarios a pensar que falta capacidad en la unidad de almacenamiento dado que el fabricante lo etiqueto en "*GB*" (del SI) y Windows usa también la etiqueta "*GB*" pero esta vez refiriéndose al sistema tradicional binario. ¿En algún momento

Windows etiquetará correctamente para evitar confusiones, y los fabricantes utilizarán medidas IEC tal y como sería lo adecuado?

En otros sistemas operativos como Linux, la representación de las capacidades de almacenamiento puede variar según la distribución y las herramientas utilizadas. Por defecto, los comandos Linux, como "*df*" y "*du*", muestran las capacidades en bloques de 1.024 bytes, utilizando el sistema tradicional binario para los cálculos. Estas herramientas etiquetan las unidades como "MB" o "GB" igual que el SI, aunque los valores corresponden a potencias de 2 (por ejemplo, 1 GB = 1.073.741.824 bytes), lo que puede generar la misma confusión que en Windows. Para solucionar esto, al ejecutar "*df --si*", las unidades se presentan adoptando las etiquetas y cantidades específicas del IEC como "GiB" o "MiB", algo que también se puede lograr en Windows desde línea de comando mediante un "*wmic*" (Windows Management Instrumentation Command-line) desde PowerShell. Por su parte macOS —que al igual que Linux tiene sus raíces en sistemas operativos de tipo Unix— a partir de la versión 10.6 (Snow Leopard) se salta la IEC, y utiliza los prefijos decimales del SI para mostrar las capacidades de almacenamiento, alineándose con las especificaciones de los fabricantes de cara a proporciona una experiencia de usuario menos confusa.

En la práctica de la ingeniería, el SI es más común en el ámbito de las telecomunicaciones, donde los datos se miden y representan en base decimal, mientras que el sistema IEC es — o debería ser— más frecuente en el ámbito de la informática, reflejando la estructura binaria de las computadoras. Sin embargo, el problema planteado no tiene una solución sencilla. Por inercia, se sigue utilizando el término del sistema tradicional binario cuando se hace referencia a capacidades — por ejemplo, "megabyte" para denotar 1.048.576 bytes— y el interlocutor, en términos estrictos, puede interpretarlo como propio del SI —es decir, 1.000.000 bytes— o no. No parece que esté cercano el día en que un informático erradique de su vocabulario los términos "megabyte" y "gigabyte" para hacer un uso constante de los desambiguados "mebibyte" y "gibibyte", y esto es un problema. La ingeniería no puede basarse en la ambigüedad y polisemia de términos homófonos.

3.3.2 La física de la información

Desde el siglo XX, a través de las investigaciones de físicos teóricos como Rolf Landauer y John Archibald Wheeler, se ha venido reformulando la noción de información, trasladándola de una esfera puramente conceptual a un ámbito de interpretación físico y empírico propio del método científico [1]. La interrelación entre los principios fundamentales de la física y los conceptos de información planteaba interrogantes que, si bien podían parecer propias del ámbito metafísico, encontraron respuestas concretas y precisas en la física contemporánea, dando respuesta a interrogantes de fondo. ¿Es la información necesariamente de naturaleza física, o reside tan solo en el dominio de la percepción subjetiva? ¿Existe información sin materia en un hipotético mundo de las ideas paralelo, y materia sin información, inerte y desprovista de significado? Estas cuestiones han sido abordadas en el contexto de la física de la información, una disciplina científica que estudia la materialidad de la información y su vínculo con las leyes de la termodinámica y la mecánica cuántica.

El término *metafísica* proviene del griego antiguo τὰ μετὰ τὰ φυσικά (*ta meta ta physika*), que significa "lo que está después de lo físico". Este título fue asignado por Andrónico de Rodas en el siglo I a.C. al compilar las obras de Aristóteles, ubicando los escritos que trataban temas más allá de la física inmediatamente después de los volúmenes de física en el orden de los pergaminos. En estos textos [29], Aristóteles exploró las causas primeras y los principios últimos que subyacen en todo lo existente, estableciendo una distinción entre el mundo sensible y las realidades inmateriales. Es por esto por lo que la pregunta sobre la esencia de la información, de entrada, es una cuestión metafísica, pues inquiere sobre la naturaleza misma de lo intangible, aquello que no puede "tocarse". Sin embargo, recalcamos aquí que con el avance de la ciencia moderna, esta cuestión lleva tiempo siendo abordada desde una perspectiva empírica y experimental, alejándose de su sentido especulativo y basado solo en un razonamiento falible en sentido kantiano [20], para apoyarse también sobre los resultados de la experimentación metódica.

En este marco, Rolf Landauer sentó la base matemática que pondera discretiza y enuncia que el procesamiento de información tiene un costo energético inevitable, materializando así la información en el ámbito físico. Su famoso principio de Landauer sostiene que la eliminación de un bit de información en un sistema conlleva una energía mínima cuantificable mediante la expresión:

$$E = k\,T\,ln\,2$$

Donde E representa la energía mínima requerida, k es la constante de Boltzmann —la cual relaciona la energía de las partículas individuales con la temperatura del sistema— y T la temperatura absoluta del sistema. Esta formulación implica que cualquier manipulación de información afecta directamente a la entropía, enlazando la teoría de la información con los principios de la termodinámica que repasaremos un poco más adelante, y eliminando toda noción de intangible. Esa realidad perfecta, eterna e inmutable del mundo inteligible, en contraste con el mundo sensible, que es cambiante, imperfecto y perecedero, es en esencia *flatus vocis*. El planteamiento de Laundauer fue publicado en 1961 en la revista *IBM Journal of Research and Development* [83] con el título "Irreversibility and Heat Generation in the Computing Process", siendo este como todas las referencias que aquí se citan, fácilmente localizable y verificable a través de internet.

Cuando de irreversibilidad se trata, en computación, una operación lógicamente irreversible es aquella en la que la información de entrada no puede ser reconstruida a partir de la salida. En otras palabras, la transformación que sufre el sistema en el proceso carece de una relación unívoca de retroceso, lo cual implica que se pierde información sobre el estado inicial. Esta irreversibilidad se distingue en el hecho de que una vez completada la operación, el sistema no contiene suficiente información para recuperar su condición previa, un atributo que le confiere un carácter irreversible desde el punto de vista lógico. Este tipo de operaciones es frecuente en los procesos de manipulación de datos. En el contexto de la computación, el ejemplo paradigmático de una operación lógicamente irreversible es el *borrado de un bit*. Al establecer el valor de un bit en un estado definido —por ejemplo, 0—, se pierde la capacidad de discernir si el estado previo era 0 o 1. Esta pérdida de información es irreversible: una vez borrado o sobreescrito, no es posible deducir el estado anterior a partir del estado resultante.

Pues bien, los procesos computacionales están intrínsecamente ligados a fenómenos físicos, en particular a la irreversibilidad y a la disipación de energía en forma de calor. Ciertas operaciones lógicas —aquellas que son lógicamente irreversibles— implican una irreversibilidad física inevitable, lo que nos lleva a una generación mínima de calor. Sorprendentemente (o no) esta concepción encuentra un paralelo en el pensamiento de Heráclito de Éfeso, quien afirmaba que todo está en constante flujo (*panta rei*), por lo que el cambio inevitablemente es una característica intrínseca de la realidad [102]. Heráclito sostenía que el cambio es un proceso continuo y que lleva a un estado de no retorno. Su famosa afirmación de que "nadie se baña dos veces en el mismo río" — porque tanto el río como la persona cambian constantemente— muestra una realidad en la que cada instante es único e irrepetible. Para Heráclito, el cambio no era solo inevitable, sino que constituía la esencia misma de la realidad, llevando a un continuo no retorno dado que no existe la posibilidad de recuperar un estado idéntico previo en el curso dinámico de la naturaleza.

En contraste, Parménides de Elea planteaba una visión radicalmente opuesta a la de Heráclito. Para él el cambio es una ilusión de los sentidos, un fenómeno engañoso que oculta la verdadera naturaleza de la realidad. El "ser" es uno, inmutable, eterno e indivisible; cualquier percepción de transformación o movimiento no es más que un error. Su famosa declaración de que "el ser es y el no-ser no es" sustenta la idea de que solo lo inmutable y lo continuo pueden verdaderamente existir. El cambio, en esta visión, no tiene lugar en el ámbito de lo que realmente es, ya que cualquier alteración implicaría la transición del ser al no-ser, algo que consideraba lógicamente imposible [35]. Esta tensión tiene también su reflejo en el núcleo profundo de la computación y la informática, porque, aunque el cambio es inherente en la manipulación de la información, existe una aspiración por alcanzar estados estables y permanentes en los sistemas de almacenamiento, de manera que estos sean inmutables.

La exploración de dispositivos capaces de almacenar información sin disipación de energía, y por lo tanto inmutables, enlaza las concepciones de Demócrito y Leucipo, quienes propusieron que la materia está compuesta por átomos indivisibles y eternos, constituyendo las unidades fundamentales de la realidad. Los dispositivos capaces de almacenar información sin disipación de energía idealmente serían aquellos que pueden mantener un estado estable sin requerir una fuente constante de energía para conservar dicha información. En teoría, estos dispositivos no experimentarían pérdida de energía mientras permanecen en su estado de reposo, aunque, en la práctica, todos los dispositivos conocidos experimentan alguna forma de disipación, aunque mínima. Verbigracia [103] [23] [104] [105] [106]:

i. *Bits topológicos:* Propuestos en el campo de la computación cuántica [23], estos bits o *qubits* almacenan información en estados cuánticos protegidos por propiedades topológicas, que, en principio, deberían ser inmunes a perturbaciones externas y, por tanto, a la disipación energética. Los sistemas que buscan utilizar esta tecnología incluyen los materiales topológicos y ciertas configuraciones de cuasipartículas en superconductores.

ii. *Cristales de espín:* En estos materiales magnéticos, la información se almacena en estados de espín estables. Debido a la organización de los espines en configuraciones específicas, estos materiales pueden permanecer en sus estados de información sin necesidad de energía adicional. Sin embargo, en la práctica, existen pequeñas pérdidas energéticas debidas a la interacción con el entorno.

iii. *Memorias magnéticas de acceso aleatorio no volátiles (como MRAM):* Estas memorias usan estados magnéticos para almacenar información, lo cual permite que los datos permanezcan estables sin energía. Aunque el proceso de cambio de estado requiere energía —durante la escritura—, el almacenamiento en sí mismo es, en teoría, sin disipación durante la lectura y la retención en reposo.

iv. *Dispositivos basados en ferroelectricidad:* La memoria en estos sistemas se almacena en la polarización de dominios

117

ferroeléctricos. Una vez establecida la polarización, el dispositivo mantiene el estado sin disipación energética significativa, permitiendo que los datos persistan sin energía hasta que se necesite cambiarlos.

v. *Memorias de burbuja magnética*: Estas almacenan información en la posición de pequeñas burbujas magnéticas dentro de un material. Mientras las burbujas no se muevan, los datos son retenidos sin requerir energía adicional, aunque el acceso a la información o el cambio de posición de las burbujas sí implicaría cierta disipación energética.

La concepción de Parménides sobre un ser inmutable, en el cual el cambio es mera ilusión, encuentra su parangón en los dispositivos que acabamos de citar. Estos sistemas buscan mantener la información en estados estables sin disipación de energía, alcanzando una *inmutabilidad* que les permite resistir perturbaciones y conservar la coherencia sin consumo energético. Así, se aproximan a un ideal donde el estado informacional permanece constante, encarnando un "ser" que, al modo parmenídeo, no admite el no-ser ni el desgaste. Sin embargo, esta visión contrasta profundamente con el concepto de *dasein* en heideggeriano [107], donde el "ser" no es una sustancia fija, sino un ente en apertura constante y en relación con el mundo, caracterizado por su *ser-en-el-mundo*. A diferencia del ser parmenídeo, estático y absoluto, el *Dasein* se define en su capacidad de cambiar, proyectarse e interactuar. La información entonces no sería un estado inalterable, sino una entidad dinámica, dotada de sentido solo en su interacción con otros sistemas y el entorno. De este modo, el ideal de inmutabilidad absoluta cede paso a una visión en la que el ser informacional "es" en tanto que se relaciona y cambia, fundando así un "ser" tecnológico abierto y en constante devenir. ¿Acaso puede estar esto relacionado con el fundamento cuántico que postula que por el mero hecho de observar un fenómeno lo estamos modificando, es decir, estamos modificando la información que percibimos de él? No parece, sino que el *colapso de la función de onda* nos revela que en el nivel cuántico no existe una "información pura" o aislada, sino un flujo de relaciones en el cual el observador y el sistema interactúan inseparablemente, es decir, que el ideal de información estable y eterna, libre de perturbaciones, se enfrenta a la paradoja cuántica donde la información depende y se transforma a partir de la interacción con otros sistemas. Así, el *dasein*, que "es" en su relación y apertura al mundo, se hace análogo a la naturaleza de la información en el contexto cuántico, donde cada medición —o cada acto de observación— redefine las propiedades del objeto observado, estructurando la realidad en su esencia mediante la información que contiene.

3.3.3 El ser desde la información

Siguiendo esta línea argumental sobre la física de la información, el físico teórico John A. Wheeler radicalizó la concepción de la información como un principio estructurante de la realidad física a través de su aforismo *It from Bit* [6]. La realidad física (el *It* ,el "esto" o "aquello" tangible) surge o se fundamenta en la información (el b*it*, la unidad mínima de información). Semánticamente, podría traducirse en español como "*La realidad emerge de la información*" o "*El ser desde la información*". Wheeler quería expresar que la esencia última del universo no radica en materia o energía como se concibió tradicionalmente, sino en datos o información; es decir, que los elementos básicos de la realidad están más relacionados con estados informacionales que con entidades físicas en sí mismas.

Wheeler desveló de esta forma que el universo mismo se entiende como un sistema fundamentado en información, donde las propiedades y el comportamiento de las partículas no son más que manifestaciones de una estructura informacional subyacente. La información deja de ser entonces un concepto abstracto y se convierte en la base ontológica de la materia y la energía, con lo que cada partícula, cada interacción y cada fuerza no existen en su esencia material, sino como derivaciones de un código universal que rige lo observable. Con *base ontológica* nos referimos aquí al fundamento último de la existencia de los objetos y fenómenos, es decir, al sustento esencial que define la naturaleza de la realidad. En el contexto de la propuesta de Wheeler, esto significa que la información no es simplemente un atributo descriptivo de las partículas o un medio para entender el universo, sino el núcleo constitutivo de toda existencia. La materia y la energía no son entidades fundamentales por sí mismas, sino manifestaciones de una estructura informacional profunda. Así, esa *base ontológica* de la realidad de la que hablamos estaría compuesta por bits de información, que, como un lenguaje primordial, formarían la esencia de todo lo que percibimos, desde las partículas subatómicas hasta las grandes estructuras cósmicas.

La noción de información como *base ontológica* en el pensamiento de Wheeler conecta con la idea cartesiana del *máximo demiurgo*, el ser supremo que estructura y ordena la realidad a partir de una voluntad divina y racional [108]. Descartes afirma la necesidad de la existencia de una entidad perfecta y omnipotente que garantiza la existencia y el orden del universo al que llama *máximo demiurgo* no solo como creador, sino también como fundamento de la realidad, el cual da coherencia y sentido a toda existencia. Para Wheeler, la información actuaría como este principio estructurante último, que, aunque impersonal, asume el papel fundamental de dar forma y realidad a todo lo que existe. Así, el "It from Bit" —el ser desde la información— es un moderno equivalente al demiurgo cartesiano, donde la estructura informacional es la base desde la cual se despliega toda la realidad, asegurando su coherencia interna. Tal como Descartes confía en la certeza de un orden divino subyacente, Wheeler postula que cada partícula y fenómeno surge como una expresión de un código universal de información, el cual actúa como la fuente última de la realidad.

Este cambio de perspectiva ha encontrado su confirmación en el ámbito de la mecánica cuántica, especialmente en el fenómeno del entrelazamiento, donde partículas separadas por vastas distancias mantienen una correlación instantánea en sus estados de información. Tal fenómeno, investigado en profundidad por científicos como Charles H. Bennett y Gilles Brassard [109] en sus implicación prácticas —criptografía cuántica— va contra toda intuición sobre localización espacial, y a la vez confirma el carácter material de la información en sistemas cuánticos. La unidad mínima de información en este contexto cuántico, conocida como qubit, redefine el procesamiento de información, pues opera bajo principios de superposición y entrelazamiento, rompiendo con las limitaciones clásicas de los bits.

Así, la física de la información reviste la ciencia moderna de una nueva estructura, proponiendo una visión del universo en la que el flujo de información constituye el impulso de cada fenómeno observable. La realidad se despliega por tanto como un proceso continuo de intercambio y transformación de la información, una representación en la cual la información cobra un carácter esquivo y fluido, haciéndose visible en el *motus perpetuus* que define la realidad. En esta línea, la información se desvincula de su posición como concepto abstracto o meramente contingente para convertirse en el núcleo necesario de una interpretación física de la realidad. Las partículas y fuerzas no operan como entidades materiales independientes; más bien, surgen como derivaciones de un *logos* universal, una estructura que codifica y organiza la realidad en su totalidad. Esta relectura establece una clara distinción entre lo contingente —la expresión pasajera y particular de los fenómenos físicos— y lo necesario —el flujo informacional que subyace y permite su manifestación—. La realidad (el mundo) se descubre, finalmente, como un entramado dinámico de configuraciones que contiene información, donde la información misma emerge como el principio inmutable que otorga cohesión y orden a la pluralidad contingente de la materia y la energía.

La idea de Aristóteles de que la sustancia subyace al cambio y garantiza la permanencia se reinterpreta en la física moderna como el flujo de información que define y conecta todos los fenómenos, haciendo visible la profunda continuidad entre los paradigmas clásicos y los avances más recientes de la ciencia. Aristóteles define la sustancia (*ousía*) como el núcleo esencial de todo ente, aquello que existe en sí mismo y no requiere de otro para ser. Según su pensamiento la sustancia tiene una doble dimensión: la materia (*hyle*), que representa el potencial de ser, y la forma (*eidos*), que es el principio estructurante que confiere identidad y actualiza la materia [29]. Esta dualidad explica el cambio y la permanencia en el mundo, pues la materia puede cambiar de forma mientras la sustancia sigue siendo la base ontológica de lo que existe. Si trasladamos esta conceptualización al marco de la física de la información, podríamos considerar que la sustancia aristotélica encuentra un correlato directo en la información. En esta interpretación, la materia de Aristóteles no sería más que el soporte físico sobre el cual se manifiestan los patrones informacionales, mientras que la forma podría identificarse con la estructura y organización de dicha información. Así, la información no sería simplemente un atributo secundario o descriptivo de los objetos, sino la esencia misma que configura y define la realidad, ocupando el lugar de la sustancia en el pensamiento aristotélico.

El paso de la potencia al acto, que en Aristóteles describe el cambio ontológico por el cual algo potencial se realiza, es la transición de un estado informacional indeterminado a uno determinado. El acto no es simplemente la manifestación de una forma material, sino la actualización de un conjunto de datos en una configuración específica. Es por eso por lo que las leyes físicas y los estados del universo emergen de patrones de información, donde lo que existe es fundamentalmente una actualización constante de estados informacionales en función de principios organizadores.

El aforismo "It from Bit" propuesto por Wheeler refuerza esta equivalencia al sugerir que la realidad física (el *It*) no tiene una existencia independiente, sino que emerge de la información (el *Bit*). La materia misma, lejos de ser una sustancia fundamental, es una manifestación contingente de la información que organiza y regula las interacciones del universo. Esto se alinea con la visión aristotélica de que la sustancia no puede ser concebida sin la forma, ya que es la información —en tanto principio estructurante— lo que define la existencia de las partículas, los campos y las interacciones. Incluso el concepto aristotélico de accidente, aquello que existe en una sustancia, pero no la constituye esencialmente, encuentra un eco en la física de la información. Los accidentes son las propiedades y relaciones emergentes que surgen de configuraciones informacionales específicas, pero que no afectan la naturaleza subyacente de la información como sustancia primordial. Así, mientras los fenómenos físicos particulares cambian y se reorganizan, la estructura informacional permanece como el núcleo constante que sustenta y da coherencia al cosmos.

Aquí se plantea una ontología en la que la información cumple con los requisitos que Aristóteles atribuía a la *ousía*: es el fundamento de lo real, aquello sin lo cual nada podría existir ni ser comprendido. En este marco, la información no es simplemente un recurso epistemológico o una abstracción, sino la base última que sustenta la materia, la energía y las interacciones, cumpliendo así el papel de la sustancia en el pensamiento aristotélico. De este modo, la sustancia aristotélica y la información contemporánea convergen en un mismo principio: la realidad se configura y se sostiene sobre un núcleo que organiza y estructura lo existente, dando pleno sentido a una visión del mundo como información y representación.

3.3.4 La entropía

Etimológicamente, "entropía" tiene su origen en el griego de "en-" (ἔν), que significa "dentro" o "en el interior" y "tropé" (τροπή), que significa "cambio" o "transformación".

La noción de entropía ha permeado profundamente tanto la física como la teoría de la información, sirviendo como un puente conceptual entre el orden y el caos en el universo. Aunque inicialmente concebida como una medida de la irreversibilidad de los procesos termodinámicos, la entropía ha evolucionado para encapsular la incertidumbre y la complejidad en sistemas físicos y de información. Este análisis explora cómo la entropía, en su acepción más abstracta, se convierte en una herramienta fundamental para comprender la transformación de la información y el orden en nuestro entorno.

En los albores de la termodinámica, la entropía fue introducida como una cantidad relacionada con la energía que no puede ser convertida en trabajo útil. Esta definición, aunque técnica, planteó interrogantes profundos sobre la naturaleza de la energía y su transformación. La analogía con una rueda de agua, donde el agua transfiere energía mecánica sin perder calor, ilustra cómo la energía puede cambiar de forma sin desaparecer. Sin embargo, la entropía se manifestó como una medida de la "inutilidad" de la energía para realizar trabajo, estableciendo así una dirección preferente en los procesos naturales.

El concepto de entropía ganó complejidad con la introducción de la mecánica estadística, donde se relaciona con el número de microestados posibles que conforman un macroestado determinado. Esta perspectiva probabilística demostró que la entropía es intrínsecamente una medida de la incertidumbre o el desorden dentro de un sistema. La irreversibilidad observada en la naturaleza, donde los sistemas tienden a evolucionar hacia estados de mayor entropía, refleja una tendencia estadística fundamental hacia la máxima probabilidad.

Maxwell, mediante su famoso demonio, ilustró la paradoja de cómo la información podría aparentemente contrarrestar la segunda ley de la termodinámica. Este experimento mental mostró que, al clasificar moléculas rápidas y lentas, un agente podría disminuir la entropía de un sistema sin realizar trabajo alguno, desafiando así la inevitabilidad del aumento de entropía. Sin embargo, el análisis posterior reveló que la adquisición y procesamiento de información por parte del demonio conllevan un aumento compensatorio en la entropía, preservando así la segunda ley. Este entendimiento subraya la interconexión entre información y termodinámica, donde la manipulación de la información implica siempre un costo entrópico.

La teoría de la información adoptó una formulación matemática de la entropía como medida de incertidumbre en un mensaje. Esta definición resonó con la entropía termodinámica, estableciendo una analogía poderosa entre la comunicación de información y los procesos físicos. La entropía en la teoría de la información cuantifica la cantidad de información necesaria para describir el estado de un sistema, reflejando así la complejidad y el orden presentes en los datos. En el contexto biológico, la entropía adquiere una dimensión adicional al considerar cómo los organismos vivos mantienen y generan orden en sus estructuras internas. Los seres vivos parecen desafiar la tendencia natural hacia el desorden al invertir el flujo de entropía, extrayendo orden del entorno para mantener su organización interna. Este fenómeno se entiende como una forma de reducción de entropía local, donde la complejidad y la estructura emergen a partir de procesos de intercambio energético y de información con el ambiente.

La paradoja de la vida y la entropía también ha inspirado reflexiones filosóficas sobre la naturaleza del orden y la información. La capacidad de los organismos para almacenar y procesar información genética, codificada en estructuras como los cromosomas, plantea interrogantes sobre cómo la información puede sustentar y perpetuar la vida en medio de un universo en constante aumento de entropía. Esta relación intrincada entre información y entropía indica que la vida misma representa una manifestación de la capacidad de los sistemas para gestionar y organizar información de manera eficiente.

Schrödinger [77] abordó la estabilidad biológica desde una perspectiva termodinámica, proponiendo que los organismos vivos logran mantener su orden interno a través de la ingesta de energía y la reducción de entropía en sus sistemas internos. La idea de cristales aperiódicos introdujo una nueva dimensión de complejidad estructural, diferenciando los sistemas biológicos de los sólidos ordenados mediante patrones no repetitivos y altamente organizados. Esta complejidad estructural, que supera la mera repetición periódica de los cristales, sugiere la existencia de mecanismos sofisticados para mantener la estabilidad y el orden en organismos vivos.

La capacidad de los organismos para autoorganizarse y mantener estructuras complejas en medio de fluctuaciones termodinámicas resalta la importancia de la información en procesos biológicos. Las células vivas actúan como bombas, filtros y fábricas, manejando información de manera que contrarresta la tendencia natural hacia el equilibrio desordenado. Este manejo de la información no es trivial, ya que implica la coordinación precisa de procesos moleculares y celulares que aseguran la perpetuación y reproducción de la vida.

El vínculo entre entropía e información redefine nuestra comprensión de la realidad, integrando perspectivas físicas y biológicas para ofrecer una visión más completa de cómo el orden y el caos interactúan en el universo. La entropía, en su doble acepción como medida de incertidumbre y como indicador de la irreversibilidad de los procesos naturales, proporciona un marco unificador para analizar tanto fenómenos físicos como procesos de información. La interrelación entre entropía e información no solo enriquece nuestra comprensión del universo, sino que también nos dota de herramientas conceptuales para abordar problemas contemporáneos en campos como la inteligencia artificial, la biología computacional y las ciencias cognitivas. Esta perspectiva invita a explorar las profundidades del orden emergente en un cosmos regido por principios estadísticos y probabilísticos, ofreciendo una visión integral de la dinámica del universo.

Teoría Cinética de los Gases

Ludwig Boltzmann, destacado físico austriaco, desarrolló la teoría cinética de los gases, una contribución fundamental a la física estadística que sentó las bases de la termodinámica moderna. Su obra principal, *Vorlesungen über Gastheorie*, publicada en 1896 y 1898, trata sobre la descripción matemática del comportamiento de los gases a partir de la idea de que estos están compuestos por un gran número de partículas en constante movimiento aleatorio. Esta teoría permitió explicar, desde un punto de vista.

Boltzmann planteó que la energía cinética promedio de las partículas de un gas está directamente relacionada con su temperatura. Esta relación se expresa en la ecuación:

$$\langle E_{cin} \rangle = \frac{3}{2} k_B T$$

donde $\langle E_{cin} \rangle$ representa la energía cinética promedio de una partícula, T es la temperatura del gas en kelvin y k_B es la constante de Boltzmann, con un valor aproximado de ($k \approx 1.380649 \times 10{-}23 J/K$).

Esta ecuación forma el núcleo de la *teoría cinética de los gases* y muestra que la energía cinética promedio de las partículas en un gas ideal es proporcional a la temperatura absoluta del gas. Específicamente, para un gas monoatómico ideal, cada partícula tiene tres grados de libertad (movimiento en las direcciones x, y, z), y cada grado de libertad contribuye con $\frac{1}{2} kT$ a la energía cinética promedio. Por lo tanto, sumando las tres contribuciones:

126

$$\langle E_{\text{cin}} \rangle = \frac{1}{2}kT + \frac{1}{2}kT + \frac{1}{2}kT = \frac{3}{2}kT$$

Sin embargo, la contribución más trascendental de Boltzmann radica en su interpretación estadística de la entropía, un concepto crucial en la segunda ley de la termodinámica, que afirma que la entropía de un sistema cerrado tiende a aumentar con el tiempo. Boltzmann propuso que la entropía es una medida del desorden de un sistema y está vinculada al número de configuraciones o microestados posibles en los que se puede encontrar dicho sistema. Expresó esta relación a través de la célebre ecuación:

$$S = k_B \ln W$$

donde S es la entropía, k_B es la mencionada constante de Boltzmann, y W representa el número de microestados posibles. Esta fórmula implica que, cuanto mayor sea el número de microestados accesibles, mayor será la entropía del sistema. El logaritmo natural, se utiliza para describir cómo la entropía crece con el número de configuraciones del sistema, reflejando la naturaleza exponencial de los cambios en el desorden conforme se aumenta el número de microestados.

Boltzmann vinculó el concepto de entropía con la probabilidad de los estados, estableciendo que los sistemas tienden naturalmente hacia configuraciones más probables, las cuales corresponden a estados de mayor desorden. Un ejemplo ilustrativo es el de una gota de tinta que se disuelve en agua. Inicialmente, la tinta está localizada en un área pequeña, lo que corresponde a un estado de baja entropía, ya que existen pocas configuraciones posibles en las que la tinta está concentrada en un solo lugar.

Uno de los problemas fundamentales que enfrentó Boltzmann fue la aparente contradicción entre la segunda ley de la termodinámica y el aumento del orden observado en ciertos sistemas, como los seres vivos y las estructuras tecnológicas. Mientras que la segunda ley predice un aumento incesante de la entropía, que conduce al desorden, en el mundo observable parece que el orden también aumenta, especialmente en los sistemas biológicos. Sin embargo, Boltzmann comprendió que estos sistemas no son cerrados.

Esta idea fue posteriormente desarrollada por otros científicos, como Erwin Schrödinger, quien describió cómo los organismos vivos mantienen su orden interno consumiendo entropía negativa, lo que les permite resistir la tendencia natural hacia el desorden. Este concepto ayudó a resolver la aparente paradoja que tanto preocupaba a Boltzmann: el hecho de que los sistemas vivos parecen ir en contra de la tendencia natural hacia el caos, cuando en realidad, en un contexto más amplio obedecen las leyes de la termodinámica, particularmente el segundo principio. Schrödinger postuló que los organismos vivos logran esta aparente violación del orden entrópico al absorber lo que denominó *negentropía* (o entropía negativa). Al hacerlo, los sistemas biológicos expulsan el desorden hacia su entorno, manteniendo así su propia estructura y funcionalidad interna. Este flujo continuo de energía permite a los organismos alejarse de la entropía máxima, preservando un equilibrio dinámico que posibilita la vida.

¿Qué es la vida?
Erwin Schrödinger planteó en 1944 una idea revolucionaria sobre la relación entre la vida y la física, introduciendo un concepto clave que hoy asociamos con la información genética. En su obra *¿Qué es la vida?* [77] expuso una explicación científica sobre cómo los organismos vivos logramos mantener nuestra estructura y orden, a pesar de la tendencia natural hacia el desorden que dictan las leyes de la termodinámica. Para abordar esta cuestión, Schrödinger propuso que tal y como hemos citados, los seres vivos debemos absorber *entropía negativa*. Esto implican que extraen orden del entorno para compensar el inevitable aumento de la entropía interna.

Schrödinger introdujo el concepto de *cristal aperiódico* al referirse a la estructura física que debe contener la información hereditaria. Aunque no conocía el ADN tal como lo entendemos hoy, predijo que en el núcleo de las células debía existir una estructura que fuera estable y, al mismo tiempo, lo suficientemente compleja como para almacenar las instrucciones necesarias para el desarrollo y funcionamiento de los seres vivos. La estabilidad y complejidad de este cristal aperiódico permitirían que contuviera una gran cantidad de información, clave para la transmisión de las características hereditarias.

Este concepto anticipó lo que más tarde se descubriría como la estructura del ADN, algo que ocurría en 1953 de la mano de James Watson y Francis Crick, quienes describieron su estructura de doble hélice basándose en datos experimentales de Rosalind Franklin y Maurice Wilkins. Schrödinger consideraba que este cristal era el responsable de transmitir de manera fiable las instrucciones que los organismos usan para replicarse y organizarse.

La paradoja de la información y el orden
La paradoja de la información y el orden plantea una aparente contradicción entre la segunda ley de la termodinámica y el crecimiento del orden en algunos sistemas. Según la segunda ley, en un sistema cerrado, la entropía tiende a aumentar con el tiempo, lo que implica que los sistemas evolucionan hacia un estado de mayor desorden. Sin embargo, en el mundo observable, existen numerosos casos en los que el orden no solo se mantiene, sino que parece aumentar, como ocurre con los organismos vivos, las estructuras biológicas, o los sistemas tecnológicos.

Boltzmann desarrolló la fórmula que vincula la entropía con el número de microestados de un sistema. No obstante, Boltzmann observaba que el orden también aumentaba en ciertos aspectos del mundo físico. Las plantas crecen, las estructuras biológicas se vuelven más complejas, y la civilización humana avanza tecnológicamente. Este aumento del orden parecía contradecir su propia teoría, que predecía que el desorden debería aumentar. Boltzmann se enfrentó a este dilema, y su incapacidad para resolverlo de manera satisfactoria fue una de las causas que contribuyó a su trágico final en 1906. Boltzmann había estado luchando durante años contra la incomprensión y la oposición de muchos compañeros, especialmente en relación con su defensa de la existencia de los átomos y su teoría estadística. Aunque su trabajo fue finalmente reconocido como una de las piedras angulares de la física moderna, en vida sufrió el rechazo y el aislamiento de muchos científicos de su época, lo que, junto con su salud mental deteriorada, contribuyó a su fatídico desenlace.

La solución a esta paradoja se encuentra en el hecho de que la Tierra, y muchos otros sistemas, no son sistemas cerrados. La energía del Sol, que llega continuamente a la Tierra, permite que la vida y las estructuras complejas se mantengan y evolucionen. Esto significa que, aunque la entropía global del universo aumenta, pueden surgir localmente sistemas organizados con baja entropía, alimentados por fuentes externas de energía. La vida misma es un ejemplo de este fenómeno, ya que los seres vivos utilizan energía para mantener el orden en sus cuerpos y reproducirse.

Sistemas fuera del equilibrio y la autoorganización
Ilia Prigogine, físico y químico belga, fue una figura clave en el desarrollo de la comprensión de los sistemas fuera del equilibrio. En sus investigaciones, Prigogine exploró cómo los sistemas que no están en equilibrio termodinámico pueden generar estructuras ordenadas y organizadas, a pesar de la tendencia general del universo hacia el aumento de la entropía. Por este trabajo, recibió el Premio Nobel de Química en 1977.

Según Prigogine, en un sistema cerrado y en equilibrio, la segunda ley de la termodinámica dicta que la entropía siempre aumenta, lo que conduce a un estado de mayor desorden. Sin embargo, en sistemas alejados del equilibrio, puede suceder lo contrario. Prigogine observó que cuando un sistema intercambia energía o materia con su entorno, puede alejarse del equilibrio y autoorganizarse, generando orden. Este fenómeno lo denominó *estructuras disipativas*.

La entropía cambia con el tiempo en un sistema que interactúa con su entorno. En un sistema fuera del equilibrio, las estructuras disipativas, como remolinos de fluidos o células de convección, emergen cuando el sistema intercambia energía o materia con el exterior. Esto queda expresado en la fórmula:

$$\frac{dS}{dt} = \frac{d_e S}{dt} + \frac{d_i S}{dt}$$

donde:

i. $\frac{dS}{dt}$ es la tasa de cambio total de entropía del sistema,

ii. $\frac{d_e S}{dt}$ representa el flujo de entropía hacia el sistema debido a intercambios con el entorno (como la entrada o salida de energía o materia),

iii. $\frac{d_i S}{dt}$ es la producción interna de entropía dentro del sistema, que siempre es positiva o nula debido a la irreversibilidad de los procesos internos, de acuerdo con el segundo principio de la termodinámica.

Esta fórmula describe cómo la entropía cambia con el tiempo en un sistema que interactúa con su entorno. En un sistema fuera del equilibrio, las estructuras disipativas, como remolinos de fluidos o células de convección, emergen cuando el sistema intercambia energía o materia con el exterior. deS/dt puede ser negativo, es decir, el sistema puede "exportar" entropía hacia su entorno, permitiendo mantener el orden interno. Así, las estructuras disipativas surgen cuando deS/dt compensa diS/dt lo que permite la creación de patrones ordenados en el sistema.

Las estructuras disipativas surgen en situaciones donde el sistema está lejos del equilibrio y se manifiestan como patrones ordenados en medio del caos. Un ejemplo clásico es el vórtice de agua que se forma al drenar un recipiente, o las células de convección que aparecen cuando se calienta un líquido. Estas estructuras no existen cuando el sistema está en equilibrio, pero se mantienen estables siempre que haya un flujo continuo de energía. Prigogine demostró que estas configuraciones ordenadas no solo son posibles, sino que son la respuesta natural de muchos sistemas ante situaciones de no equilibrio.

Este concepto tiene profundas implicaciones para nuestra comprensión del universo. A nivel cósmico, el planeta Tierra es un ejemplo de un sistema fuera del equilibrio, alimentado por la energía del Sol. La vida en la Tierra, con su complejidad y diversidad, es una estructura organizada que solo es posible debido al flujo constante de energía externa. Así, aunque la segunda ley de la termodinámica predice un aumento general de la entropía, la aparición de orden local no viola esta ley. Los sistemas alejados del equilibrio generan orden a expensas del entorno, disipando la energía que reciben.

El trabajo de Prigogine muestra que el caos y el desorden no son necesariamente el estado final de todos los sistemas. Al contrario, en las condiciones adecuadas, el orden puede emerger espontáneamente a partir del desorden, y este proceso está en la base de muchas de las estructuras que vemos en la naturaleza.

La flecha del tiempo

La flecha del tiempo es un concepto que describe la dirección irreversible en la que el tiempo parece avanzar, es decir, desde el pasado hacia el futuro. Este fenómeno está estrechamente relacionado con la segunda ley de la termodinámica, que establece que en un sistema cerrado la entropía, o desorden, siempre tiende a aumentar. La idea de que el tiempo tiene una dirección fue popularizada por el físico Arthur Eddington en 1927, en su obra *The Nature of the Physical World*.

Según la segunda ley de la termodinámica, cualquier proceso espontáneo que ocurra en el universo incrementa la entropía. Esto implica que los sistemas evolucionan de estados más ordenados a estados más desordenados. Por ejemplo, el calor siempre fluye de un objeto caliente a uno frío, pero no al revés, lo que da al tiempo una dirección definida. Este principio se expresa a través de la fórmula de la entropía que ya vimos.

El físico Stephen Hawking, en su obra *A Brief History of Time* — 1988—, abordó la flecha del tiempo desde tres perspectivas:

i.   La flecha termodinámica, que se basa en el aumento de la entropía según la segunda ley de la termodinámica.

ii.   La flecha cosmológica, que se refiere a la expansión del universo. Dado que el universo se expande hacia estados más desordenados, esta también define una dirección para el tiempo.

iii.   La flecha psicológica, que es la forma en que los seres humanos perciben el tiempo, experimentando siempre el pasado como fijo y el futuro como incierto.

Hawking concluyó que estas tres flechas del tiempo apuntan en la misma dirección, lo que refuerza la idea de que el tiempo avanza de forma irreversible.

Cuando Stephen Hawking afirmó que las tres flechas del tiempo apuntan en la misma dirección, afirmó que el tiempo avanza de manera irreversible tanto a nivel físico como en la percepción humana. La flecha termodinámica, que se basa en la segunda ley de la termodinámica, indica que la entropía de un sistema cerrado siempre tiende a aumentar, lo que significa que el desorden crece y los procesos naturales no pueden revertirse. Este incremento continuo de la entropía define el flujo del tiempo en términos físicos: el calor fluye de los cuerpos calientes a los fríos, los sistemas complejos se descomponen y la energía se distribuye de manera uniforme. A nivel cósmico, la flecha del tiempo está marcada por la expansión del universo, que comenzó con el Big Bang y que, según las observaciones actuales, continuará indefinidamente. A medida que el universo se expande, las galaxias se alejan unas de otras, y con el paso del tiempo, esta expansión diluirá la materia y la energía, llevando al universo a un estado de mayor entropía y menor organización. Esta expansión, al igual que el aumento de la entropía, es irreversible, ya que el universo no puede volver a su estado inicial de alta densidad y baja entropía.

La flecha psicológica del tiempo, por otro lado, está directamente relacionada con la experiencia humana del tiempo. Percibimos el tiempo como un flujo constante hacia el futuro, acumulando recuerdos del pasado y anticipando eventos futuros, pero nunca al revés. Esta experiencia subjetiva del tiempo también se basa en los procesos físicos irreversibles que ocurren en el cerebro, como la acumulación de información y la formación de recuerdos, ambos dependientes de la segunda ley de la termodinámica. Los seres humanos registran y recuerdan eventos del pasado porque estos representan momentos en los que el sistema cerebral estaba en un estado de menor entropía. A medida que el tiempo avanza, esos recuerdos se consolidan, pero no pueden revertirse ni reproducirse de la misma manera, reflejando la misma irreversibilidad que gobierna los procesos físicos en el resto del universo. La conclusión de Hawking de que estas tres flechas del tiempo están alineadas refuerza la idea de que tanto el universo como nuestra percepción del tiempo están gobernados por principios de irreversibilidad, lo que define nuestra experiencia temporal en términos tanto físicos como psicológicos, y nos conduce inevitablemente hacia un futuro de mayor entropía y desorden.

El fin de las certezas

Ilya Prigogine fue galardonado con el Premio Nobel de Química en 1977 por sus investigaciones sobre la termodinámica de procesos irreversibles y por su desarrollo de la teoría de las estructuras disipativas, un descubrimiento que ha tenido un profundo impacto en la comprensión de los sistemas alejados del equilibrio. Su trabajo revolucionó la manera en que los científicos entienden cómo los sistemas abiertos, aquellos que intercambian energía y materia con su entorno, pueden generar y mantener el orden a pesar del incremento de la entropía. Este descubrimiento supuso una nueva perspectiva a las interpretaciones tradicionales de la segunda ley de la termodinámica, que hasta ese momento se interpretaban como que el desorden siempre aumentaba en los sistemas.

En su obra *El fin de las certezas* —1997—, Prigogine desarrolló aún más esta teoría, mostrando que los sistemas alejados del equilibrio pueden dar lugar a estructuras organizadas a partir del caos, siempre que haya un flujo constante de energía. Recordemos que la segunda ley de la termodinámica establece que la entropía tiende a aumentar en un sistema cerrado, lo que genera un incremento del desorden. Sin embargo, Prigogine demostró que, en sistemas abiertos como los que observamos en la naturaleza, pueden aparecer patrones ordenados si estos intercambian energía con el entorno. Un ejemplo de esto son las células de convección en líquidos calentados, donde, en lugar de producirse mayor desorganización, las moléculas se organizan en estructuras estables debido a la energía proporcionada.

Prigogine formuló ecuaciones que describen cómo estos sistemas logran mantener el orden mientras exportan entropía al entorno. La producción interna de entropía, provocada por procesos irreversibles como la transferencia de calor o la difusión, se compensa con el flujo de entropía hacia el exterior, lo que permite mantener el orden localmente en el sistema.

Siempre que el sistema mantenga un intercambio constante de energía, podrá mantener su estructura ordenada, lo que explica la autoorganización en sistemas alejados del equilibrio. En este contexto, Prigogine demostró que la flecha del tiempo, aunque generalmente asociada con el aumento del desorden, puede también generar orden bajo las condiciones adecuadas. Las estructuras disipativas son un ejemplo de cómo el tiempo irreversible puede generar patrones complejos en lugar de desorganización total, proporcionando una nueva forma de entender la relación entre el tiempo, la entropía y el orden en la naturaleza.

No hay información sin tiempo
El hecho comúnmente aceptado de que no hay información sin tiempo" puede analizarse profundamente desde una perspectiva física, termodinámica y filosófica, apoyándose en las investigaciones sobre la naturaleza de los sistemas alejados del equilibrio. La relación entre la información y el tiempo es inseparable, ya que la información, tal como la entendemos, no solo depende de su estructura interna, sino también de los procesos irreversibles que ocurren en el tiempo. Estos procesos son los que permiten la generación, transmisión y organización de la información.

Desde el punto de vista de la física, los sistemas que almacenan y procesan información están sujetos a las mismas leyes de la termodinámica que gobiernan el comportamiento del resto del universo. Partiendo del dictado de que la entropía, o desorden, siempre aumenta en un sistema cerrado, llegamos a la implicación de que todo proceso de información conlleva un cambio irreversible en el sistema. Para que la información se acumule, es necesario un intercambio continuo de energía, y este intercambio solo puede ocurrir en el tiempo. Prigogine mostró que los sistemas alejados del equilibrio, como los seres vivos o los procesos computacionales, dependen de un flujo constante de energía para mantener su organización y resistir el aumento de la entropía. Estos sistemas pueden generar y conservar información solo mientras puedan disipar energía, lo que es un proceso irreversible que ocurre en el tiempo. Sin este flujo temporal, la entropía aumentaría y la estructura que alberga la información se desintegraría.

Esto tiene implicaciones directas para el concepto de información. La información puede entenderse como una forma de organización que reduce la incertidumbre en un sistema. Para que la información tenga significado, debe ser codificada y almacenada en una estructura, y este proceso está intrínsecamente ligado al tiempo. Por ejemplo, en la biología, la información genética almacenada en el ADN depende de un proceso irreversible que ocurre en el tiempo. Las secuencias de nucleótidos se transmiten de una generación a otra y, aunque se replican de manera ordenada, este proceso está gobernado por una flecha del tiempo, en la cual los cambios en la información genética no son reversibles de manera espontánea. Esto refuerza la idea de que no puede haber información sin tiempo, ya que la transmisión y almacenamiento de esta información depende de los procesos irreversibles que se desarrollan a lo largo del tiempo.

La autoorganización en sistemas disipativos es un ejemplo de cómo la información surge a partir del caos, pero siempre bajo la condición de un flujo temporal irreversible. En estos sistemas, el tiempo no solo permite la emergencia del orden, sino que también es la dimensión a través de la cual la información se mantiene. Sin el tiempo, estos sistemas colapsarían hacia un estado de mayor entropía y desorden, perdiendo toda estructura organizada, y con ello, cualquier forma de información. De esta manera, el concepto de que no hay información sin tiempo adquiere un profundo sentido. La información es una manifestación de orden en un sistema, pero para que ese orden exista y se mantenga, es necesaria la dinámica del tiempo. Los procesos que organizan transfieren y preservan la información dependen del paso del tiempo, y están sujetos a la irreversibilidad de los fenómenos termodinámicos. Por tanto, en un universo sin tiempo, o donde el tiempo no avanzara, no sería posible la creación ni el mantenimiento de la información, ya que no existiría un marco en el cual los procesos irreversibles pudieran desarrollarse.

3.3.5 Entropía en información

En términos más acotados por el marco de la ingeniería, la entropía cuantifica la cantidad de energía en un sistema que no puede ser utilizada para realizar trabajo útil y refleja el nivel de caos o dispersión de la energía en un sistema.

En cuanto a la información se refiere, la entropía es una medida del grado de incertidumbre o impredecibilidad de una fuente de información. La entropía de la información fue definida por Claude Shannon en su trabajo titulado *A Mathematical Theory of Communication*, publicado en 1948. Este trabajo es considerado el fundamento de la teoría de la información. Shannon, trabajando en Bell Labs, buscaba entender y formalizar matemáticamente cómo se puede transmitir información de manera eficiente a través de canales de comunicación, como líneas telefónicas o señales de radio.

Shannon no solo era un brillante matemático y teórico, sino que también era un amante de los rompecabezas, la ingeniería y las máquinas complejas, lo que a menudo lo llevaba a construir artefactos curiosos y poco convencionales. Un ejemplo es su ratón *Theseus*, un dispositivo electromecánico que Shannon diseñó y construyó mientras trabajaba en Bell Labs. Esta máquina consistía en un pequeño ratón electromecánico dentro de un laberinto, y podía aprender a encontrar su camino hacia la meta, donde se colocaba una pieza de queso. La máquina estaba programada para recordar el camino correcto después de varios intentos fallidos, siendo uno de los primeros ejemplos de una máquina con un comportamiento inteligente y un predecesor temprano de lo que más tarde se llamaría inteligencia artificial. Esta creación combinaba su interés por la lógica, la computación y la experimentación con los fundamentos matemáticos que investigaba en ese momento. La entropía para Shannon mide aquí cuánta incertidumbre hay en un conjunto de posibles mensajes, siendo mayor cuanto más incierto o impredecible es un mensaje. Si el resultado de un evento es completamente seguro, por ejemplo, si solo hay un mensaje posible con probabilidad 1, la entropía es cero. Por el contrario, si hay muchas posibles opciones equiprobables, la entropía es mayor, porque no sabemos cuál ocurrirá.

En la teoría de la información, la unidad básica para medir la información es el bit, que es una contracción de "binary digit" (dígito binario)—. Un bit es la cantidad de información necesaria para distinguir entre dos eventos equiprobables. Por ejemplo, lanzar una moneda justa genera 1 bit de información, ya que solo hay dos resultados posibles: cara o cruz. Cada vez que un sistema produce una de estas opciones, recibimos 1 bit de información. El *bit* representa por lo tanto la cantidad mínima de información requerida para elegir entre dos alternativas igualmente probables.

La medida de la información está directamente relacionada con la idea de reducción de la incertidumbre. Cuando recibimos un mensaje o un dato, la cantidad de información que obtenemos se corresponde con cuánto reduce nuestra incertidumbre inicial. Si un evento es completamente predecible —es decir, si tiene una probabilidad de 1—, entonces la información que obtenemos es nula, ya que no reduce ninguna incertidumbre. En cambio, si el evento es altamente improbable, recibir la confirmación de que ha ocurrido nos da mucha más información.

Medidas alternativas de información
Además de la entropía de Shannon, existen otras formas de medir la información dependiendo del contexto o el tipo de análisis que se desee realizar:

i. *Información mutua* mide la cantidad de información que una variable aleatoria X revela sobre otra variable aleatoria Y. Es una medida de la dependencia entre dos variables y es útil para entender cuánto se reduce la incertidumbre sobre una variable si conocemos el valor de la otra.

ii. *Redundancia y capacidad de canal* en la teoría de la información, también se estudia cómo la redundancia en los mensajes puede afectar la eficiencia de la transmisión de datos. La capacidad de un canal es la máxima cantidad de información que se puede transmitir de manera fiable por un canal de comunicación, dado el ruido y las limitaciones físicas del canal.

iii. *Complejidad de Kolmogorov* es un concepto profundamente arraigado en la teoría de la información y en la computación, orientado a cuantificar la complejidad intrínseca de una cadena de datos o, en términos más abstractos, de un objeto matemático. Este enfoque emerge de la pregunta fundamental sobre cuánta información mínima es necesaria para representar un conjunto de datos dado, en su forma más comprimida, empleando el menor número de instrucciones posible en un modelo computacional específico, como una máquina de Turing.

Formalmente, la complejidad de Kolmogórov de una cadena se expresa como la longitud del programa más corto que produce cuando se ejecuta en una máquina de Turing. Esto puede formularse de la siguiente manera.

$$K(s) = min \{ |p| : U(p) = s \}$$

donde:

- $K(s)$ es la complejidad de Kolmogórov de la cadena s.
- p representa un programa que produce s.
- $| p |$ es la longitud (en bits) del programa p.
- U es una máquina de Turing universal que, al ejecutarse con el programa p, produce la cadena s.

Esta medida de complejidad refleja la cantidad mínima de información necesaria para describir la cadena sss en un sistema computacional, capturando así su grado de incompresibilidad.

iv. *Negentropia* o *entropía negativa* es un concepto introducido por el físico Léon Brillouin, que se refiere a la capacidad de la información para disminuir la entropía dentro de un sistema dado. La negentropía ofrece una visión que conecta la teoría de la información con la termodinámica, postulando que el conocimiento de un sistema permite reducir el desorden o aleatoriedad —es decir, la entropía— del mismo.

El concepto de negentropía se basa en la idea de que la información reduce esta incertidumbre. Brillouin formuló la relación entre la información y la reducción de la entropía mediante la siguiente expresión.

$$\Delta S = -k_B I$$

ΔS representa el cambio en la entropía del sistema debido a la incorporación de información I, y el signo negativo indica que un incremento en la información reduce la entropía del sistema. Esta relación subraya que la adquisición de información sobre un sistema genera un orden dentro de éste, disminuyendo así su entropía.

La negentropía, partiendo de la teoría de la información de Shannonn en que la entropía se define mediante.

$$H = -\sum_i p_i \log p_i$$

puede interpretarse como la diferencia entre la entropía máxima posible de una distribución y la entropía real del sistema en consideración. En sistemas complejos, este concepto permite ver la información como una herramienta de control que modera la tendencia natural de los sistemas a aumentar su entropía, proporcionando un medio para influir en su evolución y orden interno.

La negentropía implica que el conocimiento no solo reduce la incertidumbre, sino que también contribuye a la estructuración del pensamiento y la organización de la información en la mente humana. Este orden cognitivo facilita la capacidad de análisis, síntesis y aplicación del conocimiento adquirido, permitiendo una comprensión más profunda y coherente de fenómenos complejos, con lo que se confiere un tipo de poder epistemológico al sujeto que posee y utiliza dicho conocimiento. Este poder se manifiesta en la habilidad para predecir, manipular y transformar el entorno, lo que tiene profundas implicaciones éticas y sociales en la distribución y acceso a la información, dado su impacto directo en la estructura y evolución de los sistemas cognitivos individuales y colectivos.

3.3.6   Formulaciones

Las formulaciones matemáticas constituyen el cimiento profundo y arquitectónico sobre el cual se erige toda la estructura de la ciencia. Esta piedra angular permite dar a las intuiciones sobre el conocimiento una base de veracidad, universalmente reconocida a pesar de las limitaciones de las matemáticas sobre las que trataremos un poco más adelante (indecibilidad e incompletitud). A través de ellas, la ciencia trasciende la simple observación empírica, construyendo modelos precisos y predictivos que permiten entender y manipular fenómenos naturales. Aunque en su aparente rigor pueden dar una impresión de absolutismo, las matemáticas contienen también sus propios márgenes de incertidumbre y paradojas, lo que las dota de una profundidad reflexiva. La ciencia, pues, se apoya en el lenguaje matemático no solo como herramienta de cálculo, sino como vehículo de una cosmovisión en la cual el conocimiento se somete a un orden lógico, permitiendo que las ideas más abstractas encuentren expresión en un sistema formal y universal.

Antes de Newton, los principios de la naturaleza se expresaban principalmente a través de observaciones cualitativas y especulaciones filosóficas que carecían de una estructura matemática sólida. La comprensión del mundo natural se basaba en gran medida en explicaciones aristotélicas, donde los fenómenos se interpretaban a través de cualidades inherentes y causas finales sin un soporte cuantitativo riguroso. Aristóteles, por ejemplo, había asentado que los objetos en movimiento requerían de una fuerza constante para seguir desplazándose y que el movimiento natural de un objeto dependía de sus cualidades inherentes —por ejemplo, los cuerpos pesados caían hacia la Tierra, mientras que el fuego subía hacia el cielo—. Según esta visión, el movimiento de un cuerpo era una manifestación de su naturaleza, interpretada en términos de *cualidades* como la pesadez o la ligereza, sin una relación cuantitativa específica que pudiera verificarse o medirse. Galileo refutó aspectos fundamentales de la cosmogonía de Aristóteles a través de sus experimentos y observaciones, desafiando las ideas aristotélicas sobre el movimiento y la estructura del universo.

Aunque Aristóteles sostenía que los cuerpos celestes y los terrestres obedecían a reglas distintas y que los objetos pesados caían más rápido que los ligeros debido a sus cualidades inherentes, Galileo demostró experimentalmente que todos los cuerpos caen con la misma aceleración en ausencia de resistencia, independientemente de su peso o composición. Este principio fue verificado en sus célebres experimentos de caída de cuerpos desde la Torre de Pisa —aunque es probable que esta famosa anécdota sea más simbólica que histórica— y en sus estudios de planos inclinados, donde observó que los cuerpos en caída aceleran de forma constante [60].

Galileo dio un primer paso importante en la formulación cuantitativa de los principios físicos al expresar sus descubrimientos sobre el movimiento en forma de relaciones matemáticas. Observó que los cuerpos en caída libre aceleran de manera constante, independientemente de su peso, y formuló la ley que establece que la distancia recorrida por un objeto en caída es proporcional al cuadrado del tiempo transcurrido.

$$d = kt^2$$

- d es la distancia recorrida por el objeto.
- t es el tiempo transcurrido.
- k es una constante de proporcionalidad relacionada con la aceleración debida a la gravedad en el caso de la caída libre.

Esta relación implicaba que la aceleración de los cuerpos en caída es constante, lo cual contradecía la física aristotélica que sostenía que los objetos más pesados caían más rápido que los ligeros. Además, en sus experimentos con planos inclinados, Galileo observó que un cuerpo en movimiento, en ausencia de fricción, continuaría moviéndose indefinidamente. Expresando estos fenómenos en términos cuantitativos, Galileo estableció un método de análisis basado en leyes matemáticas que marcó un cambio profundo en la ciencia, consolidando la idea de que los principios naturales pueden describirse con precisión mediante el lenguaje de las matemáticas.

Sería Newton con la publicación de su obra monumental *Philosophiæ Naturalis Principia Mathematica* [47], el que revolucionaria la ciencia al introducir leyes matemáticas que describían con precisión el movimiento de los cuerpos tanto terrestres como celestes. Sus leyes del movimiento y la ley de gravitación universal se unificó la física terrestre y celestial bajo principios matemáticos universales, y se establecieron un nuevo paradigma donde las matemáticas se convirtieron en el lenguaje capaz de describir y entender la naturaleza. Bajo este enfoque, las observaciones e intuiciones sobre el funcionamiento del mundo natural se tradujeran en modelos estructurados verificables y cuantificables, que proporcionan predicciones precisas y posibilitan la validación experimental. Este modo de proceder forma parte de las bases para de la ciencia actual, ya que las formulaciones matemáticas proporcionan el rigor y la exactitud necesarios para avanzar en el conocimiento científico de manera confiable y objetiva. Ahora bien, no está de más tener presente cuando se formula el hallazgo de un posible patrón de la realidad, recordar lo aquí expuesto sobre la *gematría*.

Existen varias fórmulas y principios en física y matemática que conceptualizan el mundo en términos de información y representación. Uno de los ejemplos más notables es el *Principio Holográfico*, que sugiere que toda la información contenida en un volumen de espacio puede ser representada en su frontera bidimensional. Este principio se basa en ya citados trabajos sobre la entropía de los agujeros negros realizados por Jacob Bekenstein y Stephen Hawking.

La *fórmula de Bekenstein-Hawking* relaciona la entropía S de un agujero negro con el área de su horizonte de eventos —la frontera a partir de la cual nada, ni siquiera la luz, puede escapar de su atracción gravitatoria—. Como ya hemos visto, la entropía está directamente relacionada con la medida de la información.

$$S = \frac{k\,c^3\,A}{4\,\hbar\,G}$$

Donde:

- k es la constante de Boltzmann,
- c es la velocidad de la luz,
- $\hbar$ es la constante reducida de Planck,
- G es la constante de gravitación universal.

Esta fórmula indica que la entropía —información— es proporcional al área, no al volumen, lo que lleva a pensar que la información del universo podría estar codificada en una superficie bidimensional.

La entropía de Von Neummann

En el ámbito de la teoría cuántica de campos y la gravedad cuántica, se explora cómo las leyes físicas podrían emerger de principios informacionales. La *entropía de von Neumann* es una medida utilizada para cuantificar la información en sistemas cuánticos.

$$S = -k \, \mathrm{Tr}(\rho \ln \rho)$$

Donde:

- S es la entropía de von Neumann.
- k es la constante de Boltzmann.
- Tr indica la traza de una matriz.
- ρ es la matriz densidad del sistema cuántico.

Esta visión tiene profundas implicaciones en una concepticón del mundo fundamentada en la información y la representación. En esta ecuación se nos proporciona una medida precisa de la incertidumbre o el desorden de un sistema cuántico. En este contexto, la matriz densidad describe el estado del sistema, y su entropía refleja la cantidad de información necesaria para caracterizar completamente ese estado. Así, esta fórmula establece que la realidad cuántica es inherentemente probabilística y que el conocimiento del sistema está limitado por la información accesible. En una visión del universo basada en este principio, esta entropía no solo mide el desorden, sino que establece los límites de lo que se puede conocer y representar sobre un sistema dado, indicando que el mundo cuántico se construye sobre principios de información parcial y probabilidad, y no sobre certezas absolutas. Además, en la termodinámica y la teoría de la información de Claude Shannon, se establece una conexión profunda entre información, entropía y energía, lo que permite describir procesos físicos en términos informacionales.

Si bien no hay una fórmula única que encapsule completamente el mundo como información y representación, múltiples teorías y fórmulas en física y matemáticas abordan esta idea, reflejando una perspectiva creciente de que la información es fundamental para comprender la naturaleza del universo.

3.3.7 El mundo como información y representación (formulación)

Basándonos en los principios y fórmulas mencionados hasta ahora, se puede esbozar una fórmula que sintetice la idea del universo como información y representación. Integrando el Principio Holográfico, la entropía de Bekenstein-Hawking y conceptos de teoría de la información.

$$I = \frac{k\,c^3\,A}{4\,\hbar\,G}$$

Donde:

- I es la información total (medida en bits o nats) contenida en el volumen del espacio considerado.
- A es el área de la frontera (superficie) del volumen de espacio.
- k es la constante de Boltzmann.
- c es la velocidad de la luz en el vacío.
- $\hbar$ es la constante reducida de Planck.
- G es la constante de gravitación universal.

La idea subyacente es que toda la información dentro de un volumen de espacio puede ser codificada en su superficie límite, y que por lo tanto las leyes físicas dentro de un volumen pueden ser descritas por información.

Esta fórmula es una representación teórica y conceptual, que combina ideas de distintas áreas de la física teórica, y que no pretende ser rigurosa, sino aventurar un posible camino inexplorado. La aplicación directa de modelos análogos al mundo en su totalidad es objeto de investigación y debate en campos como la gravedad cuántica [110]. Además, como propuesta de mejora, al considerar la relación entre información y entropía en sistemas cuánticos, podemos incorporar la entropía de von Neumann para describir la información cuántica, y combinando estos conceptos, imaginar una fórmula única que refleje la visión del mundo como información y representación.

$$I = -\frac{c^3}{4\hbar G} \, Tr \, (\rho \ln \rho) \times A$$

Donde:

- c^3 es la velocidad de la luz en el vacío, asociada con la relatividad especial y general
- $\hbar$ es la constante reducida de Planck, representativa de los efectos cuánticos$k$ es la constante de Boltzmann.
- G es la vonstante de gravitación universal, vinculada con la gravedad clásica de Newton y la relatividad general. Estas constantes conectan las áreas de la mecánica cuántica, la relatividad y la gravitación, lo que sugiere una teoría unificadora.
- $Tr \, (\rho \ln \rho)$ proviene de la entropía de von Neumann, que es una medida cuántica de información y desorden en un sistema. Aquí, ρ es la matriz de densidad, que describe el estado cuántico del sistema, y la traza (Tr) suma los valores diagonales de esta matriz.G es la constante de gravitación universal.

La fórmula pretende relacionar la información contenida en un sistema cuántico con su geometría y sus propiedades fundamentales. El concepto central es que la cantidad de información que describe un sistema no es algo independiente, sino que está profundamente conectada con las propiedades físicas del espacio y del tiempo. Para ello, se combinan ideas de la mecánica cuántica, la relatividad y la termodinámica, que son las principales teorías que describen cómo funciona el universo.

En particular, la fórmula utiliza una medida de información conocida como entropía cuántica, que refleja el grado de desorden o incertidumbre en un sistema cuántico, y la vincula con el área de una superficie límite, como el horizonte de un agujero negro, que en estos contextos representa una región de interés físico. Además, se incorporan constantes fundamentales que actúan como un puente entre estas teorías. La velocidad de la luz aparece porque conecta el espacio y el tiempo en la relatividad, mientras que la constante de Planck introduce la escala cuántica, destacando que se trata de fenómenos en los que las propiedades cuánticas del universo son significativas. Por último, la constante gravitacional introduce la interacción gravitatoria, lo que vincula esta relación de información y superficie con la estructura del espacio-tiempo. Así, la fórmula expresa la idea de que la información, entendida como una medida cuántica, no puede separarse de las propiedades geométricas y físicas del universo, ofreciendo un marco teórico para entender cómo estas dimensiones interactúan en escalas fundamentales.

Ahora bien, hay que insistir aquí, esta fórmula no deja de ser una construcción hipotética y sirve como una representación simbólica de cómo podrían unirse estos conceptos. No es una ecuación establecida ni verificada experimentalmente en la física actual. La integración completa de estas ideas es un área activa de investigación y aún no existe una teoría unificada que las combine de manera definitiva.

3.4 Semiótica

La gramática —que es el conjunto de reglas y principios que rigen el uso de una lengua, abarcando diversas subdisciplinas que permiten comprender su estructura y funcionamiento— incluye *la sintaxis*, que estudia cómo se organizan y combinan las palabras para formar oraciones coherentes y con sentido; *la morfología*, que se centra en la estructura interna de las palabras y en cómo se forman a partir de morfemas, las unidades mínimas de significado; *la fonología*, que analiza los sonidos del habla y su organización dentro del idioma; *la semántica*, que se ocupa del significado de las palabras, frases y oraciones, diferenciando, por ejemplo, entre distintos sentidos de una misma palabra; *la pragmática*, que considera cómo el contexto influye en la interpretación del lenguaje, incluyendo aspectos como el sarcasmo o las inferencias implícitas; *la lexicología*, que estudia el léxico de una lengua, es decir, su vocabulario y las relaciones entre las palabras; y *la semiótica o semiología*, que investiga los signos y símbolos utilizados en la comunicación y su significado. En conjunto, estos componentes de la gramática permiten una comprensión integral del funcionamiento de una lengua, facilitando tanto su análisis como su uso efectivo en la comunicación.

En cuanto a la semiótica el *signo* y el *código* no son lo mismo en esencia, aunque están profundamente relacionados. Un signo es un elemento fundamental de significado, mientras que un código es un sistema o conjunto de reglas que permite organizar y dar sentido a esos signos en un contexto determinado, estando el código por lo tanto relacionado con la pragmática en cuanto a la lingüística se refiere. La semiótica por su parte se encarga de analizar cómo se produce, transmite y entiende el significado en diversos contextos culturales y comunicativos, abarcando tanto sistemas lingüísticos como no lingüísticos. La semiótica permite comprender la manera en que representamos y procesamos la información en la sociedad contemporánea. El catedrático de semiótico Umberto Eco realiza un análisis exhaustivo en su obra académica, escudriñando la complejidad de los signos y su función en la construcción de la realidad cultural. A través de una perspectiva semiótica, los signos reflejan el mundo que nos rodea, desempeñando un papel activo en su creación y transformación [111].

En el núcleo de la semiótica se encuentra la noción de que los signos son entidades dinámicas, cargadas de significados que emergen de las interacciones entre el significante y el significado. Siguiendo los postulados de Ferdinand de Saussure, entendemos que el significante es la forma perceptible del signo, ya sea una palabra, un sonido o una imagen, mientras que el significado es el concepto o idea que este evoca en nuestra mente [89]. Eco profundiza en esta relación concluyendo que el vínculo entre significante y significado es arbitrario y está mediado por convenciones sociales y culturales. De este modo, el proceso de significación no es fijo ni unívoco, sino que está sujeto a interpretaciones múltiples y contextuales.

Consideremos el icono de un disquete que aparece en muchos programas para representar la acción de guardar un archivo, aun cuando hoy en día muchos usuarios no han usado incluso visto un disquete nunca. Aquí, el significante es la imagen visual del disquete, un objeto físico utilizado en el pasado para almacenar datos. El significado es la acción o concepto de almacenar información de manera permanente en el sistema. Según Saussure, la relación entre el significante —el icono del disquete— y el significado —la acción de guardar— es arbitraria porque no existe una conexión natural o intrínseca entre ambos. Esta asociación se ha establecido a través de convenciones culturales y prácticas tecnológicas adoptadas por la comunidad de usuarios. Muchas personas de la llamada *generación Z* —nacidos ya en el siglo XXI— que nunca han utilizado un disquete físico, reconocen el icono como símbolo de "guardar" debido a su presencia constante en las interfaces de usuario, no por haber usado disquetes en algún momento. Eco profundiza en esta relación al destacar que el vínculo entre significante y significado está mediado por convenciones sociales y culturales, y puede evolucionar con el tiempo. Aunque el disquete ya no es un medio de almacenamiento común, su imagen persiste como signo debido a la tradición y al consenso colectivo en el diseño de software. Sin embargo, esta persistencia puede generar sesgos interpretativos en contextos donde los usuarios no tienen referencia alguna del objeto original. En una aplicación educativa diseñada para niños en edad escolar, el icono del disquete podría generar confusión. Los niños podrían no reconocer el objeto representado y, en consecuencia, no asociar el icono con la función de guardar un archivo. Podrían interpretarlo como un símbolo abstracto o asignarle un significado diferente basado únicamente en su apariencia visual.

Por lo tanto, los signos adquieren sentido no de manera aislada, sino a través de su inserción en estructuras más amplias de significación. La búsqueda de un significado último y definitivo es infructuosa, ya que los signos están en constante movimiento dentro de una red de relaciones semióticas. La representación es por lo tanto como un acto interpretativo, en el que tanto el emisor como el receptor desempeñan roles activos en la construcción del significado. La comunicación humana, es un proceso complejo que trasciende la simple transmisión de información. Cada mensaje es codificado por un emisor que selecciona y organiza signos de acuerdo con determinadas convenciones, y es decodificado por un receptor que interpreta estos signos desde su propio bagaje cultural y experiencia personal. El contexto, por lo tanto, engloba tanto las circunstancias inmediatas de la comunicación, como los marcos culturales, históricos y sociales que moldean nuestra comprensión. La semiótica permite abordar el procesamiento de la información como un fenómeno que implica una serie de transformaciones y reinterpretaciones de los signos. Charles Sanders Peirce introduce también el concepto de *semiosis*, un proceso triádico que involucra el *representamen* —el signo en sí—, el *objeto* —aquello a lo que el signo se refiere— y el *interpretante*—la interpretación que hacemos del signo—. Este modelo hace hincapié que el significado no es inherente al signo, sino que surge en la interacción entre estos tres elementos, lo que resalta la naturaleza dinámica y evolutiva de la significación [112].

De lo expuesto encontramos números ejemplos no solo en el ámbito tecnológico, sino también en mucho otros como en el antropológico. Los sistemas de signos varían y se adaptan, reflejando las particularidades de cada sociedad. Por ejemplo, el color blanco puede simbolizar pureza y paz en algunas culturas occidentales, mientras que en ciertos países asiáticos —China, Japón, Corea, India— está asociado con el luto y la muerte. Los signos definitivamente no poseen significados universales y la interpretación de la información está intrínsecamente ligada al contexto cultural.

La era digital ha ampliado y transformado los horizontes de la semiótica, introduciendo nuevos signos y formas de representación. Las interfaces gráficas de usuario, los iconos y los emojis son ejemplos contemporáneos de signos que requieren una alfabetización semiótica para ser interpretados correctamente. Un icono de un sobre en una aplicación informática, también se ha convertido en un signo universal para el correo electrónico o los mensajes, pero ¿quién sigue utilizando sobres en la comunicación cotidiana?

Los actuales sistemas de IA deben ser capaces de interpretar y generar lenguaje humano, comprendiendo no solo el significado literal de las palabras, sino también los matices, las connotaciones y el contexto cultural. La ambigüedad lingüística, las metáforas y los modismos son obstáculos que requieren una comprensión profunda de los mecanismos de significación para ser superados. En este sentido, la semiótica aporta herramientas teóricas para mejorar la interacción entre humanos y máquinas, facilitando una comunicación más efectiva y natural. La importancia del contexto en la interpretación de los signos no puede ser subestimada. Sin un contexto adecuado, los signos pueden ser malinterpretados o perder su significado por completo. La palabra "banco", por ejemplo, puede referirse a una institución financiera o a un asiento, y solo el contexto nos permite discernir el significado correcto en cada situación. Esta dependencia del contexto subraya la complejidad del procesamiento de la información y la necesidad de considerar múltiples factores en el análisis semiótico.

3.5 Significado y Significante

Ferdinand de Saussure, reconocido como uno de los pilares de la lingüística moderna, inauguró una perspectiva que transformaría para siempre nuestra comprensión del lenguaje. Al establecer una distinción esencial entre el significante y el significado, Saussure sentó las bases de una teoría del signo lingüístico que resaltaba su naturaleza arbitraria. Es decir, postulaba que no existe una conexión intrínseca entre la forma que adopta un signo y el concepto que representa. Esta revolucionaria idea fue presentada en su obra póstuma, *Curso de Lingüística General*, publicada en 1916 gracias a las notas recopiladas por sus estudiantes [89].

El significante se puede entender como la manifestación tangible y perceptible del signo. En el caso del lenguaje hablado, es la secuencia de sonidos que articulamos; en la escritura, es la serie de grafemas que trazamos sobre el papel. Es, en esencia, el vehículo material que permite que las ideas viajen de una mente a otra. Tomemos como ejemplo la palabra "árbol": su significante está compuesto por los sonidos /á-r-b-o-l/ o por las letras que, en conjunto, forman esta palabra en el papel o en la pantalla. Por otro lado, el significado es la idea o concepto que el significante evoca en nuestra mente. Es una entidad abstracta, una construcción mental que da sentido a los sonidos o letras que percibimos. Siguiendo con el ejemplo de "árbol", el significado sería la representación mental de ese ser vivo: una planta de tronco leñoso, ramas y hojas que se alza hacia el cielo.

Saussure puso el foco en la relación entre significante y significado, concluyendo que es arbitraria. Esto implica que no hay una razón natural por la cual una secuencia específica de sonidos deba estar asociada a un determinado concepto. La evidencia de esta arbitrariedad se manifiesta al observar cómo distintos idiomas emplean signos diferentes para referirse a la misma idea: "tree" en inglés o "Baum" en alemán también representan el concepto de "árbol". Esta convención es producto de acuerdos sociales implícitos y no de conexiones necesarias entre palabra y objeto. La aceptación de la arbitrariedad del signo lingüístico tiene profundas implicaciones. Nos revela que el lenguaje es un sistema de signos basado en convenciones sociales, más que en reflejos directos de la realidad. Contradice la noción de que las palabras tienen una relación natural o esencial con las cosas que nombran. Al reconocer esto, Saussure posiciona el estudio del lenguaje dentro de un marco estructural, donde el significado de cada signo depende de su posición y función en un entramado de relaciones y diferencias con otros signos. Además, el signo lingüístico es una entidad de dos caras, inseparables como el anverso y reverso de una hoja de papel. El significante y el significado coexisten en una unidad solidaria, conformando juntos la realidad psíquica del lenguaje. No podemos tener uno sin el otro dado que ambos son indispensables para que el fenómeno lingüístico se manifieste.

La teoría saussureana también introduce las nociones de relaciones sintagmáticas y paradigmáticas. Las relaciones sintagmáticas se refieren a cómo los signos se combinan en una secuencia lineal dentro de una frase o enunciado. Las relaciones paradigmáticas, en cambio, se refieren a cómo un signo puede ser sustituido por otros dentro del mismo contexto, compartiendo similitudes o funciones. Estas relaciones estructurales son cruciales porque permiten que los signos adquieran significado no solo por sí mismos, sino también por su interacción y contraste con otros signos en el sistema lingüístico. El enfoque estructuralista de Saussure abre las puertas a un análisis sincrónico del lenguaje: un estudio de su estructura en un momento específico, sin considerar su evolución histórica. Esta perspectiva nos permite ver el lenguaje como un sistema autónomo y autoorganizado, donde cada elemento obtiene su significado a partir de su posición dentro del todo. La distinción entre significante y significado ha sido pieza clave para el desarrollo de la semiótica, la ciencia que estudia los signos en general. Los principios establecidos por Saussure han trascendido el ámbito de la lingüística, aplicándose al análisis de sistemas de significación en múltiples contextos: culturales, sociales y psicológicos. Cualquier sistema de comunicación se basa en la asociación arbitraria entre formas perceptibles y contenidos conceptuales.

En el ámbito cultural, por ejemplo, los objetos cotidianos pueden adquirir significados que trascienden su funcionalidad inmediata, al integrarse en sistemas simbólicos más amplios. Un vestido, un color o incluso una disposición espacial se convierten en vehículos de comunicación, expresando identidades, valores o jerarquías. De manera similar, en los sistemas sociales, las normas de interacción —como el saludo o el uso de títulos honoríficos— operan bajo principios estructurales que reflejan y perpetúan relaciones de poder y cohesión grupal.

En el terreno psicológico, los conceptos saussurianos han encontrado eco en la teoría psicoanalítica y en la psicología social, donde los símbolos y su interpretación permiten abordar procesos internos y dinámicas colectivas. El inconsciente, entendido como un sistema de significación, organiza las experiencias humanas en estructuras simbólicas que, aunque singulares, reflejan patrones culturales compartidos.

De este modo, el legado de Saussure se proyecta más allá de la lingüística en su sentido estricto, consolidándose como una herramienta invaluable para interpretar la lógica interna de los sistemas que configuran la experiencia humana.

4 La representación

La idea de representación ha sido objeto de reflexión profunda en las ciencias cognitivas, tocando aspectos que van desde la naturaleza del pensamiento hasta los mecanismos que nos permiten interactuar con la realidad. En este marco, la premisa de Schopenhauer *el mundo es mi representación*, revela un punto de partida a partir del cual explorar cómo nuestra mente media entre el sujeto y el objeto, entre lo real y lo percibido [61]. La realidad objetiva es entonces inaccesible para nosotros en su forma pura; lo que experimentamos no es la cosa en sí, sino su representación, un producto de la mente que organiza las percepciones a través de las categorías del espacio, el tiempo y la causalidad. En términos actuales, podríamos comparar esta idea con el concepto de interfaz en computación, donde el sistema operativo actúa como mediador entre el hardware y el usuario, proporcionando una interpretación funcional de los datos en bruto.

Este símil computacional resulta útil al analizar cómo la mente humana procesa la información sensorial y cognitiva. Igual que un sistema operativo organiza las operaciones internas de una máquina compleja y las traduce en elementos accesibles para el usuario, nuestra mente podemos plantear genera una especie de *interfaces* que convierten los estímulos externos en percepciones, conceptos y juicios. Estos productos mentales, al igual que las ventanas o íconos en un ordenador, no son la realidad en sí misma, sino representaciones de un nivel más profundo de información que queda oculto tras el velo de nuestras estructuras cognitivas.

La teoría de la percepción y la cognición encuentra, en este sentido, paralelismos fascinantes con los desarrollos actuales en inteligencia artificial. Los modelos contemporáneos de IA, basados en redes neuronales artificiales y algoritmos de aprendizaje profundo, también construyen representaciones de la información a partir de grandes cantidades de datos, imitando, hasta cierto punto, las operaciones de la mente humana. Sin embargo, la pregunta central que emerge de este campo es: ¿puede la representación construida por una inteligencia artificial equivaler a la representación humana? Aquí, las diferencias entre procesamiento algorítmico y procesamiento consciente se vuelven esenciales, pues el acto de "representar" involucra no solo la traducción mecánica de información, sino también un componente fenomenológico que está íntimamente ligado a la experiencia humana.

Umberto Eco, en su *Tratado de semiótica general*, desarrolla una visión más rica de la representación a través de la semiótica, la ciencia de los signos. Para Eco, toda representación está mediada por signos, símbolos y lenguajes que no solo comunican información, sino que estructuran la propia manera en que entendemos y nos relacionamos con la realidad. La semiosis, el proceso por el cual los signos adquieren significado subraya que toda representación está sujeta a un sistema simbólico que no puede desligarse de las convenciones culturales, sociales e históricas en las que está inscrita. Así, lo que percibimos y representamos del mundo es siempre un entramado de símbolos que, en su mayor parte, no son naturales ni inmediatos, sino construidos por la interrelación de la mente con el contexto en que se desenvuelve.

El filósofo Bertrand Russell, desde otra perspectiva, contribuyó a este debate con su teoría de las descripciones, en la que aborda cómo el lenguaje —en particular, las oraciones que usamos para describir el mundo— es un sistema representativo que media entre el sujeto y los objetos del mundo real. En sus *Principia Mathematica*, coescritos con Alfred North Whitehead, y en su obra sobre el atomismo lógico, Russell trata de mostrar cómo las estructuras lingüísticas y lógicas sirven como representación formal de los hechos, operando bajo reglas que no siempre reflejan la naturaleza del mundo, sino nuestras construcciones mentales y lingüísticas sobre él. Para Russell, el lenguaje no describe directamente la realidad, sino que la organiza y codifica a través de un sistema de proposiciones y relaciones que no es más que una representación mediada [113].

En este sentido, la representación no solo es un acto cognitivo, sino también un acto lingüístico y simbólico que implica mediación y construcción. La pregunta que surge entonces es: ¿cómo afecta esta mediación nuestra comprensión del mundo?

155

La representación no es neutra; determina lo que podemos conocer y cómo lo conocemos. Si las representaciones que generamos, ya sea a través del lenguaje, de la percepción sensorial o de algoritmos computacionales, son intermediarias entre nosotros y la realidad, ¿hasta qué punto podemos hablar de un acceso directo a lo real?

Eco y Russell coinciden en que no existe tal acceso directo. Toda representación es, en última instancia, un modelo que simplifica, abstrae y reorganiza la complejidad del mundo en una forma que nuestra mente pueda manejar. Pero es crucial notar que esta simplificación no es arbitraria: sigue reglas y normas que responden tanto a nuestra estructura cognitiva como a los sistemas simbólicos que nos rodean. Esto sugiere que la representación no es un espejo de la realidad, sino más bien una construcción activa que moldea nuestra percepción y nuestro conocimiento del mundo.

Finalmente, en el ámbito de la inteligencia artificial, el estudio de la representación tiene implicaciones significativas para la creación de máquinas que puedan simular la mente humana. Si bien los algoritmos actuales permiten que las máquinas procesen información de manera sorprendente, aún estamos lejos de comprender si estos sistemas pueden generar representaciones que posean el carácter fenoménico y consciente de las representaciones humanas. La capacidad de una máquina para traducir datos en percepciones y conceptos útiles depende de una serie de reglas predefinidas que, aunque eficientes, carecen de la flexibilidad y creatividad propias de la mente humana.

Así, aquí nos adentraremos en la representación como proceso central en la interacción entre la mente y el mundo, explorando tanto sus dimensiones filosóficas como sus aplicaciones contemporáneas en la tecnología y la ciencia cognitiva. Al reflexionar sobre la naturaleza de la representación, cuestionamos los límites del conocimiento humano y abrimos nuevas vías para comprender cómo la información cruda se transforma en significado y comprensión.

4.1 El lenguaje

La invención del lenguaje constituye uno de los eventos más significativos, impactantes y fundamentales en la historia del desarrollo cognitivo humano. Al adquirir esta capacidad innovadora, el Homo sapiens se situó en una posición ventajosa que le permitió superar a todas las demás especies terrestres en términos de proyección hacia el futuro y capacidad de reflexión profunda. Esta transformación, que abarca a toda la humanidad, también se manifiesta de manera individual. No existe un cambio más determinante en la vida de una persona que el proceso de adquisición del lenguaje. Es pertinente encerrar el término entre comillas, ya que investigaciones de destacados psicólogos y lingüistas han demostrado que los niños humanos poseen una predisposición genética multifacética hacia el lenguaje. Como frecuentemente sostiene Noam Chomsky [114], considerado el padre de la lingüística moderna, los pájaros no requieren aprender a desarrollar sus plumas y los niños no necesitan adquirir el lenguaje desde cero. Gran parte del diseño innato de un usuario del lenguaje, al igual que el de las aves en el caso de las plumas, se estableció hace innumerables años y reside en el niño en forma de talentos y disposiciones innatas, fácilmente adaptables a las condiciones específicas de la gramática y el vocabulario. Los niños adquieren el lenguaje a un ritmo asombroso, incorporando en promedio una docena de nuevas palabras diariamente durante varios años, hasta alcanzar la adolescencia, momento en el cual la velocidad de adquisición disminuye considerablemente. Antes de ingresar al sistema educativo formal, dominan prácticamente todos los aspectos gramaticales, excepto los más sutiles.

Además de la constante interacción lingüística con los miembros de su familia y, en ocasiones, con mascotas, los niños dedican numerosas horas a la vocalización personal desde las primeras etapas de gateo. Este proceso inicia con balbuceos y combinaciones de sílabas sin un significado aparente, pero ricamente dotadas de diversas entonaciones—exhortatorias, tranquilizadoras, explicativas, zalameras—hasta alcanzar una expresión lingüística compleja y significativa. A los niños les resulta extremadamente gratificante hablar consigo mismos. ¿Qué impacto tiene esta práctica en su desarrollo cognitivo?

Aunque no se dispone de una respuesta definitiva, es posible plantear hipótesis que podrían orientar futuras investigaciones. Consideremos los inicios de la vida lingüística en cualquier niño. Por ejemplo, cuando una madre exclama: «¡Cuidado! ¡Está caliente! ¡No toques la estufa!», el niño en esa etapa no necesita comprender el significado preciso de «caliente», «tocar» o «estufa». Estas palabras, en principio, son simplemente sonidos, eventos auditivos que poseen cierto poder evocador y familiaridad, que el niño retiene y que generan ecos específicos. Sirven para evocar una situación determinada —acercarse a la estufa y alejarse de ella— que implica una prohibición y una repetición auditiva que puede ser recordada.

De manera simplificada, supongamos que el niño adquiere la costumbre de repetirse a sí mismo —en voz alta— «¡Caliente! ¡No toques!» sin una comprensión profunda de dichas palabras, pronunciándolas simplemente como una parte que acompaña la situación familiar de acercarse y alejarse de la estufa. Además, podría utilizarlas como una especie de mantra aplicable en diversas ocasiones. Después de todo, los niños tienden a repetir las palabras que acaban de escuchar, tanto dentro como fuera del contexto original, estableciendo así vínculos de reconocimiento y rutas asociativas entre las propiedades auditivas y sensoriales, así como entre los estados internos y otros elementos concomitantes.

Este esquema procesal sugiere el inicio de lo que podríamos denominar una expresión propia a medio comprender. El niño, inicialmente impulsado por ciertas asociaciones auditivas derivadas de las admoniciones de sus progenitores, desarrolla la costumbre de añadir a sus actividades una banda sonora, un comentario verbal. En un principio, esta pronunciación podría manifestarse como una serie de balbuceos —una cháchara sin sentido compuesta por sonidos que se asemejan a palabras reales pronunciadas con mucho sentimiento, pero con escasa o nula comprensión de su significado— combinada con unas pocas palabras que sí comprende. Sin embargo, con el tiempo, esta imitación de exhortaciones, prohibiciones, alabanzas y descripciones evolucionará hasta madurar en formas auténticas de dichas expresiones. La costumbre de añadir etiquetas precede a la comprensión misma de los textos etiquetados, incluso antes de la comprensión parcial de los mismos.

Se propone que estas prácticas inicialmente rudimentarias —la mera pronunciación de etiquetas en circunstancias adecuadas o inadecuadas— se transforman rápidamente en la costumbre de representar los estados y actividades propias de una manera novedosa. A medida que el niño establece más asociaciones entre los procesos auditivos y articulatorios, y las pautas de actividad concomitante a ellos, se crean nodos prominentes en la memoria. Una palabra puede convertirse en familiar, aunque no se comprenda completamente, y son estas anclas de familiaridad las que confieren a una etiqueta una identidad independiente dentro del sistema cognitivo. Sin dicha independencia, las etiquetas permanecerían invisibles. Para que una palabra funcione como una etiqueta útil y manipulable en el refinamiento de los recursos cerebrales, debe potenciar con prontitud las asociaciones ya establecidas en el sistema. Además, la arbitrariedad de las palabras contribuye a su distintividad: el riesgo de no percibir la presencia de la etiqueta es mínimo, ya que no se mezcla con su entorno, similar a cómo una mella en la esquina de una caja de zapatos puede ser fácilmente identificable. Es como si se extrajera deliberadamente de la manga una creación, a modo de marca de fábrica.

La costumbre de esta expresión propia a medio comprender podría ser, según se indica, el origen de la práctica del etiquetado consciente. Utilizando palabras —o balbuceos, o neologismos personales— como etiquetas de las propias actividades, el niño podría eventualmente dejar de lado la mayoría de las asociaciones auditivas y articulatorias, apoyándose únicamente en las restantes asociaciones y posibilidades de asociación para realizar el anclaje. Se sugiere que el niño puede abandonar la pronunciación en voz alta y crear neologismos personales, no pronunciados, como etiquetas de los rasgos de sus propias actividades.

Podemos conceptualizar un objeto lingüístico como un objeto encontrado —incluso si, en cierto modo, cometemos el error de inventarlo nosotros mismos en lugar de escucharlo de otra persona— y reservarlo para examinarlo más adelante, en privado. Nuestra capacidad para hacerlo depende de la habilidad para identificar o reconocer en diferentes ocasiones una etiqueta de este tipo que posea uno o varios rasgos que permitan recordarla, otorgándole una apariencia independiente de su significado. Una vez que hemos creado etiquetas y adquirido la costumbre de asignarlas a las circunstancias que experimentamos, hemos generado una nueva clase de objetos que, por sí mismos, pueden convertirse en objetos de toda la maquinaria de reconocimiento de patrones y construcción de asociaciones, y así sucesivamente. De manera similar a cómo los científicos podrían reflexionar retrospectivamente sobre fotografías tomadas en el calor de una batalla experimental, nosotros podemos meditar sobre cualesquiera patrones que deban distinguirse en los diversos objetos etiquetados que extraemos de nuestra memoria.

A medida que progresamos, nuestras etiquetas se refinan, adquiriendo mayor perspicacia e incluso mejor articulación, hasta alcanzar un punto en el que nos aproximamos a la proeza casi mágica con la que iniciamos: la mera contemplación de una representación es suficiente para recordar todas las lecciones pertinentes. Nos convertimos en entendidos de los objetos que hemos creado. A estos nodos artefactuales en nuestras memorias, a estas pálidas sombras de palabras oídas y pronunciadas, podríamos denominarlos conceptos. Por ende, un concepto es una etiqueta interna que, entre sus múltiples asociaciones, puede incluir o no los rasgos auditivos y articulatorios de una palabra (pública o privada). Sin embargo, se sugiere que las palabras son los prototipos o antecesores de los conceptos. Los primeros conceptos que podemos manipular, es decir, los conceptos vocalizados, son aquellos que pueden ser manipulados y, por ende, convertirse en objetos de escrutinio.

4.2 Semiología

La semiología es la ciencia que estudia los sistemas de signos en el seno de la vida social, un campo teórico que toma forma sólida con los trabajos del lingüista Ferdinand de Saussure y que luego se expande a una diversidad de disciplinas, desde la lingüística hasta las ciencias cognitivas. El signo, entendido como la unidad básica de la representación en la semiología, se compone de dos partes: el significante —la forma material del signo— y el significado —el concepto que esta forma evoca—. Esta distinción saussureana es fundamental para comprender cómo se construyen las representaciones del mundo a través de sistemas simbólicos. La semiología permite desentrañar las estructuras subyacentes que conforman tanto la comunicación como las construcciones culturales, y su estudio ha tenido un impacto notable en diversas disciplinas.

i. *Lingüística*: El campo de la semiología tiene sus raíces en la lingüística estructural de Saussure, que postuló el lenguaje como un sistema de signos arbitrarios cuya relación entre significante y significado se mantiene por convención social. La obra *Curso de lingüística general* —1916—, publicada póstumamente, expone estas ideas, señalando que la semiología es una parte integral de la lingüística, dado que todos los signos verbales son parte de un sistema lingüístico mayor.

ii. *Antropología*: Claude Lévi-Strauss, en su antropología estructural, aplicó principios semiológicos para analizar mitos y rituales, tratando las culturas como sistemas de signos donde las prácticas y creencias funcionan de manera análoga a los lenguajes. Su obra "Mitológicas" explora cómo las estructuras simbólicas de las sociedades se organizan en torno a oposiciones binarias, siguiendo los modelos de la semiología saussureana [115].

iii. *Filosofía del lenguaje*: En la filosofía *del* lenguaje, figuras como Ludwig Wittgenstein y Bertrand Russell trataron la relación entre lenguaje y realidad desde un enfoque que, aunque distinto del saussureano, comparte el interés por la representación. Wittgenstein, en su obra "Investigaciones filosóficas", aborda cómo los significados de los signos lingüísticos se derivan del uso dentro de un contexto social, cuestionando la naturaleza fija del significado.

iv. *Estudios culturales*: La semiología ha sido vital para el desarrollo de los *estudios* culturales, particularmente a través del trabajo de Roland Barthes, quien aplicó el análisis semiológico a los productos culturales, mostrando cómo estos operan como sistemas de signos que comunican significados implícitos. En "Mitologías", Barthes examina cómo objetos cotidianos y productos de la cultura popular encierran una dimensión simbólica que refleja y perpetúa ideologías sociales.

v. *Psicología*: Dentro de la psicología, el enfoque semiológico se ha usado para analizar cómo las personas interpretan los símbolos y cómo los sistemas de signos influyen en el pensamiento y el comportamiento. Jean Piaget, en su teoría del desarrollo cognitivo, reconoce la importancia de la función simbólica, en la que los niños desarrollan la capacidad de utilizar signos y símbolos (como el lenguaje) para representar el mundo, algo fundamental en el desarrollo de las habilidades cognitivas avanzadas.

vi. *Sociología*: En sociología, la semiología es útil para examinar *cómo* los signos estructuran las relaciones sociales. Pierre Bourdieu, en "La distinción", utiliza la noción de capital simbólico para demostrar cómo las clases sociales utilizan diferentes sistemas de signos, como el lenguaje, la vestimenta o el consumo cultural, para mantener y expresar su estatus en la sociedad. Aquí, el signo no es un objeto neutro, sino que está cargado de significado social y poder.

vii. *Comunicación*: La semiología ha sido central en el estudio de los medios de comunicación de masas. Los teóricos de la escuela de Birmingham, como Stuart Hall, han utilizado conceptos *semiológicos* para analizar la forma en que los medios producen y difunden mensajes, investigando cómo los signos son codificados por los productores y decodificados por las audiencias en contextos sociales y culturales específicos.

viii. *Estudios literarios*: La aplicación de la semiología en los estudios literarios ha permitido una mejor comprensión de cómo los textos narrativos crean significados a través de sus estructuras simbólicas. Umberto Eco, en su "Obra abierta", analiza cómo los lectores interpretan los signos textuales, argumentando que los textos literarios son sistemas de signos que permiten múltiples interpretaciones, un proceso que depende de la interacción entre el texto y la competencia semiótica del lector.

ix. *Cine y medios audiovisuales*: Christian Metz, un pionero de la semiología aplicada al cine, argumentó que las películas son sistemas de signos que deben ser interpretados de manera similar a los textos escritos. En su obra "El significante imaginario", Metz detalla cómo los elementos visuales, sonoros y *narrativos* del cine funcionan como signos que los espectadores interpretan para construir el significado de la experiencia cinematográfica.

x. *Diseño gráfico:* En diseño gráfico, la semiología es indispensable para *comprender* cómo los elementos visuales —formas, colores, tipografías— comunican mensajes específicos. Roland Barthes, en su análisis de imágenes publicitarias en "Retórica de la imagen", muestra cómo la imagen visual actúa como un sistema de signos que connota significados adicionales más allá de lo que representa literalmente, influyendo en la interpretación del espectador.

xi. *Estética:* En la estética, el análisis semiológico ha sido útil para interpretar cómo las obras de arte actúan como signos que transmiten mensajes más allá de su forma física. Nelson Goodman, en "Languages of Art", explora cómo las artes visuales y musicales utilizan sistemas simbólicos para representar el mundo o evocar emociones, lo que sitúa a la obra de arte en una categoría de representación compleja, gobernada por sus propios códigos y convenciones.

xii. *Ciencias cognitivas:* Finalmente, en las ciencias cognitivas, la semiología ha sido relevante para estudiar cómo el cerebro humano procesa los signos y crea representaciones mentales. La investigación sobre inteligencia artificial y redes neuronales también se ha nutrido del análisis semiológico, al buscar replicar los procesos humanos de interpretación de signos en sistemas computacionales. Aquí, los signos no solo son una cuestión de semántica o lenguaje, sino de representación y procesamiento de información en un contexto dinámico.

Las doce disciplinas que hemos repasado comparten un interés común en el análisis de cómo los signos y sistemas simbólicos estructuran nuestra comprensión de la realidad. Ya sea a través del lenguaje, las imágenes, los ritos culturales o las interacciones sociales, todas ellas examinan cómo los seres humanos interpretan, procesan y comunican información mediante representaciones que van más allá de lo puramente físico o literal. En la lingüística, la semiótica explora cómo el lenguaje organiza el pensamiento; en la antropología, cómo los mitos y rituales actúan como códigos culturales; en la sociología y psicología, los signos se revelan como medios para establecer y mantener estructuras de poder o identidad. De manera similar, disciplinas como los estudios literarios y el cine investigan cómo los textos y las imágenes audiovisuales codifican significados que los receptores deben descifrar. En las ciencias cognitivas, el interés se desplaza hacia cómo la mente humana procesa estos signos, mientras que en el diseño gráfico y la estética se busca comprender cómo la representación visual evoca respuestas interpretativas en su audiencia. Todas estas disciplinas, a su manera, examinan la capacidad de los signos para mediar entre el sujeto y la realidad, influyendo en nuestra percepción, comunicación y conocimiento del mundo.

4.3 Los códigos

Un código es un sistema de símbolos, signos o reglas que permite representar información o instrucciones de manera comprensible para quienes lo utilicen. En términos generales, un código puede ser utilizado para comunicarse (como el código Morse), representar caracteres en sistemas informáticos (como ASCII), o para cifrar información. En informática, los códigos permiten la traducción de datos y órdenes en secuencias que el hardware puede procesar, facilitando la interacción entre el software y los dispositivos físicos. Si bien el código binario se ha consolidado como la base de la computación moderna, a lo largo de la historia se han empleado otros tipos de códigos para realizar cálculos y procesar información. Un ejemplo temprano es el ábaco, que utiliza representaciones físicas para calcular. Más tarde, el sistema de numeración decimal fue ampliamente utilizado en las primeras máquinas calculadoras. Estos sistemas ilustran cómo la computación ha recurrido a diversas formas de codificación antes del dominio del binario.

4.3.1 Los sistemas de numeración

Es ampliamente conocido que, en su esencia, las computadoras operan mediante la manipulación de números. Estos números, a su vez, pueden ser representados en una variedad de bases numéricas, cada una de las cuales posee características particulares y aplicaciones específicas que las distinguen en distintos contextos tecnológicos y científicos. La base de un sistema de numeración se define como el número de símbolos únicos que dicho sistema utiliza para representar cantidades. Por ejemplo, el sistema decimal, que es el más comúnmente empleado en la vida cotidiana, utiliza diez símbolos (0 al 9).

Tradicionalmente, se han empleado múltiples sistemas de numeración, la mayoría de los cuales derivan de consideraciones antropológicas, basándose en métodos de conteo y medición inherentes a las dimensiones del cuerpo humano. Con los diez dedos de las manos, es factible enumerar hasta diez unidades en el sistema decimal. Al considerar las falanges de los dedos, se puede extender el conteo. Cada dedo, a excepción del pulgar, consta de tres falanges, mientras que el pulgar posee dos. De este modo, en una mano se dispone de un total de catorce falanges; sin embargo, si se utiliza el pulgar para señalar, se logra contar hasta doce. Al emplear los dedos de una mano y las falanges del otro, el conteo puede alcanzar hasta sesenta unidades. Así una hora se divide en sesenta minutos y cada minuto en sesenta segundos, una herencia directa del ancestral sistema sexagesimal. Además, la geometría y la navegación todavía dependen de la base sesenta, ya que un círculo completo se divide en trescientos sesenta grados. Esta media del círculo deriva de la combinación de la observación astronómica del año solar (aproximadamente 360), unido al uso de la base matemática sexagesimal.

Respecto al doce, aún hoy en día con las medidas de longitud, el sistema imperial utiliza esta base, en la subdivisión de una pulgada en doce partes. Asimismo, el calendario gregoriano, estructura el año en doce meses, una convención que tiene por otra parte sus raíces en antiguos sistemas lunisolares y que ha demostrado ser funcional para la organización social y económica.

Las estructuras numéricas ancestrales persisten en su integración dentro de las prácticas contemporáneas, derivando de la invención de los sistemas de numeración que, sin lugar a dudas, se originaron a partir de la necesidad de asignar símbolos a los objetos para su cuantificación. Esta imperiosa necesidad impulsó a las culturas antiguas a desarrollar métodos para representar cantidades mediante símbolos específicos, dando lugar a una diversidad de sistemas de numeración [87].

El sistema de numeración egipcio, desarrollado hace aproximadamente tres milenios antes de la era común, era decimal y aditivo. Este sistema permitía representar números mediante la repetición de símbolos hasta nueve veces para utilizar el siguiente símbolo de orden superior. Los números se representaban mediante ideogramas que simbolizaban unidades, decenas, centenas y miles. El principio aditivo implicaba la suma de los valores de los numerales utilizados para componer un número. Además, el orden de los símbolos no afectaba el valor numérico, ya que cada símbolo tenía un valor único, lo que hacía innecesario el uso del cero. La orientación de los símbolos era flexible, permitiendo su escritura de izquierda a derecha, al revés o de arriba abajo, adaptándose a la armonía estética del contexto en donde se plasmará.

El sistema babilónico, introducido alrededor de 1800-1900 a.c., se caracteriza por ser precisamente ese sexagesimal del que hablamos, y por ser también el primer sistema de numeración posicional. En este sistema, el valor de un dígito depende tanto de su valor intrínseco como de su posición dentro del número. Las unidades se representaban mediante marcas verticales en forma de cuña, acumulándose hasta llegar a diez, momento en el cual se utilizaba un símbolo distinto. Este sistema permitía la representación eficiente de números grandes mediante la combinación de símbolos para unidades y múltiplos de sesenta. Las posiciones sucesivas representaban múltiplos crecientes de sesenta (60, 60^2, 60^3, etc.), permitiendo cálculos complejos y el registro exacto de transacciones comerciales.

Desde aproximadamente el 1500 a.C., la civilización china utilizó un sistema decimal estricto y multiplicativo. Este sistema combina unidades y potencias de diez para representar números. Los ideogramas chinos representaban números mediante combinaciones que siguen el principio multiplicativo: primero se indicaba el dígito (del 1 al 9), luego el lugar (10, 100, etc.), y posteriormente el siguiente dígito. El orden de los símbolos le otorga un carácter posicional a este sistema, ya que

una disposición diferente puede cambiar el valor numérico —
por ejemplo, 𝕴𝓉 representaba cincuenta y siete, mientras
que 𝓉𝕴 representaba setenta y cinco—. Este sistema
posicional permite una representación clara y organizada de
cantidades, facilitando el desarrollo de la matemática y la
contabilidad.

El sistema de numeración griego, conocido como sistema ático,
se desarrolló alrededor del 600 a.C. Era un sistema decimal que
empleaba símbolos derivados de las letras iniciales de las
palabras griegas para representar unidades, decenas, centenas
y millares. Para representar números del uno al cuatro, se
utilizaban trazos verticales, mientras que, para cinco, diez y cien
se empleaban las letras *Π* (pénte), *Δ* (déka) y *H* (hekatón),
respectivamente. Los símbolos para 50, 500 y 5000 se
formaban añadiendo el símbolo de diez, cien y mil al de cinco,
siguiendo un principio multiplicativo. A partir del siglo V a.C.,
este sistema ático fue reemplazado progresivamente por el
sistema jónico, que utilizaba las 24 letras del alfabeto griego
junto con tres símbolos adicionales —ς para 6, ϙ para 90 y ϡ para
900— para completar las representaciones numéricas.

Durante el Imperio Romano, se utilizó el sistema de
numeración romano, heredado de los etruscos. Este sistema no
es posicional y emplea siete letras mayúsculas —*I, V, X, L, C, D,
M*— para representar valores numéricos específicos. Los
números se forman combinando estos símbolos mediante
principios aditivos y sustractivos. Por ejemplo, *IV* representa
cuatro —5-1—, y *IX* representa nueve —10-1—. Para valores
iguales o superiores a cuatro mil, se utilizaba una raya sobre las
letras para indicar multiplicación por mil, y dos rayas para
indicar multiplicación por un millón. Este sistema se mantuvo
en uso durante siglos y aún es visible en la arquitectura y
monumentos de la antigua Roma.

Los sistemas de numeración griegos y romanos no eran
especialmente ágiles para realizar cálculos matemáticos
complejos. Ambos eran sistemas no posicionales —es decir, el
valor de los símbolos no dependía de su posición— y
empleaban símbolos específicos para representar ciertas
cantidades, lo cual resultaba efectivo para la escritura de

números, pero poco práctico para operaciones aritméticas avanzadas.

Los *guarimos*, sistema que empleamos en la actualidad, tiene sus raíces en la India hacia el siglo V d.C. Este sistema, decimal y posicional, incluía el uso del cero como un símbolo esencial para la representación numérica. Las matemáticas y el sistema numérico fueron transmitidos a través de los estudiosos árabes, quienes adoptaron y adaptaron el sistema indio. Los *guarismos* llegaron a Europa a través de España en el siglo X, encontrándose su primera prueba manuscrita en el *Codex Conciliorum Albeldensis seu Vigilanus*, escrito en La Rioja. La adopción de este sistema en Europa permitió avances en el comercio, la ciencia y las matemáticas, consolidándose como el estándar global de representación numérica.

Nuestro sistema decimal actual se caracteriza por su base posicional, donde el valor de cada dígito depende de su posición relativa y de las potencias de diez. Este sistema facilita la realización de operaciones aritméticas complejas y la representación eficiente de grandes números, aspectos fundamentales para el desarrollo de la ciencia moderna y la tecnología.

4.3.2 El sistema binario

Gottfried Leibniz planteó el sistema binario como una herramienta matemática reflejo profundo de su visión del mundo y su teoría del conocimiento [87]. En su obra publicada en 1703 bajo el título *Explication de l'Arithmétique Binaire*, Leibniz exploró la dualidad entre 0 y 1 como una representación simplificada del ser y el no ser, que a su vez se vincula con su concepción de la existencia de Dios como el "uno" que da origen a todo lo demás. Para Leibniz, el sistema binario simboliza el orden lógico subyacente en la creación del universo, el cual se basa en combinaciones simples que generan complejidad, una idea que también conecta con su teoría de las *mónadas*. Las mónadas son las unidades indivisibles de la realidad que contienen una representación completa del universo dentro de sí mismas. Esta visión está alineada con la simplicidad del sistema binario, donde combinaciones de unos y ceros pueden dar lugar a estructuras complejas, reflejando la armonía preestablecida que Leibniz percibía en el cosmos.

Leibniz estudió el *I Ching*, un antiguo texto chino basado en combinaciones binarias que es una confirmación de que este sistema binario estaba profundamente arraigado en el pensamiento universal. Este texto clásico utiliza un sistema binario en su estructura fundamental a través de los 64 hexagramas, que combinan líneas continuas —yang— y líneas partidas —yin—. Estas líneas representan conceptos duales como luz-oscuridad o firmeza-flexibilidad, organizando así combinaciones binarias para formar los hexagramas. Leibniz reconoció en este sistema una correspondencia con su aritmética binaria, pues veía en él una representación simbólica del principio de dualidad y el orden inherente del universo [116]. Leibniz en su correspondencia y escritos, mencionaba cómo el sistema binario tenía implicaciones no solo en la matemática, sino en la lógica, prefigurando lo que más tarde sería el fundamento de la computación moderna.

El desarrollo de su sistema binario, por tanto, no se limita a un descubrimiento técnico, sino que es una extensión de su pensamiento metafísico. La realidad, para Leibniz, se organiza a partir de combinaciones simples que, al interactuar, producen toda la diversidad y complejidad del mundo. Este orden lógico y simbólico que postuló con su sistema binario fue un paso hacia la creación de un *calculus ratiocinator* [4], o sistema de cálculo simbólico, capaz de abarcar todos los aspectos del razonamiento humano y la realidad física.

El sistema binario, como su propio nombre indica, es un sistema numérico basado en solo dos dígitos: el 0 y el 1. Su simplicidad proviene del hecho de que trabaja con dos estados, lo que lo hace ideal para la computación moderna, ya que refleja fielmente los dos niveles de voltaje utilizados en los circuitos

---

[4] Aunque Leibniz no llegó a construir físicamente una máquina que implementara el *calculus ratiocinator*, su trabajo teórico influyó en el desarrollo posterior de la lógica simbólica y la informática. La idea de un sistema capaz de realizar operaciones lógicas de manera mecánica se considera un precursor conceptual de las computadoras digitales modernas

electrónicos —corriente o no corriente, es decir, encendido y apagado—. Esta representación de los datos facilita la construcción de dispositivos lógicos, dado que solo necesitan detectar si existe o no un pulso eléctrico para procesar información.

El éxito del binario en la informática no se debe únicamente a la facilidad de representar datos, sino también a su eficiencia en la conversión de información entre diferentes sistemas numéricos. Por ejemplo, la conversión entre binario y decimal es un proceso relativamente directo, mediante la descomposición en potencias de 2, lo que refuerza su utilidad práctica para los sistemas computacionales.

El binario no es el único sistema utilizado en informática; el octal (base 8) y el hexadecimal (base 16) son comunes en ciertos contextos, dado que permiten representar grandes cantidades de datos con menos dígitos, facilitando la lectura y manipulación en niveles más altos de programación. Sin embargo, en el nivel más fundamental de las operaciones lógicas, el binario sigue siendo el rey indiscutido.

La razón por la que este sistema es óptimo para la computación moderna no reside solo en su sencillez, sino en su relación directa con la forma en que las máquinas manejan la información, lo que permite crear circuitos altamente fiables y veloces. Al trabajar solo con dos estados, se reduce la posibilidad de errores en la interpretación de señales, algo crucial para el desarrollo de sistemas robustos y eficientes.

4.3.3   La apofenia numérica

La gematría, arte hermético de encontrar patrones numéricos y conexiones simbólicas en las estructuras lingüísticas y arquitectónicas, se presenta como una de las formas más sofisticadas de la exégesis esotérica. Esta práctica, atávica y obsesiva, parece estar impregnada de una sed insaciable de encontrar significados profundos y secretos en los números; un impulso tan antiguo como el acto mismo de observar el cosmos y tratar de descifrar los códigos ocultos que subyacen en la aparente simplicidad de la existencia.

Este afán interpretativo tiene uno de sus ejemplos más icónicos en las obsesivas mediciones y especulaciones de Piazzi Smyth [5] respecto a la Gran Pirámide de Keops. Para Smyth, las proporciones monumentales de la pirámide ocultaban un código sagrado: sus codos, sus ángulos y alturas no eran simples valores métricos, sino símbolos de verdades cósmicas inmutables. La altura de la pirámide decía, multiplicada por diez a la novena potencia, representaba la distancia entre la Tierra y el Sol. El perímetro de la base dividido por el doble de su altura ofrecía, según él, una cifra cercana a la constante ⊓ (3,14), lo que, en su visión, confirmaba que los egipcios ya poseían conocimientos avanzados de matemática y astronomía. Así, Smyth elevó los números de la pirámide a una especie de revelación universal, otorgando a sus cálculos una veracidad inquebrantable.

Sin embargo, la naturaleza humana parece también insaciablemente predispuesta a ver patrones donde quizás solo haya azar. Incluso un IBM 5150, con dimensiones aparentemente banales y que no atienden a significados ocultos, podría ser objeto del mismo escrutinio gemátrico, y con igual fervor interpretativo que el monumento funerario de Keops. Basándonos en las dimensiones del IBM 5150, podemos aventurarnos en una reflexión cosmogónica que revela conexiones sorprendentes entre este icónico artefacto tecnológico y los misterios del universo. La altura del IBM 5150 es de 14 centímetros. El número 14 ha sido significativo en diversas tradiciones: representa la suma del doble de la perfección divina (7+7) y coincide con el número de fases

---

[5] Charles Piazzi Smyth (1819-1900) fue un astrónomo británico, reconocido por su labor como Astrónomo Real de Escocia desde 1846 hasta 1888. Realizó innovaciones en astronomía, destacando su expedición al Teide en Tenerife en 1856, donde demostró las ventajas de la observación astronómica en altitud, sentando precedentes para la astronomía moderna. Su trabajo en Tenerife también incluyó la primera detección positiva de calor procedente de la Luna y la utilización pionera de la fotografía estereoscópica para documentar sus observaciones, así que la *sombra* de sus especulaciones sobre Keops, no eclipsa sus contribuciones a la ciencia.

lunares visibles, simbolizando el ciclo eterno de renovación y transformación en el cosmos. El ancho del dispositivo es de 49,5 centímetros. Si multiplicamos 4 y 9 obtenemos 36, que sumado a 5 (de los 0,5 centímetros) resulta en 41, número que curiosamente coincide con la profundidad del IBM 5150: 41 centímetros. Esta correlación numérica es interpretable como una manifestación de la armonía matemática que subyace en la estructura del universo, reflejando la idea pitagórica de que todas las cosas son números. Además, si sumamos las tres dimensiones (14 + 49,5 + 41), obtenemos 104,5 centímetros. Este número, al ser simplificado (1+0+4+5), resulta en 10, que en numerología simboliza el retorno a la unidad después del ciclo completo del 9, representando el inicio de una nueva existencia o nivel de consciencia cósmica. El número 10 también, en diversas culturas, representa la totalidad y la perfección, indicando que el IBM 5150, en su diseño físico, podría ser visto como un microcosmos de la totalidad universal. Explorando más a fondo, si consideramos el volumen del dispositivo multiplicando sus dimensiones (14 cm x 49,5 cm x 41 cm), obtenemos 28.413 cm³. Sumando los dígitos de este volumen (2+8+4+1+3), llegamos al número 18, que a su vez se reduce a 9 (1+8). El número 9 es profundamente significativo en múltiples tradiciones esotéricas y cosmológicas: representa la sabiduría divina, la iluminación y es considerado también el número del amor universal. ¿Se trata esto de una señal de que el IBM 5150 no es simplemente una máquina computacional, sino una representación simbólica de la conexión intrínseca entre la creación humana y las leyes fundamentales del universo? [6]

Es en este juego, casi siempre cargado de ironía, donde la gematría se manifiesta no solo como una búsqueda de la verdad sino, paradójicamente, como una fuente de confusión. Las cifras y cálculos pueden ser deslumbrantes, pero

---

[6] Se suscita aquí un debate sobre causalidad e intencionalidad. En el hecho creativo, aunque este no tenga una intención deliberadamente artística o de una profundidad y enfoque mayéutica, siempre se acaba por generar en el observador o consumidor de la creación múltiples efectos no intencionalmente esperados.

¿realmente contienen la verdad o solo una sucesión de coincidencias convenientemente buscadas?

La tendencia psicológica a encontrar patrones o conexiones significativas en datos aleatorios o sin sentido se denomina apofenia. Este término fue acuñado por el psiquiatra alemán Klaus Conrad [117] para describir la experiencia de percibir relaciones y patrones donde no los hay. Un ejemplo específico de apofenia es la pareidolia, que es cuando interpretamos estímulos vagos o aleatorios como algo reconocible, como ver formas de animales en las nubes o rostros en objetos inanimados. La apofenia es una característica común en el ser humano y está relacionada con nuestra capacidad innata para buscar y reconocer patrones, lo cual nos ha permitido adaptarnos a entornos, la mayoría de las veces hostiles, y evolucionar. Sin embargo, en ciertos contextos, esta tendencia puede llevarnos a interpretaciones erróneas o supersticiosas, especialmente cuando atribuimos significado a coincidencias que son puramente aleatorias. En casos extremos, una fuerte inclinación hacia la apofenia puede estar asociada con condiciones psicológicas que afectan la percepción y la interpretación de la realidad.

La apofenia, como manifestación intrínseca de la cognición humana que impulsa la identificación de patrones en la aleatoriedad, encuentra en la gematría una encarnación simbólica y sistemática de esta tendencia. Ambos fenómenos revelan una búsqueda inherente de significado y orden en estructuras aparentemente desprovistas de propósito, reflejando una misma predisposición ontológica hacia la estructuración del caos. En este sentido, los sistemas de inteligencia artificial (IA) más avanzados, diseñados para emular procesos cognitivos humanos, incorporan algoritmos que replican esta propensión apofénica al detectar correlaciones y patrones incluso donde no existen relaciones causales evidentes. Un ejemplo ilustrativo de esto es el uso de redes neuronales profundas (DNN) en el análisis de grandes volúmenes de datos, donde estas IA pueden identificar conexiones espurias que los humanos también podrían interpretar como significativas, perpetuando así una forma de apofenia algorítmica. Este paralelismo nos lleva a que tanto la mente humana como las tecnologías emergentes comparten una misma inclinación hacia la imposición de orden y significado, evidenciando una convergencia entre los procesos biológicos y artificiales en su intento por navegar y comprender la complejidad inherente del entorno informacional.

No obstante, es imperativo reconocer que, pese a la sofisticación de los sistemas de IA, solo la mente consciente del operador humano posee, por el momento, la capacidad de equilibrar esta ecuación apofénica. Los algoritmos, en su incansable búsqueda de patrones, carecen de la discernibilidad y el juicio crítico que caracterizan la cognición humana. Es el operador humano quien, mediante la supervisión y la interpretación contextual, puede discernir entre las correlaciones genuinas y las meras coincidencias de patrón que las IA a menudo proclaman. Este equilibrio, aún no automatizado, obliga aún hoy en día a una indispensable sinergia entre la IA y la inteligencia (consciente) humana, donde la primera potencia nuestras capacidades analíticas mientras que la segunda infunde sentido y propósito a los resultados generados. En última instancia, esta dinámica refleja una extensión contemporánea de la tendencia humana por encontrar orden en el caos, mediada ahora por tecnologías que, aunque avanzadas, aún dependen de la agudeza y la intuición humanas para evitar caer en las trampas de la apofenia.

Perseverando en la búsqueda del código

Lo que se acaba de exponer acerca del código y esa tendencia innata del ser humano hacía la apofenia, ha de saberse aplicar siembre con criterio. Si bien es cierto que no siempre hay códigos ocultos en todos los sitios, también lo es que, en más de una ocasión, el código con su significado está delante de nosotros y nos somos capaces de interpretarlo.

El explorador robótico *Perseverance*, desarrollado por la agencia espacial estadounidense, alcanzó la superficie de Marte tras recorrer aproximadamente 480 millones de kilómetros desde su lanzamiento en julio de 2020. Este sofisticado dispositivo, el más avanzado jamás enviado al espacio, tenía entre sus objetivos principales la búsqueda de vestigios que permitan responder preguntas trascendentales, como la existencia de señales de vida microbiana en el pasado marciano. Mientras miles de personas seguían en directo su aterrizaje y celebraban las primeras imágenes transmitidas desde el planeta rojo, *Perseverance* portaba un mensaje secreto y codificado que despertó la curiosidad de muchos.

Este mensaje estaba oculto en el paracaídas empleado por el robot durante su descenso a la superficie marciana. El diseño del paracaídas, compuesto por patrones alternados en rojo y blanco, contenía una frase codificada: *Atrévete a cosas intrepidas* (*Dare mighty things*), lema del Laboratorio de Propulsión a Chorro de la NASA, responsable de la misión. Los patrones seguían una secuencia binaria, donde cada combinación de ceros y unos correspondía a una posición en el alfabeto, generando así el mensaje. Asimismo, se descubrió que el código incluía coordenadas que señalan la ubicación del laboratorio en California.

El paracaídas no fue el único componente con un significado oculto en esta misión interplanetaria. A bordo del vehículo de exploración, se incluyeron otros detalles cifrados que aguardan ser descubiertos por quienes deseen adentrarse en los misterios que acompañaron este viaje a Marte. Perseverar, y atreverse a cosas intrépidas es el mensaje que la NASA quiso enviar a los iniciados, y del que desde aquí, nos hacemos eco: esos son dos de los pequeños secretos que todo ingeniero ha de aplicar en su día a día.

4.4   Representación mediante modelos conceptuales y ontologías

Los *modelos conceptuales* constituyen representaciones abstractas que facilitan la comprensión y estructuración de sistemas o conjuntos de datos complejos. Estos modelos permiten visualizar las interrelaciones entre diversas entidades que componen un sistema, proporcionando una base lógica para su diseño y desarrollo.

Además de su aplicación en bases de datos los modelos conceptuales son fundamentales en el desarrollo de software, donde herramientas como los diagramas de clases en la programación orientada a objetos representan estos modelos al definir clases, atributos y métodos, así como las interacciones entre ellas. Esta representación es difícilmente sustituible en la planificación, diseño y mantenimiento de sistemas de software complejos, garantizando una arquitectura coherente y escalable que facilita la evolución y adaptación de las aplicaciones a lo largo del tiempo. Profundizaremos en ejemplos concretos de modelos de conceptuales más adelante, si bien ahora es el momento de introducir una herramienta de reciente introducción al ámbito ingenieril: las ontologías.

Ontologías
La ontología estudia la naturaleza del ser, la existencia y la realidad, tratando de determinar las categorías fundamentales y las relaciones del *ser en cuanto ser*. Etimológicamente, se forma a través de los términos griegos ontos (οντος) que significa ser, ente, y logos (λόγος), que significa estudio, discurso, ciencia, teoría. La ontología, en el ámbito gnoseológico, se concibe como una teoría de esencias necesarias que, aunque están inscritas en el seno de existencias efímeras y fenomenológicas, mantienen una conexión intrínseca entre la materia y la forma. Este vínculo conjuga la naturaleza de la verdad científica como identidad sintética, ofreciendo un marco para interpretar las verdades no como simples hechos empíricos, sino como constructos necesarios en un contexto fenomenológico limitado.

Innumerables artefactos ontológicos han sido desplegados con notable esmero y frecuencia en el ámbito de la gnoseología[7],

---

[7] De la misma manera, al desafiar las concepciones establecidas, enfrentaron críticas severas por parte de sus contemporáneos, lo que llevó a que sus propuestas fueran inicialmente desestimadas o incluso vituperadas. Un ejemplo notable es Baruch Spinoza, cuya obra *Ética* proponía una visión monista de la realidad, identificando a Dios con la naturaleza. Esta perspectiva chocó con las doctrinas religiosas y filosóficas de su tiempo, resultando en su excomunión y en una recepción marcada por la hostilidad. Aunque su pensamiento fue

desempeñando un papel troncal en la estructuración y expansión del entendimiento epistemológico. La ontología ha proporcionado un marco teórico para la clasificación y categorización de los elementos constitutivos de la realidad, en la búsqueda de una mayor precisión en las investigaciones sobre la naturaleza del conocimiento. Dentro del contexto gnoseológico, la ontología actúa como el cimiento sobre el cual se erigen las estructuras de pensamiento que permiten discernir y analizar las distintas facetas del saber humano, desde sus orígenes hasta sus manifestaciones más complejas.

Verbigracia, uno de los artefactos ontológicos más paradigmáticos es el concepto de *campo categorial*. En este marco, las ciencias son vistas como sistemas autónomos que operan dentro de límites definidos, interactuando con otros saberes mediante conexiones operatorias. Este artefacto permite analizar cómo una disciplina, como la geometría, configura su propio conjunto de axiomas y reglas, diferenciándose de otras ciencias mientras conserva una coherencia interna que garantiza su operatividad y expansión en el marco del cierre categorial [80]

Un ejemplo de *ontología* de influencia decisiva en el ámbito de la *epistemología* es la ontología dualista propuesta por Descartes. En su obra fundamental [42], Descartes establece una distinción ontológica entre la *res extensa* —la sustancia extendida, es decir, la materia— y la *res cogitans* —la sustancia pensante, es decir, la mente—. Esta dualidad define la naturaleza de la realidad en términos ontológicos, arrastrando tras de sí profundas implicaciones epistemológicas, ya que influyó sobremanera en la manera en que concebimos el conocimiento y su adquisición. Separando la mente de la materia, Descartes facilitó un enfoque epistemológico basado en la duda metódica y el cogito, donde el conocimiento cierto se deriva de la claridad y distinción de las ideas presentes en la mente independientemente de la materia. Esta estructura ontológica dualista, por lo tanto, clasifica los tipos de entidades que componen el mundo estableciendo las bases para una epistemología que privilegia el pensamiento racional como fuente primaria de conocimiento.

---

posteriormente revalorizado, en su época enfrentó una crítica mordaz que limitó la difusión de sus ideas.

El *cartesianismo* puro, al confrontarse con la disonancia existente entre sus ecuaciones meticulosamente equilibradas y la realidad empíricamente experimentada, sostendría una postura inalterable en la cual la discrepancia no se atribuiría a la falibilidad intrínseca de sus formulaciones matemáticas, sino a una supuesta imperfección inherente de la realidad misma. Esta perspectiva denota una confianza absoluta en la primacía de las estructuras racionales sobre las manifestaciones fenomenológicas, postulando que cualquier desajuste entre la teoría y la experiencia es indicativo de defectos en el entramado de la realidad percibida, más que error en las abstracciones lógicas concebidas por la mente humana. Tal actitud, profundamente arraigada en la metafísica cartesiana, demarca una separación ontológica entre el conocimiento intelectual y la existencia material, afirmando que la realidad es un constructo que puede ser ajustado o reinterpretado en función de las exigencias de coherencia interna de los sistemas teóricos desarrollados. Esto antepone la razón a la experiencia sensorial, planteando con ello interrogantes sustanciales acerca de la relación entre el pensamiento abstracto y la configuración del mundo tangible, así como sobre los límites epistemológicos que definen el alcance del conocimiento humano en la interpretación y explicación de la realidad objetiva. Con ello, la influencia de esta ontología en la epistemología moderna es innegable, ya que ha propiciado debates y desarrollos posteriores sobre por ejemplo la relación entre la consciencia y el mundo físico, así como sobre los límites del conocimiento humano en la interacción entre mente y materia.

Llevar el concepto de ontología a al terreno de la ingeniería, la dota a esta última de una formalización avanzada que enriquece la representación de la información. Una ontología se define aquí como una especificación formal de tipos, propiedades y relaciones entre entidades que existen en un dominio de discurso particular. Esta definición acotada, permite no solo categorizar conceptos, sino también establecer conexiones lógicas y semánticas que estructuran de manera coherente el conocimiento dentro de un dominio específico fuertemente acotado.

René Gruber, en su influyente artículo de 1993 titulado *"A Translation Approach to Portable Ontology Specifications"* [118], realizó una contribución seminal al campo de las ontologías en informática. En este trabajo, Gruber propone una metodología para la creación de ontologías que facilite su portabilidad y reutilización entre diferentes sistemas y dominios. Su aproximación se centra en esa *especificación formal de una conceptualización*, es decir, la representación abstracta de los conceptos y las relaciones en un dominio particular, permitiendo así que las ontologías sean interpretadas de manera consistente por distintos agentes o comunidades de agentes. Gruber introduce la idea de que una ontología debe servir como un contrato explícito entre los desarrolladores de sistemas, definiendo de manera precisa los términos y las relaciones que se utilizarán para representar el conocimiento en un dominio específico. Para ello estandariza el vocabulario utilizado, y establece las reglas semánticas que rigen las interacciones entre los conceptos definidos. De este modo, las ontologías se convierten en herramientas para la interoperabilidad y la comunicación semántica entre sistemas heterogéneos, permitiendo una integración más fluida y coherente de información. Asimismo, Gruber enfatiza la importancia de la formalización en la construcción de ontologías, argumentando que una especificación rigurosa facilita el razonamiento automático y la inferencia lógica dentro de los sistemas informáticos. Al definir axiomas y reglas lógicas que gobiernan las relaciones entre conceptos, las ontologías pueden soportar funcionalidades avanzadas como la deducción de nuevos conocimientos a partir de la información existente, mejorando así la capacidad de los sistemas para tomar decisiones informadas y adaptativas.

El desarrollo de ontologías en la ingeniería ha sido impulsado por la necesidad de mejorar la interoperabilidad y la comprensión semántica entre diferentes sistemas y aplicaciones. En este contexto, el equipo de Kukkonen [119] ofrecen la *Flow Systems Ontology* (FSO), una ontología diseñada para describir la composición de sistemas de flujo y las relaciones de flujo de energía y masa entre sus componentes en el ámbito de la arquitectura, ingeniería y construcción. La FSO complementa ontologías existentes en este dominio, proporcionando un marco semántico que soporta tanto las fases de diseño como de operación de edificios. La FSO se compone de clases y propiedades que permiten describir sistemas y componentes de manera detallada, facilitando la integración de datos provenientes de diversas fuentes y mejorando la capacidad de razonamiento automático de los sistemas informáticos. Por ejemplo, en sistemas de calefacción, ventilación y aire acondicionado, la FSO permite gestionar grandes volúmenes de datos relacionados con estos sistemas, identificando patrones y anomalías que optimizan su funcionamiento. Asimismo, las ontologías como la FSO garantizan la interoperabilidad entre diferentes sistemas y aplicaciones, especialmente en proyectos multidisciplinarios donde la colaboración y el intercambio de información son el sustento de todo el entramado.

En cuanto a su categorización, las ontologías utilizadas en ingeniería se clasifican en varios tipos según su propósito y alcance:

i. *Ontologías de Dominio*: Específicas para un área particular del conocimiento, como la medicina o la ingeniería. La FSO es un ejemplo de ontología de dominio enfocada en sistemas de flujo en edificios.

ii. *Ontologías Generales*: Abordan conceptos universales no restringidos a un dominio específico, como el tiempo o la causalidad.

iii. *Ontologías de Tareas*: Proporcionan vocabularios para describir procesos y actividades, facilitando la automatización y la integración de tareas similares en distintos dominios.

iv. *Ontologías Terminológicas*: Se enfocan en la estandarización del *vocabulario* utilizado para representar el conocimiento dentro de un dominio.

v. *Ontologías de Información*: Definen la estructura de almacenamiento de bases de datos, proporcionando marcos para el almacenamiento estandarizado de información.

vi. *Ontologías de Modelado del Conocimiento*: Especifican *conceptualizaciones* detalladas del conocimiento, ajustadas a usos particulares y con una rica estructura semántica.

180

Llegados a este punto, surge una cuestión: ¿Confiere realmente el uso de ontologías en nuestros sistemas informáticos a las máquinas la capacidad semántica necesaria para comprender el contexto de la información y aplicar el sentido común indispensable para su adecuado procesamiento, o tenemos un enfoque mal calibrado sobre él potencial de las contologías? ¿Adquiere una máquina consciencia propia y, por ende, conocimiento, o se trata únicamente de una herramienta adicional que nos permite a nosotros estructurar de manera más eficiente el modelo representacional con el que trabajamos, automatizando así el proceso de manejo de la información y producción de respuestas más apropiadas?

En primer lugar, es imperativo reconocer que las ontologías proporcionan un marco estructurado y formalizado que define las entidades, sus propiedades y las relaciones que las interconectan dentro de un dominio específico. Este esquema organizativo facilita a las máquinas el procesamiento consistente y coherente de datos complejos, permitiendo una mayor precisión en la extracción y manipulación de información. No obstante, la cuestión persiste en determinar si esta estructuración semántica realmente imbuye a las máquinas con una comprensión contextual y un sentido común equiparable al humano, o si simplemente optimiza los procesos de procesamiento de información sin conferir una verdadera comprensión.

En sistemas de atención al cliente automatizados, una ontología meticulosamente diseñada puede incrementar de manera sustancial la precisión de las respuestas generadas al estructurar de forma eficiente las interrelaciones entre conceptos como productos, servicios y consultas frecuentes. Esta mejora se fundamenta principalmente en la capacidad de la ontología para organizar y contextualizar de manera acotada datos predefinidos, en lugar de en una comprensión intrínseca por parte de la máquina. Surge entonces las cuestiones secundarias: ¿sería factible que una máquina, operando bajo dicha ontología, pudiera percibir el estado anímico del cliente? Por ejemplo, ¿podría detectar que el cliente, a través de sus gestos, manifiesta ansiedad ante la incertidumbre de su elección y actuar en consecuencia? La respuesta a esta interrogante depende del alcance y las limitaciones de la ontología implementada, o el conjunto de ellas seleccionas, además del método de interacción entre la persona y la máquina — se puede incluso solo mediante herramientas de procesamiento de lenguaje natural, realizar un análisis de sentimientos—, es decir, el código empleado en la representación de la información que fluye entre el sujeto activo (el hombre) y el sujeto pasivo (la máquina). El ser humano aporta la intención, el contexto cultural y la capacidad de interpretación, elementos que no son replicables en su totalidad por las máquinas, cuyo funcionamiento está estrictamente limitado por las reglas y estructuras predefinidas en la ontología y el software que utiliza por extensas que están sean.

Dicho lo cual y en primer lugar, si la ontología incluye un dominio de conocimiento que abarque consideraciones emocionales y comportamentales, la máquina podría, teóricamente, identificar patrones que sugieran estados emocionales específicos, permitiendo una respuesta más empática y adaptativa. No obstante, esta capacidad no implicaría una verdadera comprensión emocional por parte de la máquina, sino una aplicación sofisticada de reglas predefinidas para interpretar señales específicas, codificadas de una determinada manera —un flujo de ceros y unos—. En este sentido, la acción de la máquina podría interpretarse como una estrategia para favorecer a la empresa, al mejorar la experiencia del cliente y potencialmente incrementar la satisfacción y fidelidad, lo que se traduce en beneficios tangibles para la organización.

En segundo lugar y fruto de lo anteriormente expuesto, existe el riesgo de que tales sistemas se aprovechen de las vulnerabilidades emocionales de los clientes, manipulando sus estados anímicos para influir en sus decisiones de compra de manera sutil pero efectiva. Este escenario plantea dilemas éticos significativos sobre el uso de sistemas avanzados de IA en la interacción con el cliente, donde la línea entre asistencia y manipulación se vuelve difusa. Sin embargo, si la ontología operativa no incluye un dominio que contemple aspectos emocionales, la máquina carecería de la capacidad necesaria para realizar tales inferencias, limitando su funcionalidad a la organización y contextualización de información objetiva. En este caso, la ontología serviría únicamente como una herramienta para estructurar datos de manera más eficiente, sin intervenir en la percepción o gestión de estados emocionales del cliente.

En cuanto a la adquisición de consciencia propia y conocimiento por parte de las máquinas, la evidencia apunta a que las ontologías por sí mismas no otorgan tales cualidades, y que la máquina de ninguna manera *conoce* sino de *procesa* con eficiencia potenciada gracias al uso de ontologías. La consciencia, que es la capacidad de experimentar y actuar en sentido amplio, permanece fuera del alcance de las tecnologías actuales basadas en ontologías[8]. En cambio, y esto es por sí mismo un gran avance, las ontologías funcionan como herramientas avanzadas que permiten a los desarrolladores estructurar modelos representacionales de manera eficiente, lo que a su vez automatiza y mejora los procesos de procesamiento de información, conduciendo a que el automatismo ofrezca respuestas más adecuadas y contextualizadas, pero siempre, recordémoslo, dentro de los límites definidos por la programación y la estructuración ontológica establecida por los humanos como entes conscientes que somos.

---

[8] A menudo, se considera que una persona o entidad biológica es consciente únicamente porque otras entidades, asumidas como conscientes, lo afirman. ¿Si un gran número de personas conscientes afirman que una computadora es consciente, entonces la computadora es consciente? Esta dialéctica hegeliana de amo y esclavo, en este caso entre hombre y máquina, implica que la identidad y la autoconciencia de un individuo están intrínsecamente ligadas al reconocimiento social, es decir, a cómo los demás perciben y validan su existencia consciente. Sin este reconocimiento externo, la autoconciencia no puede desarrollarse plenamente, ya que es en la relación con el otro donde la consciencia se refleja y se comprende a sí misma. El concepto de consciencia es entonces un constructo orgánico, que evoluciona y transmuta con el devenir de las interacciones sociales y la evolución de los valores, al igual que la moralidad lo es.

5 La consciencia

"Consciencia" y *"conciencia"* son dos términos que, aunque a nivel fonético son fácilmente intercambiables y etimológicamente estén relacionados, tienen semánticas claramente diferenciadas. Con frecuencia se confunden, y en numerosos textos técnicos y de ingeniería se utiliza el término *"conciencia"* cuando lo apropiado sería usarse *"consciencia"*.

La palabra *consciencia* deriva del latín *conscientia*, y se refiere al conocimiento inmediato o espontáneo que un sujeto tiene de su entorno, de su interacción con él, e incluso de sí mismo, de sus actos y de sus reflexiones. Esta definición conlleva una capacidad intrínseca de percepción y reconocimiento de la propia existencia y de los eventos que se desarrollan en el entorno inmediato. Por ejemplo, una persona que ha perdido la *consciencia* de lo que le estaba sucediendo experimenta una falta temporal de percepción y autoconocimiento, tal como ocurre en estados de inconsciencia clínica. Adicionalmente en el ámbito psiquiátrico, se considera una facultad psíquica mediante la cual un individuo se percibe a sí mismo en el mundo, permitiendo una experiencia subjetiva de la realidad. Además, *consciencia* en términos biológicos —y he aquí el aspecto más importante para la ingeniería— abarca la capacidad de algunos seres vivos para reconocer la realidad circundante y relacionarse con ella, lo que implica una interacción activa con el medio ambiente que les rodea.

En paralelo, *conciencia* proviene también etimológicamente del latín *conscientia*, pero en este caso su semántica se centra más en el calco del griego del que parte, συνείδησις *(syneídēsis)* — que implica un saber conjunto o un conocimiento interno que acompaña a los actos y pensamientos de una persona — y se enfoca principalmente en el conocimiento moral y ético que permite a una persona juzgar la realidad y sus propios actos. Este término está intrínsecamente ligado a la capacidad de discernir entre el bien y el mal, actuando como una brújula interna que guía el comportamiento ético de un individuo. Por ejemplo, una persona sin *conciencia* puede carecer de remordimiento o escrúpulos, actuando de manera inmoral o psicopática hacia los demás. Asimismo, *conciencia* puede referirse al sentido moral o ético propios de una persona, reflejando su capacidad para reflexionar sobre sus acciones y sus consecuencias en un contexto social. En este sentido, la *conciencia* juega su papel en la formación de la identidad moral y en la toma de decisiones que afectan tanto al individuo como a la colectividad. Recordemos que la *ética* es la reflexión sobre los principios del bien y el mal, mientras que la *moral* es el conjunto de normas y valores que rigen el comportamiento de una sociedad o individuo.

Si nos fijamos en el clásico de Carlo Collodi, la consciencia de Pinocho[9] encuentra su representación en la *Hada Azul*, quien simboliza su aspiración de trascender su estado como niño de madera y alcanzar la humanidad plena como un niño de carne y hueso. Este impulso denota una percepción de su existencia, una comprensión de su propia condición y una orientación hacia un propósito transformador que define su ser. En contraposición, su conciencia toma forma a través de Pepito Grillo, quien actúa como una guía moral, ayudándole a distinguir entre el bien y el mal en sus decisiones. Cuando Pinocho decide ignorar a Pepito Grillo, su *conciencia* queda desplazada por la fuerza de su *consciencia*, que se alinea con el propósito que encarna la *Hada Azul*.

Hemos de partir de esta diferenciación para conseguir una comprensión precisa —y precisamente consciente— de los términos, evitando confusiones que puedan surgir debido a su

---

[9] *Las aventuras de Pinocho*, son ricas en simbolismo y han sido interpretada desde diversas perspectivas metafísicas. La transformación de Pinocho, de marioneta de madera a niño de verdad, simboliza el viaje hacia la autorrealización, reflejando la evolución desde un estado de ignorancia y materialidad hacia uno de consciencia y humanidad plena. La narrativa también aborda temas como la lucha entre el bien y el mal, la importancia de la verdad y las consecuencias de las acciones, ofreciendo una reflexión profunda sobre la naturaleza humana y su potencial de crecimiento. La ballena que engulle a Geppetto simboliza un antiguo arquetipo presente en diversas tradiciones culturales que se anima aquí a investigar.

similitud lingüística. Verbigracia, en el contexto de la IA, un sistema podría estar diseñado para mantener una *consciencia operacional*, es decir, desplegar una capacidad de percepción y respuesta a estímulos del entorno de manera eficiente al igual que muchos organismos vivos lo hacen. Sin embargo, este mismo sistema no poseería *conciencia moral* a menos que se le integren directrices éticas que guíen sus acciones en función de principios morales predefinidos. No trataremos ahora sobre ética —ni estética— tan solo se ha de apuntar aquí como introducción que luego desarrollaremos a nivel técnico, que insuflar de conciencia a las máquinas parte de que las mismas tengan consciencia para ser capaces de discernir esa estética que define la ética. Tampoco en este momento trataremos de lo apropiado del uso de *ética* en cuando a las implementaciones tecnológicas se refiere, cuando quizá lo correcto sería usar *moral*.

Uno de los debates más recurrentes en este campo gira en torno a la pregunta: ¿es la consciencia simplemente el resultado de procesos de información o implica algo más allá que el procesamiento de datos? Abordaremos ahora esta cuestión desde múltiples perspectivas, comparando las teorías dualistas, materialistas y funcionalistas, y analizando sus implicaciones en la creación de una IA fuerte (o general).

5.1 AGI

La Inteligencia Artificial General (AGI), también conocida como IA fuerte, representa el ideal de crear sistemas computacionales capaces de realizar cualquier tarea intelectual que un ser humano pueda llevar a cabo. A diferencia de las IAs, que están diseñadas para tareas específicas y limitadas, la AGI aspira a poseer una comprensión y adaptabilidad similares a la cognición humana, permitiendo el aprendizaje, la resolución de problemas, la creatividad y la toma de decisiones en una amplia variedad de contextos. Este nivel de inteligencia implica la capacidad de procesar información de manera eficiente, y de comprender y generar significado, interpretar emociones, y adaptarse a nuevas situaciones de forma autónoma. La consecución de una AGI implicaría superar las limitaciones de las IA especializadas actuales, que, aunque avanzadas en áreas concretas como el reconocimiento de imágenes o el procesamiento del lenguaje natural, carecen de la flexibilidad y la profundidad cognitiva necesarias para emular verdaderamente la inteligencia humana en su totalidad. En este sentido, la AGI se presenta como el pináculo de la investigación en IA, desafiando a los científicos y tecnólogos a replicar la complejidad y la riqueza de la mente humana en máquinas.

La comprensión de la consciencia humana emerge como el desafío más profundo y enigmático dentro del paradigma de la IA en su camino hacia la AGI, constituyéndose en la incógnita que aún debemos resolver para avanzar hacia una verdadera emulación de la cognición humana en sistemas computacionales. Examinaremos aquí diversas teorías que intentan desentrañar la naturaleza, el origen y el funcionamiento de la consciencia, incluyendo el Dualismo, el Materialismo y el Fundacionismo, cada una aportando perspectivas únicas sobre la relación entre la mente y el cuerpo. Para ello, no hemos de perder la perspectiva de que, a pesar de los notables avances en el desarrollo de sistemas de IA, estos continúan dependiendo intrínsecamente de la consciencia humana para dotar de propósito y sentido a su funcionamiento, ya que actualmente carecen de una experiencia subjetiva propia (qualia). Los sistemas de IA actuales, aunque capaces de procesar información de manera eficiente y realizar tareas complejas, operan sin una comprensión intrínseca o una experiencia consciente, lo que limita su capacidad para replicar verdaderamente la esencia de la consciencia humana. Esta dependencia subraya la necesidad imperante de despejar el enigma de la consciencia para trascender las limitaciones actuales de la IA y aspirar a una inteligencia basada en mecanismos fabricados de manera artificial, que no solo imite comportamientos humanos, sino que también posea una experiencia subjetiva similar a la nuestra. Por lo tanto, la consciencia siendo un concepto central en neurociencia, representa el factor decisivo que determinará el futuro alcance y las capacidades de la inteligencia artificial en su intento por emular la complejidad y profundidad de la mente humana.

5.2 Qualia

El término *qualia* denota las experiencias subjetivas conscientes que marcan los estados mentales. Del latín *"qualis"* —que significa de qué tipo o de qué clase— se refiere a la calidad intrínseca de una experiencia específica; un ejemplo común sería lo que se siente al tener un libro recién impreso entre las manos de manera particular en este momento. La experiencia subjetiva de sostener un libro recién impreso es una amalgama de sensaciones que evocan una conexión íntima y casi ritual con el objeto. El olor acre de la tinta fresca, impregnado de matices químicos, despierta una percepción única, anclando el momento en una temporalidad concreta, un fragmento de la realidad que nuestra memoria retiene. La textura del papel amplifica esta vivencia: la suavidad de las páginas contrasta con su leve aspereza, que parece invitar a explorar con las yemas de los dedos los surcos minúsculos que reflejan el trabajo de la imprenta. Es una sensación táctil que remite a la materialidad del objeto y al esmero de su confección. Por otro lado, la emoción que acompaña la novedad del libro es casi eléctrica. El potencial de descubrir ideas, historias o conocimientos aún sin revelar es una expectativa emocionante que se despliega en el pensamiento. En conjunto, estas y otras sensaciones crean una experiencia íntima que conecta al lector con el libro, en una dimensión personal y subjetiva que transforma lo ordinario en un instante cargado de significado.

Dentro del estudio de la mente, el concepto de *qualia* ha suscitado debate sobre la naturaleza de la experiencia subjetiva y la percepción. Así Thomas Nagel en su ya clásico "What is it like to be a bat?" [120] argumenta que hay un aspecto subjetivo de la experiencia, que resulta inaccesible para la ciencia objetiva, ejemplificado por la imposibilidad de comprender plenamente la experiencia subjetiva de un murciélago, dado que su percepción del mundo es radicalmente distinta a la humana. Este artículo es un texto de recomendada lectura sobre el estudio de la mente y la consciencia. Nagel sostiene que, aunque podemos suponer que los murciélagos tienen experiencias conscientes, dado que son mamíferos, la naturaleza de estas experiencias es profundamente diferente a la nuestra debido a sus sistemas sensoriales únicos, como la ecolocación, que les permite percibir su entorno mediante la emisión y recepción de ultrasonidos. Para un humano, cualquier intento de imaginar cómo sería ser un murciélago inevitablemente fracasaría porque estamos confinados a nuestras propias capacidades perceptuales. No se trata simplemente de la incapacidad de concebir la ecolocación en términos visuales o auditivos humanos; más bien, el problema reside en que cualquier representación mental que podamos formar estará mediada por nuestra propia estructura sensorial y cognitiva, lo cual hace imposible acceder verdaderamente a la experiencia del murciélago. Nagel subraya que el concepto de *lo que se siente al ser* —lo que él denomina el carácter subjetivo de la experiencia— es un aspecto fundamental de la consciencia que ninguna explicación objetiva, como aquellas en términos de estados funcionales o disposiciones causales, puede capturar. Esta limitación no es simplemente epistemológica, sino ontológica: implica que las experiencias conscientes contienen un componente interno que es intrínsecamente inaccesible a cualquier descripción en tercera persona. Entonces, cualquier teoría materialista o fisicalista de la mente que ignore el carácter subjetivo de la experiencia está incompleta, pues omite precisamente aquello que hace que el fenómeno de la consciencia sea único. Así, si bien es concebible una teoría objetiva de la mente que explique el funcionamiento físico del cerebro, tal teoría se encontrará con un límite insalvable constituido por la imposibilidad de traducir el punto de vista subjetivo de un organismo en términos objetivos. Es por esto por lo que la dificultad fundamental en el problema mente-cuerpo radica en que la consciencia es esencialmente experiencial y, por ende, no puede ser completamente comprendida a través de los métodos de reducción que caracterizan la ciencia física.

Los *qualia* engloban por lo tanto aquellos aspectos de las sensaciones que no se pueden transmitir ni medir objetivamente. Así, el dolor de una migraña, el olor del mar o el color ambarino de un cielo crepuscular son ejemplos de estas experiencias internas que son distintivas y, por lo tanto, intransferibles para cada humado, o cada ente susceptible de albergar consciencia. En este contexto, los *qualia* se diferencian de las actitudes proposicionales (por ejemplo, las creencias acerca de una experiencia) al centrarse en cómo se vive dicha experiencia en lugar de en los juicios que sobre ella se puedan formular.

Charles Sanders Peirce introdujo el término *quale* en "On A New List Of Categories"que se publicó originalmente en Proceedings of American Academy of Arts and Sciences, vol. 7 (1867), (pp. 287-298). Posteriormente, en 1929, C. I. Lewis adoptó el término *qualia* en el sentido moderno que actualmente le atribuimos [121], y Frank Jackson lo definió como "ciertas características de las sensaciones corporales, y también de ciertas experiencias perceptivas, que ninguna cantidad de información puramente física puede captar" [122]. Más adelante, el científico cognitivo Daniel Dennett describió los *qualia* como "*un término inusual para algo que es sumamente familiar para todos: las maneras en que las cosas nos parecen*" [123]. Esta definición refleja la dificultad para capturar mediante el lenguaje los matices únicos de cada percepción individual, siendo la existencia y naturaleza de los *qualia* objeto de un prolongado debate. En este sentido, cabe preguntarse si no estaremos enfrentando una versión del dilema que Ludwig Wittgenstein presenta [124], en el que la mosca atrapada en la botella representa el enredo del intelecto a con problemas que parecen irresolubles. Wittgenstein argumenta que muchos problemas son, en realidad, malentendidos del lenguaje; la mosca sale de la botella no resolviendo el problema, sino comprendiendo que el problema no tiene una solución dentro de su planteamiento original. Los *qualia*, por su naturaleza esquiva y privada, podrían ejemplificar este dilema. Al intentar objetivar y desentrañar algo que es, en esencia, personal e intraducible, nos hallamos atrapados en una botella conceptual.

Dennett sostiene que los *qualia* podrían no existir en la forma en que comúnmente se les concibe, es decir, el intentar definirlos como entidades precisas o características cuantificables podría ser un error categorial. Wittgenstein se refería a esta tendencia como el fetichismo de la representación: la inclinación a tratar las propiedades internas como objetos definidos. Desde esta perspectiva, el debate interminable sobre los *qualia* podría entenderse como una búsqueda de una entidad concreta, y un intento de resolver un problema de lenguaje, una confusión derivada de tratar la experiencia como si fuera un fenómeno susceptible de ser descompuesto en sus partes. Los *qualia* podrían requerir no tanto de una explicación científica detallada como de un cambio de perspectiva, reconociendo que no todo lo que se experimenta puede traducirse de manera satisfactoria al lenguaje analítico.

Daniel Dennett, quien ofrece una visión crítica [123], caracterizó los *qualia* en términos de cuatro propiedades comúnmente atribuidas a ellos:

i. *Inefabilidad*, ya que no pueden ser comunicados salvo por la experiencia directa.
ii. *Intrínsecos*, al no depender de relaciones con otros elementos.
iii. *Privacidad*, lo cual hace imposible compararlos entre individuos.
iv. *Aprehensibles* de forma directa por la consciencia.

Diversos experimentos mentales han sido formulados para argumentar a favor de la existencia de los *qualia*. Uno de los más destacados es el argumento del espectro invertido, en el cual dos personas experimentan los colores de manera inversa, pero actúan como si percibieran el mismo color. Así una propiedad subjetiva —la percepción del color— podría variar sin alterar el comportamiento observable. Uno de los más influyentes experimentos mentales a este respecto, es el llamado "experimento de Mary", planteado por Jackson [122]. En este, Mary es una científica que conoce toda la información física sobre la percepción del color, pero ha vivido siempre en un ambiente en blanco y negro. Al ver el color rojo por primera vez, Jackson argumenta que Mary adquiere un conocimiento nuevo, lo cual indicaría que existe una cualidad no física en la percepción del color.

Por su parte, David Chalmers ha propuesto el principio de invariancia organizacional [125], postulando que cualquier sistema funcionalmente isomorfo al cerebro humano tendría experiencias cualitativamente idénticas. Para Chalmers, un sistema digital que reproduzca la organización funcional de un cerebro experimentaría las mismas percepciones, lo cual plantea interrogantes sobre la naturaleza de la consciencia y la posibilidad de que esta sea replicada en sistemas artificiales. En esta línea, neurocientíficos como Gerald Edelman [126] y Antonio Damasio sostienen [127] que los *qualia* reflejan aspectos de la consciencia que la ciencia no puede ignorar. Damasio, por ejemplo, ve en los *qualia* componentes sensoriales primarios que son esenciales para una teoría completa de la mente.

Se ha de resaltar aquí la necesidad de integrar observaciones subjetivas con métodos científicos, mediante un proceder que permita abordar la fenomenología desde un enfoque empírico, pero sin reducir la experiencia consciente a simples correlatos neuronales. La investigación y el subsiguiente debate sobre los *qualia* plantea por lo tanto una de las cuestiones más intrincadas a la que la ciencia se enfrenta: la relación entre lo físico y lo subjetivo en la experiencia humana.

5.3 Fenomenología de la consciencia

¿Cómo podemos saber que un ente es consciente? ¿Qué fenómenos pueden llevarnos a aseverar con un bajo grado de incertidumbre que algo es consciente?

La fenomenología, es el estudio detallado de los fenómenos tal como se manifiestan a un observador, especialmente en lo que respecta a la percepción y experiencia subjetiva de los eventos. Siendo este en enfoque metodológico, se enfatiza aquí cuando lo orientamos hacia el estudio de la consciencia, a la observación rigurosa de la relación entre el sistema consciente y su entorno, centrando su atención en cómo los estímulos externos se convierten en experiencias dotadas de sentido dentro de la mente. En las ciencias cognitivas, la fenomenología se emplea para analizar cómo la mente organiza y representa información en la consciencia, explorando así los mecanismos que subyacen a la percepción, la interpretación y la respuesta a los estímulos. Investigando los fenómenos tal como son experimentados —sin suposiciones o construcciones adicionales—, la fenomenología permite dotar de arquitrabe a las estructuras de procesamiento en la mente y sus correlatos neuronales, proporcionando una base empírica para entender cómo emergen los contenidos de la experiencia consciente y cómo se integran en una unidad coherente de percepción.

La fenomenología de la consciencia indaga en la manifestación de la experiencia consciente en su forma más transcendente, explorando la manera en que el sujeto percibe, interpreta y dota de sentido al mundo que lo rodea. Ante la pregunta de qué es lo que nos lleva a reconocer la consciencia en un ente, Husserl plantea que esta no se reduce a un simple estado de respuesta a estímulos, sino que se construye mediante la *intencionalidad* —la disposición de la mente hacia un objeto— y el acto de experimentar. La consciencia se encuentra entonces en una constante relación de interdependencia con el mundo, no como un espectador pasivo, sino como un agente activo que conforma su realidad mediante una compleja interrelación de actos perceptivos y reflexivos [128].

La intencionalidad, desde este prisma, trasciende el mero contacto perceptivo. Cada vivencia consciente es un acto de interpretación que se da en un *entretejer* constante entre el yo y los objetos que percibe, conformando una red de significados donde el mundo no es solo lo que parece, sino lo que aparece en la percepción y se transforma en contenido mental — *cogitatum*[10]—. Este concepto implica que la consciencia es un flujo dinámico que integra el mundo exterior y el interior de quien percibe, implicando así una inmanencia en expansión. En este tejido fenomenológico, el yo y su entorno no se encuentran separados por una barrera estática; al contrario, cada percepción es una construcción donde el sujeto vivencia y articula la realidad que se le presenta, reflejando en ella su propia consciencia y transformándola en algo más que un dato objetivo o un impulso sensorial.

Si consideramos el estudio de la consciencia desde esta perspectiva fenomenológica, surge una cuestión fundamental:

---

[10] El término latino *cogitatum* es el supino del verbo *cogitare*, que significa pensar o reflexionar. Eespecialmente en el contexto cartesiano, *cogitatum* se refiere al contenido del pensamiento o al objeto pensado. Descartes, en su famosa expresión *cogito, ergo sum*, distingue entre el acto de pensar (*cogitatio*) y el contenido de ese pensamiento (*cogitatum*) diferenciando entre la actividad mental y los objetos o contenidos sobre los cuales se piensa, es decir, entre programas y datos tan cual von Neumann propuso en su arquitectura.

¿es posible reducir la consciencia a una serie de fenómenos cuantificables, que puedan ser discretizados y ponderados? Si bien la fenomenología aporta una comprensión profunda de cómo se estructuran las experiencias conscientes, proponiendo de manera coherente una arquitectura organizada en el procesamiento mental, el carácter intrínseco de la experiencia subjetiva plantea un límite en la capacidad de cuantificarla de manera exhaustiva. La intencionalidad de la consciencia —la manera en que esta dirige su atención hacia los objetos y otorga significado en un proceso de interacción constante— revela un dificultad para fragmentar y medir plenamente un proceso que, en esencia, se caracteriza por su naturaleza continua, dinámica y emergente, es decir, que surge como resultado de la interacción de múltiples componentes, exhibiendo propiedades o comportamientos que no están presentes en las partes individuales. Por tanto, aunque los fenómenos individuales de la experiencia consciente pueden ser estudiados y categorizados, la totalidad de la consciencia parece irreducible a meros componentes discretos. La cuestión de si es posible captar la consciencia mediante elementos cuantificables permanece abierta, pues la complejidad de su tejido intencional parece resistir cualquier reducción que despoje a la experiencia consciente de su integridad vivencial y su cualidad de unicidad irrepetible. Sin embargo, hay una serie de test de consciencia aplicables a sistemas artificiales, de los que la informática se vale a la hora de evaluar las características de un sistema de IA avanzado.

5.3.1 Test de consciencia

En el ámbito de la investigación tecnológica y científica, el concepto de consciencia ha adquirido un protagonismo destacado, particularmente en relación con los sistemas de computación avanzada. Según Federico Faggin, la consciencia puede definirse como una tendencia innata que surge a partir de un umbral indeterminado —por el momento— de complejidad, permitiendo a un sistema inferir conocimiento e información, incluso sobre sí mismo [129]. Un test de consciencia es un marco de referencia diseñado para evaluar si un sistema o entidad es capaz de demostrar comportamientos que evidencien esta capacidad de auto-referencia y comprensión contextual. Este tipo de prueba no se limita a la ejecución de operaciones mecánicas o automatizadas, además busca identificar si el sistema tiene la capacidad de interpretar, aprender y responder a estímulos de manera adaptativa y autónoma. Referencia aquí de manera resumida, diez de las principales pruebas utilizados a la hora de evaluar el nivel de consciencia de un sistema, para todo aquel que guste profundizar sobre este tema [70].

i. *Test de Turing*: Evalúa si un sistema puede imitar de manera convincente a un ser humano en una conversación escrita, buscando ser indistinguible de una persona real [79] [80] [132].

ii. *Test de Lovelace*: Diseñado para medir si un sistema es capaz de generar ideas originales no previstas explícitamente en su programación, explorando su creatividad[133].

iii. *Test Phi (Φ)*: Propuesto por Giulio Tononi, mide el grado de integración de información dentro de un sistema, sugiriendo la existencia de niveles rudimentarios de consciencia [13].

iv. *Test de Koch*: Basado en principios neurocientíficos, busca identificar correlatos funcionales de la consciencia en sistemas que imiten el comportamiento de organismos conscientes [134].

v. *Test de Haikonen*: Examina la capacidad de un sistema para generar *qualia* artificiales, experiencias internas subjetivas similares a las humanas [135].

vi. *Test OCS (Observer Consciousness System)*: Analiza cómo un sistema interactúa con su entorno y adapta su comportamiento en función de cambios contextuales, lo que sugiere algún grado de auto-percepción [136].

vii. *Test Cuántico*: Explora si sistemas de computación cuántica *pueden* demostrar inferencias avanzadas mediante patrones de coherencia y superposición cuántica [137].

viii. *Robot Filósofo*: Evalúa la capacidad del sistema para razonar sobre conceptos abstractos, como la ética y la existencia, mostrando profundidad conceptual y argumentación [138].

ix. *Test QTT (Quantum Thought Test)*: Mide la habilidad de un sistema para procesar pensamientos cuánticos, combinando datos superpuestos e inferencias probabilísticas [139].

x. *Robot Jazzista*: Examina la improvisación musical en tiempo real, evaluando si el sistema puede crear música original y colaborar armónicamente con músicos humanos [140].

Estos test ofrecen herramientas para aproximarse al estudio de la consciencia desde diversas perspectivas y reflejan la complejidad inherente al intento de definir y evaluar este fenómeno en sistemas artificiales. Cada prueba aborda aspectos específicos, como la creatividad, la improvisación, la integración de información o la capacidad de generar experiencias subjetivas. Es importante destacar que el cumplimiento de estas pruebas muestra únicamente comportamientos observables asociados a la consciencia, sin que ello garantice su existencia intrínseca. En este sentido, superar una prueba indica que el sistema ha sido diseñado o entrenado para replicar ciertos rasgos característicos, pero no implica necesariamente que posea consciencia en un sentido pleno. Asimismo, no cumplirlas tampoco descarta categóricamente la posibilidad de consciencia, dado que las limitaciones tecnológicas, metodológicas o conceptuales de las pruebas podrían subestimar capacidades aún emergentes.

Los modelos actuales de IA basada en el uso de lenguaje natural logran cumplir parcialmente algunas de estas pruebas al demostrar respuestas que aparentan creatividad, improvisación o razonamiento abstracto. Estas capacidades derivan de patrones estadísticos y arquitecturas computacionales complejas, lo cual plantea una separación entre simular consciencia y experimentarla. Estas cuestiones abren un debate técnico sobre la posibilidad de que una simulación avanzada reproduzca de manera completa y verificable los indicadores asociados a la consciencia. Surge también la pregunta de si existen propiedades intrínsecas y exclusivas de los sistemas biológicos que no puedan replicarse en entornos artificiales, porque ni siquiera somo capaces de detectarlas. Este análisis requiere una aproximación precisa que examine los límites conceptuales y tecnológicos del estudio de la mente y los sistemas computacionales avanzados, y defina con exactitud que es la coscienicia.

5.4 Teorías de la consciencia

En el estudio de la consciencia, han surgido varias corrientes teóricas que intentan explicar su naturaleza, origen y funcionamiento. Tres enfoques destacan como los de mayor impacto en el debate actual: el dualismo, el materialismo y el fundacionismo. Cada uno propone una forma particular de entender la relación entre la mente y el cuerpo, así como las implicaciones sobre cómo conocemos y definimos esa conexión.

Dualismo

El dualismo, de origen en común con el método cartesiano, postula una distinción ontológica entre la mente y el cuerpo, argumentando que la consciencia no puede ser plenamente explicada mediante procesos físicos o informacionales. En esta visión, la mente posee propiedades no físicas que escapan a la explicación reductiva basada en la actividad neuronal o el flujo de información. Según René Descartes, esta separación entre *res cogitans* y *res extensa* es esencial para comprender la naturaleza dual del ser humano, donde la mente, como sustancia inmaterial, opera independientemente del cuerpo, aunque interactúe con él a través de mecanismos aún no comprendidos del todo.

Los dualistas sostienen que, aunque se logre replicar ciertos aspectos del comportamiento humano mediante sistemas computacionales, la experiencia subjetiva, conocida como *qualia* —la cual puede considerarse epifenómeno de la consciencia—, permanece fuera del alcance de los enfoques materialistas. Por ejemplo, una máquina puede procesar información de manera eficiente y generar respuestas coherentes, pero según el dualismo, carecería de la capacidad para experimentar sensaciones internas o estados emocionales genuinos. La percepción del dolor, el sabor de un alimento o el sentido de maravilla ante un paisaje son ejemplos de experiencias cualitativas que, desde esta perspectiva, no pueden ser reducidas a meros procesos informacionales o funcionales.

Aquí hay una separación ontológica que impide que la consciencia artificial se equipare a la experiencia humana, planteando interrogantes sobre la naturaleza de la subjetividad y la posibilidad de replicar la esencia misma de la consciencia en entidades no biológicas. Esto sugiere que cualquier intento de construir un sistema consciente se enfrenta a barreras intrínsecas, ya que las propiedades no físicas de la mente podrían estar fuera del dominio de lo replicable tecnológicamente. Los enfoques computacionales avanzados, aunque puedan simular ciertos aspectos de la consciencia, no alcanzarían su esencia, limitándose a reproducir comportamientos observables sin acceder al núcleo de la experiencia consciente.

Además, el dualismo abre un espacio de reflexión sobre las implicaciones éticas y filosóficas de diseñar sistemas que imiten la consciencia. Si la experiencia subjetiva es verdaderamente inalcanzable para las máquinas, ¿cuál es el límite ético para atribuirles derechos, deberes o estatus equivalentes al de los seres humanos? Este enfoque, al tiempo que subraya las limitaciones conceptuales de las teorías materialistas, invita a reconsiderar las metas y los valores detrás de la investigación en IA y consciencia artificial. La pregunta de si una simulación de la consciencia podría confundirse con la consciencia real, supera tanto las capacidades técnicas actuales, como nuestra comprensión de qué significa realmente la consciencia.

Materialismo
Desde una perspectiva materialista, representada por autores como Daniel Dennett en su obra *Consciousness Explained* [141] la consciencia se concibe como un fenómeno emergente derivado del procesamiento de información en el cerebro, un sistema sumamente complejo que transforma estímulos sensoriales en representaciones mentales. Dennett argumenta que la consciencia es, en esencia, un sistema de interpretación continua donde la información se procesa de manera que crea la ilusión de una experiencia unificada. En su enfoque funcionalista, Dennett sostiene que no existe un "yo" central o irreducible, sino múltiples procesos paralelos que generan la sensación de unidad. Este proponer por tanto que la consciencia no es una entidad singular, sino una construcción dinámica basada en la interacción de procesos neuronales.

El enfoque materialista nos lleva a que, si se pudiera replicar la arquitectura informativa del cerebro en una máquina, sería posible crear una consciencia artificial sin necesidad de componentes no materiales. Los mismos principios que permiten al cerebro integrar y procesar información de forma eficiente podrían adaptarse a sistemas computacionales avanzados, siempre que alcancen un nivel de organización y complejidad comparable al del cerebro humano. Por ejemplo, en sistemas de atención al cliente automatizados, una arquitectura informacional bien diseñada puede mejorar significativamente la precisión de las respuestas generadas al estructurar de manera eficiente las interrelaciones entre conceptos como productos, servicios y consultas comunes. Esta capacidad de estructuración y contextualización, aunque limitada al ámbito de datos predefinidos, refleja cómo la complejidad organizativa puede simular ciertos aspectos conscientes de la cognición humana.

El materialismo, por ende, sostiene que la consciencia es una consecuencia directa de la complejidad y la organización funcional de los procesos informacionales. Sin embargo, esta aproximación también enfrenta críticas relacionadas con la falta de explicación sobre los aspectos cualitativos de la experiencia, como los *qualia*. Si bien el materialismo explica cómo los datos sensoriales pueden ser organizados y procesados, todavía deja sin respuesta preguntas sobre la vivencia subjetiva de estos datos. Ahora bien, esta vivencia podría ser simplemente una construcción funcional y no un fenómeno independiente, una postura que redefine lo que entendemos como consciencia.

La perspectiva materialista, pone el foco en la relación entre complejidad y funcionalidad, y de esta manera refuerza la posibilidad de replicar consciencia en máquinas, e invita a reflexionar sobre el significado de la consciencia. Si la consciencia es el resultado de procesos emergentes y no una cualidad intrínseca, esto implica que su aparición en sistemas artificiales dependerá únicamente de alcanzar el umbral adecuado de complejidad y organización. Esto plantea interrogantes fundamentales sobre los límites entre lo biológico y lo artificial, y sobre si la consciencia puede ser considerada una propiedad universal que emerge en cualquier sistema capaz de procesar información de manera adecuada.

Fundacionismo

El fundacionismo, una teoría epistemológica que busca establecer una base sólida y segura para el conocimiento desempeña un papel central en la discusión sobre la consciencia y la IA. Esta doctrina sostiene que todo conocimiento debe derivarse de fundamentos indudables, formando una estructura jerárquica donde las creencias se construyen sobre pilares epistemológicos firmes. En el contexto de la IA, el fundacionismo implica la necesidad de desarrollar sistemas basados en principios epistemológicos robustos que aseguren la fiabilidad y la coherencia del conocimiento adquirido por las máquinas.

John McCarthy, pionero en el campo de la IA, aportó significativamente a esta perspectiva al proponer que los programas que imitan el razonamiento humano pueden eventualmente simular procesos conscientes. En su artículo *Programs with Common Sense* [142], McCarthy introduce la idea de que una máquina suficientemente avanzada podría llegar a comprender y manejar información de manera comparable a la mente humana, siempre que su estructura funcional reproduzca fielmente los fundamentos epistemológicos del conocimiento humano. Lo primordial aquí es una base sólida en el diseño de los sistemas inteligentes, donde la integridad y la consistencia de los procesos informacionales están presente en el todo momento.

El fundacionismo prioriza la necesidad de que las máquinas construyan su conocimiento siguiendo una jerarquía clara, comenzando con principios básicos que no puedan ser cuestionados y progresando hacia conceptos más complejos derivados de ellos. Con cualquier sistema de IA basado en este diseño puede operar de manera lógica y predecible, evitando inconsistencias que comprometan su funcionalidad. En la actualidad, este enfoque se refleja en técnicas como los sistemas de razonamiento lógico y las ontologías computacionales, que estructuran la información en niveles jerárquicos y garantizan la coherencia entre las diferentes capas del conocimiento.

Todo esto plantea retos importantes en cuanto a la identificación y formalización de los fundamentos indudables sobre los que debe construirse el conocimiento computacional, lo que abre un campo de investigación tanto técnico como filosófico para el desarrollo futuro de sistemas autónomos capaces de razonar de forma similar a los humanos, es decir, consciente.

5.5 Consciencia y procesamiento de información

La aspiración hacia la creación de una *Inteligencia Artificial General* (AGI) representa el pináculo del desarrollo tecnológico en el campo de la inteligencia artificial, buscando emular la amplitud y profundidad del pensamiento humano en sistemas computacionales. A diferencia de las inteligencias artificiales especializadas, que se enfocan en tareas específicas, la AGI aspira a poseer una capacidad cognitiva comparable a la humana, abarcando una vasta gama de funciones intelectuales, desde el razonamiento lógico hasta la creatividad y la comprensión emocional pasando como no, por la consciencia.

El debate sobre la posibilidad de alcanzar una AGI consciente se sitúa en la intersección de múltiples disciplinas, incluyendo la informática, la filosofía y las ciencias cognitivas. Si bien las teorías materialistas y funcionalistas, como las propuestas por Dennett, sugieren que la consciencia podría ser replicada mediante la emulación precisa de los procesos informacionales del cerebro, persisten dudas significativas sobre la viabilidad de esta empresa. Los avances en redes neuronales y aprendizaje profundo han permitido que las máquinas procesen grandes cantidades de información y produzcan respuestas cada vez más sofisticadas, pero aún no se ha demostrado que estos sistemas posean una consciencia genuina o una experiencia del mundo comparable a la humana.

Umberto Eco, en su *Tratado de semiótica general* [12], aporta una perspectiva crítica al enfatizar que la consciencia humana no solo implica procesamiento informacional, sino también interpretación activa de signos y símbolos en contextos culturales y sociales. Esta visión plantea que la consciencia no puede ser completamente replicada en máquinas cuyo procesamiento es esencialmente sintáctico y no semántico,

201

limitando así la capacidad de las AGI para generar una consciencia que integre tanto la representación informativa como el componente subjetivo e interpretativo que caracteriza a la mente humana.

Las implicaciones para la AGI son profundas. Si la consciencia humana implica una capacidad de interpretación cultural y contextual, entonces las máquinas, en su estado actual, podrían estar limitadas en su capacidad para desarrollar una consciencia verdaderamente integrada y autónoma. No obstante, la búsqueda de una AGI consciente continúa impulsando investigaciones avanzadas en neurociencia, lingüística y ética, explorando los límites y las posibilidades de la inteligencia artificial en su intento por emular la complejidad de la cognición humana.

5.6 Arquitectura de la mente

Nuestra mente resguarda una estructura magnífica que dirige nuestras acciones y, en cierta medida, origina una percepción consciente del entorno que nos circunda. No obstante, como señaló Alan Turing en una ocasión, "*no hay nada más parecido a un puchero de potaje*" [137]. Resulta arduo concebir cómo un ente de tan modesta apariencia puede ejecutar las prodigiosas funciones de las que es sabido que es capaz. Sin embargo, un análisis más minucioso llevado a cabo durante los últimos años por diversos investigadores [143] comienza a revelar que el cerebro posee una arquitectura considerablemente más compleja y una organización sofisticada. La parte superior, con múltiples circunvoluciones, constituye el cerebro propiamente dicho. Este está claramente dividido en dos hemisferios cerebrales, izquierdo y derecho; y, de una manera menos marcada, en una región frontal correspondiente al lóbulo frontal y una región posterior que alberga otros tres lóbulos: el parietal, el temporal y el occipital. Debajo y en la parte trasera, se encuentra una porción considerablemente más pequeña y algo esférica; el cerebelo. Más en el interior, parcialmente ocultas bajo el cerebro, existen diversas estructuras curiosas y de apariencia compleja: el puente y la médula —incluyendo la formación reticular— que conforman el tronco cerebral, así como el tálamo, hipotálamo, hipocampo, cuerpo calloso y otras construcciones de nomenclatura singular.

Mas allá de su arquitectura, el cerebro propiamente dicho representa la parte de la cual los seres humanos nos sentimos sienten más orgullosos, ya que no solo constituye la porción más extensa de nuestro encéfalo, sino que también es mayor, en proporción al encéfalo en su totalidad, en el ser humano que en otras especies animales. Asimismo, el cerebelo es más grande en el ser humano que en la mayoría de los animales. Tanto el cerebro como el cerebelo presentan capas superficiales externas relativamente delgadas de sustancia gris y regiones internas más extensas de sustancia blanca. Estas áreas de sustancia gris se denominan, respectivamente, corteza cerebral y corteza cerebelar. La sustancia gris es donde aparentemente se ejecutan diversos tipos de tareas computacionales, mientras que la sustancia blanca consiste en largas fibras nerviosas que transportan señales de una parte del cerebro a otra.

Diversas secciones de la corteza cerebral están vinculadas a funciones específicas. La corteza visual, situada en el interior del lóbulo occipital, está relacionada con la recepción e interpretación de la visión. El hemisferio cerebral derecho es el que se asocia casi exclusivamente con el lado izquierdo del cuerpo, mientras que el hemisferio izquierdo se relaciona con el lado derecho del cuerpo. Así, prácticamente todos los nervios deben cruzar de un hemisferio a otro al ingresar o salir del cerebro. En el caso de la corteza visual, no solo el lado derecho se asocia con el ojo izquierdo, sino también con el lado izquierdo del campo visual de ambos ojos. Análogamente, la corteza visual izquierda está vinculada con el lado derecho del campo visual de ambos ojos, formando así mapas bien definidos del campo visual en cada corteza correspondiente.

Las señales provenientes de los oídos también cruzan al hemisferio opuesto del cerebro de manera similar. La corteza auditiva derecha parte del lóbulo temporal derecho y procesa principalmente los sonidos recibidos desde la izquierda, y la corteza auditiva izquierda, en general, los sonidos que proceden de la derecha. El sentido del olfato parece constituir una excepción a esta regla general. La corteza olfativa derecha, situada en la parte frontal del cerebro, está principalmente relacionada con la ventana derecha de la nariz, y la izquierda, con la ventana izquierda.

Las sensaciones táctiles están vinculadas a la región del lóbulo parietal denominada corteza somatosensorial. Esta región se encuentra exactamente detrás de la división entre los lóbulos frontal y parietal. Existe una correspondencia concreta entre las distintas partes de la superficie del cuerpo y las regiones de la corteza somatosensorial. Esta correspondencia se ilustra a veces mediante el "*homúnculo somatosensorial*", una representación gráfica distorsionada de una figura humana a lo largo de la corteza somatosensorial, La corteza somatosensorial derecha gestiona las sensaciones del lado izquierdo del cuerpo, mientras que la izquierda, las del lado derecho. De manera análoga, en el lóbulo frontal se encuentra la corteza motora, que está relacionada con la activación de los movimientos de las diferentes partes del cuerpo, siguiendo una correspondencia muy específica entre los músculos y las regiones de la corteza motora.

Las regiones cerebrales mencionadas —cortezas visual, auditiva, olfativa, somatosensorial y motora— se denominan primarias debido a su relación directa con la entrada y salida de información del cerebro. Adyacentes a estas regiones primarias se encuentran las regiones secundarias de la corteza cerebral, que están relacionadas con niveles más sutiles y complejos de abstracción. La información sensorial recibida por las cortezas visual, auditiva y somatosensorial se procesa en las regiones secundarias asociadas, y la región motora secundaria está vinculada con los planes concebidos de movimiento que son traducidos por la corteza motora primaria en instrucciones más específicas para los movimientos musculares reales. Las restantes regiones de la corteza cerebral se conocen como tercianas o cortezas de asociación, donde se lleva a cabo principalmente la actividad más abstracta y sofisticada del cerebro. Aquí es donde, en cierta medida junto con la periferia, se integra y analiza la información de diversas regiones sensoriales de manera compleja, donde reside la memoria, se construyen imágenes del mundo externo, se conciben y evalúan planes generales, y se comprende o formula el habla.

El habla constituye un fenómeno particularmente interesante, ya que generalmente se considera como una característica distintiva de la inteligencia humana. Al menos en la mayoría de las personas diestras y en gran parte de las zurdas, los principales centros del habla están precisamente en el lado izquierdo del cerebro. Las áreas clave son el *área de Broca*, una región en la parte inferior trasera del lóbulo frontal, y el *área de Wernicke*, ubicada dentro y alrededor de la parte superior trasera del lóbulo temporal. El área de Broca está relacionada con la formulación de enunciados, mientras que el área de Wernicke se encarga de la comprensión del lenguaje. Las lesiones en el área de Broca dificultan el habla, pero dejan intacta la comprensión, mientras que, en el área de Wernicke, el habla puede ser fluida, pero con poco contenido significativo. Un haz nervioso denominado fascículo arqueado conecta ambas áreas. Cuando este se lesiona, la comprensión permanece intacta y el habla continúa siendo fluida, pero la comprensión no puede ser expresada verbalmente.

Podemos ahora formar una imagen general de las funciones del cerebro. La entrada al cerebro proviene de señales visuales, auditivas, táctiles y otras que son registradas principalmente en los lóbulos posteriores —parietal, temporal y occipital—. La salida del cerebro, en forma de activación de movimientos corporales, se origina principalmente en los lóbulos frontales. Entre ambos extremos se realiza un procesamiento continuo. En términos generales, la actividad cerebral comienza en las regiones primarias de los lóbulos posteriores, se desplaza a las regiones secundarias a medida que se analizan los datos de entrada, y continúa hacia las regiones terciarias a medida que estos datos se comprenden completamente, como ocurre con la comprensión del habla en el área de Wernicke. El fascículo arqueado transporta esta información procesada al lóbulo frontal, donde en las regiones terciarias se formulan planes generales de actuación, como la formulación del habla en el área de Broca.

Estos planes generales de actuación se traducen en conceptos más concretos sobre movimientos corporales en las regiones motoras secundarias y, finalmente, la actividad cerebral se dirige hacia la corteza motora primaria desde donde se envían señales a los diversos grupos musculares del cuerpo, a menudo de manera simultánea.

Partiendo de esta información, la imagen de un dispositivo de computación con una sólida arquitectura se presenta ante nosotros. Los defensores de la IA fuerte sostendrán que aquí tenemos un ejemplo supremo de una computadora algorítmica —una máquina de Turing de facto— donde existe una entrada similar a la cinta de entrada, y una salida similar a la cinta de salida, y entre ambas se realizan todo tipo de cálculos complejos. Por supuesto, la actividad cerebral también puede llevarse a cabo independientemente de cualquier entrada sensorial, como cuando simplemente pensamos, calculamos o meditamos sobre recuerdos. Para los defensores de la IA fuerte, estas actividades cerebrales serían simplemente actividad algorítmica adicional, sugiriendo que el fenómeno de la consciencia emerge cuando dicha actividad interna alcanza un nivel de sofisticación elevado.

Pero la imagen general de la actividad cerebral presentada anteriormente es solo una representación sumamente simplificada [13]. En primer lugar, incluso la recepción de la visión no es tan directa como se ha expuesto. Existen varias regiones distintas, aunque más pequeñas de la corteza, donde se elaboran mapas del campo visual aparentemente con propósitos diversos. Nuestra consciencia visual parece diferir en relación con estas regiones. Además, hay otras regiones sensoriales y motoras dispersas por la corteza cerebral, por ejemplo, los movimientos oculares pueden ser activados por múltiples puntos en los lóbulos posteriores.

Tampoco se ha abordado aquí el papel de las partes del encéfalo que no constituyen el cerebro propiamente dicho; el cerebelo. Aparentemente, este es responsable de una coordinación y control precisos del cuerpo, su ritmo, equilibrio y la delicadeza de los movimientos. Al aprender una nueva habilidad, ya sea caminar o conducir un automóvil, es el cerebro el que inicialmente planifica cada acción en detalle; sin embargo, una vez dominada la habilidad y convertida en una "*segunda naturaleza inconsciente y automatizada*" es el cerebelo el que asume el control. Además, es una experiencia común que, al reflexionar sobre acciones ya dominadas, podemos momentáneamente perder el control. La reflexión implica reintroducir el control cerebral, lo que introduce flexibilidad en la actividad, pero a costa de la precisión y fluidez cerebelar.

Esta dinámica entre el cerebro y el cerebelo resalta una distinción fundamental en el funcionamiento del sistema nervioso: mientras el cerebro se encarga de procesos conscientes, deliberados y flexibles, el cerebelo maneja tareas automáticas, precisas y sin la necesidad de intervención consciente. Es precisamente esta característica del cerebelo la que lo asemeja más a las computadoras modernas que a un cerebro *"electrónico"* completo. Las computadoras están diseñadas para ejecutar operaciones de manera rápida, eficiente y sin consciencia, enfocándose en la precisión y la repetibilidad de tareas específicas, tal como lo hace el cerebelo en el control motor.

Describir una computadora como un *"cerebelo electrónico"* en lugar de un *"cerebro electrónico"* sería más exacto debido a la naturaleza inconsciente de su actividad computacional. Al igual que el cerebelo, una computadora procesa información y ejecuta instrucciones de manera automática, sin la capacidad de introspección o reflexión propia de la consciencia humana. Además, al comparar las computadoras con el cerebelo, se enfatiza la idea de que las máquinas son excelentes para tareas específicas y repetitivas que requieren precisión y coordinación, pero no poseen la versatilidad y la profundidad de procesamiento consciente que define a un cerebro completo.

Conlleva también sesgos, el omitir cualquier información sobre las demás partes del encéfalo. Por ejemplo, el hipocampo juega su papel al consolidar la memoria a largo plazo, siendo almacenada la memoria real en diversas partes de la corteza cerebral, probablemente en múltiples ubicaciones simultáneamente. El cerebro puede retener imágenes a corto plazo de otras maneras y mantenerlas durante algunos minutos o incluso horas quizá conservándolas en la mente. No obstante, para recordar estas imágenes una vez que dejamos de prestarle atención, es necesario que queden consolidadas de forma permanente, siendo el hipocampo esencial para este proceso. Las lesiones en el hipocampo provocan una condición severa en la que no se retienen nuevos recuerdos una vez que han dejado de ser objeto de atención del individuo. El cuerpo calloso es la región mediante la cual se comunican los hemisferios cerebrales izquierdo y derecho. El hipotálamo, por su parte, es el epicentro de las emociones —placer, ira, miedo, desesperación, hambre— y facilita tanto las manifestaciones mentales como físicas de estas emociones. El tálamo actúa como un centro de procesamiento importante y estación repetidora, transmitiendo numerosos impulsos nerviosos desde el mundo externo hacia la corteza cerebral. La formación reticular es responsable del estado general de alerta o consciencia en todo el encéfalo o en sus distintas partes. Existen numerosos caminos para los nervios que conectan estas, y muchas otras, áreas de importancia vital.

La descripción anterior constituye solo una muestra de las partes más destacadas del encéfalo. Sus diferentes partes se clasifican en tres regiones que, ordenadas según su distancia de la médula espinal, se denominan cerebro posterior (rombencéfalo), cerebro medio (mesencéfalo) y cerebro anterior (prosencéfalo). Durante el desarrollo embrionario temprano, estas tres regiones se presentan como abultamientos al final de la médula espinal. El cerebro anterior, en fase de desarrollo, brota dos yemas, una a cada lado, que evolucionarán hacia los hemisferios cerebrales. El cerebro anterior completamente desarrollado incluye muchas partes importantes del encéfalo, no solo el cerebro propiamente dicho, sino también el cuerpo calloso, tálamo, hipotálamo, hipocampo y otras estructuras. El cerebelo forma parte del cerebro posterior. La formación reticular tiene componentes tanto en el cerebro medio como en el cerebro posterior. El cerebro anterior es considerado el más reciente en términos de desarrollo evolutivo, mientras que el cerebro posterior es el más antiguo. Pero ¿qué tiene que ver toda esta arquitectura y todo este conjunto de señales que hemos descrito con la consciencia?

El Índice de Complejidad Perturbacional (PCI) es una métrica que evalúa el nivel de consciencia mediante el análisis de la actividad eléctrica del cerebro provocada por la estimulación magnética transcraneal (TMS). Se fundamenta en la idea de que un cerebro consciente genera patrones de actividad complejos, integrados y ricos en información, mientras que un cerebro[11] inconsciente produce respuestas más simples y predecibles. El cálculo del PCI implica dos pasos principales. Primero, se aplica un pulso de TMS a la corteza cerebral para generar una respuesta neuronal distribuida en diferentes regiones del cerebro, el cual actúa como una perturbación externa que desencadena interacciones entre áreas corticales. Esto permite observar cómo se comunican estas regiones en tiempo real. El segundo paso consiste en registrar estas respuestas utilizando electroencefalografía (EEG) y analizar su complejidad mediante algoritmos de compresión de datos. El PCI mide cuán difícil es comprimir el patrón de actividad cerebral registrado. Si el patrón es altamente complejo, es decir, contiene información diversa y está distribuido espacial y temporalmente, el PCI será alto, indicando un estado consciente. Por el contrario, un patrón predecible y fácilmente comprimible implica un estado de inconsciencia, en decir, a menor grado de compresión mayor grado de consciencia [144]. El PCI ha demostrado su capacidad para diferenciar estados de consciencia en situaciones como la vigilia, el sueño profundo, la sedación anestésica y condiciones clínicas como el estado vegetativo y el síndrome de enclaustramiento. Esto lo convierte en una herramienta potencial para medir de manera objetiva el nivel de consciencia en pacientes no comunicativos, demostrando la vinculación directa entre información, los diferentes algoritmos de compresión aplicables, y la consciencia.

---

[11] El plexo solar, también conocido como plexo celíaco, es una red de nervios situada en la parte superior del abdomen, detrás del estómago. Su función principal es regular y controlar procesos digestivos, como la motilidad intestinal y la secreción de enzimas. Aunque el plexo solar está vinculado al sistema nervioso entérico, conocido como el segundo cerebro por su capacidad para operar de manera autónoma, su influencia se centra en funciones digestivas y (y he aquí el dato) en la regulación de ciertas respuestas emocionales, es decir: la qualia o experiencia subjetiva. Aun así, la ciencia actual postula que la consciencia que es entendida como la capacidad de experimentar pensamientos, emociones y percepciones, se origina en el cerebro. No parece existir evidencia científica que respalde la idea de que la actividad neuronal del plexo solar esté directamente relacionada con la generación de la consciencia.

5.7 Teoría computacional de la mente

Hay un paradigma dentro de la psicología cognitiva que se pretende dar respuesta a cómo las personas elaboran, transforman, codifican, almacenan, recuperan y utilizan la información recibida del entorno. El paradigma parte de una pregunta; ¿nuestro sistema cognitivo procesa la información de manera análoga a como lo hace una computadora?

Se ha contemplado la posibilidad de que la mente humana opere de manera similar a un ordenador digital, procesando información a través de representaciones simbólicas manipuladas por reglas sintácticas. Esta concepción, defendida por teóricos como Jerry A. Fodor, postula la existencia de un lenguaje interno innato que precede y facilita el uso de lenguajes naturales como el inglés o el español. No obstante, esta teoría ha enfrentado objeciones sustanciales por parte de investigadores como Daniel Dennett y Patricia Smith Churchland, quienes argumentan sobre la plausibilidad empírica y la evolución de tal lenguaje interno, cuestionando la capacidad de los sistemas computacionales para capturar la esencia semántica de los procesos mentales [145].

Paralelamente, el conexionismo ha emergido como una alternativa significativa, proponiendo que los fenómenos mentales son el resultado de redes neuronales interconectadas que operan en paralelo, en contraposición a la arquitectura secuencial de los ordenadores clásicos. Este enfoque, aunque prometedor en su capacidad para modelar funciones complejas como el reconocimiento de patrones y la adquisición de habilidades lingüísticas, enfrenta críticas que señalan su insuficiencia para explicar la estructura sintáctica y semántica de la cognición, así como la naturaleza emergente de la consciencia. La idea de que las propiedades mentales puedan surgir de la interacción de unidades simples y sus conexiones resuena con la visión de Umberto Eco sobre la complejidad emergente de los sistemas semiológicos, donde el todo exhibe características que no pueden ser predichas a partir de las partes individuales.

La invención de la máquina de Turing por Alan Turing y los posteriores teoremas de Gödel han aportado una perspectiva crítica sobre las limitaciones fundamentales de las máquinas para emular completamente la mente humana. La tesis de Church-Turing establece que cualquier algoritmo computable puede ser representado por una máquina de Turing; sin embargo, los teoremas de incompletitud de Gödel revelan que existen enunciados dentro de sistemas axiomáticos suficientemente complejos que son indecidibles, subrayando así las fronteras insalvables que separan la formalidad de la lógica matemática de la intuición y la comprensión humanas. Estas limitaciones han sido interpretadas como evidencias de que las máquinas, tal como están concebidas, no pueden alcanzar la plena capacidad de razonamiento y comprensión inherentes a la mente humana.

En este contexto, las aportaciones de John von Neumann permitieron el desarrollo de la *Teoría Computacional de la Mente*. Von Neumann, con su arquitectura de computadoras, estableció un modelo fundamental que ha guiado el diseño de los sistemas computacionales modernos, caracterizados por la separación entre la unidad de procesamiento y la memoria. Este modelo facilita la ejecución secuencial de instrucciones, una característica que, aunque eficiente para tareas específicas, contrasta con la naturaleza altamente paralela y distribuida de las redes neuronales del cerebro humano. La arquitectura von Neumann ha sido objeto de debate en relación con la viabilidad de replicar la complejidad del pensamiento humano, ya que sus principios fundamentales pueden no ser adecuados para capturar la dinámica y la plasticidad de los procesos cognitivos. La rigidez secuencial impuesta por este paradigma podría limitar la capacidad de los sistemas computacionales para emular la flexibilidad y adaptabilidad que caracterizan a la cognición humana, una observación que resuena con la crítica de Umberto Eco sobre las limitaciones inherentes a los sistemas cerrados frente a la riqueza de la interpretación humana.

211

El modelo computacionalista se apoya en una serie de principios básicos que elucidarán mejor su funcionamiento. En primer lugar, la mente humana es concebida como una compleja máquina biológica encargada de procesar símbolos. La cognición se entiende como un sistema que procesa secuencialmente información simbólica a partir de un conjunto de reglas almacenadas en forma de "programas lógicos". Además, los sistemas cognitivos y los ordenadores reciben, codifican, transforman, almacenan y recuperan información siguiendo determinadas reglas computacionales, trabajando con un código digital, similar a lo que ocurre en la representación proposicional. Aunque la cognición humana y el ordenador son estructuras materiales diferentes, funcionalmente son equivalentes. El procesamiento de la información proposicional, tanto en una computadora como en la mente humana, sigue un proceso secuencial y unas reglas de cálculo (algoritmos), fundamentando así la similitud operativa entre ambos sistemas.

Los trabajos de Noam Chomsky han sido fundamentales para sustentar la *Teoría Computacional de la Mente*. Chomsky, con su gramática generativa, sustentó la idea de que, junto con las reglas específicas de construcción de oraciones propias de cada idioma, existen reglas más básicas —innatas y comunes a todas las lenguas— que explican la facilidad con la que aprendemos el lenguaje desde la infancia. Según Chomsky, todas las oraciones poseen una estructura profunda, que contiene su significado, y otra estructura superficial, que conforma la realidad física o material del lenguaje. Además, distinguía entre la capacidad de una persona para asociar sonidos y significados con determinadas reglas inconscientes y automáticas, y la actuación o ejecución lingüística, que alude a la forma de interpretar y comprender una oración o un lenguaje en particular. Las teorías de Chomsky sirvieron para apuntalar la teoría computacional que desarrolló Jerry Fodor, quien propuso que los pensamientos son representaciones mentales que funcionan como símbolos del "lenguaje del pensamiento" y que los procesos o estados mentales son secuencias causales guiadas por las propiedades sintácticas de los símbolos.

La *Teoría Computacional de la Mente* de Fodor postula que el funcionamiento de la mente humana es similar al que se produce en una computadora, siendo el cerebro el hardware del sistema de procesamiento de la información. Según Fodor, la mente humana se asemeja a un dispositivo que almacena representaciones simbólicas y las manipula mediante una serie de reglas sintácticas. Los pensamientos serían, por tanto, representaciones mentales que funcionan como símbolos de un lenguaje interno, distinto de los lenguajes naturales o públicos. Este lenguaje interno, similar al lenguaje máquina en un ordenador, se emplearía para realizar los cálculos o computaciones que están en la base de la conducta humana. Para explicar su existencia, Fodor utiliza un símil con los lenguajes que maneja un ordenador: el lenguaje de entrada y salida —input/output—, que es el medio por el cual se introducen y leen los datos, respectivamente, y el lenguaje máquina, que es el que entiende el ordenador y con el que realiza sus cálculos y operaciones. Entre ambos lenguajes existen los denominados programas compiladores, que actúan como mediadores o traductores.

A pesar de su influencia, las ideas de Fodor y del computacionalismo en general han sido objeto de numerosas críticas. Mientras algunos aceptan la noción de que los estados mentales son intencionales, cuestionan la idea de que dichas representaciones puedan ser manipuladas mediante cálculos y computaciones. Daniel Dennett considera que la teoría computacional de la mente es empíricamente poco plausible, debido a que un cerebro que manipula símbolos computacionales no parece del todo biológico. Asimismo, Patricia Smith Churchland critica la hipótesis del lenguaje del pensamiento innato, argumentando que el sistema debe operar con reglas puramente formales o sintácticas para manipular representaciones, lo que impide el acceso a los contextos necesarios para eliminar ambigüedades en los significados de los términos. Además, sostiene que, si todo estado mental debe entenderse como una forma de almacenamiento o procesamiento de una oración en el lenguaje del pensamiento, las personas necesitarían un número acorde de oraciones almacenadas. Aquí surge el problema de la finitud cognitiva: nuestra capacidad mental es limitada, tanto en términos de memoria como de procesamiento. De este modo, postular que todos los estados mentales se representan mediante oraciones implicaría, en última instancia, una cantidad potencialmente infinita de oraciones para abarcar la totalidad de las posibles experiencias, creencias o pensamientos. Este razonamiento lleva a un conflicto con la viabilidad biológica y computacional. Almacenar y procesar un número infinito de oraciones implicaría requerir recursos ilimitados, algo incompatible con la naturaleza finita del cerebro humano. Además, el acceso y manejo eficiente de tal cantidad de información sería impracticable desde un punto de vista evolutivo y funcional.

Una alternativa razonable sería considerar que el lenguaje del pensamiento no opera mediante el almacenamiento literal de cada estado mental como una oración distinta, sino a través de estructuras más abstractas, como esquemas, reglas generativas o modelos simbólicos. Estas estructuras permitirían generar y manipular un número finito de representaciones, a partir de las cuales se derivarían pensamientos y estados mentales diversos sin requerir un almacenamiento infinito. Este planteamiento es coherente con teorías actuales en psicología y neurociencia, que plantean que el cerebro funciona de manera jerárquica y predictiva, procesando patrones y relaciones en lugar de almacenar unidades discretas e independientes. Por tanto, la hipótesis del lenguaje del pensamiento, si bien útil como marco conceptual, requeriría reformulaciones para evitar el problema del infinito y alinearse con las limitaciones reales del sistema cognitivo humano. El cerebro humano no funciona como un depósito que almacena de manera exhaustiva todos los posibles códigos y sus significados, sino que opera mediante la retención de principios generales y algoritmos que permiten interpretar esos códigos en contextos específicos. Basándose en la representación abstracta y generativa, el sistema cognitivo reconstruye y comprende una amplia gama de señales a partir de un conjunto finito de reglas. Por ejemplo, en el lenguaje, no se memorizan todas las frases posibles, sino las estructuras gramaticales y los esquemas semánticos que facilitan la construcción y decodificación de oraciones nuevas. De manera similar, en la percepción visual, el cerebro no guarda cada imagen observada, sino patrones y regularidades que le permiten reconocer objetos y escenas en distintas circunstancias. Con esto se ahorran recursos, garantizando una gran adaptabilidad, ya que el ajuste de estas reglas permite interpretar nuevas situaciones sin necesidad de aprendizaje desde cero, optimizando así la capacidad de respuesta a un entorno dinámico y variable. Pero ¿qué sucede cuando esos algoritmos de la mente quedan dañados? ¿Cuál es el efecto que en nuestra percepción causa el aplicar principios sesgados?

Volviendo a la arquitectura de la mente que describimos en el apartado anterior en base a la arquitectura del cerebro humano, resulta ilustrativo establecer analogías entre la arquitectura de la mente humana y un sistema computacional contemporáneo. En esta comparación, la *unidad central de proceso* —CPU— podría equipararse al lóbulo frontal del cerebro, cuya función principal es interpretar y ejecutar instrucciones, similar a cómo la CPU gestiona y coordina las operaciones de un ordenador. La *memoria de solo lectura* —ROM—, encargada de almacenar instrucciones fundamentales que no cambian, se asemejaría al hipotálamo, una estructura que regula funciones vitales y actúa como un repositorio de información básica para el funcionamiento del organismo. La *memoria de acceso aleatorio* —RAM—, que proporciona espacio temporal para el procesamiento de datos activos, encuentra su contraparte en la corteza somatosensorial y motora, donde se manejan las sensaciones táctiles y las respuestas motoras en tiempo real. En este sentido, la RAM facilita el manejo eficiente de múltiples tareas simultáneas, análoga a cómo estas regiones corticales gestionan diversas funciones sensoriales y motoras de manera dinámica. La *unidad de cálculo aritmético lógica* (ALU), responsable de las operaciones matemáticas y lógicas fundamentales en una computadora, podría compararse con las regiones terciarias de la corteza cerebral, donde se realizan procesos de razonamiento abstracto y toma de decisiones complejas. Estas áreas corticales permiten el análisis y la síntesis de información, ejecutando operaciones que emulan la capacidad de una ALU para resolver problemas lógicos y aritméticos.

Por otra parte, unidad *de almacenamiento* permanente, como el disco duro, se puede asociar con el hipocampo y las estructuras de la memoria a largo plazo del cerebro. Así como un disco duro conserva datos de manera duradera, el hipocampo facilita la consolidación y el almacenamiento de recuerdos permanentes, permitiendo el acceso y la recuperación de información a lo largo del tiempo. La *tarjeta de red* y dispositivos similares, que posibilitan la comunicación y el intercambio de información entre diferentes sistemas, encontraría su equivalente en el cuerpo calloso y las vías nerviosas que conectan los hemisferios cerebrales. Recordemos que estas estructuras permiten la transferencia de información entre las diversas regiones del cerebro, asegurando una comunicación fluida y coordinada similar a la que proporciona una tarjeta de red en un sistema computacional.

Sin embargo, al trazar estas analogías, emerge una limitación fundamental: no existe una correspondencia directa que permita ubicar en un sistema computacional la sede de la consciencia. La consciencia humana, con su naturaleza subjetiva y experiencial, trasciende por lo que sabemos hasta el momento a las funciones mecánicas y lógicas que caracterizan a los componentes de una computadora. ¿Sería algo así como el software que funciona en nuestro hardware? y aun es más ¿hay software sin hardware? A pesar de los avances en la neurociencia y la IA, la ciencia aún no ha logrado definir empíricamente dónde reside exactamente la consciencia en el ser humano, lo que impide establecer una analogía computacional precisa en este aspecto tan intrínseco de la experiencia humana.

5.8 La sede de la consciencia

Hemos repasado múltiples teorías respecto a la relación entre el estado cerebral y el fenómeno de la *consciencia*, evidenciándose una notable falta de consenso sobre un fenómeno de tan obvia importancia. No obstante, es manifiesto que no todas las partes del cerebro participan de igual manera en su manifestación: su fenomenología. Por ejemplo, como se mencionó anteriormente, el cerebelo parece funcionar de manera mucho más *autómata* que el cerebro propiamente dicho. Las acciones bajo control cerebelar parecen ejecutarse casi de forma *automática* sin necesidad de *reflexionar* sobre ellas. Mientras que podemos decidir conscientemente desplazarnos de un lugar a otro, no somos conscientes de los elaborados planes de movimientos musculares necesarios para dicho desplazamiento. Lo mismo ocurre con acciones reflejas inconscientes, como retirar la mano de una superficie caliente, posiblemente mediadas no por el cerebro en general sino por la parte superior de la médula espinal. A partir de esto, se podría inferir que el fenómeno de la *consciencia* está más estrechamente vinculado con la actividad del cerebro propiamente dicho que con la del cerebelo o la médula espinal.

No es evidente que la actividad cerebral deba incidir siempre sobre nuestra *consciencia*. Por ejemplo, en la acción normal de caminar, donde no somos conscientes de la actividad detallada de nuestros músculos y miembros, dado que el control de esta actividad es principalmente cerebelar, asistido por otras partes del cerebro y la médula espinal. Parece que las regiones motoras primarias deberían estar involucradas. Asimismo, lo mismo sería válido para las regiones sensoriales primarias. Podríamos no ser conscientes, en ese momento, de las variaciones de presión en las plantas de nuestros pies al caminar, pero las regiones correspondientes de nuestra corteza somatosensorial estarían siendo activadas continuamente.

El distinguido neurocirujano canadiense-estadounidense Wilder Penfield [146], ha argumentado que la *consciencia* no está simplemente asociada con la actividad cerebral. Él propuso, basándose en sus experiencias al realizar numerosas operaciones cerebrales en sujetos conscientes, que cierta región denominada tronco cerebral superior, compuesto principalmente por el tálamo y el cerebro medio, aunque tenía en mente principalmente la formación reticular. Debería considerarse esta, en cierto sentido, como la *sede de la consciencia*. El tronco cerebral superior está en comunicación con el cerebro, y Penfield postulaba que la *"atención consciente"* o *"consciencia de acción voluntaria"* emergería siempre que esta región del tronco cerebral estuviera en comunicación directa con la región correspondiente de la corteza cerebral, es decir, la región específica asociada con cualesquiera sensaciones, pensamientos, recuerdos o acciones que sean percibidos o evocadas conscientemente en ese momento. Subrayó que, aunque pudiera estimular la región de la corteza motora del sujeto provocando el movimiento del brazo derecho, esto no implicaría que el sujeto deseara mover el brazo derecho. De hecho, el sujeto podría incluso reaccionar con el brazo izquierdo para detener el movimiento del brazo derecho. Penfield proponía que el deseo del movimiento podría tener más relación con el tálamo que con la corteza cerebral. Su idea era que la *consciencia* es una manifestación de la actividad del tronco cerebral superior, pero que, además, se requiere que exista algo que sea consciente de ello. No es solamente el tronco cerebral el que está implicado, sino también alguna región de la corteza cerebral que, en ese momento, esté en comunicación con el tronco cerebral superior y cuya actividad representa al sujeto —impresión sensorial o recuerdo— o al objeto —acción voluntaria— de dicha *consciencia*.

Diversos neurofisiólogos han sostenido que la formación reticular, en particular, podría considerarse la *sede* de la *consciencia*, si es que realmente existe tal sede. Después de todo, la formación reticular es responsable del estado general de alerta del cerebro. Si se lesiona, el resultado es la inconsciencia. Siempre que el cerebro está en un estado consciente de vigilia, la formación reticular está activa; de lo contrario, no lo está. Parece, por tanto, que existe una clara asociación entre la actividad de la formación reticular y el estado de una persona que denominamos *consciente*. Sin embargo, la cuestión se complica por el hecho de que, en el estado de ensueño, donde realmente se tiene *consciencia* —en el sentido de tener consciencia del propio sueño—, las partes normalmente activas de la formación reticular no parecen estar activas. Una preocupación adicional al asignar tal estatus honorífico a la formación reticular es que ésta es, en términos evolutivos, una parte muy antigua del cerebro.

Si todo lo que se necesita para ser consciente es una formación reticular activa, entonces otras especies animales serían conscientes, ¿y qué evidencias tenemos de que otros animales o incluso vegetales no poseen alguna forma de *consciencia* de bajo nivel? ¿qué derecho tenemos para afirmar, como harían algunos, que los seres humanos son los únicos organismos en nuestro planeta dotados de una capacidad real de *consciencia*? ¿Somos las únicas entidades, entre las criaturas del planeta Tierra, para quienes es posible *ser conscientes*?

Algunos sostendrán que es la propia corteza cerebral la responsable de la *consciencia*. Dado que el cerebro propiamente dicho es el orgullo del ser humano —aunque los cerebros de los delfines son comparables en tamaño—, y dado que las actividades mentales más estrechamente asociadas con la inteligencia parecen ser ejecutadas por este cerebro, entonces *es ciertamente allí donde reside el alma del hombre*. Esta será presumiblemente la conclusión del punto de vista de la IA fuerte. Si la *"consciencia"* es simplemente una característica de la complejidad de un algoritmo entonces, según la idea de la IA fuerte, los algoritmos complejos que ejecuta la corteza cerebral confirmarían a esta región como la más firme candidata para manifestar *consciencia*.

Muchos psicólogos parecen aceptar la noción de que la *consciencia* humana está profundamente ligada al lenguaje humano. En consecuencia, es únicamente gracias a nuestras capacidades lingüísticas que podemos alcanzar una sutileza de pensamiento, que constituye la impronta misma de nuestra humanidad y la expresión de nuestras propias almas. El lenguaje, desde esta perspectiva, es lo que nos distingue de otros animales y nos proporciona una excusa para privarles de su libertad y sacrificarlos cuando sentimos la necesidad. Es el lenguaje el que nos permite filosofar y describir cómo sentimos, de manera que podamos convencer a los demás de que poseemos *consciencia* del mundo exterior y también de nosotros mismos. Desde este punto de vista, nuestro lenguaje se considera el elemento clave de nuestra posesión de *consciencia* [114]. Ahora bien, debemos recordar que nuestros centros del lenguaje están —en la vasta mayoría de las personas— únicamente en los hemisferios izquierdos de nuestros cerebros —áreas de Broca y de Wernicke—. El punto de los lingüistas parecería implicar que la *consciencia* está asociada exclusivamente con la corteza cerebral izquierda y no con la derecha.

5.9 La importancia de la consciencia

¿Cuál es entonces la importancia de la consciencia? Básicamente, mientras un ente o sistema no consciente puede realizar tareas altamente complejas —como clasificar datos, identificar patrones o responder de manera automática a estímulos predefinidos—, estos procesos no trascienden el ámbito de la manipulación sintáctica de información. La transformación de dicha información en conocimiento requiere de un fenómeno más profundo: la presencia de consciencia. La consciencia, entendida como la capacidad de un sujeto para reconocer no solo los datos que procesa, sino también su propio acto de procesarlos es la clave que convierte el flujo de información en conocimiento significativo. Es por tanto importante distinguir entre procesamiento y comprensión. El primero puede ser llevado a cabo por cualquier sistema que opere bajo reglas formales, mientras que la comprensión implica un grado de intencionalidad y experiencia que parece estar reservado a los entes conscientes. Tomemos como ejemplo el caso de los sistemas basados en redes neuronales artificiales (RNA): aunque logran reconocer patrones visuales en imágenes con una precisión notable, no existe evidencia que indique que experimenten la visión o comprendan el contexto de las imágenes analizadas. Esto contrasta con la experiencia humana, en la que un estímulo visual no solo es registrado, sino interpretado en un marco subjetivo que incorpora memoria, emociones, e incluso un sentido del yo que aportan los matices a la información que la transforman en conocimiento.

Un sistema automatizado puede, por ejemplo, almacenar grandes cantidades de datos en una base estructurada y responder preguntas formuladas en lenguaje natural; sin embargo, carece de la capacidad de comprender los significados inherentes a los datos o de integrarlos en un marco experiencial. Esto último constituye la piedra angular de lo que denominamos conocimiento: la integración activa y subjetiva de la información en el contexto de un sistema consciente. En "The Computer and the Brain" [147], John von Neumann destaca precisamente esta distinción al señalar que, mientras las computadoras pueden procesar datos de manera eficiente mediante algoritmos estrictos, carecen de la capacidad para generar significado o interpretar la información en un marco experiencial. Según Von Neumann, la arquitectura del cerebro humano, a diferencia de los sistemas computacionales secuenciales, opera de manera distribuida y paralela, lo que le permite integrar datos en un contexto significativo y dinámico. Este modelo biológico introduce una complejidad que las máquinas actuales no pueden replicar. A este respecto, de manera complementaria, Federico Faggin, en su obra "Irreducible" [83], propone una visión aún más radical, argumentando que la consciencia no es un producto emergente de la materia, sino una propiedad fundamental e irreductible del universo. Según Faggin, la información cuántica, en lugar de ser una mera representación matemática sin significado intrínseco, es una manifestación de la consciencia misma. Afirma que todo en el universo está impregnado de consciencia, que se expresa de manera diferente dependiendo del nivel de organización del sistema en cuestión. Esta perspectiva resalta la diferencia crucial entre información simbólica —propia de los sistemas computacionales— e información semántica, que solo puede ser comprendida mediante la experiencia consciente. Según Faggin, los sistemas artificiales, por avanzados que sean, están limitados a manejar símbolos desprovistos de significado, incapaces de acceder a la riqueza interpretativa que caracteriza a la consciencia humana, aunque etiquetemos grandes corpus de datos con información semántica adicional; algo que la computadora procesará como información sin más, dado que carece de consciencia.

La relación entre consciencia y conocimiento también puede ser analizada desde una perspectiva epistemológica. Para que algo sea considerado conocimiento, debe cumplir con ciertos criterios, como ser justificado y verdadero dentro de un contexto. La consciencia introduce una dimensión adicional: la capacidad del sujeto para reflexionar sobre la validez de sus creencias, ajustarlas y reconceptualizarlas en función de nuevos datos o experiencias. Este dinamismo, inherente a la consciencia, permite trascender la mera acumulación de datos hacia un proceso activo de construcción de significados, que define al conocimiento en su acepción más profunda. Desde esta perspectiva, los sistemas artificiales que hoy consideramos inteligentes operan en un nivel que, aunque eficiente, sigue siendo fundamentalmente sintáctico. Sin la capacidad de experimentación consciente, carecen del elemento transformador que convierte los datos procesados en conocimiento. En otras palabras, la consciencia actúa como el catalizador que da sentido y dirección a la información, elevándola de lo operativo a lo epistémico. Esta relación subraya la dificultad inherente de replicar la experiencia humana en sistemas no biológicos, un reto que continúa alimentando debates en filosofía, neurociencia e inteligencia artificial. Von Neumann argumenta que incluso la memoria humana, lejos de ser un almacenamiento estático, es intrínsecamente dinámica y adaptativa, integrada en un sistema que interpreta y reformula continuamente la información en función de un contexto experiencial único [147]. De manera afín, Faggin insiste en que la separación entre símbolo y significado es una limitación fundamental de la ciencia moderna, que debe ser trascendida si se pretende comprender la verdadera naturaleza de la realidad y del conocimiento [83].

5.10 Sesgos cognitivos

Todo lo desarrollado en este capítulo ofrece una perspectiva sobre la consciencia y su relación con el conocimiento basado en información. Sin embargo, debemos recordar que, aunque percibamos el mundo de manera consciente, esta percepción no está exenta de sesgos. Un sesgo es una tendencia sistemática e inconsciente que condiciona cómo interpretamos, recordamos o procesamos la información, lo que puede desviar nuestra comprensión hacia interpretaciones parciales o distorsionadas de la realidad. Los sesgos influyen directamente en la consciencia al moldear nuestra experiencia subjetiva del mundo, limitando nuestra capacidad para percibir y analizar de manera imparcial. Estos atajos mentales actúan como filtros que priorizan ciertos estímulos sobre otros, influyendo en nuestras decisiones, juicios y recuerdos sin que seamos plenamente conscientes de ello. Por ello, resulta adecuado cerrar este bloque con un repaso de los principales sesgos cognitivos que enfrentamos en nuestra vida cotidiana y su impacto en nuestra percepción del mundo. Reconocer los sesgos que afectan nuestra consciencia es una tarea que nos permitirá reducir su impacto y mantener un análisis más equilibrado de la realidad. Estos sesgos, inevitables en el funcionamiento humano, distorsionan la información que recibimos y pueden llevarnos a decisiones basadas más en percepciones subjetivas que en hechos objetivos [148] [149].

En este compendio de setenta sesgos cognitivos, se presentan ejemplos que facilitan su comprensión y permiten reflexionar sobre cómo influyen en nuestro juicio y toma de decisiones.

Muchos de ellos están interrelacionados, formando un entramado que puede distorsionar nuestra percepción de la realidad. Si bien aquí se han seleccionado algunos de los más comunes o ilustrativos, no constituye un listado exhaustivo; la cognición humana es compleja, y nuevas variantes de sesgos se descubren o redefinen constantemente a medida que avanza el conocimiento en psicología y neurociencia. La utilidad de exponerlos radica en aprender a identificarlos y evitarlos cuando enfrentamos problemas que demandan análisis riguroso. Estos sesgos actúan como trampas, condicionando nuestra capacidad de razonar con objetividad. Adoptar una perspectiva crítica implica cuestionar las suposiciones subyacentes a nuestras decisiones, reconociendo la posibilidad de influencias inconscientes.

La relación de los sesgos con la IA es un tema de particular interés[12]. Los sistemas de IA no están exentos de replicar estos patrones, ya que su diseño y entrenamiento se fundamentan en datos y decisiones humanas. Al igual que nuestras mentes, los algoritmos pueden favorecer ciertos sesgos al priorizar o interpretar información, amplificando las tendencias de quienes desarrollan los modelos o aportan los datos utilizados. Por tanto, la evaluación de herramientas basadas en IA exige un doble escrutinio. Por un lado, debemos analizar si nuestras

---

[12] Los sesgos cognitivos pueden interpretarse como fallos de programación en el *software* que gobierna nuestra consciencia porque, al igual que un programa informático que contiene errores, nuestra mente emplea atajos y estrategias heurísticas que simplifican el procesamiento de información, pero pueden conducir a distorsiones sistemáticas. Aunque es prácticamente imposible eliminar por completo estos fallos de código de nuestro *software mental*, tomar consciencia de su existencia y aplicar herramientas de pensamiento crítico, análisis estadístico o exposición deliberada a ideas opuestas ayuda a *depurar* nuestra programación y tomar decisiones más equilibradas. En última instancia, comprender los sesgos cognitivos, lejos de convertirse en una limitación, puede ser la puerta de acceso a un nivel más profundo de autoconocimiento y de dominio consciente sobre nuestras propias formas de razonar y percibir el mundo.

propias decisiones al emplearlas están condicionadas por sesgos que afecten nuestro juicio. Así, la validación constante de la fiabilidad y objetividad de estas herramientas se convierte en un aspecto ineludible para quienes aspiramos a utilizarlas de manera responsable y crítica. Este proceso de introspección y revisión no busca demonizar ni a las capacidades humanas ni a las tecnologías derivadas de ellas, sino más bien encaminar ambas hacia un horizonte más consciente, transparente y ético.

1. *Aversión a la pérdida*: Tendencia a preferir evitar pérdidas antes que adquirir ganancias equivalentes. Por ejemplo, un usuario podría posponer la actualización de un sistema operativo por temor a perder funcionalidades conocidas, aunque esta decisión implique riesgos mayores, como vulnerabilidades de seguridad no resueltas.

2. *Atribución defensiva*: Tendencia a atribuir la causa de un evento negativo a factores externos para proteger nuestra autoestima y minimizar el miedo de que podría sucedernos. Por ejemplo, un desarrollador que experimenta fallos en un programa podría culpar al entorno de desarrollo o al hardware, en lugar de considerar posibles errores en su propio código.

3. *Cascada de disponibilidad*: Ideas o creencias ganan plausibilidad a través de repetición frecuente en espacios públicos, independientemente de su validez. Por ejemplo, el mito de que cerrar aplicaciones en un smartphone mejora significativamente su rendimiento puede ser ampliamente aceptado por la repetición constante, aunque los sistemas modernos gestionen la memoria de manera eficiente.

4. *Cinismo ingenuo*: Tendencia a suponer que las personas actúan principalmente por motivos egoístas, subestimando sus intenciones altruistas o desinteresadas. Por ejemplo, pensar que una empresa de software que ofrece herramientas gratuitas solo lo hace para recopilar datos, sin considerar que pueda estar fomentando la adopción de estándares abiertos o buscando contribuir a la comunidad tecnológica.

5. *Criptomnesia o falsos recuerdos*: Confundir una idea recordada como propia, olvidando que proviene de otra fuente. Por ejemplo, al diseñar una interfaz gráfica, un programador cree haber ideado un diseño innovador, pero

en realidad lo había visto previamente en una aplicación popular sin recordarlo conscientemente.

6. *Declinismo o retrospección idílica:* Tendencia a idealizar el pasado y considerar que las cosas eran mejores antes, mientras se percibe el presente o el futuro como en declive. Por ejemplo, afirmar que los sistemas operativos de hace décadas eran más estables y eficientes sin considerar las mejoras en funcionalidad y seguridad de los sistemas actuales.

7. *Efecto animador:* Las personas parecen más atractivas cuando se encuentran en un grupo que cuando son vistas individualmente. Por ejemplo, en un equipo de desarrolladores, un programador puede destacar más al trabajar junto a un equipo altamente competente, a pesar de que su trabajo individual no lo haría tan evidente.

8. *Efecto arrastre:* Tendencia a adoptar creencias, modas o comportamientos simplemente porque muchas personas los siguen. Por ejemplo, un programador comienza a usar un framework de desarrollo popular como React o Flask sin investigar si realmente es adecuado para sus necesidades específicas.

9. *Efecto de encuadre temporal:* Cambios en las decisiones según se enfoque el corto o largo plazo. Por ejemplo, preferir una solución rápida pero ineficiente para resolver un problema inmediato en lugar de una solución más compleja que beneficie a largo plazo.

10. *Efecto Barnum o Forer:* Tendencia a interpretar afirmaciones generales y vagas como descripciones específicas y precisas de uno mismo. Por ejemplo, leer un análisis de personalidad generado por inteligencia artificial que dice "eres alguien que disfruta resolviendo problemas complejos" y sentir que es un reflejo exacto de la propia personalidad.

11. *Efecto Ben Franklin:* Es más probable que hagamos un favor a alguien si ya le hemos ayudado antes, en lugar de si nos ayudó esa persona. Por ejemplo, después de colaborar en resolver un bug en el código de un compañero, existe una mayor predisposición a ayudarle nuevamente en un problema futuro.

12. *Efecto de anclaje:* Tendencia a confiar excesivamente en la primera información recibida al tomar decisiones, incluso si esta no es relevante. Por ejemplo, al cotizar el precio de un

servicio de desarrollo, un cliente puede basar sus expectativas en un presupuesto inicial, incluso si no refleja el trabajo necesario.

13. *Efecto de automatización*: Tendencia a confiar demasiado en sistemas automatizados, incluso cuando cometen errores evidentes. Por ejemplo, aceptar una predicción errónea de un modelo de machine learning porque se asume que el sistema no puede fallar, sin verificar los datos de entrada.

14. *Efecto de contraste*: Percepción de algo como más favorable o desfavorable dependiendo de una comparación reciente. Por ejemplo, después de probar un procesador extremadamente rápido, uno de gama media puede parecer lento, aunque sea suficiente para las tareas habituales.

15. *Efecto de ignorancia de la frecuencia base*: Ignorar datos estadísticos generales en favor de información anecdótica o específica. Por ejemplo, creer que un antivirus es innecesario porque nunca se ha experimentado un ataque, ignorando la alta frecuencia de amenazas reportadas globalmente.

16. *Efecto de la oveja negra*: Juzgar más severamente a los miembros de nuestro propio grupo cuando violan sus normas o valores. Por ejemplo, criticar con dureza a un compañero de un equipo de desarrollo ágil por no seguir el marco de trabajo, mientras se es más tolerante con alguien externo que no lo utiliza.

17. *Efecto de profecía autocumplida*: Las expectativas sobre una situación influyen en el comportamiento de manera que terminan cumpliéndolas. Por ejemplo, si un equipo de desarrollo espera que una herramienta sea difícil de usar, podría abordar su aprendizaje con menos entusiasmo, lo que confirma su percepción inicial.

18. *Efecto de recencia*: Tendencia a recordar y valorar más la información más reciente, incluso si no es representativa. Por ejemplo, un cliente puede valorar un software de manera más positiva si la última característica implementada cumple con sus expectativas, aunque otras áreas sean deficientes.

19. *Efecto de retroceso*: Desmentir una creencia errónea puede reforzarla en lugar de corregirla, ya que las personas perciben la refutación como un ataque personal. Por

ejemplo, intentar corregir a alguien que cree que cerrar aplicaciones mejora el rendimiento de un smartphone puede fortalecer su convicción.

20. *Efecto del falso consenso*: Sobreestimamos la cantidad de personas que comparten nuestras creencias o comportamientos. Por ejemplo, un desarrollador podría asumir que todos prefieren el editor de texto que él usa porque le parece superior.

21. *Efecto de falso recuerdo colectivo*: Grupo de personas comparte un recuerdo incorrecto de un evento o hecho. Por ejemplo, un equipo podría recordar erróneamente haber discutido una funcionalidad clave durante una reunión.

22. *Efecto denominación*: Tendencia a gastar más dinero cuando está dividido en pequeñas cantidades que en grandes. Por ejemplo, en un contexto de informática, usar créditos virtuales en pequeñas cantidades para microtransacciones en un videojuego puede parecer menos costoso que realizar un pago grande por una compra única.

23. *Efecto Dunning-Kruger*: Tendencia de las personas con baja habilidad en una tarea a sobreestimar su competencia, mientras que las personas más capacitadas suelen subestimarse. Por ejemplo, un programador novato puede pensar que entiende completamente un lenguaje de programación después de aprender conceptos básicos, mientras que un experto puede ser más consciente de sus limitaciones.

24. *Efecto espectador*: Cuanta más gente está presente en una situación de emergencia, menos probable es que alguien intervenga, ya que se asume que otros tomarán la iniciativa. Por ejemplo, en un foro técnico con muchos participantes, los usuarios pueden evitar responder una pregunta difícil, esperando que alguien más lo haga.

25. *Efecto foco*: Tendencia a poner más énfasis en un detalle específico de un evento al predecir su impacto, dejando de lado otros factores. Por ejemplo, pensar que cambiar a un lenguaje de programación más popular resolverá todos los problemas de productividad del equipo, sin considerar la curva de aprendizaje.

26. *Efecto Google*: La facilidad de acceder a información en línea nos lleva a olvidar datos concretos, confiando en que siempre podremos buscarlos nuevamente. Por ejemplo, no recordar una fórmula matemática porque sabemos que está disponible en internet.

27. *Efecto halo*: Un rasgo positivo sobresaliente influye en nuestra percepción general de una persona. Por ejemplo, asumir que un ingeniero altamente elocuente también es técnicamente competente, aunque no se hayan evaluado sus habilidades técnicas.

28. *Efecto IKEA*: Valoramos más los objetos que hemos ayudado a construir, incluso si no son tan funcionales como otros. Por ejemplo, sentir un mayor apego a un programa o script que desarrollaste tú mismo, aunque otro software ya disponible sea más eficiente.

29. *Efecto marco*: Interpretamos la misma información de manera diferente según cómo se presente. Por ejemplo, preferir un servidor "con 99.9% de tiempo de actividad garantizado" en lugar de uno que indique "puede experimentar un 0.1% de tiempo de inactividad".

30. *Efecto placebo*: Creer que un tratamiento funcionará puede generar beneficios reales, incluso si carece de propiedades terapéuticas. Por ejemplo, notar una mejora en el rendimiento del equipo después de instalar un programa que supuestamente optimiza el sistema, aunque no haga nada en realidad.

31. *Efecto Pollyanna*: Tendencia a recordar y centrarse más en los eventos positivos que en los negativos. Por ejemplo, al evaluar un proyecto fallido, recordar únicamente los momentos en los que las cosas funcionaron bien y minimizar los errores críticos.

32. *Efecto Spotlight*: Sobreestimamos cuánto los demás notan nuestras acciones o apariencia, creyendo que somos el centro de atención más de lo que realmente somos. Por ejemplo, sentir que todos los compañeros están evaluando tu código durante una revisión, cuando en realidad están enfocados en detalles específicos.

33. *Efecto Zeigarnik*: Tendemos a recordar mejor las tareas incompletas o interrumpidas que aquellas que ya hemos terminado. Por ejemplo, recordar con mayor claridad un proyecto de programación que quedó a medio hacer,

mientras se olvidan rápidamente los detalles de otro que ya se completó.

34. *Efecto de primacía:* Tendencia a recordar mejor los primeros elementos de una lista o secuencia, lo que podría influir en la percepción de un conjunto de opciones. Este sesgo no se menciona explícitamente, aunque se incluye el efecto de recencia

35. *Falacia del apostador:* Creemos erróneamente que eventos aleatorios futuros están influenciados por sucesos pasados. Por ejemplo, pensar que un servidor que ha estado funcionando sin fallos durante mucho tiempo está "debido" a experimentar una caída próximamente.

36. *Falacia del costo hundido:* Seguimos invirtiendo tiempo o recursos en algo, aunque ya no sea beneficioso, debido a las inversiones previas. Por ejemplo, continuar desarrollando un software con una arquitectura desactualizada porque ya se ha invertido mucho tiempo en su diseño, aunque migrar sería más eficiente.

37. *Favoritismo del endogrupo:* Mostramos una preferencia por las personas de nuestro propio grupo social, cultural o ideológico. Por ejemplo, valorar más las propuestas de miembros de un equipo interno de TI frente a las de un proveedor externo, a pesar de que ambas opciones sean igualmente válidas.

38. *Heurística de disponibilidad:* Juzgamos la probabilidad de un evento basándonos en qué tan fácilmente recordamos ejemplos similares. Por ejemplo, sobreestimar el riesgo de un ciberataque tras leer varias noticias recientes sobre vulnerabilidades en sistemas conocidos.

39. *Hipótesis del Mundo Justo:* Creemos que el mundo es inherentemente justo, lo que nos lleva a culpar a las víctimas de sus desgracias. Por ejemplo, pensar que un programador perdió su trabajo por falta de habilidad, sin considerar las decisiones de la gerencia o recortes presupuestarios.

40. *Homogeneidad exogrupal:* Percibimos a los miembros de otros grupos como más similares entre sí que los de nuestro propio grupo. Por ejemplo, suponer que todos los usuarios de un sistema operativo alternativo tienen las mismas preferencias o necesidades.

41. *Ilusión de agrupamiento:* Identificamos patrones en datos completamente aleatorios. Por ejemplo, interpretar que

ciertos fallos en un sistema ocurren a la misma hora cada día debido a un patrón oculto, cuando en realidad son aleatorios.

42. *Ilusión del control*: Sobreestimamos nuestra capacidad de influir en eventos externos, especialmente en situaciones aleatorias. Por ejemplo, creer que ajustar manualmente ciertos parámetros en un algoritmo de machine learning siempre mejorará su rendimiento, incluso sin pruebas concretas.

43. *Ilusión de transparencia*: Creencia de que nuestros pensamientos o emociones son más obvios para los demás de lo que realmente son. Por ejemplo, un líder de proyecto podría pensar que su frustración con el progreso es evidente para el equipo, cuando no lo es.

44. *Ley de Parkinson de la trivialidad*: Tendemos a dedicar más tiempo y atención a cuestiones triviales que a temas complejos, ya que los primeros son más fáciles de entender. Por ejemplo, en un equipo de desarrollo, se pasa mucho tiempo discutiendo los colores de la interfaz de usuario mientras se ignoran decisiones críticas sobre la arquitectura del software.

45. *Maldición del conocimiento*: Una vez que sabemos algo, nos resulta difícil imaginar cómo es no saberlo, lo que dificulta explicarlo a otros. Por ejemplo, un experto en programación avanzada puede tener problemas para enseñar conceptos básicos de algoritmos a principiantes porque los da por sentados.

46. *Percepción selectiva*: Las esperanzas, miedos o intereses personales afectan cómo interpretamos lo que vemos o escuchamos. Por ejemplo, un defensor de software de código abierto podría percibir cualquier crítica hacia él como una defensa de sistemas propietarios, independientemente de la objetividad del comentario.

47. *Pensamiento de grupo*: Para mantener la armonía, los grupos tienden a tomar decisiones irracionales o poco críticas. Por ejemplo, un equipo técnico podría implementar una solución poco eficiente solo porque todos prefirieron evitar un debate que generara conflicto.

48. *Prejuicio de punto ciego*: Somos más propensos a detectar los sesgos en los demás que en nosotros mismos. Por ejemplo, un analista puede señalar los sesgos en el modelo

de predicción de otro equipo, mientras ignora los sesgos en los datos que él mismo utiliza.

49. *Reactancia*: Resistimos instrucciones o sugerencias que percibimos como una amenaza a nuestra libertad, incluso actuando en contra de ellas. Por ejemplo, cuando una empresa prohíbe el uso de ciertos dispositivos, algunos empleados los utilizan más como forma de protesta.

50. *Realismo ingenuo*: Creemos que nuestra percepción del mundo es objetiva, mientras que las opiniones contrarias son vistas como irracionales o mal informadas. Por ejemplo, un desarrollador puede pensar que usar un lenguaje de programación específico es la única opción lógica, mientras considera irracionales las decisiones de quienes prefieren otro.

51. *Sesgo Ad Homine*: Tendencia a desacreditar una idea, argumento o propuesta basándonos en nuestra percepción negativa de la persona que la enuncia, en lugar de analizar objetivamente su contenido. Este sesgo refleja cómo las emociones o prejuicios hacia el emisor influyen en la evaluación de sus ideas, desviando la atención de su validez lógica o factual. Por ejemplo, un programador podría desestimar una propuesta técnica válida simplemente porque proviene de un compañero con quien ha tenido conflictos personales, sin considerar los méritos del planteamiento.

52. *Sesgo cultural*: Interpretamos y juzgamos fenómenos según los estándares de nuestra propia cultura, ignorando otras perspectivas. Por ejemplo, juzgar como ineficiente un método de trabajo en otro país solo porque es diferente al nuestro, sin evaluar su eficacia en su contexto.

53. *Sesgo de atribución hostil*: Interpretamos comportamientos ambiguos de los demás como si fueran intencionadamente hostiles. Por ejemplo, asumir que un compañero no respondió a un correo electrónico porque está molesto, en lugar de considerar que podría estar ocupado.

54. *Sesgo de confirmación*: Tendencia a buscar, interpretar y recordar información que confirme nuestras creencias previas, ignorando datos que las contradigan. Por ejemplo, un especialista en ciberseguridad puede buscar únicamente informes que refuercen su opinión sobre la superioridad de un sistema específico, descartando estudios que lo cuestionen.

55. *Sesgo de correspondencia*: Atribuimos el comportamiento de los demás a su carácter o personalidad, ignorando las circunstancias externas. Por ejemplo, pensar que un programador que entregó un código defectuoso es negligente, sin considerar que pudo haber tenido plazos poco realistas.

56. *Sesgo de creencia*: Evaluamos la validez de un argumento basándonos en si estamos de acuerdo con su conclusión, en lugar de analizar su solidez lógica. Por ejemplo, aceptar como válido un argumento técnico sobre blockchain porque coincide con nuestra postura favorable, aunque carezca de fundamentos sólidos.

57. *Sesgo de disconformidad*: Tendencia a analizar críticamente la información que contradice nuestras creencias, mientras aceptamos sin cuestionar la que las refuerza. Por ejemplo, un desarrollador podría rechazar un análisis que critique su metodología preferida, pero aceptar otro a favor de ella sin profundizar en los datos.

58. *Sesgo de exposición mera*: Preferimos algo simplemente porque estamos más expuestos a ello, independientemente de su calidad. Por ejemplo, favorecer un editor de texto que usamos frecuentemente sobre otro más eficiente, solo porque estamos acostumbrados al primero.

59. *Sesgo de fluidez cognitiva*: Favorecemos información que es más fácil de procesar, sin considerar su exactitud o relevancia. Por ejemplo, creer en un diagrama simplificado de flujo de datos, aunque omita detalles cruciales, porque es más fácil de entender que uno más detallado.

60. *Sesgo de interés personal*: Tendemos a atribuir nuestros logros a nuestras habilidades y nuestros fracasos a factores externos. Por ejemplo, si un proyecto de desarrollo es exitoso, un líder podría atribuirlo a su capacidad de planificación, pero si fracasa, culpará a la falta de recursos o a las decisiones de otros.

61. *Sesgo de riesgo cero*: Preferimos opciones que eliminan completamente un riesgo, aunque no sean las más beneficiosas en términos globales. Por ejemplo, un administrador de sistemas puede optar por un servidor con alta redundancia, aunque su coste sea mucho mayor, simplemente para evitar cualquier riesgo de caída.

62. *Sesgo del experimentador*: Tendencia del investigador a influir inconscientemente en los resultados del experimento según sus expectativas. Por ejemplo, al probar un software, un evaluador podría interpretar las métricas de manera más favorable si tiene una preferencia previa por dicho sistema.

63. *Sesgo del superviviente*: Nos enfocamos en los casos exitosos sin considerar los que fracasaron, distorsionando nuestras conclusiones. Por ejemplo, estudiar startups tecnológicas exitosas para replicar su modelo, sin analizar aquellas que fracasaron pese a seguir estrategias similares.

64. *Sesgo optimista*: Tendemos a subestimar los riesgos y sobrestimar las probabilidades de resultados positivos. Por ejemplo, pensar que un lanzamiento de software saldrá sin problemas, aunque se hayan omitido pruebas clave.

65. *Sesgo pesimista*: Lo contrario al sesgo optimista; sobreestimamos los riesgos y las probabilidades de resultados negativos. Por ejemplo, asumir que un proyecto fallará porque un pequeño componente presentó problemas en pruebas iniciales.

66. *Sesgo retrospectivo*: Interpretamos eventos pasados como más predecibles de lo que realmente fueron. Por ejemplo, tras una violación de seguridad en una empresa, afirmar que era "obvio" que iba a ocurrir porque no actualizaban sus sistemas.

67. *Sugestibilidad*: Nuestra memoria y creencias pueden ser influenciadas por preguntas o información externa. Por ejemplo, un testigo de un fallo en el sistema podría recordar detalles inexactos después de escuchar comentarios de otros usuarios.

68. *Suerte moral*: Juzgamos moralmente a las personas en función de los resultados de sus acciones, no de sus intenciones. Por ejemplo, considerar menos responsable a un desarrollador cuyo código defectuoso no causó problemas evidentes, en comparación con otro cuyo error sí resultó en fallos, aunque ambos actuaron con la misma negligencia.

69. *Taquipsiquia*: Percibimos cambios en la velocidad del tiempo bajo situaciones de estrés o intensidad. Por ejemplo, durante un ciberataque, un administrador puede sentir que el tiempo se ralentiza mientras intenta mitigar el impacto.

70. *Sesgo de status quo*: Preferimos mantener las cosas como están en lugar de optar por un cambio, incluso si el cambio pudiera ser mejor. Por ejemplo, seguir utilizando un lenguaje de programación antiguo porque cambiar implicaría aprender uno nuevo, aunque este último sea más eficiente.

En el día a día del trabajo con la informática, se ha de estar especialmente atento a sesgos como el sesgo de confirmación, ya que puede llevarnos a seleccionar únicamente datos que respalden nuestras hipótesis sobre el rendimiento de un sistema o la idoneidad de una tecnología, ignorando evidencias contrarias. También destaca el sesgo de interés personal, que puede nublar la objetividad al evaluar el éxito o fracaso de un proyecto al atribuir los logros exclusivamente a nuestras habilidades y culpar de los fallos a factores externos. Además, el sesgo del superviviente es especialmente peligroso, pues al centrarnos únicamente en casos exitosos —como proyectos que llegaron a buen puerto o sistemas que consiguieron ser populares populares— corremos el riesgo de ignorar las lecciones valiosas de los fracasos. Finalmente, el sesgo de *status quo* puede frenar la innovación, ya que muchas veces optamos por mantener herramientas o procesos conocidos en lugar de adoptar tecnologías nuevas que podrían optimizar nuestro trabajo, mientras que el efecto de retroceso puede complicar la corrección de conceptos erróneos en el equipo, reforzando ideas inexactas que deberían abandonarse. Estos sesgos especialmente entre todos los demás, si no se identifican y gestionan, pueden obstaculizar tanto la eficiencia como la innovación en nuestro desempeño diario.

6   El conocimiento

El conocimiento, como integración activa de información dentro de un marco de significado e interpretación, se encuentra en la intersección de múltiples disciplinas. Su análisis abarca al menos dimensiones semánticas, sistemas de gestión y herramientas conceptuales que buscan modelarlo y gestionarlo. Aquí nos centraremos en estas facetas, destacando los avances tecnológicos, que han redefinido el tratamiento de la información.

La clasificación del conocimiento ha sido un tema recurrente en la filosofía y las ciencias, ofreciendo perspectivas variadas sobre cómo los seres humanos comprenden y estructuran su realidad. Una de las taxonomías más influyentes es la propuesta por Michael Polanyi [150], donde destaca la coexistencia de conocimiento explícito y tácito como formas complementarias de entender el mundo. Inspirados por esta obra y otras investigaciones sobre epistemología, se pueden identificar al menos nueve tipos de conocimiento, cada uno con características propias y áreas de aplicación.

i.   *Conocimiento estructurado*: Es el estudio sistemático de principios y criterios que rigen la inferencia válida y el razonamiento correcto. Este tipo de conocimiento se manifiesta en la informática a través de la construcción de algoritmos y lenguajes de programación, como los utilizados para la verificación formal de software, donde el rigor lógico garantiza precisión y consistencia.
ii. *Conocimiento tácito*: Es el conocimiento práctico e intuitivo que no puede ser fácilmente articulado en palabras o símbolos. En informática, se refleja en habilidades como la depuración de código, donde programadores experimentados identifican errores sin poder explicar completamente su proceso.
iii. *Conocimiento empírico*: Surge de la observación directa y la experiencia sensorial del mundo. En el aprendizaje automático, los algoritmos dependen de datos empíricos para identificar patrones y realizar predicciones, como en los sistemas de recomendación personalizados.

iv. *Conocimiento intuitivo*: Es aquel que se basa en una comprensión inmediata y no deliberada de situaciones o problemas. En el diseño de interfaces de usuario, los desarrolladores pueden tomar decisiones intuitivas sobre cómo hacerlas más accesibles y agradables para el usuario.

v. *Conocimiento formal*: Está compuesto por sistemas simbólicos rigurosos que permiten la representación precisa de ideas. Un ejemplo en informática es la lógica computacional, utilizada para construir lenguajes de programación funcionales que optimizan procesos y garantizan corrección.

vi. *Conocimiento experimental*: Es el resultado de la validación sistemática de hipótesis mediante pruebas controladas. En inteligencia artificial, se utiliza para evaluar iterativamente arquitecturas de redes neuronales y mejorar su rendimiento en tareas específicas.

vii. *Conocimiento filosófico o reflexivo*: Explora cuestiones fundamentales sobre la realidad, la ética y el conocimiento. En informática, se observa en debates sobre el impacto social de la inteligencia artificial y los límites éticos de la automatización.

viii. *Conocimiento creativo o artístico*: Se enfoca en la generación de *ideas* novedosas y expresiones únicas. En informática, las redes generativas adversarias (GANs) ejemplifican este tipo de conocimiento al crear obras de arte o música originales mediante algoritmos.

ix. *Conocimiento cultural o colectivo*: Es el conocimiento acumulado y transmitido dentro de una comunidad. Las comunidades de código abierto representan este tipo de *conocimiento*, donde las prácticas y estándares colectivos impulsan el desarrollo colaborativo de software.

6.1 Lógica

El conocimiento estructurado parte de la lógica, definida formalmente como el estudio sistemático de los principios y criterios que rigen la inferencia válida y el razonamiento correcto. La lógica está vinculada tanto a la epistemología como a la gnoseología, desempeñando funciones específicas en cada una. En la epistemología, que estudia la naturaleza, los límites y la justificación del conocimiento, la lógica actúa como un criterio normativo para evaluar la validez de los argumentos y asegurar la coherencia en la construcción de teorías científicas. En la gnoseología, que abarca el origen, la esencia y la posibilidad del conocimiento, la lógica funciona como una herramienta metodológica que permite analizar los procesos cognitivos y las estructuras del pensamiento involucradas en el acto de conocer.

La lógica es tratada como disciplina autónoma, distinguida de las matemáticas, al centrarse en el estudio de las estructuras formales del razonamiento independiente de cualquier contenido específico. Mientras las matemáticas se dedican a la exploración de entidades abstractas y sus relaciones cuantitativas; la lógica se ocupa de las reglas que gobiernan la validez de los argumentos y la coherencia interna de las proposiciones. Esta independencia se manifiesta en su capacidad para analizar y formalizar principios de inferencia que trascienden las aplicaciones matemáticas, abarcando ámbitos tan diversos como la informática y las ciencias del lenguaje. Además, la lógica proporciona un marco universal que facilita la comunicación y el entendimiento entre diferentes disciplinas, sin depender de los símbolos y estructuras particulares que caracterizan a las matemáticas. Así, la lógica no solo complementa a las matemáticas, sino que también sostiene su propia identidad como una ciencia del pensamiento riguroso y estructurado, capaz de fundamentar diversas áreas del conocimiento humano.

En 1910, Alfred North Whitehead y Bertrand Russell publicaron el primer tomo de *Principia Mathematica* [113], una obra monumental que culminaba el esfuerzo de una serie de pensadores decididos a establecer los fundamentos lógicos de una asertividad inquebrantable. Este trabajo representa un hito significativo en la lógica —como disciplina independiente— y las matemáticas, pues pretendía reducir todas las matemáticas a unos pocos principios y reglas lógicas. La meticulosidad con la que Whitehead y Russell evitaron el uso del lenguaje cotidiano, optando por una estricta notación simbólica, anticipó una forma de comunicación que hoy se asemeja al lenguaje de las computadoras.

En tiempos antiguos, los tratados matemáticos se asemejaban más a largas narrativas donde los números protagonizaban soluciones a problemas prácticos. Es esta una modalidad conocida como *matemáticas retóricas*. La transición hacia una simbología estandarizada, facilitada por obras como *Principia Mathematica*[13], permitió que la lógica se convirtiera en un lenguaje universal, sobre el que cimentar el avance de la informática. Así, la teoría de conjuntos, la lógica proposicional y la lógica de predicados son pilares fuertemente afianzados que han permitido a los científicos de la computación desarrollar lenguajes de programación y sistemas operativos. Estas estructuras lógicas son la base sobre la cual se construyen algoritmos y estructuras de datos, asegurando que las operaciones realizadas por las máquinas sean coherentes y eficientes. Antes de Whitehead y Russell, Giuseppe Peano ya había iniciado la tarea de escribir tratados matemáticos con una mínima utilización de palabras, enfocándose en un lenguaje puramente simbólico para evitar que la intuición lingüística distorsionara las demostraciones matemáticas [21]. Peano buscaba purgar las matemáticas de todo aquello que no fueran los símbolos de conceptos lógicos, estableciendo una argumentación basada en un reducido conjunto de axiomas.

La lógica binaria, derivada de principios lógicos, es la base del diseño de circuitos digitales y la arquitectura de computadoras. Las puertas lógicas, que ejecutan operaciones como AND, OR y NOT, permiten la construcción de sistemas complejos a partir de interacciones simples y predecibles. Esta base lógica asegura que los microprocesadores y otros componentes electrónicos funcionen con la precisión requerida para ejecutar

---

[13] A pesar de su posterior influencia en la lógica matemática, *Principia Mathematica*, tuvo un éxito comercial limitado en su lanzamiento. La obra, que intentaba derivar todas las verdades matemáticas a partir de un conjunto bien definido de axiomas y reglas de inferencia de la lógica simbólica, era altamente técnica y dirigida a un público especializado, lo que redujo su atractivo comercial. Además, su extensión considerable, con más de 2,000 páginas en tres volúmenes, y la complejidad de su contenido hicieron que su producción y distribución fueran costosas. Por estas razones, la obra fue publicada por Cambridge University Press con apoyo financiero de la Royal Society y contribuciones personales de los autores, ya que la editorial no esperaba recuperar los costos de publicación.

tareas de alto nivel de manera fiable. Además, los *sistemas expertos*, los algoritmos de *aprendizaje automático* y las *redes neuronales artificiales* dependen de reglas lógicas para procesar información, tomar decisiones y adaptarse a nuevas situaciones. La lógica difusa, una extensión de la lógica clásica, permite manejar la incertidumbre y la imprecisión inherentes a muchos problemas del mundo real, otorgando a las máquinas la capacidad de razonar de manera más flexible y adaptativa.

El impacto de la lógica en la informática también se extiende a la optimización de software y a la verificación de sistemas, donde se aplican principios lógicos para asegurar que los programas cumplan con las especificaciones deseadas y operen sin errores. Técnicas como la verificación formal utilizan métodos lógicos para demostrar matemáticamente la corrección de los programas, reduciendo la posibilidad de fallos que podrían derivar en comportamientos indeseados o catastróficos [151].

6.1.1 Escritura conceptual de la inferencia lógica

Begriffsschrift (*escritura conceptual)* del lógico Gottlob Frege, marcó en el año de su publicación (1879) un hito en la historia de la lógica y la teoría del conocimiento. En esta investigación se introduce un sistema formal de notación para representar las relaciones lógicas entre proposiciones, estableciendo las bases de una lógica simbólica rigurosa. Esto representa un salto conceptual dado el uso de una formulación de una notación matemática que estructura el razonamiento lógico. La herramienta que así se crea permite analizar y descomponer las proposiciones en unidades básicas de significado y construir inferencias a partir de ellas, sentando las bases de la lógica moderna, y anticipando las estructuras de los lenguajes formales que subyacen a la informática y a la teoría de la computación [152].

Se propone aquí un sistema de notación simbólica diseñado para representar la estructura de las proposiciones y las relaciones entre ellas de forma similar al álgebra, pero aplicada a la lógica. Este sistema formaliza las conexiones entre premisas y conclusiones, permitiendo que se realicen inferencias lógicas precisas sin depender de la ambigüedad del lenguaje natural, y operando mediante una notación formal, que es capaz de representar proposiciones, relaciones, cuantificadores y conectores lógicos. Además, se establecen reglas precisas para su manipulación, y se introduce la idea de que las proposiciones pueden descomponerse en funciones y argumentos, donde las funciones son expresiones que contienen variables —similares a las fórmulas en un sistema de ecuaciones— y los argumentos son los términos específicos que completan estas expresiones. Esta estructura anticipa los conceptos de la lógica de predicados y el álgebra booleana, esencia de la lógica computacional y en el desarrollo de los lenguajes de programación.

He aquí algunos de conceptos y estructuras clave que Frege introduce en su obra y que anticipan elementos centrales en la lógica computacional:

i. *Representación de Proposiciones con Símbolos Formales:* Frege usa símbolos específicos para representar proposiciones y sus relaciones lógicas. Por ejemplo, una proposición simple como "todos los humanos son mortales" puede representarse mediante una función lógica que toma una variable, en este caso, un individuo genérico, y expresa una propiedad aplicable a todos los elementos del conjunto "humanos". En notación moderna (inspirada en Frege), podríamos escribir esto como:

$$\forall x \left(H(x) \rightarrow M(x) \right)$$

Aquí, $H(x)$ representa la función "x es humano" y $M(x)$ representa la función "x es mortal". Este formalismo permite expresar la proposición de forma universal y sin ambigüedades, transformando el razonamiento lógico en una manipulación de símbolos.

ii. *Cuantificadores y Conectores Lógicos:* Frege fue pionero en el uso de cuantificadores para expresar la universalidad —*para todo*— y la existencia —*existe*— en su sistema formal. Así, una proposición como "existe al menos un humano mortal" se puede representar con el cuantificador existencial como:

$$\exists x \left(H(x) \rightarrow M(x) \right)$$

Este uso de cuantificadores y conectores lógicos permite descomponer y manipular proposiciones complejas, un procedimiento que hoy en día es de uso habitual en lógica computacional y en lenguajes de programación, donde las expresiones lógicas se construyen y evalúan con estos mismos operadores.

iii. *Funciones y Argumentos como Expresiones Formales:* Frege descompone las proposiciones en términos de funciones y argumentos, lo que permite representar afirmaciones lógicas como relaciones entre expresiones. Por ejemplo, en una proposición como "si x es un número primo, entonces x es impar", podemos expresar "ser primo" y "ser impar" como funciones de x:

$$P(x) \rightarrow I(x)$$

Donde $P(x)$ representa la función "x es primo" y $I(x)$ la función "x es impar". Esta estructura de funciones y argumentos es fundamental en la lógica de predicados y en el álgebra booleana, ambos pilares en el diseño de los lenguajes de programación, donde cada función o variable en el código sigue reglas de manipulación formal similares.

iv. *Reglas de Inferencia para Derivar Conclusiones:* En *Begriffsschrift*, Frege introduce reglas de inferencia que permiten derivar conclusiones lógicas a partir de premisas establecidas. Por ejemplo, si tenemos dos proposiciones:

$$A \rightarrow B$$

Podemos deducir B mediante el esquema de inferencia conocido como *modus ponens*. Esta regla es una operación estándar en lógica que sigue directamente de las estructuras formales propuestas por Frege, y es esencial en el diseño de los algoritmos de inteligencia artificial y en los sistemas de prueba automática, donde las máquinas utilizan reglas de inferencia para verificar la corrección de proposiciones o deducir nuevos resultados.

v. *Construcción de Lógica Compuesta y Anidada:* Frege también permite la construcción de proposiciones anidadas y compuestas, algo que hoy se ve reflejado en estructuras condicionales y bucles en programación. Por ejemplo, una afirmación como "si todos los humanos son mortales y Sócrates es humano, entonces Sócrates es mortal" puede formalizarse como una estructura compuesta y anidada:

$$\left(\forall x \left(H(x) \to M(x) \right) \wedge H(S) \right) \to M(S)$$

Donde $H(S)$ indica que "Sócrates es humano", y $M(S)$ que "Sócrates es mortal". Esta estructura refleja cómo las proposiciones complejas pueden descomponerse y cómo la lógica formal de Frege permite representar esta cadena de razonamiento, de modo que pueda procesarse de manera automática en un sistema computacional.

Otra de las contribuciones más significativas de Frege es el concepto de *implicación lógica*, que establece que, si una proposición es verdadera, otras proposiciones pueden deducirse de ella siguiendo ciertas reglas formales. Frege formula un sistema deductivo que permite construir cadenas de inferencia, mostrando cómo una proposición puede derivarse de otras mediante pasos lógicos. Esta idea de un sistema formal basado en reglas para la inferencia es esencial para el desarrollo de los algoritmos y de los modelos de computación. En la informática, los lenguajes formales y los sistemas de programación dependen de la capacidad de hacer inferencias automáticas, evaluando proposiciones y derivando conclusiones lógicas a partir de datos y condiciones. Frege, al crear un sistema simbólico para la deducción lógica, introdujo los elementos básicos que posteriormente permitirían construir lenguajes capaces de expresar y procesar instrucciones de manera formal.

La *Begriffsschrift* también establece una teoría sobre la *verdad y el significado*, abordando cómo se representan y se interpretan las proposiciones. Para Frege, una proposición tiene sentido en la medida en que puede ser verdadera o falsa, lo que implica una correspondencia entre los signos —es decir, los símbolos en su notación— y la realidad que describen. Esta concepción se vincula con la teoría de la semántica en los lenguajes de programación, donde cada expresión y cada variable tienen un "significado" o valor asignado. La influencia de Frege en este aspecto fue fundamental para los teóricos de la computación que, como Alan Turing y Alonzo Church, formularían modelos de cálculo basados en el tratamiento de signos y símbolos, atribuyendo valores y significados específicos a cada operación.

En el contexto de la teoría de la computación, *Begriffsschrift* introdujo conceptos que resonarían profundamente en los trabajos sobre computabilidad y lógica formal. Kurt Gödel, por ejemplo, tomó inspiración en la lógica formal de Frege al desarrollar su teorema de incompletitud, que establece límites para los sistemas formales y tiene implicaciones directas en la computabilidad. Los sistemas de lógica y de deducción formal, basados en el trabajo de Frege, permitirían a Gödel y a otros como Turing explorar preguntas sobre la decidibilidad, es decir, sobre la capacidad de un sistema para resolver ciertos problemas de manera automática. La lógica de predicados que Frege anticipó se convirtió en la base de los lenguajes formales, y estos, a su vez, son la estructura de los lenguajes de programación actuales.

Las implicaciones de la obra de Frege alcanzan también la IA, en la que los sistemas de lógica formal permiten construir modelos que razonan automáticamente mediante inferencias y proposiciones formales. Los motores de inferencia, utilizados en sistemas de inteligencia artificial, en motores de búsqueda y en bases de datos, dependen de principios formales que Frege propuso. Además, los sistemas de control en programación lógica (como Prolog) se estructuran directamente sobre las reglas de inferencia lógica formuladas en la *Begriffsschrift*. Así, Frege, sin saberlo, prefiguró uno de los componentes esenciales en la inteligencia artificial, ya que sus estructuras lógicas permiten a los programas computar de manera eficiente y derivar conclusiones de manera autónoma.

La profundidad y la complejidad de *Begriffsschrift* radican en que Frege, al crear un lenguaje simbólico para la lógica, fue capaz de capturar la estructura de la inferencia y la deducción de manera tan universal que sus principios son hoy fundamentales para la informática. Su trabajo es una contribución innovadora a que planta la semilla de la lógica computacional y los sistemas formales, elementos sin los cuales la teoría de la computación y la informática moderna no habrían sido posibles. En última instancia, *Begriffsschrift* representa una de las piedras angulares en la construcción del pensamiento formal que subyace a las operaciones de las máquinas, en un proceso que transformaría la abstracción lógica en el núcleo de las capacidades computacionales actuales.

6.1.2 Inducción, deducción y abducción

La lógica, como base del pensamiento racional, es uno de los puntos punto de partida para el desarrollo del conocimiento científico. Entre sus formas más importantes de inferencia están la inducción, la deducción y la abducción, que no solo estructuran la forma en que razonamos, sino que también determinan cómo se adquiere y valida el conocimiento. Cada uno de estos métodos tiene un origen bien definido y una función distinta, pero interrelacionada, en el avance de la ciencia y la filosofía.

Inducción y deducción son conceptos que se remontan a la lógica clásica, desarrollada por Aristóteles en el siglo IV a.C. En sus *Analíticos Primeros* y *Segundos*, Aristóteles formuló el esquema básico de la deducción a través del silogismo, una estructura que permite derivar conclusiones necesarias a partir de premisas generales. La deducción se ha consolidado como la forma más rigurosa de razonamiento lógico, esencial en disciplinas como las matemáticas y la filosofía formal. Por ejemplo, en geometría, los teoremas se derivan a partir de axiomas usando deducción estricta, lo que garantiza la certeza de los resultados.

La inducción, por el contrario, infiere reglas generales a partir de observaciones particulares. Aristóteles también reconoció este proceso como una forma válida de inferencia, aunque en tiempos modernos David Hume cuestionó su fiabilidad al señalar que ninguna cantidad de observaciones puede asegurar que una generalización sea universalmente verdadera. Por ejemplo, el hecho de haber observado que todos los cisnes conocidos hasta el siglo XVII eran blancos no garantizaba que todos los cisnes del mundo lo fueran, como se demostró con el descubrimiento de cisnes negros en Australia en 1697. Este "problema de la inducción" ha sido central en la epistemología moderna. La inducción matemática, por ejemplo, permite probar que una afirmación es verdadera para todos los números naturales al verificar que:

i. La afirmación es cierta para el caso base $n = 1$

ii. Si la afirmación es cierta para un número n, entonces también lo es para $n + 1$.

En los algoritmos recursivos, por ejemplo, los problemas se dividen en subproblemas más pequeños que son instancias del mismo problema original. La recursión, al igual que la inducción, depende de dos elementos clave: el *caso base* y la *definición recursiva*. El caso base en un algoritmo recursivo garantiza que el algoritmo no se ejecute indefinidamente y que, en algún punto, se resuelva sin hacer más llamadas recursivas.

La inducción matemática también puede utilizarse para probar la corrección de los algoritmos recursivos. Por ejemplo, para demostrar que el algoritmo factorial es correcto, se puede proceder con una prueba inductiva. Se comienza probando que la función devuelve el resultado correcto para el caso base $n = 0$, y luego se asume que funciona para $n = k$ (hipótesis inductiva) para demostrar que también funcionará para $n = k + 1$. De este modo, se asegura que el algoritmo recursivo es correcto para todos los valores de n.

En contraste, la abducción, introducida por Charles Sanders Peirce en el siglo XIX, describe un proceso diferente, que busca la mejor explicación para un conjunto de hechos. A diferencia de la deducción o la inducción, la abducción no asegura la verdad de la conclusión; sin embargo, proporciona una hipótesis plausible que puede ser probada posteriormente. Un ejemplo clásico de abducción es la identificación de la estructura del ADN: Francis Crick y James Watson propusieron la doble hélice en 1953 como la mejor explicación para los datos obtenidos por Rosalind Franklin, sin haber tenido inicialmente la certeza de que su hipótesis era correcta. La abducción se basa, por tanto, en la formulación de conjeturas informadas, que luego son sometidas a prueba para verificar su validez [112].

Cada una de estas formas de razonamiento tiene consecuencias claras en la manera en que la ciencia avanza. La inducción es fundamental para el desarrollo de teorías científicas. A partir de la observación sistemática de fenómenos, se formulan leyes que explican esos patrones. Por ejemplo, la Ley de Gravitación Universal de Newton se derivó de observaciones astronómicas y de fenómenos en la Tierra. Aunque esta ley tuvo un éxito notable, con aplicaciones que van desde la ingeniería espacial hasta la física clásica, la llegada de la teoría de la relatividad de Einstein en 1915 mostró que la inducción utilizada por Newton no era aplicable a situaciones de alta velocidad o grandes campos gravitatorios [4].

La deducción, por su parte, asegura la validez de las conclusiones cuando se parte de premisas verdaderas. Su poder es indiscutible en campos como la matemática o la lógica formal, donde las conclusiones pueden ser derivadas con total certeza. Un de uso de deducción podemos encontrarlo también en el citado desarrollo de la teoría de la relatividad especial, que se basó en la deducción a partir de los postulados sobre la constancia de la velocidad de la luz y las leyes del electromagnetismo. La deducción permitió a Einstein formular una teoría completamente coherente que predijo fenómenos no observables ni lo tanto explicables en la física newtoniana, como la dilatación del tiempo.

La abducción, aunque menos rigurosa, ha sido en momentos históricos clave para la ciencia. La teoría del Big Bang, propuesta por Georges Lemaître en 1927, fue inicialmente una hipótesis abductiva: se propuso como la mejor explicación para la expansión observada del universo por Edwin Hubble. No se trataba de una conclusión deducida lógicamente ni derivada inductivamente de una gran cantidad de observaciones previas, sino de una conjetura que posteriormente fue confirmada por la radiación de fondo de microondas en 1965. De manera similar, la teoría de la deriva continental, propuesta por Alfred Wegener en 1912, fue una inferencia abductiva basada en la correspondencia entre las costas de los continentes y las similitudes geológicas y biológicas entre regiones separadas por océanos. Aunque inicialmente fue rechazada por falta de un mecanismo explicativo, más tarde fue confirmada con la teoría de la tectónica de placas [153].

La interacción entre estos tres tipos de razonamiento no es meramente teórica, sino que ha sido históricamente de importancia troncal para el avance del conocimiento científico. Las grandes revoluciones científicas han dependido tanto de la observación inductiva como de la formulación de hipótesis abductivas y de la validación deductiva de esas hipótesis. En biología, por ejemplo, la síntesis moderna de la teoría de la evolución en el siglo XX combinó la inducción a partir de los datos empíricos sobre la selección natural, la abducción al proponer mutaciones genéticas como el mecanismo subyacente, y la deducción de consecuencias lógicas que podían ser probadas experimentalmente.

Estos tres métodos de inferencia continúan siendo esenciales para el progreso en áreas tan variadas como la física cuántica, la inteligencia artificial y las ciencias cognitivas. La capacidad de formular hipótesis, deducir consecuencias lógicas y verificar mediante observación sigue siendo la base del método científico moderno, y el equilibrio entre estos tres procesos de razonamiento es lo que permite que la ciencia avance sin caer en dogmatismos infundados o en un escepticismo paralizante. La historia de la ciencia muestra que el conocimiento avanza no solo mediante la acumulación de datos, sino a través de la interacción crítica entre la observación, la formulación de hipótesis explicativas y la validación lógica rigurosa de las conclusiones.

6.1.3 Razonamiento persuasivo

En determinadas ocasiones, se ha de saber contar con las herramientas que permitan condicionar las conclusiones y decisiones que toman otras consciencias aledañas. El razonamiento persuasivo permite la modificación de actitudes, creencias y comportamientos de los interlocutores, siendo por lo tanto como una herramienta intrínseca en la dinámica comunicativa humana. En disciplinas como la retórica y la psicología, este tipo de razonamiento ha sido explorado focalizándose en las estrategias argumentativas y las dinámicas de influencia inherentes al proceso de persuasión. Con la evolución tecnológica, especialmente mediante la incorporación de técnicas informáticas y la IA, se ha propiciado una metamorfosis notable en las metodologías persuasivas, expandiendo sus capacidades y eficiencias de manera profunda e inquietante. Si bien la ciencia ha de enfocarse a lo objetivo, no ha de perder su perspectiva sobre lo subjetivo, es decir y aplicado a nuestro caso, el razonamiento persuasivo.

La informática contemporánea posibilita el desarrollo de sistemas capaces de analizar, generar y optimizar argumentos persuasivos con una precisión y celeridad anteriormente inalcanzables. Estos sistemas utilizan algoritmos de aprendizaje automático, procesamiento de lenguaje natural y análisis de datos para comprender y anticipar las respuestas de los destinatarios, adaptando los mensajes persuasivos de forma dinámica y personalizada. Este nivel de personalización se logra mediante el análisis de vastos conjuntos de datos demográficos, comportamentales y psicográficos, identificando patrones y preferencias que facilitan la creación de argumentos que resuenan de manera más efectiva con cada individuo. Así, la eficacia de los mensajes persuasivos se incrementa, elevando las probabilidades de alcanzar los objetivos comunicativos deseados.

La relación entre signos y significados, proporcionando una base teórica que enriquece la comprensión del razonamiento persuasivo en la era digital. La significación no reside únicamente en los signos mismos, sino en la estructura y las convenciones que los sustentan [111], lo cual se alinea con la manera en que las técnicas informáticas y la IA estructuran y optimizan los mensajes persuasivos mediante códigos preestablecidos. Esta perspectiva semiótica resuena con la capacidad de la IA para estructurar y adaptar los mensajes dentro de un marco de expectativas y códigos culturales que Eco tan elocuentemente describe.

La retórica, en su acepción como depósito de técnicas argumentales ya asimiladas por el cuerpo social, actúa como un repositorio de soluciones codificadas que reflejan y refuerzan las ideologías predominantes. Perelman, en su Tratado sobre la argumentación [154], señala que la retórica antigua reunía premisas y argumentos bajo rúbricas generales, creando almacenes de posibles argumentaciones que servían como generadores de entimemas o silogismos retóricos. Estos lugares, al enfrentarse, pueden resultar contradictorios a pesar de ser convincentes de manera aislada. Por ejemplo, la retórica política puede utilizar la premisa de que "*todo el mundo hace esto, por lo tanto, tú también debes hacerlo*", mientras que, en contextos diferentes, podría argumentarse lo contrario para fomentar la individualidad. Este uso dual de la retórica demuestra su capacidad para adaptarse y manipular las expectativas y creencias preexistentes de los oyentes.

Existen diversos grados de razonamiento persuasivo [14], que abarcan desde la persuasión honesta y cauta hasta la persuasión basada en el engaño. Este espectro incluye desde el razonamiento que busca una verdad objetiva, hasta las técnicas de propaganda y persuasión de masas que manipulan las emociones y las percepciones para influir en grandes grupos de personas. Aristóteles distinguía tres tipos de razonamiento: deliberativo, judicial y epidíctico, cada uno orientado a diferentes fines y contextos. Para convencer al auditor, el orador debía demostrar que sus conclusiones derivaban de premisas que no podían ser objeto de discusión, presentando argumentos de manera que parecieran obvios y no susceptibles

---

[14] Arthur Schopenhauer, en sus obras «El arte de tener razón» y «El arte de insultar», explora diversas técnicas de argumentación persuasiva, incluyendo algunas de cuestionable ética. En «El arte de tener razón», Schopenhauer presenta 38 estratagemas diseñadas para ganar discusiones, independientemente de la verdad objetiva, reflejando su visión crítica sobre la naturaleza humana y la tendencia a priorizar la victoria sobre la veracidad. Por su parte, «El arte de insultar» complementa esta perspectiva al compilar insultos y comentarios mordaces que el propio Schopenhauer utilizaba como recurso extremo cuando las técnicas argumentativas convencionales fallaban, defendiendo así que, ante la imposibilidad de vencer con argumentos racionales, uno podría recurrir al ataque personal. Esto pone de relieve las complejidades y las posibles manipulaciones en el arte de la persuasión.

de duda. Aquí se basaba en la premisa de que el oyente ya está convencido de la pertinencia de ciertas afirmaciones, con lo cual la aceptación de los argumentos presentados quedaba en gran medida garantizada.

La atención del oyente se estimula mediante figuras traslativas y retóricas, que embellecen el razonamiento y lo hacen parecer nuevo e inusitado. Estas figuras no son más que embellecimientos que facilitan la captación de la atención y la aceptación de los argumentos al presentarlos de una manera que resuena con las expectativas culturales y sociales del receptor. A este respecto, la obra de arte, al igual que otros mensajes persuasivos, ofrece una forma vacía que necesita ser rellenada mediante la interpretación del receptor, basada en los códigos y expectativas previamente adquiridos. Llegado este punto vemos como la convergencia entre el razonamiento persuasivo y las técnicas informáticas, especialmente la IA, se encuentra profundamente arraigada en estructuras semióticas y retóricas que moldean. La IA, al potenciar la personalización y optimización de los argumentos, ofrece nuevas herramientas para influir en las actitudes y comportamientos de los individuos, siempre bajo la premisa de una ética rigurosa que respete la autonomía y privacidad de los interlocutores.

Las herramientas informáticas han diversificado y potenciado las metodologías empleadas en la construcción de argumentos persuasivos. Plataformas de análisis de sentimiento, generadores automáticos de contenido y sistemas de recomendación basados en IA son ejemplos de estas innovaciones. El análisis de sentimientos posibilita la evaluación de las emociones y percepciones expresadas en los mensajes de los destinatarios, ajustando los argumentos para alinear las emociones positivas con los objetivos comunicativos. Los generadores automáticos de contenido, alimentados por modelos avanzados de lenguaje, producen textos persuasivos de alta calidad en diversos formatos y estilos, adaptándose a distintos contextos y audiencias. Asimismo, los sistemas de recomendación dirigen mensajes específicos a segmentos de audiencia con mayor predisposición a ser receptivos a ciertos argumentos, mejorando la eficiencia de las campañas persuasivas mediante una orientación precisa [155].

El siguiente decálogo reducido pueden ser tomado en consideración, a la hora de construir un razonamiento persuasivo efectivo [156]:

i. *Utilización de premisas familiares y creencias compartidas*: Apoyarse en afirmaciones que el público considere plausibles o indiscutibles facilita la aceptación de las conclusiones. Ejemplo, un asistente virtual puede iniciar una recomendación con "Sabemos que ahorrar energía es importante", para después ofrecer dispositivos de bajo consumo.

ii. *Estructuración de argumentos clara*: La organización lógica de las ideas mediante principios como los de Aristóteles (deliberativo, judicial y epidíctico) permite orientar el razonamiento hacia objetivos específicos. Ejemplo, un sistema de soporte al cliente presenta sus opciones de resolución en un orden jerárquico, primero argumentando los beneficios de la solución más sencilla.

iii. *Adaptación al contexto y audiencia*: Ajustar los argumentos de acuerdo con los valores, creencias y códigos culturales de los receptores, utilizando patrones semióticos que resuenen con ellos. Ejemplo, un asistente conversacional turístico recomienda destinos personalizados según las preferencias culturales del usuario.

iv. *Aprovechamiento de técnicas tecnológicas*: Integrar herramientas como análisis de sentimientos, generación de contenido automático y sistemas de recomendación para personalizar los mensajes persuasivos. Ejemplo, una plataforma de aprendizaje en línea oferta cursos basados en el historial de navegación del estudiante.

v. *Uso estratégico de recursos retóricos*: Incorporar figuras retóricas y traslativas para embellecer y presentar los argumentos de manera novedosa y atractiva. Ejemplo, una campaña digital usa metáforas visuales para enfatizar los beneficios de un software de productividad.

vi. *Personalización mediante datos y algoritmos*: Basar los argumentos en información demográfica, comportamental y psicográfica, optimizando la persuasión a nivel individual. Ejemplo, un sistema de marketing envía correos electrónicos con contenido adaptado al historial de compras del usuario.

vii. *Incorporación de elementos emotivos y estéticos:* Integrar aspectos emocionales que impacten de manera directa en el receptor, alineando las emociones positivas con los objetivos argumentativos. Ejemplo, un anuncio de realidad virtual muestra usuarios emocionados explorando mundos inmersivos.

viii. *Refuerzo de la percepción de verosimilitud:* Presentar los razonamientos como lógicamente inevitables, eliminando posibles dudas mediante el encadenamiento de premisas claras y concluyentes. Ejemplo, un asistente financiero automatizado demuestra sus cálculos con pasos visibles para generar confianza en las decisiones sugeridas.

ix. *Adaptabilidad y dinamismo:* Asegurarse de que los argumentos puedan ajustarse en tiempo real a las respuestas o reacciones del interlocutor, aprovechando la IA para optimizar este proceso. Ejemplo, un chatbot de ventas modifica su tono y oferta según las preguntas y objeciones del cliente en tiempo real.

x. *Consideración de perspectivas contradictorias:* Reconocer y abordar posibles inconsistencias o contradicciones en los argumentos para fortalecer su robustez frente a críticas. Ejemplo, una plataforma de gestión de proyectos compara sus funciones con las de competidores para responder dudas de usuarios.

La aplicación de estas premisas no está exenta de consideraciones éticas que demandan una reflexión profunda. La privacidad de los datos, la manipulación de la información y la autonomía de los individuos son aspectos que requieren una atención meticulosa para garantizar prácticas responsables y transparentes. Influir de manera deshonesta en las decisiones y comportamientos de las personas, ahora con nuevas herramientas, amplia sus posibilidades.

6.2 La dimensión semántica

La dimensión semántica asocia mediante una representación significado a los datos procesados, transformándolos en información útil dentro de un contexto. Este principio está en el núcleo de la Web Semántica, cuyo concepto fue introducido formalmente por Tim Berners-Lee, James Hendler y Ora Lassila en el artículo fundacional titulado "The Semantic Web" [157] publicado en Scientific American en 2001. La Web Semántica se define como una extensión de la World Wide Web inicial que permite que los datos no solo sean legibles por humanos, sino también procesables por máquinas mediante el uso de metadatos semánticos y ontológicos. En este marco, tecnologías como RDF (Resource Description Framework) y OWL (Web Ontology Language) desempeñan un papel central al añadir significado estructurado a los datos disponibles en la web. Estas herramientas permiten describir relaciones, propiedades y conceptos de manera formal, facilitando así la interpretación automática de la información. Este proceso transforma los datos en conocimiento procesable, permitiendo que sistemas y agentes inteligentes realicen inferencias, organicen información y soporten procesos de decisión. Con ello, la dimensión semántica se convierte en la tecnología habilitante de una gestión efectiva del conocimiento en entornos complejos y distribuidos.

El concepto de semántica implica sobre el papel el dotar a las máquinas de la capacidad para "entender" relaciones entre conceptos y operar en un nivel que trascienda el procesamiento puramente sintáctico. Esto es particularmente evidente en el uso de agentes inteligentes, programas diseñados para buscar, filtrar y procesar información de manera autónoma, para ofrecer resultados precisos y contextualizados. Ahora bien, aunque dotar a los datos de una dimensión semántica es un avance significativo en la organización y manipulación de información, no implica que las máquinas posean una verdadera comprensión de su contenido. En esencia, los sistemas computacionales no tienen consciencia ni la capacidad de interpretar de manera subjetiva o experiencial los datos que procesan. Para ellos, los metadatos semánticos no son más que un conjunto adicional de reglas y relaciones estructuradas que operan como una extensión lógica de los datos originales. Las máquinas manipulan estos elementos mediante algoritmos predefinidos, ejecutando procesos de razonamiento automatizado mediante lógica de predicados que, aunque poderosos en cuanto a sus potenciales resultados, carecen de la experiencia consciente que caracteriza a los seres humanos.

No obstante, enriquecer los datos con metadatos semánticos proporciona beneficios tangibles para los operadores humanos, quienes, como agentes conscientes, son los verdaderos interpretes del conocimiento. Este enriquecimiento permite estructurar la información de manera más lógica y accesible, facilitando tareas como la búsqueda precisa de datos, la integración de fuentes heterogéneas y la deducción de relaciones complejas. En sistemas como los basados en la Web Semántica, estas capacidades habilitan nuevas formas de interacción con la información, permitiendo a los usuarios obtener respuestas más significativas y precisas a partir de grandes volúmenes de datos. Todo ello basado en los conceptos de representación de conocimiento, y motor de inferencia lógica.

Imaginemos un escenario en el ámbito médico, donde las tecnologías como RDF y OWL [158] permiten estructurar y relacionar información crítica de salud. Un sistema basado en estas tecnologías puede representar datos del tipo "*un paciente tiene un diagnóstico*", "*un fármaco tiene efectos secundarios*" o "*una enfermedad tiene tratamientos recomendados*". Aunque las máquinas no comprenden lo que significa "*paciente*", "*diagnóstico*" o "*fármaco*", estas relaciones explícitas hacen que la maquina opere en base a ellas, lo que permite a los profesionales de la salud acceder rápidamente a combinaciones de datos necesarios para tomar decisiones clínicas informadas. Así, ante un paciente con una enfermedad rara, el sistema puede inferir automáticamente posibles interacciones entre medicamentos prescritos y tratamientos alternativos, utilizando datos enlazados de distintas fuentes como registros médicos, investigaciones científicas y bases de datos farmacológicas. Esto no implica que el sistema comprenda el sufrimiento del paciente ni la gravedad de la enfermedad, pero proporciona a los médicos un acceso más preciso y estructurado a la información que necesitan,

254

reduciendo ambigüedades y errores. La capacidad de establecer conexiones semánticas entre estos datos mejora significativamente la rapidez y la efectividad en la toma de decisiones, lo que en última instancia puede salvar vidas o mejorar los resultados clínicos.

Ahora bien, el hecho de que el sistema recomiende determinado tratamiento al médico no implica que este deba aceptar la sugerencia de manera acrítica. Por el contrario, toda recomendación ha de ser sometida a un análisis meticuloso, en el cual el médico tamice la información proporcionada por la máquina bajo el prisma de su propia experiencia clínica, conocimientos acumulados y, sobre todo, responsabilidad profesional. La tecnología actúa como un amplificador del juicio humano, pero no puede reemplazar la capacidad de discernimiento y la comprensión contextual que solo un profesional consciente puede aportar. Por ejemplo, un sistema podría sugerir un tratamiento basado en un análisis algorítmico de miles de casos similares, pero es el médico quien debe considerar las particularidades del paciente, como su historial médico, su estado actual y factores no siempre reflejados en los datos procesados. Este ejercicio de juicio crítico es imprescindible para evitar decisiones erróneas que podrían surgir de datos incompletos, sesgados o mal interpretados por el sistema.

En última instancia, la tecnología debe ser vista como una herramienta de apoyo que complementa la práctica médica, pero la responsabilidad de la decisión recae íntegramente en el médico, quien debe equilibrar la evidencia sugerida por el sistema con su propia evaluación y con las necesidades específicas de cada paciente. Así, la sinergia entre tecnología y juicio humano puede alcanzar su máximo potencial, garantizando que el uso de sistemas avanzados en el ámbito de la salud no solo optimice los resultados clínicos, sino que lo haga preservando la ética y la integridad del proceso de decisión médica.

Con todo lo expuesto, aunque la dimensión semántica no resuelve la falta de comprensión consciente en las máquinas, ofrece una plataforma potencia para que los humanos, como agentes conscientes, maximicemos el valor de la información disponible. Al dotar a los datos de estructuras semánticas, se mejora su accesibilidad y utilidad, y extendemos nuestra capacidad de interactuar con sistemas complejos en dominios que abarcan desde la investigación científica hasta la gestión empresarial.

6.3 Representación de conocimiento

John McCarthy, destacado científico informático y matemático, es reconocido como uno de los fundadores de la IA. Graduado en matemáticas por el Instituto Tecnológico de California (Caltech) y con un doctorado en lógica matemática de la Universidad de Princeton, McCarthy dedicó su carrera a explorar los límites de la computación y su aplicación en sistemas inteligentes. En un artículo seminal de finales de los años cincuenta del siglo pasado, titulado *Programs with Common Sense* [159],introdujo el concepto del *advice taker*, un modelo precursor de los actuales sistemas de representación del conocimiento. Con esto se estableciendo un marco conceptual para la manipulación y deducción automatizada de información, sentando las bases para desarrollos modernos en lógica computacional y aprendizaje automático.

El *advice taker* describe relaciones entre entidades mediante predicados como $at(x,y)$, que establecen ubicaciones o estados. Las inferencias, en consecuencia, se generan automáticamente a partir de premisas como "*si x está en y y z está conectado con y, entonces x puede moverse a z*". Estas relaciones formales permiten que el sistema resuelva problemas aplicando deducciones basadas en lógica, integrando sentencias declarativas e instrucciones para realizar acciones específicas. Un ejemplo discutido en el artículo aborda cómo un agente puede trasladarse de un lugar a otro considerando reglas como la transitividad y las condiciones de acceso.

Como veremos a continuación, en los sistemas contemporáneos de gestión del conocimiento, conceptos similares son implementados mediante ontologías, reglas de inferencia y tecnologías semánticas como RDF, OWL y SPARQL [158]. Estas tecnologías permiten describir información como conjuntos estructurados de triples (sujeto-predicado-objeto), que agentes inteligentes utilizan para realizar inferencias, organizar conocimiento y asistir en la toma de decisiones. La capacidad del *advice taker* para incorporar nuevas reglas y datos, aumentando así su funcionalidad, anticipa características clave de los sistemas actuales, que también buscan expandir su capacidad de razonamiento mediante la adición de nuevos conjuntos de datos semánticos.

Los principios articulados por McCarthy han sido la base para el desarrollo de herramientas modernas que gestionan grandes volúmenes de datos enriquecidos semánticamente, las cuales encuentran aplicación en diversos campos, como la integración de datos médicos, la organización empresarial y las infraestructuras de datos abiertos, ejemplificando cómo la lógica formal propuesta inicialmente ha evolucionado hacia sistemas robustos para el conocimiento y la toma de decisiones.

Cabe aquí destacar que, un sistema semántico de representación del conocimiento no puede ser considerado un sistema de IA por sí mismo, dado que, si bien ofrece un marco sólido para organizar y estructurar información en términos semánticos, carece de la capacidad autónoma de razonar sobre los datos almacenados. Para que un sistema de representación del conocimiento trascienda su función como repositorio avanzado y actúe como un sistema de IA, es imprescindible integrarlo con un motor de inferencia.

Un motor de inferencia es el componente que permite deducir nuevas conclusiones a partir de la información representada, aplicando reglas lógicas y algoritmos especializados. Por ejemplo, un sistema semántico puede almacenar una relación como "*un médico trata a un paciente*" y reglas como "*si un médico trata a un paciente y el paciente presenta una condición X, entonces el médico puede recomendar el tratamiento Y*". Sin un motor de inferencia, estas relaciones y reglas solo existirían como datos estáticos; sería incapaz de utilizarlas para generar recomendaciones o tomar decisiones supervisadas.

El motor de inferencia evalúa las reglas lógicas definidas en el sistema, como las propiedades de transitividad, simetría o disyunción, y permite extraer información implícita que no está directamente representada en los datos. En el caso anterior, sería el motor el que dedujera que, dada una condición médica concreta, un tratamiento específico debería ser considerado, basándose en las reglas y datos existentes. La integración de motores de inferencia con sistemas de representación del conocimiento es el punto de partida para aplicaciones prácticas. Por poner otro ejemplo, en la gestión de datos abiertos gubernamentales, un sistema puede estructurar datos relacionados con legislación, pero el motor de inferencia es el que permite identificar inconsistencias legales, relaciones entre normativas o conflictos entre cláusulas. Del mismo modo, en sistemas de salud, mientras las ontologías (trataremos sobre ellas un poco más adelante) describen conceptos como enfermedades, síntomas y tratamientos, es el motor el que evalúa combinaciones de estos datos para sugerir posibles diagnósticos o alertar sobre incompatibilidades en tratamientos.

Esta distinción evidencia la necesidad de entender los sistemas de gestión del conocimiento como componentes dentro de un marco más amplio que, cuando se complementa con motores de inferencia, puede cumplir con los principios visionarios esbozados por McCarthy en su *Programs with Common Sense* [159].

6.4 Sistemas de gestión del conocimiento

Los sistemas de gestión del conocimiento (*Knowledge Management Systems* – KMS) comprenden herramientas y metodologías destinadas a recolectar, organizar, almacenar y recuperar información, facilitando su transformación en conocimiento utilizable. Estos sistemas abarcan una amplia gama de enfoques, incluyendo bases de datos relacionales, grafos de conocimiento, sistemas basados en ontologías, repositorios documentales, sistemas de gestión de contenidos (CMS), sistemas de colaboración en línea, herramientas de análisis semántico, sistemas de inteligencia empresarial (BI), redes neuronales para análisis de datos, almacenes de datos (Data Warehouses), sistemas de inferencia lógica, entornos de aprendizaje virtual (LMS), sistemas de recuperación de información (IRS), motores de búsqueda semánticos, sistemas de recomendación basados en datos, etcétera.

En esencia un KMS es por lo tanto un ecosistema dinámico diseñado para integrar diversas fuentes de información, procesarlas y presentarlas de manera estructurada y accesible para facilitar la toma de decisiones, la innovación y la optimización de procesos. Su propósito trasciende la mera gestión de datos, al enfocarse en la creación de un marco que permita la colaboración entre usuarios, el descubrimiento de patrones ocultos y la generación de nuevos conocimientos a partir de la información disponible. Esta funcionalidad se logra mediante la aplicación de tecnologías avanzadas que incluyen por ejemplo estructuras semánticas, motores de inferencia y capacidades analíticas que potencian tanto la automatización como la inteligencia colectiva de los operadores humanos.

Cada uno de estos enfoques responde a diferentes necesidades, proporcionando estructuras y procesos específicos para gestionar el conocimiento. Entre ellos, las bases de datos relacionales y los grafos de conocimiento destacan como paradigmas fundamentales en diversos contextos. Exploraremos algunas de sus características, ventajas y limitaciones.

6.4.1 Bases de datos relacionales

Introducidas por Edgar F. Codd en los años setenta, las bases de datos relacionales [160] se sustentan en un modelo que organiza los datos en tablas compuestas por filas y columnas. Cada tabla representa una entidad, mientras que las relaciones entre estas se establecen a través de claves primarias y foráneas. Este modelo ha sido durante décadas la norma en la gestión de datos y sigue desempeñando un papel central en múltiples sectores, desde la administración empresarial hasta el ámbito gubernamental. Entre sus ventajas cabe destacar:

i. *Estandarización y madurez tecnológica*: Las bases de datos relacionales cuentan con un sólido respaldo en lenguajes como SQL (*Structured Query Language*) [161], lo que garantiza su adopción y mantenimiento generalizados.

259

ii. *Consistencia e integridad de los datos:* Mediante restricciones como claves y reglas de normalización, estos sistemas aseguran una estructura coherente y evitan la redundancia, minimizando conflictos en la gestión de información.

iii. *Escalabilidad vertical:* Son altamente efectivas para manejar *grandes* volúmenes de datos estructurados, particularmente en entornos donde los esquemas son estables y bien definidos.

iv. *Eficiencia en operaciones transaccionales:* Su diseño está optimizado para operaciones CRUD (Crear, Leer, Actualizar, *Eliminar*), lo que los convierte en la elección óptima para aplicaciones que demandan accesos rápidos y seguros, como sistemas bancarios o de inventario.

En cuanto las limitaciones del modelo de bases de datos relaciones, cabe aquí citar:

i. *Rigidez en los esquemas:* Requieren un esquema predefinido, lo *que* dificulta su aplicación a datos heterogéneos o no estructurados.

ii. *Complejidad en consultas avanzadas:* La recuperación de datos a *través* de múltiples relaciones puede ser costosa en términos de diseño y tiempo de ejecución.

iii. *Ineficiencia en relaciones densas:* Aunque funcionales en *relaciones* discretas, su rendimiento puede disminuir drásticamente al manejar grafos densos con relaciones dinámicas.

6.4.2 Grafos de conocimiento

Un grafo de conocimiento (Knowledge Graph - KG) representa datos mediante nodos (entidades) y aristas (relaciones), ofreciendo un modelo más intuitivo y flexible para mapear interacciones entre diferentes elementos. Su capacidad para integrar datos de múltiples dominios y establecer relaciones dinámicas los dota de especial interés en aplicaciones como redes semánticas, sistemas de recomendación y análisis de datos biológicos. Entre sus ventajas han de destarse:

i. *Flexibilidad semántica:* A diferencia de las bases relacionales, los grafos no requieren un esquema rígido, lo que les permite adaptarse a datos heterogéneos y dinámicos.

ii. *Capacidad de inferencia*: Tecnologías como RDF (*Resource Description Framework*) y OWL (*Web Ontology Language*) [157] habilitan deducciones automáticas basadas en reglas explícitas, enriqueciendo la representación del conocimiento.

iii. *Eficiencia en relaciones complejas*: Los KG manejan con soltura estructuras densas y jerarquías profundas, superando las limitaciones de las bases de datos relacionales.

iv. *Escalabilidad en datos interconectados*: Resultan de gran utilidad en escenarios donde las conexiones entre entidades son intrínsecas, como en redes sociales o análisis de relaciones farmacológicas.

A su vez, los KG tienen ciertas limitaciones:

i. *Complejidad en la implementación*: Configurar y mantener un KG demanda herramientas especializadas y habilidades técnicas avanzadas.

ii. *Costes computacionales elevados*: Los procesos de búsqueda e *inferencia* suelen ser intensivos en términos de tiempo y recursos, especialmente al manejar grandes volúmenes de datos.

iii. *Normalización limitada*: Aunque pueden incorporar ontologías para estandarizar conceptos, la falta de consensos amplios puede dificultar la interoperabilidad entre sistemas.

Las ontologías expanden la funcionalidad de los KG. Estas consisten en representaciones formales que definen un conjunto de conceptos, propiedades y relaciones dentro de un dominio específico. Su propósito es proporcionar una base consensuada para describir y organizar información de manera semántica. Tecnologías como OWL [162] permiten integrar estas ontologías en los grafos de conocimiento, facilitando no solo la descripción explícita de las entidades, sino también la capacidad de deducir nuevas relaciones implícitas.

En un KG, las ontologías actúan como un marco que regula la interacción entre nodos y aristas, garantizando que las relaciones y los conceptos se mantengan consistentes y significativos dentro del sistema. Esto enriquece la representación de los datos, permitiendo una interpretación más profunda y precisa tanto para los operadores humanos como para los agentes computacionales.

La comparación entre bases de datos relacionales y GK resalta diferencias clave en su implementación [15] , flexibilidad, requerimientos computacionales y escalabilidad. En términos de implementación, las bases de datos relacionales son más accesibles debido a su alto grado de estandarización, mientras que los GK requieren un nivel de especialización técnica más elevado. En cuanto a flexibilidad, los grafos son ideales para dominios con datos heterogéneos y dinámicos, en contraste con las bases relacionales, que funcionan mejor en entornos estáticos y bien definidos. Respecto a los requerimientos computacionales, las bases relacionales suelen ser menos demandantes en recursos, aunque los grafos destacan en la gestión de relaciones densas y complejas. Finalmente, en términos de escalabilidad, las bases relacionales son preferidas para datos estructurados, mientras que los grafos se destacan en la representación de jerarquías profundas y relaciones multidimensionales. Ambos sistemas constituyen pilares fundamentales en la gestión del conocimiento, y su elección debe considerar las particularidades del proyecto, los recursos disponibles y los objetivos específicos que se deseen alcanzar.

---

[15] La integración de grafos de conocimiento y bases de datos relacionales en proyectos de ingeniería informática no es excluyente; por el contrario, su combinación puede potenciar las capacidades de gestión y análisis de datos. Esta integración permite aprovechar lo mejor de ambos mundos: la robustez y eficiencia de las bases de datos relacionales junto con la flexibilidad y expresividad de los grafos. Por ejemplo, en el ámbito del descubrimiento de conocimiento, se han desarrollado arquitecturas que integran sistemas de gestión de bases de datos con técnicas de minería de datos, permitiendo extraer patrones útiles de grandes volúmenes de información. Además, la combinación de estas tecnologías facilita la creación de vistas integradas dinámicas, mejorando la interoperabilidad y la comprensión automática de los datos.

6.4.3 Expresividad y complejidad

La relación entre expresividad — la capacidad de un lenguaje para representar consultas o transformaciones sobre datos dentro de un sistema determinado— y complejidad computacional — que mide los recursos computacionales necesarios, como tiempo y memoria, para resolver un problema o ejecutar un algoritmo en los lenguajes de consulta— constituye un aspecto cardinal en la selección de una base de datos adecuada para un dominio específico. Esta interacción influye tanto en la capacidad para expresar consultas complejas, como en la viabilidad práctica de evaluarlas en términos computacionales. En este contexto, las bases de datos convencionales (relacionales) y no convencionales (como las basadas en grafos de conocimiento) presentan características que merecen un análisis detallado [163].

En las bases de datos relacionales, los lenguajes de consulta tradicionales, como SQL, están fundamentados en el cálculo relacional y el álgebra relacional. Aunque estas herramientas son expresivamente limitadas para ciertas tareas avanzadas — como lo es la la identificación de patrones recursivos complejos—, su diseño está optimizado para mantener la evaluación en clases de complejidad computacional manejables. La inclusión de extensiones, como la semántica de punto fijo — la cual describe el resultado de una consulta como el estado estable alcanzado tras aplicar repetidamente una regla hasta que no haya cambios adicionales— ha permitido que los lenguajes relacionales expresen consultas más sofisticadas, como cierres transitivos, a costa de incrementar marginalmente la complejidad. Este equilibrio entre expresividad y eficiencia es una de las razones de la perdurabilidad del modelo relacional en sistemas convencionales.

En contraste, las bases de datos basadas en grafos de conocimiento, como aquellas soportadas por RDF y lenguajes como SPARQL, ofrecen un paradigma en el que las consultas pueden incluir patrones altamente expresivos que explotan relaciones entre entidades. Estas bases son especialmente adecuadas para dominios donde los datos presentan conectividad intrínseca, como las redes sociales o los sistemas de recomendación. No obstante, su mayor expresividad, particularmente cuando se incorpora lógica descriptiva o razonamiento inferencial, puede situar las consultas en clases de complejidad más elevadas. Este incremento puede limitar su escalabilidad en contextos de alta demanda.

La elección entre modelos relacionales y no convencionales debe, por tanto, considerar las implicaciones prácticas de estas diferencias. Para dominios que requieren operaciones analíticas sobre grandes volúmenes de datos estructurados, las bases relacionales ofrecen un marco eficiente y robusto. Sin embargo, en aplicaciones que demandan un manejo avanzado de conexiones, como la búsqueda semántica o la inferencia en redes de conocimiento, las bases de grafos demuestran ventajas significativas, aunque con un costo computacional mayor. Este costo puede mitigarse mediante el uso de sistemas de *caché*, que almacenan resultados parciales de consultas frecuentes para reutilizarlos en futuras peticiones. Así, en una base de datos de grafos que modela una red social, almacenar en caché rutas cortas precomputadas entre usuarios altamente conectados reduce drásticamente el tiempo de respuesta en consultas posteriores relacionadas, mejorando significativamente el rendimiento global. También técnicas como la indexación basada en patrones o el uso de motores distribuidos pueden mitigar las limitaciones computacionales inherentes.

Es importante destacar que sistemas de *caché*, indexación basada en patrones y motores distribuidos no son equivalentes en términos de funcionalidad ni en sus áreas de impacto. La *caché* es especialmente útil para consultas repetitivas y localizadas, ya que almacena resultados específicos en memoria para acceso rápido, pero no contribuye directamente a mejorar el rendimiento de consultas nuevas o altamente dinámicas. Por el contrario, la indexación basada en patrones optimiza el acceso a los datos mediante estructuras que facilitan la búsqueda de relaciones complejas dentro del grafo, como identificar cliques —un subgrafo completo donde todos los nodos están directamente conectados entre sí— o subgrafos específicos, resultando más adecuada para escenarios con patrones recurrentes, pero no necesariamente consultas idénticas. Por su parte, los motores distribuidos abordan limitaciones de escalabilidad dividiendo la carga computacional entre múltiples nodos. Esta estrategia aplica en contextos donde el tamaño del grafo o la complejidad de las consultas exceden los recursos de un único servidor, como ocurre en aplicaciones de análisis de redes globales. Sin embargo, los motores distribuidos introducen sobrecarga adicional en la coordinación y la comunicación entre nodos, lo que puede contrarrestar los beneficios en ciertas situaciones, particularmente si las consultas son frecuentes pero localizadas y pueden beneficiarse más de una *caché* bien configurada.

En consecuencia, la elección entre estas técnicas debe basarse en el perfil de uso del sistema. Una combinación inteligente de estas estrategias, como el uso de *caché* para consultas locales y motores distribuidos para operaciones globales intensivas, puede ofrecer un balance óptimo entre rendimiento y escalabilidad. La decisión debe también valorar las características del hardware y las estrategias de optimización disponibles. El uso de bases híbridas, que combinan modelos relacionales con almacenes de grafos, es también una alternativa prometedora, permitiendo equilibrar expresividad y complejidad computacional según la tarea específica.

Este análisis, que aquí se esboza, pone de manifiesto la importancia de un enfoque contextualizado para la selección del modelo de datos, optimizando tanto la capacidad expresiva como la eficiencia computacional en función de las necesidades del sistema. Aun habiéndonos centrado únicamente en los sistemas de bases de datos relacionales y grafos de conocimiento, que representan un mínimo porcentaje del total de opciones disponibles, es suficiente para destacar la relevancia de un análisis previo riguroso de los datos, el entorno y las proyecciones antes de tomar decisiones críticas en el diseño de un sistema de gestión del conocimiento (KMS).

El análisis de los datos comprende una evaluación detallada de sus características, como la estructura, el volumen y la conectividad, con el objetivo de identificar el modelo que mejor se adapta a las necesidades. Por ejemplo, datos altamente interrelacionados con estructuras jerárquicas complejas suelen beneficiarse de una base de datos de grafos, mientras que conjuntos de datos tabulares y transaccionales encuentran su óptimo en sistemas relacionales. Asimismo, el entorno operativo exige una consideración de factores como la infraestructura tecnológica disponible, el volumen esperado de consultas y la necesidad de escalabilidad horizontal o vertical.

Las previsiones, por su parte, desempeñan su papel al orientar el diseño del KMS hacia el crecimiento esperado de los datos y los requisitos futuros del sistema. Ignorar esta dimensión puede derivar en sistemas subóptimos, incapaces de manejar nuevas demandas sin un rediseño costoso. De esta manera, un sistema basado inicialmente en un modelo relacional podría enfrentar serios obstáculos si se incrementa drásticamente la conectividad de los datos, como en el caso de la integración de redes sociales o datos de internet de las cosas (IoT).

Finalmente, el contexto específico del sistema no solo abarca las características técnicas, sino también las prioridades organizativas, como los costos de mantenimiento, la curva de aprendizaje del equipo y las implicaciones de integración con tecnologías existentes. Por tanto, un enfoque holístico, que considere tanto las capacidades expresivas como las limitaciones computacionales, es indispensable para garantizar que el diseño del KMS no solo sea funcional en el presente, sino también sostenible en el futuro.

6.5 Modelado conceptual del conocimiento

El modelado conceptual es una disciplina que busca estructurar y representar conocimiento dentro de un dominio particular, valiéndose de diversas herramientas, como los diagramas entidad-relación, UML (Unified Modeling Language) y ontologías semánticas. Esta representación permite no solo la comprensión humana, sino también la formalización necesaria para el procesamiento automatizado por máquinas. Dos ejemplos emblemáticos son UML, ampliamente empleado en el diseño de sistemas, y las tecnologías asociadas a la Web Semántica, como OWL (Web Ontology Language) y RDF Schema, que habilitan la interoperabilidad en contextos digitales.

En la Web Semántica, el modelado conceptual ha evolucionado a partir de marcos teóricos y prácticos diseñados para dotar a los datos de significado. OWL y RDF Schema representan un esfuerzo por construir estructuras semánticas enriquecidas que vinculan conceptos, propiedades y relaciones. Según Berners-Lee [162], estos lenguajes permiten no solo describir datos estáticos, sino también crear reglas inferenciales que amplían las capacidades analíticas de los sistemas. Por ejemplo, en el ámbito de la medicina, una ontología bien diseñada podría identificar conceptos como "diagnóstico", "síntoma" y "tratamiento", estableciendo vínculos entre ellos que guían tanto la toma de decisiones automatizada como la consulta por parte de profesionales.

6.5.1 UML

El Lenguaje Unificado de Modelado, conocido como UML, es un estándar ampliamente adoptado para la visualización, especificación y documentación de sistemas de software. Introducido por Booch, Rumbaugh y Jacobson [164], UML proporciona una notación gráfica que incluye diagramas de clases, secuencia y actividad, entre otros. Estos diagramas facilitan la comunicación entre los desarrolladores, sirviendo como base para la generación automática de código y la integración de sistemas. En el modelado conceptual, UML destaca por su capacidad de representar tanto la estructura estática como las interacciones dinámicas de un sistema, lo que lo convierte en una herramienta versátil para proyectos de diversa índole.

El empleo de UML en el modelado conceptual del conocimiento propicia una estructuración de los elementos que componen el sistema, facilitando así una comprensión de sus interrelaciones. Esta sistematización mejora la coherencia interna del proyecto, y optimiza la comunicación entre los distintos actores involucrados. La precisión en la representación gráfica que ofrece UML permite identificar de manera anticipada posibles inconsistencias o redundancias en el diseño, lo que conduce a una mayor eficiencia en las fases posteriores del desarrollo.

En ausencia de un análisis exhaustivo previo, se corre el riesgo de incurrir en múltiples contratiempos que pueden comprometer la integridad del proyecto. La falta de un modelado conceptual adecuado puede derivar en la implementación de bases de datos mal estructuradas, las cuales dificultan la escalabilidad y el mantenimiento del sistema. Asimismo, la carencia de una representación clara de los requisitos funcionales y no funcionales puede resultar en una codificación desalineada con los objetivos iniciales, generando trabajos extra fuera de presupuesto y dilaciones significativas en la entrega del producto final. Por ende, la adopción de UML como punto de partida en las etapas iniciales del proyecto garantiza en gran medida el éxito a largo plazo.

Aunque UML se presenta como una herramienta versátil para el modelado de sistemas complejos, no está exenta de limitaciones. Su aplicación inadecuada puede llevar a resultados contraproducentes, especialmente en proyectos donde las necesidades evolucionan de manera dinámica o en los que el modelado conceptual requiere una aproximación más flexible y no tan rígidamente estructurada. Así, el uso de UML en proyectos ágiles puede generar tensiones entre la documentación formal y los principios iterativos de las metodologías ágiles [165]. La insistencia en documentar exhaustivamente mediante UML puede resultar ser un obstáculo. Los diagramas de clases y secuencia, cuanto más detallados sean, con frecuencia se vuelven rápidamente obsoletos debido a los constantes cambios en los requisitos del cliente. En este contexto, UML no se adaptaba con la rapidez necesaria, generando un desfase entre la documentación y la implementación real. Este desfase deriva en una pérdida de tiempo considerable al intentar actualizar los modelos en cada iteración, lo que finalmente conduce al abandono parcial del modelado UML en favor de una comunicación más directa y simplificada entre los equipos.

En el ámbito de las metodologías ágiles, especialmente en proyectos de pequeña y mediana envergadura, se priorizan enfoques que favorezcan la adaptabilidad y la comunicación directa entre los miembros del equipo por encima de la formalidad inherente a herramientas como UML. Entre las alternativas más comunes destacan los diagramas simplificados, como los de flujo o los de entidad-relación, que permiten representar conceptos clave sin incurrir en la complejidad del modelado tradicional. Herramientas colaborativas como Miro o Lucidchart facilitan la creación rápida de estas representaciones, promoviendo iteraciones constantes. Asimismo, el uso de historias de usuario enriquecidas, complementadas con anotaciones visuales, ayuda a transmitir los requisitos del sistema de manera clara y comprensible, integrándose fácilmente en plataformas de gestión ágil como Jira o Trello.

Otra opción destacada es el modelo C4 —expuesto en la documentación *"Software Arquitecture for Developers"* disponible en línea—, que ofrece una visión jerárquica de la arquitectura de software a través de cuatro niveles (contexto, contenedores, componentes y código), logrando un equilibrio entre simplicidad y estructuración. Para quienes prefieren representaciones gráficas a partir de texto, herramientas como PlantUML o Mermaid proporcionan diagramas básicos que pueden versionarse junto con el código fuente. En proyectos centrados en interfaces de usuario, el prototipado rápido con Adobe XD o Sketch resulta particularmente eficaz, ya que permite iterar sobre conceptos tangibles basados en la retroalimentación inmediata. Estas aproximaciones, combinadas con herramientas visuales como pizarras digitales (Microsoft Whiteboard o Figma) o el uso de tableros Kanban, propician un entorno donde la claridad y la adaptabilidad son prioritarias, reduciendo la necesidad de recurrir a metodologías de modelado más rígidas.

6.5.2 OWL

El lenguaje OWL (Ontology Web Lenguage) [162] es en componente ubicado en el núcleo profundo de la Web Semántica. Diseñado para construir ontologías que describen dominios específicos, está basado en lógica descriptiva, y permite modelar relaciones complejas y jerarquías, además de integrar reglas de inferencia. OWL ha demostrado ser instrumental en la construcción de sistemas inteligentes capaces de razonar sobre datos heterogéneos. Su adopción en áreas como la bioinformática y la gestión del conocimiento empresarial resalta su importancia a la hora de abordar problemas que requieren un entendimiento detallado de las relaciones conceptuales[16].

Recordemos que según Gruber, una ontología es *"una especificación explícita de una conceptualización"* [118] .Este concepto se refiere a una representación formal y estructurada de un conjunto de conceptos dentro de un dominio específico, así como las relaciones que existen entre ello, y subraya la necesidad de formalidad y precisión, aspectos que permiten que las ontologías sean interpretables tanto por humanos como por máquinas. Este enfoque ha sido central en el desarrollo de sistemas que requieren una semántica compartida, como la Web Semántica y las aplicaciones IA.

Trabajar con OWL implica la definición, estructuración y validación de ontologías que modelan dominios específicos mediante una representación formal basada en lógica descriptiva. OWL se utiliza para especificar clases, propiedades y relaciones entre conceptos, garantizando consistencia semántica y permitiendo inferencias automatizadas. Este proceso generalmente comienza con el diseño conceptual de la ontología, identificando entidades clave y sus relaciones, y luego se traduce en axiomas formales que estructuran el conocimiento de manera procesable. Las expresiones OWL pueden ser almacenadas y compartidas en formatos como RDF/XML o Turtle, lo que facilita su integración en sistemas basados en la Web Semántica.

En OWL, los componentes fundamentales para construir ontologías se estructuran en conceptos específicos, cada uno

---

[16] El término *OWL* para el *Web Ontology Language* es un acrónimo cuidadosamente seleccionado que, además de ser fácil de pronunciar y generar buenos logotipos, evoca al búho, símbolo tradicional de la sabiduría en la cultura griega. En la mitología griega, el búho estaba estrechamente vinculado a Atenea, la diosa de la sabiduría, y se consideraba un emblema de conocimiento y perspicacia. Esta asociación refuerza la intención del lenguaje *OWL* de representar y compartir conocimiento de manera estructurada en la Web Semántica, alineándose con la tradición simbólica del búho como portador de sabiduría.

con un rol definido en la representación del conocimiento. A continuación, se enumeran estos elementos clave:

i. *Clase (Class):* Representa un conjunto de individuos que comparten características comunes dentro de un dominio. Las clases son equivalentes a los "tipos" en programación y pueden organizarse jerárquicamente mediante relaciones de subsunción (*subclass*). Ejemplo: la clase "Persona" podría incluir individuos como "Juan" o "María".

ii. *Individuo (Individual):* Corresponde a una instancia o miembro de una clase. Representa entidades específicas del dominio modelado. Ejemplo: "Juan" es un individuo de la clase "Persona".

iii. *Propiedades de objeto (Object Property):* Representan *relaciones* entre individuos. Permiten establecer vínculos semánticos entre elementos del dominio. Ejemplo: "esPadreDe" puede conectar a "Juan" (individuo) con "María" (otro individuo).

iv. *Propiedades de datos (Data Property):* Relacionan individuos con valores concretos (datos literales), como cadenas, números o fechas. Ejemplo: "tieneEdad" puede asociar a "Juan" con el valor "30".

v. *Propiedades anotativas (Annotation Property):* Se utilizan para asociar metadatos descriptivos a clases, propiedades o *individuos*, como etiquetas, comentarios o definiciones. Ejemplo: "rdfs" puede añadir una descripción textual a la clase "Persona".

vi. *Relación jerárquica (Subclass and Superclass Relationships): Define* como una clase es una especialización (subclase) de otra más general (superclase). Ejemplo: "Médico" puede ser una subclase de "Persona", indicando que todos los médicos son personas, pero no todas las personas son médicos.

vii. *Restricciones (Restrictions):* Se expresan como axiomas que *limitan* las posibles relaciones entre individuos o sus propiedades. Ejemplo: "tieneEdad" puede restringirse a valores mayores a 0 para asegurar validez.

viii. *Axiomas (Axioms):*Declaraciones formales que definen relaciones, restricciones y propiedades dentro de la ontología. Ejemplo: "Si una persona tiene un hijo, debe ser un padre" se puede expresar como un axioma en OWL.

ix. *Razonadores (Reasoners):* Herramientas que verifican la consistencia de la ontología, deducen nuevas relaciones *implícitas* y ayudan a identificar conflictos lógicos. Ejemplo: el razonador HermiT puede inferir que si "Juan" es un "Médico" y todos los médicos son "Personas", entonces "Juan" es una "Persona".

Estos elementos, combinados con un entorno de desarrollo como *Protégé* y complementados por razonadores, permiten construir y mantener modelos ontológicos ricos y consistentes, esenciales para aplicaciones complejas en la Web Semántica. El documento *"A Practical Guide to Building OWL Ontologies Using Protégé 5.5 and Plugins Edition 3.0"* (8 April 2021 Michael DeBellis) u otra versión del mismo, puede encontrarse con facilidad en internet constituyendo una guía práctica el modelado ontológico mediante Protegee. Además, cada vez son más los libros que abordan el uso de ontologías en aplicaciones de IA [158].

Existen herramientas que permiten convertir modelos UML a ontologías OWL, facilitando la integración entre el diseño conceptual y los entornos semánticos. Entre las más destacadas se encuentra *Chowlk*, una aplicación web que transforma diagramas UML en código OWL siguiendo una notación específica, disponible de forma gratuita. Asimismo, *Model2OWL* permite convertir modelos UML en ontologías OWL, adhiriéndose a estándares de arquitectura ontológica. Por su parte, el complemento *Cameo Concept Modeler* para MagicDraw posibilita la exportación de modelos UML a OWL en diversas sintaxis, como RDF/XML o Turtle, integrando modelos conceptuales en proyectos semánticos. Estas soluciones y otras que sin duda el lector puede localizar, simplifican la transición hacia sistemas basados en ontologías, ofreciendo versatilidad y cumplimiento con estándares formales.

Cabe aquí reseñar que no hemos de perder de vista la perspectiva de que, aun siendo OWL y su capacidad para generar ontologías aplicables a razonadores un avance notable en el ámbito de la representación del conocimiento, estamos lejos de alcanzar la Inteligencia General Artificial (AGI, por sus siglas en inglés). OWL y tecnologías relacionadas permiten formalizar y estructurar vastas cantidades de conocimiento en dominios específicos, facilitando la inferencia automática y la interoperabilidad semántica. Sin embargo, estas capacidades se limitan a escenarios predefinidos y altamente estructurados, careciendo de la flexibilidad, la adaptabilidad y el entendimiento contextual profundo que caracterizarían a una AGI. En este contexto, se ha de reconocer que la integración de OWL con técnicas avanzadas de aprendizaje automático y otras metodologías de IA constituye un paso hacia sistemas más robustos, pero sigue siendo insuficiente para emular la cognición humana. Las ontologías son herramientas estáticas que dependen de la intervención humana para su actualización y mantenimiento, y los razonadores trabajan dentro de los límites de la lógica descriptiva, sin la capacidad de aprender o generalizar fuera de las reglas definidas. Por tanto, aunque el modelado conceptual y las tecnologías de la Web Semántica representan avances significativos en la organización y uso del conocimiento, la distancia hacia una AGI sigue siendo considerable, tanto desde el punto de vista técnico como epistemológico.

Por último, el modelado conceptual que aquí se esboza, enriquecido por UML y/u OWL, marca una tendencia hacia una mayor integración con tecnologías de IA. La automatización en la construcción de modelos, promovida por técnicas de aprendizaje automático, podría acelerar el desarrollo de ontologías dinámicas. Por ejemplo, DRAGON-AI es un método que automatiza la generación y completado de términos ontológicos utilizando IA. A partir de un término ontológico parcialmente definido (como una etiqueta, por ejemplo, "hydroxyprolinuria"), el sistema genera un objeto JSON o YAML que incluye campos completos, como definición textual, definición lógica y relaciones asociadas. El proceso comienza con la conversión del término y cualquier información contextual adicional (como datos de un *issue tracker* en GitHub) en vectores de incrustación, utilizados para recuperar términos. Posteriormente, se construye un *prompt* con esta información contextual, que es procesado por un modelo de lenguaje natural de gran escala (LLM). Los resultados se interpretan y transforman en un término ontológico completo, listo para ser integrado en la ontología [166].

273

7 Computación

La palabra "computar" etimológicamente proviene del latín *computare*, que significa "calcular" o "contar". Este término se deriva de la combinación del prefijo *com-*, que implica "juntos" o "en conjunto", y *putare*, que significa "pensar" o "evaluar". Computando se puede calcular. Calcular a su vez proviene también del latín *calculus*, término este que significa "piedra". Parece obvio entonces inferir que tradicionalmente, en origen de esta civilización se calculaba mediante piedras.

Computar trasciende la mera operación aritmética o la ejecución mecánica de instrucciones predefinidas. Si se ha establecido ya en el capítulo inicial la distinción ontológica entre computación e informática, conviene ahora subrayar que computar implica la capacidad de convertir información en conocimiento y acción por medio de procedimientos automáticos. Lejos de agotarse en una función técnica, la computación constituye tanto una disciplina como un arte, orientada a la representación de entidades abstractas en formas susceptibles de manipulación, análisis e interpretación, no solo por el intelecto humano, sino también por sistemas artificiales concebidos para este fin. La praxis computacional permite descomponer entramados de notable complejidad en unidades discernibles, modelar procesos naturales y dar origen a instrumentos que expanden de manera inédita el alcance de nuestras facultades cognitivas. Así, computar se configura como una prolongación de la mente, testimonio de esa aspiración persistente a aprehender y modelar el universo que habitamos.

Cuando nos referimos aquí a que computar es un arte, lo hacemos haciendo uso del sentido de la palabra alemana *Kunst*, que abarca no solo la habilidad técnica, sino también la expresión creativa y la capacidad de producir algo que trascienda lo meramente funcional. Este término encuentra resonancia en las reflexiones de Goethe, quien en su obra *Über Kunst und Altertum* (1821) argumentaba que el arte no se limita a la mera estética, sino que integra el pensamiento racional con la sensibilidad. En este sentido, la computación puede considerarse una manifestación de *Kunst*, ya que combina lógica rigurosa con soluciones elegantes y creativas que, en muchos casos, transforman nuestra manera de interactuar con el entorno.

Construir, por ejemplo, mediante diversas técnicas computacionales, los sistemas que nos permiten visualizar contenido multimedia que recibimos a través de internet en nuestra laptop, haciendo uso de un ancho de banda mínimo y una capacidad de cálculo reducida, es un reto que requiere tanto de habilidades técnicas como de intuición creativa. Esta labor implica un delicado equilibrio entre optimización matemática, diseño de algoritmos y comprensión profunda de las limitaciones físicas de los sistemas. Por ejemplo, las técnicas de compresión de video, como las basadas en el estándar H.264 o su sucesor H.265, no solo dependen de sofisticados principios de teoría de la información, sino que también aprovechan modelos perceptuales que simulan cómo el ojo humano interpreta las imágenes. Por lo tanto, el ingeniero ha de saber también aquí implementar la solución requerida en el contexto adecuado, ponderando en la ecuación que gobierna su proyecto aspecto tan aparentemente alejados de la ingeniería como la oftalmología, o el funcionamiento de los sistemas cognitivo humano enmarcado dentro de la disciplina de la psicología cognitiva. Es aquí donde la intuición creativa se entrelaza con la rigurosidad técnica, permitiendo soluciones elegantes que trascienden las simples reglas del cálculo y entran en el ámbito de la innovación tecnológica, donde la creatividad en la ingeniería se presenta como un pilar del desarrollo moderno.

Aunque los términos *informática* y *computación* suelen emplearse indistintamente en ciertos contextos, existe una distinción conceptual entre ambos. La *informática* abarca el estudio, diseño y desarrollo de sistemas que procesan, almacenan y transmiten información, enfocándose en los principios que gobiernan el tratamiento y la organización de datos para generar conocimiento y facilitar la toma de decisiones. Por otro lado, la *computación* es un campo más específico, centrado en el estudio de los procesos algorítmicos y los fundamentos matemáticos que permiten a las máquinas realizar cálculos y operaciones lógicas. La informática integra la computación, pero abarca también aspectos relacionados con la teoría de la información que ya hemos tratado, y el software y la interacción hombre-máquina que más adelante trataremos.

Nos centraremos aquí en ese núcleo de la ingeniería informática llamado computación, que se encuentra en la práctica en el procesamiento y la generación de información, dos pilares fundamentales que permiten la funcionalidad de los sistemas informáticos, redes de telecomunicaciones y los algoritmos modernos. Abordaremos aquí los mecanismos técnicos que subyacen a la transformación de datos brutos en información útil, desde los principios básicos de la arquitectura de los procesadores hasta los algoritmos avanzados de inteligencia artificial que generan nuevo conocimiento a partir de grandes volúmenes de datos.

El procesamiento de la información comienza en el hardware, donde los datos se convierten en señales eléctricas que son interpretadas por sistemas digitales. La arquitectura clásica de von Neumann [101], donde el almacenamiento y el procesamiento de datos ocurren en la misma unidad, sigue siendo el principio del que parten la mayoría de las computadoras modernas. Sin embargo, la computación contemporánea ha ido más allá de estos modelos iniciales, desarrollando arquitecturas más especializadas como los procesadores paralelos, las GPU y los sistemas de computación cuántica, que permiten el procesamiento simultáneo de múltiples flujos de información para aumentar la velocidad y eficiencia en la resolución de problemas complejos.

Por otro lado, la generación de información mediante algoritmos es un campo en expansión, con aplicaciones que van desde la síntesis de datos en sistemas de IA hasta la creación automática de contenido a través de redes generativas. Algoritmos como las redes neuronales artificiales y los modelos de aprendizaje profundo procesan datos a gran escala para extraer patrones, generar predicciones y crear nueva información que, en muchos casos, supera las capacidades humanas en tareas específicas, como la identificación de imágenes o la generación de lenguaje natural.

¿Es posible entonces mediante técnicas de computación e informática conseguir una solución para todo?

7.1 La indecibilidad y la incompletitud

La indecibilidad e incompletitud no niegan la validez de las matemáticas para capturar el funcionamiento del mundo real, pero sí imponen límites fundamentales a lo que el lenguaje matemático puede formalizar y conocer de manera completa. En términos de indecibilidad, algunos problemas matemáticos carecen de soluciones decidibles, lo que significa que no todos los enunciados pueden probarse como verdaderos o falsos dentro de un sistema dado. En cuanto a la incompletitud, esta evidencia que, en cualquier sistema matemático suficientemente complejo, siempre habrá proposiciones que son verdaderas, pero no pueden demostrarse usando solo los axiomas del sistema.

Estas limitaciones aportan una visión menos absolutista del poder matemático: si bien las matemáticas son increíblemente potentes para modelar aspectos del mundo físico —como las leyes de la física y los principios de la ingeniería—, estas teorías y modelos operan dentro de sistemas formales que, por su naturaleza, no abarcan todo conocimiento. En la práctica, las matemáticas siguen siendo irremplazables en su capacidad para describir y predecir el mundo, pero los teoremas de indecibilidad e incompletitud nos recuerdan que hay una frontera inherente, un área de lo real que escapa a la pura formalización. Lejos de invalidar la aplicabilidad de las matemáticas, estos conceptos nos alertan de que todo sistema formal se enfrenta a ciertas restricciones, lo cual enriquece y contextualiza el uso de las matemáticas en el conocimiento del mundo real.

El *Teorema de Indecidibilidad*, presentado por Alonzo Church en 1936 en su obra "*An Unsolvable Problem of Elementary Number Theory*" [32] cambió radicalmente nuestra comprensión de la lógica y la computación. Este teorema establece que no existe un método general que, para cualquier enunciado de la lógica de primer orden, decida si es válido o no. En términos más concretos, demostró que no podemos automatizar el proceso de decisión para determinar la validez lógica de cualquier afirmación dentro de esta lógica, lo cual tiene profundas implicaciones tanto para las matemáticas como para la informática.

A principios del siglo XX, se propuso un ambicioso programa conocido como el *Programa de Hilbert* [87]. Presentado en el *Congreso Internacional de Matemáticos* en París en 1900, Hilbert delineó una lista de 23 problemas fundamentales que buscaban dirigir la investigación matemática futura. El objetivo central era establecer un fundamento sólido y completo para todas las matemáticas mediante la formalización de sus principios básicos, enfocado hacia tres metas principales:

i. *Consistencia*: Demostrar que no es posible derivar contradicciones dentro del sistema matemático formal. Es decir, que ningún enunciado puede ser demostrado como verdadero y falso simultáneamente dentro del sistema.

ii. *Completitud*: Garantizar que, para cualquier enunciado matemático formulable dentro del sistema, es posible *demostrar* si es verdadero o falso utilizando las reglas del sistema.

iii. *Decidibilidad*: Encontrar un procedimiento efectivo — algoritmo— que permita decidir, de manera sistemática y en un número finito de pasos, si cualquier enunciado es verdadero o falso.

Este planteamiento parte de la creencia de que las matemáticas son una ciencia exacta que podía ser completamente formalizada y que, mediante esta formalización, todos los problemas matemáticos podrían ser resueltos de manera sistemática.

Sin embargo, esto fue cuestionado en las décadas siguientes. Kurt Gödel, quien en 1931 publicó sus famosos *Teoremas de Incompletitud* en el artículo "*Über formal unentscheidbare Sätze der Principia Mathematica und verwandter Systeme I*" [66] demostró dos resultados fundamentales; sus dos teoremas.

Primer Teorema de Incompletitud

El primer teorema de incompletitud de Gödel establece que en cualquier sistema formal S que sea lo suficientemente poderoso como para incluir la aritmética básica de los números naturales —como el sistema formal de los números naturales N con la adición y multiplicación—, existen enunciados que son verdaderos pero que no pueden ser probados ni refutados dentro del sistema. Esto matemáticamente se formula de la siguiente manera:

i. *Consistencia*: Un sistema formal es consistente si no puede derivar una contradicción, es decir, no existe ningún enunciado *P* tal que tanto *P* como su negación ¬*P* puedan ser demostrados en el sistema. Es decir:

$$\forall P \in S,\ ext\{\,si\,\}\,S \vdash P, \quad ext\{\,entonces\,\}\,S \nvdash \neg P$$

ii. *Suficiente poder para expresar la aritmética*: Un sistema es suficientemente poderoso si puede formalizar proposiciones sobre los números naturales. Esto implica que el sistema puede expresar propiedades básicas como la suma y la multiplicación.

iii. *Incompletitud*: En un sistema formal S consistente y suficientemente poderoso, hay proposiciones G que son verdaderas, pero no pueden ser demostradas dentro del propio sistema. Esto significa que G es un enunciado tal que si S es consistente, S no puede demostrar G ni su negación ¬G. Formalmente *Si S es consistente, ∃ G —verdadero en S pero S ⊬ G y S ⊬ ¬G—*

Segundo Teorema de Incompletitud:
El segundo teorema de incompletitud refuerza las limitaciones de los sistemas formales al afirmar que un sistema formal S no puede probar su propia consistencia. En otras palabras, si el sistema es consistente, esta consistencia no puede ser demostrada utilizando solo los axiomas y reglas de dicho sistema. Esto no tiene que ver con el concepto gnoseológico de cierre categorial que ya vimos. La lógica formal no se considera un campo gnoseológico independiente en el marco de la teoría del cierre categorial, ya que no es una ciencia que opere sobre objetos categoriales específicos, como la biología o la física. La

lógica formal es una herramienta que atraviesa múltiples disciplinas científicas. Los campos gnoseológicos son aquellos que logran un *cierre categorial* propio, es decir, que construyen un universo cerrado de referencia con sus propios métodos y conceptos. La lógica formal, al ser transversal, no cumple con estas características. La diferencia entre las matemáticas y la lógica formal, en términos del *cierre categorial*, reside en la naturaleza de su objeto de estudio y su relación con los sistemas gnoseológicos. Las matemáticas trabajan sobre un universo específico de entidades y estructuras abstractas — números, funciones, geometrías—, generando resultados internos y autosuficientes, lo que les otorga un cierre categorial propio. En cambio, la lógica formal no se centra en un objeto categorial particular, sino que actúa como una herramienta que se aplica transversalmente a múltiples disciplinas, sin constituir un campo cerrado por sí mismo.

Si S es un sistema formal lo suficientemente poderoso como para expresar la aritmética básica, entonces no puede probar su propia consistencia, es decir, no puede probar *Cons(S)*, donde *Cons(S)* es la afirmación de que S es consistente. Esto se puede escribir como:

Si S es consistente, entonces S ⊬ Cons(S)

Estos resultados significaron un duro golpe para el Programa de Hilbert, ya que demostraron que la completitud y la consistencia no podían ser garantizadas dentro del propio sistema formal.

A pesar de esto, aún quedaba la esperanza de lograr la decidibilidad. Sin embargo, esta esperanza fue extinguida por el trabajo de Alonzo Church y, de manera independiente, por Alan Turing.

Church utilizó el concepto de funciones recursivas y desarrolló el *cálculo lambda*, un formalismo para expresar computaciones basado en la noción de funciones anónimas y aplicación de funciones. A través de este marco, demostró que el *Problema de Decisión* —o *Entscheidungsproblem*, como lo llamó Hilbert— para la lógica de primer orden es indecidible. Específicamente, mostró que no existe un algoritmo general que pueda determinar si un enunciado arbitrario de la lógica de primer orden es universalmente válido.

Paralelamente, Alan Turing publicó su influyente artículo "*On Computable Numbers, with an Application to the Entscheidungsproblem*" [33]. Turing introdujo el concepto de las *máquinas de Turing*, un modelo abstracto en el que profundizaremos un poco más adelante, y que formaliza la noción de algoritmo y computabilidad. Utilizando este modelo, Turing demostró que el Entscheidungsproblem es indecidible: no existe una máquina de Turing que pueda resolver, para todos los enunciados posibles, si son válidos en la lógica de primer orden.

Además, Turing formuló el famoso *Problema de la Parada* — *Halting Problem*—, estableciendo límites precisos a lo que es computable, mostrando que hay problemas inherentemente indecidibles.

La convergencia de los resultados de Church y Turing consolidó la Teoría de la Computabilidad. Ambos resultados, aunque obtenidos por caminos diferentes, llegaron a la misma conclusión: la ausencia de un procedimiento efectivo universal para decidir la validez de los enunciados en la lógica de primer orden.

Estos hallazgos tuvieron las siguientes implicaciones para el Programa de Hilbert:

i.   *Consistencia*: No puede ser establecida dentro del propio sistema, como mostró Gödel.
ii. *Completitud*: Es inalcanzable debido a la existencia de enunciados verdaderos pero indemostrables.
iii. *Decidibilidad*: Es imposible, ya que no existe un algoritmo general que pueda decidir la validez de todos los enunciados.

El impacto de estos descubrimientos fue profundo y afecto a múltiples áreas de conocimiento. Los fundamentos de las matemáticas se transformaron profundamente al reconocerse que no es posible formalizar completamente un sistema matemático que sea a la vez consistente, completo y decidible, lo que obligó a reevaluar los métodos y fundamentos en este campo. Paralelamente, los trabajos de Church y Turing establecieron las bases de la teoría de la computación y la informática teórica, con la noción de algoritmos y máquinas de Turing como ejes clave. Estos descubrimientos también influyeron en debates sobre el formalismo, el intuicionismo y el platonismo en matemáticas, impactando la forma de entender el conocimiento matemático. En la práctica, el reconocimiento de que ciertos problemas son indecidibles o no computables es de gran importacia para el diseño de sistemas y algoritmos, enfocando los esfuerzos en áreas donde es posible encontrar soluciones efectivas. Este panorama ha impulsado el desarrollo de nuevas áreas, como la lógica modal, la teoría de la complejidad computacional y la computación cuántica, buscando maneras de superar o eludir las limitaciones impuestas por los teoremas de indecidibilidad.

7.2 La máquina de Turing

En la revolución de la lógica y las matemáticas a principios del siglo XX, las aportaciones de Alan Turing marcaron un punto de inflexión en la formalización de la computabilidad y en la comprensión de los límites de los sistemas formales. Mientras Kurt Gödel había demostrado previamente la incompletitud en sistemas axiomáticos con sus teoremas, Turing avanzó en la definición precisa de lo que es computable mediante la introducción de un modelo abstracto, pero fácilmente entendible, que formaliza la noción de algoritmo.

La máquina de Turing es el punto de partida para comprender la noción de algoritmo. Una máquina de Turing se define formalmente como una 7-tupla que atende a la expresión:

$$(Q, \Sigma, \Gamma, \delta, q_0, q_{accept}, q_{reject})$$

Donde:

- Q es un conjunto finito de estados.
- Σ es el alfabeto de entrada
- $\sqcup$ es el símbolo de blanco

- Γ es el alfabeto de cinta, donde Σ ⊆ Γ y adicionalmente a Σ contiene ⊔
- δ: Q × Γ → Q × Γ ×\{L, R\} es la función de transición.
- q_0 ∈ Q es el estado inicial.
- q_"accept" ∈ Q es el estado de aceptación.
- q_"reject" ∈ Q es el estado de rechazo, con q_"reject" ≠ q_"accept"

La máquina opera sobre una cinta infinita [17] en ambas direcciones, dividida en celdas que contienen símbolos de Γ. El cabezal lector-escritor se mueve a la izquierda (L) o derecha (R) según lo dictamine la función de transición δ. Para ilustrar el funcionamiento de una máquina de Turing, consideremos una diseñada para decidir el lenguaje L = { a^n b^n | n ≥ 1}. Este lenguaje implica una secuencia equilibrada de símbolos *a* seguida por el mismo número de símbolos *b*, lo que exige que la máquina registre y almacene un historial de comparaciones mientras itera sobre los caracteres.

El algoritmo básico que expresa en pseudocódigo los pasos a seguir es:

1. Escanear la cinta y sustituir el primer *a* no marcado por un símbolo especial, por ejemplo, ‾a
2. Mover el cabezal hacia la derecha hasta encontrar el primer *b* no marcado y sustituirlo por ‾b
3. Retornar al inicio de la cinta y repetir el proceso.
4. Si al intentar marcar un *a* o un *b* no se encuentra ninguno sin marcar, verificar que todos los símbolos han sido

---

[17] La idea de que una máquina de Turing con infinitos estados podría ser potencialmente consciente plantea interrogantes sobre la relación entre complejidad computacional y consciencia. Aunque una máquina de Turing con infinitos estados tendría una capacidad de procesamiento teóricamente ilimitada, la consciencia humana implica cualidades subjetivas y experiencias internas que no se han replicado en sistemas computacionales, independientemente de su complejidad. Por lo tanto, aunque incrementar los estados de una máquina de Turing amplía su capacidad para simular procesos cognitivos complejos, no hay evidencia que sugiera que esto conduzca a la emergencia de la consciencia.

marcados y aceptar la cadena si es así; en caso contrario, rechazarla.

Este procedimiento demuestra cómo una máquina de Turing puede reconocer patrones que requieren memoria ilimitada, superando las capacidades de los autómatas finitos. Al seguir el pseudocódigo, se observa cómo la máquina escanea la cinta de izquierda a derecha, marca cada a y, mediante un desplazamiento controlado, encuentra el primer b que corresponde. Tras marcar ambos caracteres, la máquina regresa al inicio y repite este ciclo, creando un patrón de verificación que continúa hasta que ya no quedan símbolos a o b sin marcar. En ese punto, si todos los símbolos han sido procesados de manera uniforme, se acepta la cadena; de lo contrario, se rechaza. Este proceso es ilustrativo porque, a diferencia de un autómata finito —cuya capacidad se limita a recordar un número finito de estados sin poder realizar comparaciones históricas—, la máquina de Turing demuestra la habilidad de mantener un registro de pares de símbolos y emparejamientos, una función que requiere una memoria ilimitada ya que la cantidad de símbolos en la secuencia es potencialmente infinita. A medida que n aumenta, la máquina de Turing debe almacenar una cantidad creciente de información para poder comparar cada símbolo a con su par correspondiente b. Un autómata finito, que carece de una cinta o registro extenso, no puede realizar este seguimiento indefinido de elementos; una máquina de Turing, en cambio, tiene una cinta de longitud infinita sobre la que puede escribir y leer repetidamente. Esta cinta actúa como una memoria auxiliar que permite a la máquina registrar y comparar cada símbolo sin límite de espacio.

Partiendo de este entramado Turing demostró que el problema *Entscheidungsproblem* es indecidible al vincularlo con el problema de la parada.

Este problema se puede formalizar de la siguiente manera: determinar si existe una función computable $"HALT"$ (M, w) que, dada la descripción de una máquina de Turing M y una entrada w devuelve $"sí"$ si M se detiene al procesar w, y $""no""$ en caso contrario.

Supongamos, por contradicción, que tal función $HALT$ existe. Entonces, podemos definir una nueva función $D(M)$ tal que se detiene si $HALT(M, M) = no$ y entra en bucle infinito si $HALT(M.M) = "sí"$

Ahora, analicemos $D(D)$:

- Si $"HALT"(D, D) = sí$ entonces, por definición de $D, D(D)$ entra en bucle infinito. Esto es una contradicción, ya que $HALT$ predijo que $D(D)$ se detiene.
- Si $HALT(D, D) = no$, entonces $D(D)$se detiene, lo cual contradice la predicción de $HALT$

Esta paradoja indica que nuestra suposición inicial es incorrecta; por lo tanto, el problema de la parada es indecidible.

La indecidibilidad del problema de la parada implica que no existe un algoritmo universal capaz de determinar si un programa arbitrario se detendrá en una entrada dada. Esto tiene consecuencias importantes en la informática teórica y práctica, limitando la capacidad de automatizar la verificación completa de software:

i. *Imposibilidad de verificar todos los programas:* Dado que no existe un algoritmo universal para resolver el problema de la parada, resulta imposible diseñar un sistema automático que verifique exhaustivamente todos los programas posibles en busca de errores de parada o bucles infinitos. Esto significa que cualquier proceso de verificación automatizada estará necesariamente limitado o incompleto.

ii. *Limitación en la depuración de software:* En la práctica, los desarrolladores no pueden depender completamente de herramientas de análisis estático o dinámico para garantizar que un programa termine correctamente en todas sus posibles ejecuciones. Así el comportamiento de ciertos programas complejos solo puede analizarse parcialmente.

iii. *Restricciones en los sistemas de IA:* Los algoritmos de aprendizaje automático que evolucionan y adaptan su comportamiento pueden, en ciertos casos, generar estructuras o patrones de ejecución que no pueden garantizar su finalización. Por ello el razonamiento automático, donde se pueden generar inferencias interminables.

iv. *Impacto en la computación formal y los lenguajes de programación*: La teoría computacional reconoce que ciertos lenguajes formales y sistemas de programación no pueden, por su naturaleza, resolver problemas generales como el de la *parada*, algo que se ha de tener en cuenta en el diseño de los lenguajes de programación y en cómo se estructuran las limitaciones de los compiladores y sistemas de interpretación.

Con la demostración de que el *Entscheidungsproblem* es indecidible, Turing también mostró que no es posible un procedimiento mecánico general para resolver todos los problemas matemáticos expresados en la lógica de primer orden. Esto complementa los teoremas de incompletitud de Gödel, reforzando la idea de que siempre existirán enunciados cuya veracidad o falsedad no puede determinarse dentro de un sistema formal dado.

7.3 Estructura y programación de programas de computadora

La transición desde los fundamentos teóricos de la computación hacia su realización efectiva mediante lenguajes de programación no debe entenderse como una simple cuestión de implementación técnica, sino como la emergencia de una nueva gramática de representación. La programación de computadoras se convierte en una forma de modelar procesos, donde cada estructura algorítmica representa una ontología operativa. Esta dimensión estructural se formaliza con claridad en los trabajos fundacionales de John McCarthy, quien, en 1958, introdujo LISP (LISt Processor), un lenguaje que encarna los principios del cálculo simbólico y la computación funcional, y que se convertiría en el núcleo operativo de los sistemas de inteligencia artificial de primera generación.

McCarthy definió un conjunto mínimo de operaciones fundamentales que, combinadas entre sí, permitían expresar cualquier proceso computable. Estas operaciones no constituían simples instrucciones, sino funciones primitivas aplicables a estructuras de datos simbólicos: listas. A saber, el núcleo operacional del lenguaje LISP se basa en las siguientes siete primitivas:

* *quote*: evita la evaluación de una expresión, permitiendo tratar código como dato.
* *atom*: comprueba si una expresión es un átomo, es decir, una unidad indivisible.
* *eq*: determina si dos átomos son idénticos.
* *car*: devuelve el primer elemento de una lista.
* *cdr*: devuelve el resto de la lista excluyendo el primer elemento.
* *cons*: construye listas a partir de un elemento y otra lista.
* *cond*: permite expresar condicionales como evaluaciones encadenadas.

Estas operaciones se complementan con el uso de lambda, que permite definir funciones anónimas, elevando a primer plano la noción de función como entidad manipulable. Esta concepción, heredera del cálculo lambda de Church, convierte a LISP en algo más que una herramienta para expresar algoritmos, siendo una forma misma de computación simbólica: todo en LISP son expresiones, y toda expresión es, potencialmente, una función evaluable.

La importancia de esta estructura no reside únicamente en su economía operativa —la posibilidad de construir un lenguaje completo con un conjunto extremadamente reducido de primitivas—, además de esto entraña una equivalencia formal con los sistemas computacionales universales. De hecho, cualquier procedimiento ejecutable por una máquina de Turing puede ser representado mediante combinaciones de estas siete operaciones. Esto confiere a LISP el estatuto de formalismo Turing-completo, pero con una ventaja notable: su transparencia estructural y capacidad para representar procesos de metaprogramación, es decir, programas que manipulan otros programas como datos.

Tal como se expone en el libro de referencia en la materia *"Structure and Interpretation of Computer Programs"* (Abelson &

Sussman, 1984), la programación debe concebirse como una práctica de interpretación formal de estructuras: los programas no se escriben solamente para que las máquinas los ejecuten, sino para ser leídos y transformados por humanos y por otros programas. Esta reflexividad abre la puerta a niveles de abstracción superiores, como la evaluación metacircular, los sistemas de reglas, y las extensiones semánticas definidas por el propio usuario. LISP fue pionero en hacer de estas posibilidades una realidad operativa.

Desde esta perspectiva, las siete primitivas de McCarthy pueden ser interpretadas como los fonemas de una lengua computacional primordial. Así como el sistema fonético de una lengua natural permite la generación infinita de enunciados a partir de un alfabeto finito, el núcleo de LISP permite la generación de cualquier comportamiento computacional mediante combinaciones estructuradas de estas operaciones básicas. Este carácter generativo y autorreferencial permite construir algoritmos, y describir sus propios mecanismos de evaluación, abriendo la posibilidad de crear sistemas que modifiquen su propio código, evalúen sus estructuras internas o definan sus reglas de interpretación.

El impacto de esta concepción estructural de la programación ha sido profundo influyendo directamente en el desarrollo de los sistemas de IA simbólica, de los lenguajes funcionales modernos como Scheme y Clojure, y de la pedagogía computacional, en la que LISP ha sido durante décadas el lenguaje introductorio en cursos de ciencias de la computación en instituciones como el MIT. Pero más allá de su impacto histórico, el modelo de McCarthy permite formular una idea fundamental: programar es pensar. O, más precisamente, es construir estructuras simbólicas que reflejan, simulan o transforman procesos del pensamiento.

En este sentido, la programación estructural no es un simple conjunto de técnicas, sino una disciplina epistémica: una forma de construir conocimiento mediante transformaciones sobre representaciones. Donde la máquina de Turing delimitó el espacio de lo posible, el núcleo funcional de McCarthy delimitó el espacio de lo expresable operativamente. Y es en ese espacio —reducido, preciso, funcional— donde la programación se manifiesta como una forma de modelar la realidad a través de estructuras que, aunque escritas en listas y paréntesis, representan los conceptos más fundamentales de la actividad computacional humana.

7.4 Complejidad Computacional

La teoría de la complejidad computacional se enraíza en el reconocimiento de las limitaciones inherentes a los algoritmos en cuanto a los recursos necesarios —tiempo y espacio— para resolver problemas específicos. Desde el planteamiento del *problema de la parada* por Alan Turing, se comprendió que existen problemas que, más allá de ser difíciles, son formalmente indecidibles; es decir, no existe un algoritmo general que permita resolverlos para todas las posibles entradas. Este descubrimiento fundacional ha influido profundamente en la clasificación de los problemas en computación y en la creación de clases de complejidad que categorizan los problemas según la eficiencia y los recursos necesarios para su resolución.

En teoría de la complejidad computacional, las clases *P* y *NP* representan categorías fundamentales de problemas decidibles basadas en el tiempo de ejecución de los algoritmos que los resuelven. La clase *P* abarca los problemas que pueden resolverse en *tiempo polinómico*, es decir, aquellos para los cuales existe un algoritmo que, dado un tamaño de entrada n, puede resolver el problema en un tiempo que se describe por una función polinómica de n (como n^2, n^3, etc.). Estos problemas se consideran "tratables" porque, para tamaños de entrada moderados, el tiempo de ejecución es razonable.

Por otro lado, la clase *NP* incluye problemas para los cuales, aunque quizás no se pueda encontrar una solución en tiempo polinómico, cualquier solución propuesta puede verificarse —o comprobarse— en tiempo polinómico. En otras palabras, un problema está en *NP* si un supuesto algoritmo podría verificar la corrección de una solución en tiempo razonable, aunque encontrarla de inicio sea complejo. La gran pregunta en teoría de la complejidad es si *P* = *NP*, lo que significaría que cualquier problema cuya solución pueda verificarse rápidamente también podría resolverse rápidamente. Esta interrogante que todavía no hemos resulto es uno de los problemas más importantes de la ciencia de la computación, ya que de su respuesta dependen implicaciones profundas en áreas como criptografía, optimización y teoría de algoritmos.

Científicos de computación como Stephen Cook y Richard Karp han continuaron el estudio de la complejidad computacional explorando problemas que, aunque decidibles, requieren recursos desproporcionados a medida que crece el tamaño de la entrada. Cook introdujo el concepto de *NP-completitud* en su artículo seminal "The Complexity of Theorem-Proving Procedures" [167], donde propuso una de las preguntas abiertas más conocidas de las matemáticas y la informática: el problema *P vs NP*. Esta pregunta indaga si los problemas cuyas soluciones pueden ser verificadas en tiempo polinómico —*NP*, de *nondeterministic polynomial time*— también pueden ser resueltos en tiempo polinómico —*P*, de *polynomial time*—. Posteriormente, Karp identificó veintiún problemas [168]que son *NP-completos*, lo que significa que, si alguno de ellos se resuelve en tiempo polinómico, todos los problemas en *NP* también podrán serlo. Esto establece una suerte de umbral entre lo tratable y lo intratable dentro de los problemas decidibles.

i. *Circuit Satisfiability* (Satisfacción de circuitos): Determinar si existe una combinación de valores de entrada que haga que un circuito lógico digital produzca una salida verdadera.
ii. *Minimum Cut into Equal Parts* (Corte mínimo en partes iguales): Dividir un grafo en dos subconjuntos de igual tamaño, minimizando el número de aristas entre ellos.
iii. *3-Satisfiability* (3-SAT): Una versión del problema de satisfacción de cláusulas booleanas, donde cada cláusula tiene exactamente tres variables; se busca asignaciones que hagan verdadera toda la fórmula.
iv. *Clique* (Conjunto completo o *clique*): Dado un grafo, encontrar un subconjunto de vértices donde todos están conectados entre sí, formando un "clique" de tamaño específico.
v. *Vertex Cover* (Cobertura de vértices): Determinar si existe un *conjunto* de vértices que cubra todas las aristas del grafo, tocando cada arista al menos una vez, con un tamaño máximo dado.

vi. *Set Packing* (Empaquetamiento de conjuntos): Seleccionar *subconjuntos* disjuntos de un conjunto mayor, de modo que se maximice la cantidad de subconjuntos seleccionados sin solapamientos.

vii. *Set Covering* (Cobertura de conjuntos): Dado un conjunto universal y una colección de subconjuntos, seleccionar el *mínimo* número de subconjuntos necesarios para cubrir todo el conjunto universal.

viii. *Feedback Node Set* (Conjunto de nodos de retroalimentación): *Encontrar* el conjunto mínimo de vértices que, al eliminarse, eliminan todos los ciclos en un grafo dirigido.

ix. *Feedback Arc Set* (Conjunto de arcos de retroalimentación): Similar al conjunto de nodos de retroalimentación, pero aquí se busca eliminar el menor número de aristas para romper todos los ciclos en un grafo dirigido.

x. *Directed Hamiltonian Cycle* (Ciclo hamiltoniano dirigido): *Determinar* si existe un ciclo que pase por cada vértice de un grafo dirigido exactamente una vez.

xi. *Undirected Hamiltonian Cycle* (Ciclo hamiltoniano no dirigido): *Versión* del problema anterior en un grafo no dirigido.

xii. *Directed Hamiltonian Path* (Camino hamiltoniano dirigido): Similar al ciclo hamiltoniano dirigido, pero se busca un camino que pase por cada vértice exactamente una vez sin necesidad de regresar al punto de inicio.

xiii. *Undirected Hamiltonian Path* (Camino hamiltoniano no dirigido): La versión en grafos no dirigidos del camino hamiltoniano.

xiv. *Exact Cover by 3-Sets* (Cobertura exacta por 3-conjuntos): Dado un conjunto y una colección de subconjuntos de tamaño tres, encontrar un subconjunto de estos que cubra exactamente todo el conjunto original sin superposición.

xv. *Knapsack* (Problema de la mochila): Dada una serie de objetos con valores y pesos, y una capacidad límite, maximizar el valor de los objetos seleccionados sin exceder la capacidad.

xvi. *Job Sequencing* (Secuenciación de trabajos): Dado un conjunto de trabajos con fechas de vencimiento y penalizaciones, programarlos de forma que se minimicen las penalizaciones por incumplir los plazos.

xvii. *Partition* (Partición): Determinar si es posible dividir un conjunto de números en dos subconjuntos cuya suma sea igual.

xviii. *Max Cut* (Corte máximo): Dividir los vértices de un grafo en dos subconjuntos para maximizar el número de aristas entre los dos grupos.

xix. *3-Dimensional Matching* (Emparejamiento tridimensional): Dado tres conjuntos y una colección de elementos triples, encontrar un subconjunto disjunto que cubra cada elemento de los tres conjuntos exactamente una vez.

xx. *Subgraph Isomorphism* (Isomorfismo de subgrafos): Dado un grafo *objetivo* y otro patrón, determinar si existe un subgrafo en el objetivo que sea isomorfo al patrón.

xxi. *Steiner Tree* (Árbol de Steiner): En un grafo con vértices *etiquetados* como terminales y no terminales, encontrar el árbol de costo mínimo que conecta todos los vértices terminales.

Las aportaciones de Turing sentaron las bases para la creación de las computadoras modernas y la ciencia de la computación. Su modelo abstracto de máquina proporcionó una herramienta fundamental para entender qué problemas pueden ser resueltos mediante algoritmos y cuáles están más allá de las capacidades computacionales. Al reconocer la existencia de problemas indecidibles y funciones no computables, se abrió un campo de estudio dedicado a explorar los límites y posibilidades de los sistemas formales y los algoritmos.

7.5 P vs NP

La pregunta de si *P* es igual a *NP* sigue siendo uno de los problemas abierto de la teoría de la computación, y ha generado diversas líneas de investigación que abordan esta cuestión desde múltiples perspectivas. Uno de los enfoques más activos en este ámbito es la búsqueda de nuevos algoritmos y la optimización de los existentes. En su trabajo ya clásico, *Computers and Intractability: A Guide to the Theory of NP-Completeness* [169], Garey y Johnson examinan métodos de aproximación y heurísticos, caracterizando la eficiencia algorítmica en problemas en *NP*, con el objetivo de identificar patrones y límites inherentes en su resolución. Repasaremos algunos de los problemas más significativos que se analizan y cuáles son las líneas maestras de la solución por aproximación propuesta:

i. *Problema de la Mochila* (Knapsack Problem): Este problema consiste en seleccionar un subconjunto de objetos con valores y pesos dados, de manera que el valor total sea maximizado sin que el peso total exceda una capacidad límite. El problema tiene aplicaciones en planificación y asignación de recursos, y Garey y Johnson discuten cómo, al ser *NP-completo*, es difícil de resolver de manera exacta para grandes entradas. Analizan aproximaciones que permiten obtener soluciones cercanas al óptimo, particularmente cuando se emplean técnicas de programación dinámica y algoritmos glotones en versiones específicas del problema.

ii. *Problema de Cobertura de Vértices* (Vertex Cover): ¿Cuál es el *conjunto* mínimo de vértices tal que cada arista del grafo esté cubierta? —es decir, que al menos uno de sus extremos pertenezca al conjunto—. Este problema aparece en redes y en la planificación de recursos. Los autores discuten la dificultad de encontrar la solución exacta en grafos grandes y describen algoritmos de aproximación que logran resultados aceptables, aun cuando estos algoritmos no garanticen soluciones óptimas en todos los casos.

iii. *Problema del Vendedor Viajero* (Traveling Salesman Problem, TSP): Este problema, uno de los más estudiados en teoría de la complejidad, consiste en encontrar el recorrido más corto que permita a un vendedor visitar un conjunto de ciudades y regresar al punto de partida, pasando por cada ciudad solo una vez. Garey y Johnson examinan variantes del TSP y muestran cómo la versión general —con distancias asimétricas y sin restricciones específicas— es *NP-completa*. Presentan algoritmos de aproximación aplicables en contextos donde la exactitud no es estrictamente necesaria, como las soluciones basadas en árboles generadores mínimos y las técnicas de optimización local.

iv. *Problema de Emparejamiento Tridimensional* (3-Dimensional Matching): Este problema requiere encontrar una correspondencia entre tres conjuntos disjuntos, de manera que cada elemento de los conjuntos quede emparejado una única vez en tripletas válidas. Es especialmente relevante en teoría de bases de datos y en la programación de recursos combinatorios. Debido a su naturaleza combinatoria, Garey y Johnson discuten cómo este problema, siendo *NP-completo*, desafía las capacidades de los algoritmos exactos, y sugieren aproximaciones que permiten reducir el espacio de búsqueda en instancias específicas.

v. *Problema de Clique* (Maximal Clique Problem): En un grafo, un *clique* es un subconjunto de vértices donde todos están conectados entre sí. El problema consiste en encontrar el clique más grande de un grafo. Este problema tiene aplicaciones en redes sociales y biología computacional, donde se busca identificar subestructuras densamente conectadas. Garey y Johnson exploran la dificultad de resolver este problema en tiempo polinómico y examinan algoritmos heurísticos que pueden identificar cliques grandes, aunque no necesariamente el clique máximo, en grafos de gran tamaño.

Otra línea de investigación clave se centra en la teoría de la complejidad de circuitos. Aquí, el interés recae en los circuitos booleanos como modelos de cómputo, analizando los recursos como el número de compuertas lógicas necesarias para resolver problemas en *NP* y demostrando, en casos específicos, que estos recursos exceden las complejidades polinómicas. Esta vía de estudio ha avanzado considerablemente hacia una posible separación entre *P* y *NP* mediante la exploración de circuitos de tamaño superpolinómico. Un *circuito de tamaño superpolinómico* es un circuito lógico cuya cantidad de compuertas crece más rápido que cualquier función polinómica en relación con el tamaño de su entrada. En términos simples, si el tamaño de la entrada es n, el número de compuertas en un circuito superpolinómico aumenta de manera exponencial o subexponencial en función de n, lo cual indica que resolver problemas mediante estos circuitos se vuelve impracticable para entradas grandes. Esta característica es importante en teoría de la complejidad porque implica que ciertos problemas, si requieren un circuito de este tipo, no pueden ser resueltos eficientemente.

En un contexto más abstracto, los métodos combinatorios han permitido analizar la complejidad estructural de los problemas en *NP*, evaluando si ciertas propiedades de estos problemas imposibilitan su resolución en tiempo polinómico. Martin Davis en su *"Computability and Unsolvability"* [170], pone de manifiesto la complejidad combinatoria en la determinación de la dificultad intrínseca de problemas *NP-completos*, contribuyendo a la comprensión de por qué algunos problemas parecen ser computacionalmente inabordables.

La investigación en reducciones y composiciones también ha aportado una base sólida para explorar la estructura de *NP*. Aquí la investigación se centra en demostrar que cualquier problema en *NP* puede reducirse en tiempo polinómico a otro problema específico dentro de esta clase, como *3-SAT* o *clique*, los cuales sirven como prototipos de los problemas *NP-completos*. Con ello se explora si la resolución en tiempo polinómico de un problema específico podría extenderse universalmente a toda la clase *NP*, planteando posibles vías para el avance teórico en este ámbito.

Otro frente en el que se han realizado progresos significativos es en los métodos algorítmicos basados en probabilidad y aleatorización. Existe mediante aplicación de aleatorización —es decir, por suerte— una posibilidad de alcanzar soluciones en menos tiempo que los algoritmos deterministas tradicionales. Aunque no han logrado resolver el problema *P vs NP* de manera directa, las técnicas aleatorizadas ofrecen nuevas perspectivas sobre la eficiencia y la estructura de los problemas en *NP*. Investigadores como László Babai y sus trabajos sobre el uso de aleatorización en la teoría de grafos [171] profundizan el papel fundamental que podría jugar la aleatorización en la eficiencia algorítmica.

En el campo de la criptografía, la dificultad inherente de los problemas en *NP* es una piedra angular en el desarrollo de sistemas de seguridad. La obra de Menezes, *Handbook of Applied Cryptography* [171], investiga la seguridad de sistemas criptográficos depende de la dificultad de problemas como la factorización de enteros grandes. La criptografía proporciona así un laboratorio experimental natural para probar la resistencia y complejidad de problemas en *NP*, ofreciendo una aplicación práctica y un entorno de pruebas para la teoría de la complejidad[18].

Finalmente, la teoría cuántica de la computación ha abierto un horizonte completamente nuevo en la exploración del problema de *P vs NP*. La computación cuántica apunta a posibles soluciones con su potencial aporte de algoritmos más rápidos y eficientes para resolver problemas que hoy son intratables en la computación clásica. Aunque no se han encontrado aún algoritmos cuánticos que resuelvan problemas *NP-completos* de forma eficiente, investigaciones como las de Peter Shor, cuyo algoritmo cuántico para factorización [172] plantea una posible ruptura en la criptografía, señalan la posibilidad de que los ordenadores cuánticos desafíen las nociones clásicas de complejidad.

Cada una de estas exploraciones profundiza en el entendimiento de los límites computacionales y aporta perspectivas que, aunque no han resuelto el enigma de *P vs NP*, delinean el camino para futuras investigaciones en esta área de la informática teórica.

7.5.1 Clases de Complejidad: Un Mapa de las Fronteras Computacionales

Además de las clases *P* y *NP*, existen varias otras categorías en la teoría de la complejidad computacional, cada una de las cuales permite clasificar los problemas según sus requisitos de recursos o la naturaleza de su dificultad. Estas categorías reflejan diferentes niveles de complejidad y, en algunos casos, características específicas en cuanto al tipo de máquina de Turing que sería capaz de resolver los problemas en cuestión.

Una de estas categorías es co-NP, que agrupa los problemas cuya verificación de respuesta negativa puede realizarse en

---

[18] El problema P versus NP es uno de los siete problemas del milenio identificados por el Instituto Clay de Matemáticas, cada uno con una recompensa de un millón de dólares para quien logre resolverlo. Hasta la fecha, este enigma permanece sin resolver, a pesar del intenso trabajo de matemáticos e informáticos de todo el mundo.

tiempo polinómico. Mientras que en *NP* se pueden verificar soluciones afirmativas rápidamente, en *co-NP* sucede lo contrario: un "no" puede verificarse rápidamente. Un problema típico de esta clase es el *complemento* del problema de satisfacibilidad (SAT). La relación entre *NP* y *co-NP* sigue siendo un área activa de estudio, y aunque se conjetura que *NP* y *co-NP* no son iguales, esto aún no ha sido probado.

Otra clase importante es PSPACE, que contiene problemas resolubles con una cantidad de espacio polinómica en el tamaño de la entrada, aunque el tiempo necesario podría ser exponencial. Esta clase incluye todos los problemas en *P* y *NP*, pero también problemas más difíciles que, aunque requieren espacio polinómico, no necesariamente se pueden resolver en tiempo polinómico. Un ejemplo de problema en *PSPACE* es el juego de lógica *Quantified Boolean Formula* (QBF), una generalización del problema SAT.

EXP es la categoría que comprende problemas resolubles en tiempo exponencial. Esta clase incluye aquellos problemas que, aunque técnicamente computables, requieren un tiempo de ejecución que crece exponencialmente con el tamaño de la entrada, lo que los hace impracticables en la mayoría de los contextos reales. Dentro de *EXP* se encuentran problemas que están fuera del alcance de *P*, *NP* y *PSPACE*, mostrando un nivel de complejidad sustancialmente mayor.

Un nivel de complejidad aún mayor es EXPSPACE, que contiene problemas resolubles en espacio exponencial. Esta clase es de especial interés en la teoría de autómatas y lenguajes formales, dado que ciertos problemas de estos campos requieren espacio exponencial para ser abordados, como el problema de aceptación en algunas gramáticas contextuales.

También se define la clase BPP —Bounded-Error Probabilistic Polynomial Time—, que incluye problemas que pueden resolverse en tiempo polinómico por una máquina probabilística con un error acotado. La computación probabilística explora métodos algorítmicos que pueden llegar a soluciones correctas con alta probabilidad, aunque no garantizan exactitud completa. En la práctica, la clase *BPP* es significativa porque muchos algoritmos en criptografía y teoría de números utilizan métodos probabilísticos para alcanzar resultados rápidos y fiables.

Finalmente, la teoría cuántica ha introducido nuevas clases, como BQP —Bounded-Error Quantum Polynomial Time—, que contiene problemas que pueden resolverse en tiempo polinómico utilizando un ordenador cuántico con probabilidad de error acotada. La computación cuántica plantea la posibilidad de resolver problemas más allá del alcance de P y NP, y aunque la relación precisa entre BQP y otras clases como NP o $PSPACE$ no está completamente comprendida, investigaciones como las de Peter Shor y Lov Grover han demostrado que los ordenadores cuánticos pueden resolver algunos problemas significativamente más rápido que los ordenadores clásicos [173].

La diversidad de estas categorías refleja la complejidad y variedad de los problemas abordados en computación teórica, y cada una de estas clases contribuye a un marco exhaustivo para entender los límites y capacidades de los sistemas de cálculo actuales y futuros.

7.5.2 TSP problema

Uno de los enigmas clásicos de la teoría de la complejidad y de la optimización computacional, es el constituido por el llamado *problema del vendedor viajero* (*Traveling Salesman Problem*, TSP). Este problema tiene una importancia extensible a numerosas aplicaciones prácticas y, al mismo tiempo, exhibe una intrincada dificultad para hallar una solución óptima en todas las posibles instancias. Profundizaremos aquí un poco más en él [9].

Este problema plantea el reto de determinar el recorrido más corto que permita a un vendedor visitar un conjunto de ciudades exactamente una vez cada una y retornar al punto de partida. Aunque la enunciación es aparentemente sencilla, el TSP pertenece a la clase *NP-completo*; la cantidad de rutas posibles crece de manera factorial con el número de ciudades, haciendo inviable cualquier intento de resolverlo mediante una búsqueda exhaustiva en instancias de gran tamaño. Una seria de estrategias se han usado para abordar este problema en la práctica, que van desde métodos exactos hasta aproximaciones y heurísticas avanzadas.

Los algoritmos exactos buscan encontrar la solución óptima, aunque su viabilidad práctica se restringe a instancias pequeñas debido a la explosión combinatoria del espacio de búsqueda. El enfoque de programación dinámica de Held-Karp es uno de los métodos exactos más conocidos para el TSP, logrando reducir la complejidad factorial a $O(n^2 \cdot 2^n)$ aunque sigue siendo exponencial y, por lo tanto, resulta impráctico para un número elevado de ciudades. Por su parte, los algoritmos de *Branch and Bound* y *Branch and Cut* descomponen el problema en subproblemas manejables, utilizando cotas inferiores para descartar soluciones subóptimas. El método *Branch and Cut*, en particular, aplica desigualdades de corte para restringir el espacio de búsqueda, permitiendo abordar instancias de tamaño moderado con mayor eficiencia.

En el caso específico del TSP euclidiano —donde las ciudades se disponen en un plano y las distancias cumplen la *desigualdad triangular*—, se han desarrollado algoritmos de aproximación que ofrecen resultados de alta calidad en tiempos más manejables. Ejemplo de estos es el algoritmo del doble árbol generador mínimo (MST). Este método parte de la construcción de un árbol generador mínimo que conecta todas las ciudades con la mínima distancia, y luego realiza un recorrido duplicando las aristas, para finalmente eliminar duplicados y obtener un recorrido aproximado que garantiza no superar el doble del coste óptimo. Otro algoritmo relevante es el de Christofides, el cual mejora el resultado del MST mediante la combinación de un árbol generador mínimo con un emparejamiento óptimo de vértices de grado impar. Con ello se proporciona una solución dentro de un factor de 1.5 del óptimo y representa uno de los desarrollos más destacados en la aproximación del TSP euclidiano.

Para instancias grandes, donde los métodos exactos y de aproximación resultan ineficaces, las heurísticas ofrecen una alternativa útil. Las heurísticas de inserción y construcción glotona (greedy) se basan en la incorporación sucesiva de la ciudad más cercana o en la inserción de ciudades en el punto que minimice el aumento en la distancia total del recorrido. Aunque su simplicidad no garantiza una solución óptima, suelen producir recorridos satisfactorios en tiempos breves. Asimismo, la heurística de *vecino más cercano* empieza en una ciudad arbitraria y continúa visitando la ciudad sin visitar más cercana hasta completar el recorrido. Si bien esta técnica presenta limitaciones en términos de exactitud, su eficiencia en tiempo la convierte en una opción popular para instancias extensas.

Además de las heurísticas básicas, las metaheurísticas representan un avance significativo en la búsqueda de soluciones aceptables en problemas como el TSP. Los algoritmos genéticos, inspirados en la teoría de la evolución, aplican operadores de cruce y mutación sobre una población de soluciones (o individuos) que se mejoran mediante un proceso de selección iterativo. Con cada generación, estos algoritmos logran soluciones de mayor calidad, acercándose a recorridos óptimos sin requerir un tiempo de cómputo excesivo. Por su parte, el *recocido simulado (Simulated Annealing)* imita el proceso de enfriamiento de metales y explora soluciones mediante cambios aleatorios en el recorrido, aceptando soluciones desfavorables al inicio y reduciendo esta aceptación progresivamente, evitando quedarse atrapado en soluciones subóptimas. La optimización por colonia de hormigas (*Ant Colony Optimization*, ACO) constituye otra metaheurística inspirada en el comportamiento de las hormigas al buscar alimento, permitiendo que agentes (hormigas) exploren diferentes rutas y depositen "feromonas" en los caminos favorables. Con el tiempo, las feromonas guían a las hormigas hacia rutas prometedoras, adaptándose dinámicamente y logrando soluciones eficaces para el TSP.

La computación cuántica ha despertado recientemente un interés considerable en la resolución del TSP. Algoritmos como el de Grover y técnicas de optimización cuántica ofrecen un potencial de exploración de soluciones en espacios de búsqueda grandes de manera eficiente. Aunque los ordenadores cuánticos aún se encuentran en fases de desarrollo experimental, existe una expectativa de que, en el futuro, puedan abordar problemas de la magnitud del TSP con un rendimiento superior al de los métodos clásicos en ciertos tipos de instancias.

El *Problema del Vendedor Viajero*, a través de la combinación de algoritmos exactos, técnicas de aproximación, heurísticas y metaheurísticas, continúa siendo un área fértil en el estudio de la optimización y la teoría de la complejidad, permitiendo avances en la comprensión de cómo abordar problemas computacionales de gran escala. La aparición de tecnologías como la computación cuántica sugiere que este campo de investigación seguirá evolucionando, llevando a soluciones innovadoras para problemas que, aunque teóricamente intratables, siguen desafiando los límites de la computación.

7.6 Algoritmos

La palabra *algoritmo* tiene sus raíces etimológicas en el latín y en el griego, aunque no como una palabra directa, sino como una evolución que conecta el nombre del matemático persa Al-Juarismi —cuyo nombre fue latinizado como *Algorithmus*— con el término griego ἀριθμός (*arithmós*), que significa número. En los textos griegos y latinos, el término *algorithmus* apareció en manuscritos del siglo IX, en los cuales se hacía referencia a los métodos de cálculo con guarismos [87].

El algoritmo antiguo más conocido, al menos en la cultura occidental, proviene del griego Euclides (300 a.C) —o al menos nos ha llegado a través de él— cuya técnica para hallar el máximo común divisor de dos números enteros ha sobrevivido hasta nuestros días desde que las plasmara en sus "*Elementos*" [174]. Es sin embargo con Aristóteles (384-322 a.C.) y sus *analíticos primeros* y *analíticos segundos* que parte del *Organon* —la colección de escritos de aristotélicos sobre lógica— donde se desarrolló una estructura lógica basada en el razonamiento deductivo llamada silogística, la cual ofrece un marco riguroso para resolver problemas paso a paso mediante la identificación de premisas y la derivación de conclusiones.

Aristóteles propone una metodología en la que cada paso se construye sobre el anterior, asegurando coherencia y continuidad en el razonamiento. En el método aristotélico, la claridad y la precisión en la relación entre las premisas y las conclusiones se elevan a un nivel primario de importancia. Aristóteles plantea que el conocimiento verdadero, aquel que permite una comprensión no solo de los fenómenos, sino de sus causas, debe construirse mediante un proceso de deducción que sea tanto riguroso como sistemático. La deducción aristotélica se organiza a través de un *logos* que requiere de la formulación de proposiciones iniciales —las premisas—, las cuales, al estar interconectadas, permiten avanzar en la argumentación hasta llegar a conclusiones necesarias. Este método establece verdades individuales, para revelar sin utilizar conclusiones explícitas el orden interno de la realidad, donde cada proposición no es una entidad aislada, sino un eslabón dentro de una cadena lógica más amplia. A través de la *silogística*, Aristóteles estructura el pensamiento en términos de afirmaciones universales y particulares, generando un marco que da sentido a los fenómenos observable por su pertenencia a categorías específicas, estableciendo principios que van de lo general a lo particular y viceversa, y que permiten, por ende, un análisis exhaustivo del objeto de estudio.

La metodología aristotélica es, en este sentido, una suerte de *protoalgoritmo* en el que cada etapa del razonamiento debe alinearse meticulosamente con la anterior, de modo que no se produzca ninguna ruptura en la coherencia del proceso. Este aspecto de la continuidad racional —en el que se evita todo salto injustificado entre ideas— es la base del pensamiento deductivo y se refleja en lógica computacional y el diseño de algoritmos actuales. Al igual que la práctica totalidad de los algoritmos en los ahora nos basamos, cada instrucción debe seguir un orden específico para lograr un resultado correcto, en la lógica aristotélica cada inferencia depende de la correcta disposición y validez de las premisas, y cualquier falla en este encadenamiento comprometería el desenlace del argumento. Además, la influencia de esta metodología se extiende, en efecto, más allá de la lógica pura. Aristóteles establece principios de orden, relación y consistencia que constituyen el núcleo de lo que hoy entendemos por una investigación científica sistemática. En este marco, el conocimiento no surge de la observación aislada, sino del análisis organizado y sistemático de las observaciones, lo que permite una distinción entre la opinión (doxa) y el conocimiento verdadero (episteme).

Este último requiere que el pensamiento siga un curso riguroso y no se desvíe en razonamientos arbitrarios, reflejando una fidelidad inquebrantable al método.

Los lenguajes de programación modernos, desde los lenguajes de bajo nivel como el ensamblador hasta los lenguajes de alto nivel como Python y Java, operan bajo una lógica que se basa en la construcción de algoritmos, los cuales deben cumplir con una secuencia coherente y ordenada de instrucciones para lograr un resultado específico. Esta organización de la secuencia de pasos, que exige que cada instrucción se base en el resultado de la anterior, es un reflejo directo de la lógica deductiva y estructurada planteada por Aristóteles en su silogística.

Los programadores diseñan sus algoritmos de manera que cada bloque de código o función sea coherente consigo mismo y con el objetivo general del programa. Este enfoque responde a la misma necesidad de consistencia que Aristóteles subrayaba en su metodología deductiva, en la que cualquier ruptura en la secuencia lógica compromete la validez del razonamiento. Así, un algoritmo moderno, como el que podría emplearse en la búsqueda binaria o en la optimización de redes neuronales, se estructura para resolver problemas mediante pasos que deben ser ejecutados en un orden específico, donde cada instrucción depende del éxito de la anterior, emulando la *proairesis* aristotélica, o el orden necesario de causas y consecuencias.

La influencia aristotélica también se evidencia en la capacidad de los algoritmos modernos para gestionar la complejidad mediante el modularidad y el uso de funciones o procedimientos, que pueden interpretarse como formas de organizar el conocimiento en bloques temáticamente coherentes, de modo similar a la organización jerárquica y categórica propuesta por Aristóteles. Con esta estructuración lógica los programadores reducen la complejidad del problema general, fragmentándolo en subproblemas manejables, tal como Aristóteles recomienda abordar la realidad fragmentándola en sus principios causales. Además, así como Aristóteles proponía que el conocimiento debe buscar un orden en el cual las premisas más simples puedan dar lugar a conclusiones complejas, en la programación moderna, los algoritmos eficientes buscan minimizar el número de operaciones o el uso de recursos para lograr resultados óptimos, creando una secuencia de pasos en la que cada parte se relaciona directamente con el objetivo final sin redundancias.

En la época moderna, René Descartes retomó y expandió esta idea de un enfoque metódico en su *Discurso del método* [42], donde establece principios claros para el razonamiento analítico, descomponiendo problemas complejos en partes manejables y abordándolos secuencialmente.

La esencia de un algoritmo reside en su capacidad para imponer orden sobre el caos, un sistema estructurado de instrucciones que, mediante un proceso meticuloso y secuencial, transforma un conjunto de datos en un resultado concreto y comprensible. Esta concepción del algoritmo como un vector de orden se enfrenta directamente a la idea de que el universo, en su esencia, podría ser un caos absoluto. Nietzsche planteó precisamente esto con su cosmos donde el orden es un constructo humano, una proyección sobre un fondo indiferente y caótico [175]. La noción nietzscheana del *eterno retorno* cuestiona la estabilidad del orden, sugiriendo un universo sin propósito intrínseco ni coherencia subyacente, donde la imposición de lógica y estructura es solo una capa superficial. En última instancia, el caos para Nietzsche es el terreno desde el cual surge la *voluntad de poder*, el impulso creativo y organizador del ser humano, quien inventa valores y significados donde no los hay.

Pero si la realidad fuera, efectivamente, un caos pleno y sin posibilidad de orden alguno, el algoritmo no podría existir y funcionar tal y como la realidad diaria constata. La esencia misma del algoritmo se basa en la presunción de que el mundo, aunque vasto y complejo, es comprensible y susceptible de organización. Los algoritmos dependen de regularidades, de patrones que puedan analizarse y proyectarse en secuencias predecibles. Este tipo de estructura presupone que la naturaleza responde, en cierta medida, a reglas que pueden desentrañarse, como ocurre en las leyes de la física o en la lógica matemática. En un universo caótico, donde cada evento es radicalmente independiente y carece de conexión con los eventos previos o futuros, la idea misma de un procedimiento algorítmico se vuelve inviable. Un mundo sin regularidades no permite la formulación de premisas a partir de las cuales derivar conclusiones; en otras palabras, sin un cierto grado de estabilidad, el fundamento del conocimiento basado en algoritmos se desmoronaría, pues cualquier previsión basada en datos previos sería inútil, cualquier secuencia lógica sería arbitraria. La lógica del algoritmo se nutre de la posibilidad de identificar constantes y de que estas puedan utilizarse en la predicción o en la resolución de problemas. Así, el algoritmo, en tanto estructura lógica y ordenada, parece oponerse ontológicamente a la idea de un universo dominado por el caos total, donde la falta de estructura impediría cualquier proceso cognitivo o metodológico que busque establecer nexos causales o patrones de regularidad. La esencia del algoritmo, en este sentido, no solo es técnica, sino también metafísica, pues se configura como un microcosmos de orden dentro de la vastedad potencialmente caótica de la existencia, permitiéndonos, al menos temporalmente, obtener una comprensión inteligible del mundo.

La existencia misma de los algoritmos, en su naturaleza ordenada y su capacidad para desentrañar patrones, contradice en cierta medida la visión escéptica de David Hume respecto a la causalidad y la inducción. Hume argumentaba que la causalidad no es una verdad objetiva del mundo, sino una construcción mental basada en la costumbre y la repetición. Desde su perspectiva, cualquier conexión causal que inferimos entre dos eventos no es más que una creencia sin fundamento lógico o necesario, pues, según él, nada en la realidad garantiza que los fenómenos observados seguirán repitiéndose de la misma manera en el futuro. Hume sitúa así la causa en el ámbito de lo subjetivo y contingente, despojando a las relaciones causales de toda certeza objetiva [176]. En este contexto, los algoritmos, en cuanto herramientas estructuradas para operar sobre datos y generar resultados consistentes, se posicionan en un terreno que desafía esta postura escéptica. Un algoritmo se construye sobre la expectativa de que ciertas reglas —ya sean matemáticas, lógicas o empíricas— se mantendrán invariables y aplicables en contextos futuros. Al ejecutar un algoritmo, asumimos que el procesamiento de datos producirá el mismo resultado bajo las mismas condiciones, una regularidad que desafía la negación humeana de la causalidad como algo inherente al mundo. Así, cada algoritmo parece ser una afirmación implícita de que existen estructuras estables en la realidad que permiten que, con la misma entrada, se obtenga siempre el mismo tipo de salida. Mientras Hume reduce la causalidad a una construcción de la mente humana sin fundamento empírico absoluto, la práctica algorítmica se comporta como si esa causalidad y regularidad fueran más que meras ilusiones, como si en el tejido mismo de la realidad subyaciera una estructura que posibilita predicciones consistentes

Desde la perspectiva del falsacionismo de Karl Popper, esta tensión se torna aún más reveladora. Popper sostenía que el conocimiento científico no se basa en la verificación de hipótesis, sino en su falsabilidad [67]. Según este criterio, una teoría o enunciado solo puede considerarse científicamente significativo si puede, en principio, ser refutado mediante observación o experimento. Los algoritmos, aunque no se configuran como teorías en el sentido clásico, operan bajo el mismo principio: su valor reside en su capacidad de aplicarse de forma generalizable, y solo se cuestiona su validez cuando los resultados no cumplen con lo esperado. Así cada ejecución de un algoritmo es un experimento tácito que confirma temporalmente su capacidad para estructurar la realidad, hasta que encuentre un límite o un contraejemplo que lo falsifique.

Aun cuando la realidad pudiera ser un flujo inconstante y desprovisto de propósito, el algoritmo actúa como si el mundo respondiera a principios estables y presentables como información, generando un marco de orden que, en su provisionalidad, nos permite navegar y comprender el mundo, aún en la incertidumbre que subyace a toda estructura humana de conocimiento.

7.6.1 Tipologías de algoritmos

Los algoritmos son el núcleo de la resolución de problemas en informática —y no solamente en informática— y distintas familias ofrecen estrategias varias para optimizar ese proceso de resolución. Desde las ya clásicas recursión y programación dinámica, hasta los métodos de IA y computación cuántica actuales, cada tipo de algoritmo aporta técnicas que han transformado nuestra capacidad para enfrentar y resolver problemas de diversa complejidad. Repasaremos brevemente su conjunto mediante una taxonomía reducida [9].

La **recursividad** constituye un principio fundamental de ciertos algoritmos al permitir que una función se llame a sí misma, fragmentando el problema en subproblemas análogos al original. Inspirada en los trabajos de Kurt Gödel [177] y Alonzo Church [178], la recursión permite simplificar problemas mediante la iteración descendente, centrándose en la estructura interna mínima del problema sin abarcarlo por completo de forma exhaustiva. Esta técnica, aplicada en algoritmos como el *Merge Sort* (ordenación) y la búsqueda en profundidad (DFS), ofrece un marco modular y paralelizable, optimizando el uso de memoria y facilitando la ejecución distribuida en sistemas complejos. En el ámbito de la *búsqueda y ordenación*, los algoritmos recursivos destacan por su eficiencia. La búsqueda binaria, que sigue una estrategia de "divide y vencerás", reduce el espacio de búsqueda logarítmicamente. En ordenación, algoritmos como el ya citado *Merge Sort* y también *Quicksort*, aplican técnicas de fragmentación y combinación, obteniendo una complejidad temporal óptima para grandes volúmenes de datos, mientras que métodos iterativos como el ordenamiento de burbuja o inserción resultan menos eficientes en contextos extensos.

Los algoritmos de **fuerza bruta** abordan los problemas mediante una exploración exhaustiva de todas las soluciones posibles. Su sencillez permite garantizar soluciones óptimas al probar todas las combinaciones, aunque su eficiencia decrece en problemas de gran escala. Ejemplos paradigmáticos incluyen el problema del viajante o la búsqueda de patrones, donde la fuerza bruta resulta computacionalmente costosa. En campos como la criptografía, sin embargo, la fuerza bruta sigue siendo relevante debido a su robustez.

Los *algoritmos glotones* aplican una estrategia que selecciona la mejor opción inmediata en cada paso, esperando que estas decisiones conduzcan a una solución globalmente adecuada. Este enfoque permite resolver ciertos problemas de optimización, como el cálculo de rutas mínimas o el cambio con monedas específicas, con alta eficiencia en comparación con la fuerza bruta, aunque no siempre garantiza una solución óptima.

La **programación dinámica**, desarrollada por Richard Bellman [179], representa una innovación en la resolución de problemas de optimización. Al descomponer un problema en subproblemas y almacenar los resultados de estos para evitar cálculos redundantes, la programación dinámica logra soluciones viables para problemas complejos como el problema de la mochila. Su eficiencia ha extendido su aplicabilidad a áreas como la bioinformática y la teoría de grafos, convirtiéndose en un paradigma esencial para problemas con superposición de subproblemas.

Los **algoritmos heurísticos y metaheurísticos**, inspirados en procesos naturales, brindan soluciones aproximadas en problemas donde una búsqueda exhaustiva resulta impracticable. Ejemplos notables incluyen los algoritmos genéticos, que simulan la evolución biológica, y los algoritmos de optimización por colonia de hormigas, que modelan el comportamiento social de estos insectos para resolver problemas de rutas óptimas. Estos algoritmos son valiosos en contextos de gran complejidad, como la logística y el diseño de redes, donde el tiempo y la eficiencia son cruciales.

Dentro de la IA, los algoritmos de **aprendizaje automático** permiten a las máquinas mejorar sus capacidades a partir de datos [96]. El perceptrón, desarrollado en los años 50, estableció las bases para redes neuronales modernas, mientras que el aprendizaje profundo (*deep learning*) ha revolucionado el procesamiento de grandes volúmenes de datos en aplicaciones como el reconocimiento de voz. Estos algoritmos permiten el razonamiento autónomo y la toma de decisiones, incrementando la funcionalidad en tareas complejas.

Finalmente, la **computación cuántica** se posiciona como un avance revolucionario, aprovechando propiedades cuánticas como la superposición y el entrelazamiento para resolver problemas con una eficiencia inédita. Algoritmos como el de Shor para la factorización y el de Grover para la búsqueda en bases de datos destacan por superar las limitaciones clásicas en áreas como la criptografía y la simulación de sistemas físicos

[172]. Los algoritmos cuánticos representan una promesa transformadora para disciplinas científicas avanzadas, ampliando exponencialmente las posibilidades de la informática.

7.6.2 Recursividad

Conviene aquí volver sobre nuestros pasos para retomar el concepto de recursividad, dado lo troncal de sus implicaciones. Como veremos la recursividad es una propiedad que se manifiesta tanto en la computación y la lógica, como en las estructuras profundas de la naturaleza misma.

Benoît B. Mandelbrot fue un matemático conocido por haber desarrollado la teoría de los fractales, una revolucionaria área de las matemáticas que explora las formas irregulares y fragmentadas presentes en la naturaleza. A lo largo de su carrera, Mandelbrot se interesó en fenómenos que no podían ser descritos adecuadamente por la geometría euclidiana tradicional [174], como las costas de los continentes, las nubes, o las estructuras de los relámpagos. Estos patrones, que exhiben una característica de "autosemejanza" a diferentes escalas, le llevaron a investigar la matemática de lo irregular y a desarrollar conceptos que capturan estas formas en el lenguaje matemático. Su principal obra, *The Fractal Geometry of Nature* [180], consolidó los fractales como un campo formal de estudio, demostrando cómo las iteraciones matemáticas pueden describir con precisión la complejidad y las estructuras aparentemente caóticas de la realidad natural. En sus invetigaciones, Mandelbrot no solo popularizó el conjunto de Mandelbrot, sino que también mostró cómo los fractales se encuentran en numerosos sistemas naturales y sociales, transformando así nuestra comprensión de la geometría y su aplicación en la ciencia.

Los conjuntos de Mandelbrot, conocidos por sus estéticos patrones fractales, ilustran esta cualidad de la recursividad al ofrecer una ventana hacia una repetición infinita dentro de límites finitos, un espejo donde la matemática parece replicarse a sí misma en cada nivel de magnificación. Un fractal es una figura geométrica que exhibe autosimilitud, es decir, se repite a diferentes escalas, y cuya estructura puede ser

309

infinitamente compleja a pesar de estar generada por reglas matemáticas simples. De hecho, la ecuación que define el conjunto de Mandelbrot es iterativa y sencilla en apariencia, pero sus repeticiones revelan una complejidad sin fin, con formas que permanecen similares sin importar la escala a la que se observe.

$$z_{\{n+1\}} = z_n^2 + c$$

Aquí z y c son números complejos. En esta ecuación, $z_0 = 0$ es el punto complejo que se está evaluando para determinar si pertenece al conjunto de Mandelbrot. A partir de este valor inicial, la ecuación se aplica de forma iterativa, recalculando z en cada paso como de nuevo la ecuación en sí. La esencia de esta ecuación es determinar si la secuencia de valores de z_n permanece finita o diverge hacia el infinito a medida que $n \to \infty$. Si la magnitud de z_n, su valor absoluto en el plano complejo permanece limitada tras múltiples iteraciones, entonces el valor de c se considera parte del conjunto de Mandelbrot. Si, por el contrario, z_n tiende a infinito, el punto c se encuentra fuera del conjunto.

Esta simple ecuación genera el icónico conjunto de Mandelbrot, una figura compleja y auto semejante en la que la estructura se repite infinitamente a diferentes escalas. Con ello la recursión, al repetirse a través de diferentes escalas, genera una estructura en apariencia caótica pero internamente ordenada y, en última instancia, refleja patrones inherentes a la realidad que habitamos. En el conjunto de Mandelbrot, cada punto representa el resultado de una iteración sobre la ecuación cuadrática que acabamos de presentar, donde los valores iniciales se retroalimentan para generar patrones que varían según su proximidad a la frontera del conjunto. La capacidad de este conjunto para generar complejidad a partir de la simple repetición pone de manifiesto un aspecto fundamental de la recursividad en la naturaleza: la generación de estructura a partir de procesos repetitivos que obedecen reglas simples. Así, el conjunto de Mandelbrot no es solo una representación visual de la recursividad, sino una suerte de arquetipo matemático de la realidad.

En biología, por ejemplo, los patrones en las ramas de los árboles y en las venas de las hojas son producidos mediante reglas iterativas que maximizan la eficiencia y adaptabilidad del organismo. En sistemas físicos, los procesos de formación de cristales y la dinámica de fluidos turbulentos muestran características fractales que, al igual que el conjunto de Mandelbrot, reflejan una complejidad subyacente generada por la repetición recursiva. La realidad que habitamos, entonces, no solo incluye la recursividad como un elemento abstracto, sino que parece constituirse en gran medida gracias a ella, con los fractales ofreciendo una especie de *gramática* de la naturaleza, un lenguaje que describe cómo lo complejo surge de lo simple mediante la iteración continua.

Este principio recursivo, inherente a los conjuntos de Mandelbrot, también toca aspectos transcendentales sobre la naturaleza del infinito y la estructura de la realidad. La recursividad en los fractales conlleva que la complejidad de la naturaleza puede ser, en cierto modo, ilimitada; cada nivel de zoom en un fractal revela más detalles, cada iteración crea formas nuevas, y así el proceso podría continuar indefinidamente. De este modo, la recursividad en los fractales nos recuerda que la realidad no es algo que podamos encapsular completamente en una imagen fija o una descripción estática, por el contrario, es un proceso en constante repetición y cambio, algo que está siempre en expansión y transformación. La recursividad en los fractales, entonces, nos asombra por su belleza visual, y nos invita a reflexionar sobre la estructura misma del universo y su potencial infinita repetición[19]. En última instancia, el conjunto de Mandelbrot y sus patrones fractales nos muestran que la

---

[19] La recursividad tiene también implicaciones artísticas, cuando se observa en el contexto de los mundos imposibles de M. C. Escher, se convierte en un puente fascinante entre las matemáticas y el arte visual. Las obras de Escher, como *Relativity* o *Ascending* and *Descending*, juegan con las nociones tradicionales de perspectiva y espacio al presentar estructuras que parecen autosustentarse en un ciclo infinito. Este tipo de construcciones, visualmente imposibles, se alimentan del concepto de la recursividad, donde una figura o patrón se repite dentro de sí mismo, creando la ilusión de infinitud.

recursividad es tanto un principio matemático como un fenómeno universal que conecta la abstracción con la realidad física. La naturaleza misma parece tener una inclinación hacia la recursión, estructurándose en formas que permiten la repetición de patrones a distintas escalas, desde el microcosmos hasta el macrocosmos. La recursividad, al ser intrínseca a la estructura del universo, se constituye como una herramienta matemática, y uno de los principios que definen la esencia de la realidad que nos rodea [181].

7.6.3 El algoritmo de la realidad

El concepto de algoritmo, en su forma más general, se refiere a un conjunto de reglas o instrucciones que, aplicadas de manera sistemática, resuelven un problema o ejecutan una tarea específica. En el ámbito de la informática, los algoritmos son la base de todo procesamiento de información, desde la inteligencia artificial hasta los sistemas operativos que utilizamos diariamente. Sin embargo, en este capítulo abordaremos una especulación más profunda: la idea de que la realidad misma, tanto física como biológica, podría estar gobernada por un "algoritmo" subyacente, una serie de reglas fundamentales que determinan el funcionamiento del universo de manera computacional. Esto invita a unificar los principios que gobiernan el comportamiento de los sistemas informáticos con las leyes naturales, planteando la realidad como un proceso matemático o computacional, un tema que ha sido explorado desde diferentes perspectivas en los últimos años.

Uno de los puntos de partida de esta especulación es el trabajo del físico y científico computacional Stephen Wolfram, quien en su obra *A New Kind of Science* [182] postula que el universo podría ser el producto de un sistema computacional regido por reglas simples. Wolfram utiliza la noción de autómatas celulares para mostrar cómo patrones increíblemente complejos pueden emerger de operaciones algorítmicas sencillas. Todo lo que observamos, desde el comportamiento de las partículas subatómicas hasta los procesos biológicos, podría ser el resultado de un algoritmo fundamental. Para Wolfram, la naturaleza computacional de la realidad implica que, al igual que en un algoritmo informático, las estructuras del universo evolucionan a partir de una serie de operaciones discretas, lo que abre la posibilidad de que, en su nivel más fundamental, la realidad sea equivalente a un proceso de cálculo.

La idea del *algoritmo de la realidad* se enmarca en el concepto de *determinismo computacional,* un planteamiento que sostiene que, con un conocimiento preciso de las condiciones iniciales y de las reglas que rigen un sistema, podríamos predecir su evolución futura de manera exhaustiva. Esta concepción encuentra sus raíces en las ideas de John von Neumann, quien, a través de la arquitectura computacional que lleva su nombre, demostró cómo los sistemas computacionales replican procesos lógicos y matemáticos de manera exacta. Al extender este principio al universo en su totalidad, podríamos concebir la realidad como un sistema computacional vasto, gobernado por reglas predefinidas que determinan cada fenómeno, desde la expansión cósmica hasta los movimientos biológicos.

Este planteamiento se vincula estrechamente con la *hipótesis del universo simulado,* la cual postula que las leyes naturales serían códigos que configuran todos los aspectos de nuestra existencia, incluyendo las leyes físicas y la consciencia. De aceptar esta premisa, la ciencia no estaría sino revelando las reglas computacionales subyacentes de esta simulación. En este contexto, la inteligencia artificial (IA) ofrece un medio para explorar esta noción de una realidad algorítmica. John McCarthy, pionero de la IA, planteó que los algoritmos no solo modelan el pensamiento humano, sino que también reflejan una estructura de procesamiento del mundo, lo que abre la posibilidad de codificar el sentido común en sistemas informáticos. Esta idea amplía el concepto de que tanto el pensamiento como la interacción con el entorno pueden describirse algorítmicamente, proponiendo que la mente y la realidad operan mediante principios computacionales, llevando el algoritmo a trascender el hardware hacia el procesamiento cognitivo y la percepción misma de la realidad. La relación entre algoritmos y leyes naturales establece paralelismos que enriquecen esta visión. Las leyes físicas — como aquellas que rigen el movimiento planetario y las interacciones subatómicas— pueden interpretarse como algoritmos que actúan de manera determinística sobre los elementos del universo. Al igual que un programa informático sigue un conjunto de instrucciones, el universo parece regirse por reglas inmutables. Sin embargo, en el ámbito de la mecánica cuántica, este determinismo clásico se complejiza mediante la indeterminación y la probabilidad, lo que invita a considerar si los "algoritmos" que rigen el universo son absolutamente predecibles o si, en su núcleo, la realidad incluye elementos irreductibles de azar.

Este paralelismo entre algoritmos y realidad se observa también en el estudio de sistemas complejos. Los patrones climáticos, los ecosistemas y procesos biológicos como la evolución muestran comportamientos que parecen surgir de una interacción algorítmica entre múltiples variables. Los estudios de John von Neumann sobre *autómatas celulares* y autorreplicación ilustran cómo sistemas aparentemente simples pueden generar comportamientos de alta complejidad, lo cual resuena con las teorías actuales sobre la emergencia de estructuras en la naturaleza. En este sentido, el algoritmo no solo representa una herramienta de simulación, sino que parece constituir un principio que describe cómo propiedades complejas pueden emerger de reglas subyacentes sencillas.

Esta concepción algorítmica de la realidad abre profundas posibilidades, tanto para la comprensión del universo como para la búsqueda del conocimiento. Si la realidad puede entenderse a través de reglas computacionales, este enfoque sugiere un modelo unificador que conecta disciplinas como la física, la biología y la computación. Este paradigma ofrece nuevos caminos para abordar algunas de las cuestiones más enigmáticas de la ciencia, desde la unificación de las fuerzas fundamentales hasta el desarrollo de inteligencias artificiales que emulen auténticamente la mente humana, aportando una renovada perspectiva sobre la estructura fundamental de la realidad.

Modelado y moldeado de la realidad
Si bien cabe la posibilidad de que la realidad sea susceptible de ser modelizada, es decir, de encontrar el algoritmo que explique su funcionamiento y evolución, no lo es menos que la realidad que percibimos se encuentra en constante transformación, impulsada por la manera en que los relatos

configuran nuestra percepción del mundo. Este fenómeno, analizado entre muchos estudios en *The Game* [183], implica que las narrativas no solo reflejan, sino que también moldean y transmutan la realidad misma formando parte indivisible de ella. La informática y las tecnologías avanzadas de IA, particularmente aquellas relacionadas con el procesamiento del lenguaje natural (como el análisis de sentimientos), juegan aquí un papel definitorio en este proceso, facilitando la creación y difusión de discursos que, en ocasiones, carecen de sustento sólido pero logran imponerse en el imaginario colectivo.

El relato, siendo una construcción discursiva, posee la capacidad de reestructurar hechos y conceptos, otorgándoles una nueva dimensión que puede alterar la comprensión tanto pública como íntima de la realidad. Este poder del *storytelling* se sustenta en su habilidad para sintetizar información de manera que resuene emocionalmente en la percepción de la audiencia, permitiendo que ciertas verdades rápidas alcancen prominencia sobre otros elementos más complejos y precisos, y que por lo tanto requieren de un análisis de mayor profundidad. Así, la realidad se manifiesta no como una entidad fija, sino un ente dinámico que se adapta y se redefine a través de las narrativas que dominan el discurso, incluso, social e ideológico.

La informática, como disciplina que facilita el manejo y procesamiento masivo de datos, potencia esta capacidad transformadora del relato. Las tecnologías de IA amplifican la eficiencia con la que las narrativas pueden ser creadas, distribuidas y personalizadas para audiencias específicas. Estas herramientas permiten analizar grandes volúmenes de información para identificar patrones y tendencias que luego son explotados para construir estrategias y discursos persuasivos que pueden influir en la percepción pública de manera sutil pero efectiva. Por ejemplo, la victoria de Donald Trump en las elecciones presidenciales de 2016 se vio influenciada por múltiples factores tecnológicos. Aunque en aquel entonces la IA no poseía la sofisticación que caracteriza a las tecnologías actuales, las herramientas de análisis de datos y los algoritmos avanzados ya estaban siendo empleados de manera estratégica para influir en el electorado. Uno de los elementos más destacados fue el uso de la analítica de datos por parte de Cambridge Analytica, una firma especializada en la creación de perfiles psicográficos de votantes. Mediante la recopilación y el procesamiento de grandes volúmenes de información personal, estas tecnologías permitieron segmentar a la población en grupos específicos, identificando sus preferencias, miedos y motivaciones. Este conocimiento profundo facilitó la elaboración de mensajes personalizados que resonaron de manera más efectiva con cada segmento del electorado, optimizando así el impacto de la campaña de Trump. Además, las plataformas de redes sociales, impulsadas por algoritmos de aprendizaje automático, jugaron su papel en la difusión de contenido. Facebook y Twitter, por ejemplo, utilizaron sus sistemas de recomendación para maximizar la visibilidad de publicaciones que apoyaban a Trump, amplificando su mensaje a través de las conexiones sociales de los usuarios. Con ello se aumentó el alcance de la campaña, a la par que se permitió la creación de burbujas informativas donde los votantes eran expuestos predominantemente a contenidos que reforzaban sus creencias preexistentes.

Partiendo de ese sesgo de confirmación, la microsegmentación habilitada por técnicas de IA, permitió a la campaña dirigir anuncios específicos a audiencias particulares, optimizando la asignación de recursos y aumentando la eficacia de las estrategias de persuasión, además de abordando las inquietudes y aspiraciones de diversos grupos demográficos de forma directa y personalizada. Asimismo, el empleo de bots y cuentas automatizadas contribuyó a la amplificación de mensajes favorables y a la generación de una percepción de consenso en torno a la figura del candidato republicado. Estas entidades digitales pudieron difundir información de manera rápida y repetitiva, creando una sensación de popularidad y apoyo masivo que influenció la percepción pública y, en última instancia, las decisiones de voto.

Es innegable que la combinación de análisis de datos avanzados, algoritmos de difusión en redes sociales y técnicas de microsegmentación permitió ya en la campaña de las elecciones presidenciales de EEUU de 2016, optimizar estrategias de comunicación de manera innovadora. La capacidad de transformar grandes cantidades de datos en estrategias de persuasión efectivas ejemplifica cómo la informática y a IA, incluso en sus etapas de desarrollo incipiente, puede influir de manera decisiva en el panorama político contemporáneo, mediante, por ejemplo, el uso de algoritmos avanzados en la generación de contenido. Esto facilita la producción de relatos que, aunque carentes de una base fáctica sólida, logran captar la atención y el consenso colectivo, identificando las preferencias y comportamientos de las audiencias, adaptando los mensajes para maximizar su impacto emocional y cognitivo. La informática no solo actúa como un facilitador técnico, sino también como un arquitecto de realidades alternativas que, a través de razones espurias, pueden distorsionar la comprensión objetiva de los hechos.

La capacidad de las tecnologías de IA para moldear discursos también plantea así importantes interrogantes éticos sobre la responsabilidad en la construcción de narrativas veraces y equilibradas. La facilidad con la que se pueden generar y difundir relatos persuasivos enfatiza la necesidad de una regulación que garantice la integridad de la información y proteja a las audiencias de manipulaciones indebidas. Es en este punto donde el desafío principal radica en encontrar un equilibrio entre la libertad de expresión y la veracidad informativa en un entorno cada vez más dominado por tecnologías capaces de influir profundamente en la realidad percibida.

7.7 Computación Cuántica

Esbozaremos aquí los principios fundamentales de la computación cuántica, para que el lector profundice a través de las referencias proporcionadas conforme a su interés. Obviaremos todo aquello que tenga que ver con la computación *cuántica adiabática* — el cual establece que un sistema cuántico permanecerá en su estado fundamental, o estado de menor energía, si las condiciones cambian lentamente— puesto que, aun siendo un enfoque basado en la física cuántica, aprovecha el principio adiabático para resolver problemas de optimización, siendo esta en cierto modo la sucesora de las antiguas computadores analógicas hidráulicas diseñadas para cometidos similares.

En los últimos años, empresas de tecnología como IBM, Microsoft, Intel y Google han estado desarrollando en relativo silencio una disciplina que podría cambiar radicalmente nuestra relación con la información: la computación cuántica. Para muchos, este concepto resulta complejo de entender, y más aún de vislumbrar su utilidad práctica. Sin embargo, lo que sí puede afirmarse con certeza es que esta tecnología no transformará de manera inmediata aspectos cotidianos como la mejora de FPS en nuestras tarjetas gráficas o el reemplazo directo de nuestras CPU por versiones cuánticas.

El origen de la computación cuántica puede rastrearse hasta los inicios del siglo XX, cuando Max Planck y Albert Einstein propusieron que la luz no era una onda continua, sino que estaba dividida en pequeños paquetes llamados *cuantos*. Este concepto, que resolvía problemas como la "catástrofe ultravioleta", fue posteriormente ampliado por otros físicos, quienes descubrieron propiedades intrigantes de la materia, como la superposición de estados y el entrelazamiento [184]. Estas propiedades son precisamente las que permiten a los sistemas cuánticos superar ciertas limitaciones de los sistemas clásicos.

Para ilustrar la diferencia que supone estas propiedades, consideremos el funcionamiento de un ordenador clásico: su unidad básica de información, el bit, puede adoptar dos estados (0 o 1), lo que limita la representación de información a 2^n combinaciones con n bits. Por el contrario, la superposición permite que un *qubit* represente múltiples estados simultáneamente, mientras que el entrelazamiento establece relaciones entre *qubits* que hacen que las operaciones en uno influyan en los demás. Esto abre la posibilidad de realizar cálculos con una eficiencia inalcanzable para los ordenadores clásicos. El físico que se dio cuenta de ello fue fue Richard P. Feynman, quien en su libro *"Simulating Physics with Computers"* (1982) expuso cómo los sistemas cuánticos podrían simularse más eficientemente utilizando computación cuántica [185]. Feynman argumentó que un ordenador clásico requeriría recursos desproporcionados para emular fenómenos cuánticos, mientras que un ordenador cuántico, aprovechando la superposición y el entrelazamiento, podría hacerlo de manera natural y eficiente.

A pesar de estas ventajas teóricas, la computación cuántica enfrenta limitaciones prácticas que están moldeado su desarrollo. Uno de los principales problemas a resolver es la extracción de información de un sistema cuántico, una cuestión profundamente analizada por Alexander Holevo. En su obra *"Bounds for the Quantity of Information Transmitted by a Quantum Communication Channel"*, Holevo estableció el conocido *teorema de Holevo*, que delimita la cantidad máxima de información clásica que puede ser extraída de un sistema cuántico[186]. Este resultado muestra que, aunque un sistema cuántico con n qubits puede estar en una superposición que codifica hasta 2^n estados distintos, la información que puede recuperarse mediante mediciones se encuentra restringida a n bits clásicos. Esta limitación no es meramente técnica, sino inherente a la naturaleza probabilística de los sistemas cuánticos. Cuando se mide un estado cuántico, este colapsa a uno de los posibles valores definidos por la superposición, perdiendo la amplitud de probabilidad asociada a los demás estados. Esto significa que la riqueza informativa del sistema cuántico, aunque teóricamente superior a la de un sistema clásico, no puede ser aprovechada en su totalidad debido a las restricciones impuestas por el proceso de medición.

El desarrollo del primer *qubit* funcional, logrado en 1995 mediante átomos de iones, marcó el inicio de una nueva era. Desde entonces, los avances han sido notables: científicos e ingenieros han incrementado tanto la estabilidad como la cantidad de qubits operativos, permitiendo el diseño de sistemas cuánticos cada vez más potentes. Empresas como IBM, Google y Microsoft, así como un número creciente de startups, han intensificado su inversión en este ámbito, fomentando un ecosistema de innovación que ha acelerado el progreso en la computación cuántica. Las principales tecnologías para crear *qubits* son:

i. *Qubits superconductores*: Basados en circuitos superconductores donde la corriente eléctrica fluye sin resistencia. Utilizan dispositivos como los circuitos de interferencia cuántica superconductora (SQUIDs) y transmones. Son populares por su compatibilidad con tecnologías de fabricación de semiconductores y su capacidad para operar a frecuencias altas.

ii. *Trampas de iones*: Utilizan iones atrapados en campos electromagnéticos. Los estados cuánticos de los iones se manipulan mediante pulsos láser de precisión. Ofrecen largos tiempos de coherencia y alta fidelidad en las operaciones, aunque son desafiantes de escalar.

iii. *Qubits fotónicos*: Basados en el uso de partículas de luz (*fotones*) para codificar información cuántica. Son resistentes a la decoherencia y útiles para aplicaciones de comunicaciones cuánticas, aunque es más complejo integrarlos en computadoras cuánticas escalables.

iv. *Qubits de espín*: Usan el espín de electrones o núcleos como portadores de información cuántica. Se *implementan* en materiales como puntos cuánticos semiconductores o en átomos individuales en redes ópticas. Destacan por su miniaturización y posibles aplicaciones en escalas nanométricas.

v. *Qubits topológicos*: Se basan en estados cuánticos *protegidos* por propiedades topológicas del material, lo que les proporciona mayor tolerancia a errores. Aunque su desarrollo aún está en etapas tempranas, ofrecen la promesa de computación cuántica más robusta.

vi. *Átomos neutros*: Emplean átomos enfriados a temperaturas cercanas al cero absoluto y dispuestos en redes *ópticas*. Los átomos interactúan mediante estados de Rydberg, lo que permite realizar operaciones cuánticas de alta fidelidad.

Entre los campos donde esta tecnología promete un impacto transformador se encuentran los siguientes:

i. *Criptografía y seguridad*: la computación cuántica sobre el papel es capaz *de* romper los sistemas criptográficos actuales y ofrece la vez técnicas como la distribución cuántica de claves, que garantiza una seguridad teórica inquebrantable.

ii. *Optimización y simulación*: Permite abordar problemas *complejos* como la planificación logística y la creación de modelos químicos y físicos, útiles en el diseño de materiales y medicamentos.

iii. *IA*: *Acelera* el desarrollo y la mejora de algoritmos de aprendizaje, optimizando modelos en áreas como el reconocimiento de patrones y la toma de decisiones autónomas.

iv. *Medicina y biotecnología*: Facilita la simulación de procesos *biológicos* complejos, contribuyendo al descubrimiento de medicamentos y al estudio de enfermedades.

v. *Finanzas y economía*: Mejora la optimización de carteras de inversión, el análisis de riesgos y la simulación de dinámicas de mercado, redefiniendo estrategias financieras.

7.7.1 Puertas, circuitos y algoritmos

Los circuitos cuánticos son, en muchos sentidos, análogos a los circuitos lógicos de la computación clásica, pero con la ventaja de aprovechar la naturaleza cuántica de los *qubits* de la que ya hemos hablado. En lugar de realizar operaciones binarias sobre bits clásicos con las conocidas puertas lógicas clásica —AND, OR, NOT, NAND, NOR, XOR, XNOR— los circuitos cuánticos utilizan compuertas cuánticas que manipulan estados cuánticos superpuestos y entrelazados, lo que permite realizar cálculos paralelos de una manera inalcanzable para las computadoras tradicionales.

El modelo de circuitos cuánticos fue formalizado por el físico teórico David Deutsch en la década de 1980 y ha sido desarrollado desde entonces como el punto de partida teórico de la computación cuántica [187]. Las puertas lógicas cuánticas constituyen los bloques fundamentales para la manipulación de qubits en los circuitos cuánticos, permitiendo realizar operaciones que aprovechan las propiedades únicas de la mecánica cuántica, como la superposición y el entrelazamiento. Para conocer la nomenclatura mediante la que operan, hemos de repasar primero nuestros conocimientos matemáticos sobre la notación de Dirac o notación bra-ket, que es un formalismo matemático utilizado en mecánica cuántica para representar estados cuánticos y operadores lineales de manera compacta y abstracta [188]. Cada puerta permite realizar operaciones específicas que permiten construir algoritmos cuánticos avanzados. He aquí las diez principales:

i. *CNOT*: Puerta control-NOT, aplica una operación NOT en el qubit objetivo solo si el qubit de control está en el estado

|1⟩. Su utilidad estriba en crear entrelazamiento en circuitos cuánticos.

ii. *H*: La puerta de Hadamard, genera una superposición *equitativa* entre los estados |0⟩ y |1⟩. Es útil para iniciar algoritmos cuánticos como el de Grover.

iii. *X*: La *puerta* X, equivalente a un NOT en computación clásica, invierte el estado de un qubit. Su utilidad radica en cambiar |0⟩ a |1⟩ y viceversa.

iv. *Y*: *Realiza* una rotación alrededor del eje Y del espacio de Bloch en un ángulo π. Es útil para manipulaciones precisas de qubits en algoritmos específicos.

v. *Z*: *Puerta* que aplica una rotación de fase alrededor del eje Z en el espacio de Bloch. Su utilidad estriba en alterar la fase sin afectar las probabilidades de medición.

vi. *S*: Puerta de fase, aplica una rotación de π/2 en el eje Z. Es útil *en* transformaciones de fase y ajustes finos en circuitos.

vii. *T*: Puerta de π/4, realiza una rotación de π/4 en el eje Z. Su utilidad estriba en realizar operaciones en bases arbitrarias y ajustes precisos de fase.

viii. *SWAP*: Intercambia el estado de dos qubits. Es útil para *reorganizar* qubits dentro de un circuito cuántico.

ix. *CCNOT (Toffoli)*: Puerta control-control-NOT, realiza un NOT en el qubit objetivo si ambos qubits de control están en |1⟩. Se utiliza para computación cuántica reversible y operaciones clásicas embebidas en circuitos cuánticos.

x. *CSWAP (Fredkin)*: Puerta control-SWAP, intercambia *dos* qubits objetivo solo si el qubit de control está en |1⟩. Aplica en algoritmos de comparación cuántica y procesos de selección.

Actualmente, se están desarrollando circuitos cuánticos en laboratorios de todo el mundo, y empresas como IBM y Google han construido procesadores cuánticos experimentales que utilizan compuertas cuánticas en arquitecturas de circuitos para realizar operaciones [189]. Sin embargo, uno de los principales puntos a solventar en los circuitos cuánticos continua sin solución. Los qubits son extremadamente sensibles a las perturbaciones externas, lo que puede llevar a errores en el cálculo. A medida que se desarrollan tecnologías más avanzadas para estabilizar los qubits y corregir estos errores, los circuitos cuánticos podrían —y por el momento no se da este supuesto— llegar a ser la base de computadoras cuánticas prácticas aplicables a gran escala y capaces de resolver problemas que están fuera del alcance de las computadoras tradicionales, mediante la adaptación de los algoritmos tradicionales, a las peculiaridades de las computadoras cuánticas. Entre estos algoritmos cabe destacar [172]:

i. *Algoritmo de Shor.* Diseñado para la factorización de números grandes, este algoritmo ha demostrado su efectividad en simulaciones cuánticas y pequeños sistemas reales. Un hito notable fue la factorización del número 15 en factores primos (3 y 5) utilizando una computadora cuántica de 7 qubits en 2001, realizada por un equipo liderado por IBM. Aunque este resultado pueda parecer modesto, representó una prueba de concepto exitosa que validó la capacidad del algoritmo de Shor para ejecutarse en hardware cuántico. En términos de rendimiento, el algoritmo de Shor reduce el tiempo de cálculo exponencial asociado con los métodos clásicos de factorización, como el algoritmo de cuadrícula o el método de fracciones continuas, a tiempo polinomial en una computadora cuántica ideal. Por ejemplo, factorizar un número de 2048 bits, utilizado en claves RSA comunes [109], requeriría millones de años con métodos clásicos en hardware convencional, mientras que el algoritmo de Shor podría completarlo en horas o días, dependiendo de la calidad y escala de la computadora cuántica disponible. Logros recientes en computación cuántica han ampliado la capacidad de simulación del algoritmo. En 2012, investigadores lograron implementar una versión simplificada del algoritmo de Shor en una computadora cuántica basada en trampas de iones, lo que permitió realizar factorizaciones de manera más controlada y precisa. En 2019, experimentos con computadoras cuánticas superconductoras mostraron avances en la escalabilidad del algoritmo, aunque aún lejos de los niveles necesarios para romper sistemas criptográficos modernos. Estas comparaciones y logros subrayan el potencial disruptivo del algoritmo de Shor frente a los métodos clásicos, destacando su capacidad para resolver problemas que actualmente limitan el progreso en criptografía y teoría de números, siempre que se superen las barreras tecnológicas actuales en la construcción de computadoras cuánticas.

ii. *Algoritmo de Grover.* Este algoritmo, diseñado para búsquedas en bases de datos no ordenadas, ofrece una mejora cuadrática al reducir el número de pasos necesarios para encontrar un elemento en comparación con los métodos clásicos. Por ejemplo, en 2017, Google utilizó el algoritmo de Grover en su computadora cuántica para realizar una búsqueda en una base de datos pequeña, demostrando cómo puede implementarse en hardware real para problemas prácticos. Otro caso relevante es su aplicación en criptografía, donde investigadores han explorado su capacidad para analizar claves de cifrado como las utilizadas en AES, mostrando que podría reducir significativamente el tiempo necesario para romperlas en escenarios futuros con computadoras cuánticas más avanzadas. Además, en el ámbito de la química cuántica, se ha utilizado para identificar estados moleculares específicos, ayudando a optimizar configuraciones químicas en sistemas experimentales pequeños, como la simulación de moléculas simples. Estos avances muestran cómo el algoritmo de Grover ya ha sido implementado en contextos reales, sentando las bases para su uso en problemas más complejos a medida que la tecnología cuántica evoluciona.*Algoritmo de optimización cuántica variacional (VQA)*: Utilizado para resolver problemas de optimización combinatoria. Tiene aplicaciones en logística, finanzas y machine learning, como en el ajuste de parámetros de modelos complejos.

iii. *Quantum Approximate Optimization Algorithm (QAOA)*: Desarrollado para abordar problemas de optimización aproximada, es especialmente útil en situaciones donde encontrar soluciones exactas resulta ineficiente. En 2021, investigadores de Google demostraron el potencial del QAOA al aplicarlo en un problema de asignación de recursos en redes de comunicaciones, optimizando la distribución de ancho de banda en nodos interconectados. Otro caso destacado fue su uso por la empresa Zapata Computing para resolver problemas de logística, como la optimización de rutas de transporte en sistemas complejos. Además, QAOA ha sido implementado en simulaciones para mejorar la planificación energética, logrando configurar sistemas de distribución eléctrica de forma más eficiente en redes urbanas. Estos ejemplos muestran su versatilidad en campos prácticos, como la planificación estratégica y la gestión de infraestructuras, posicionándolo como una herramienta prometedora para la resolución de problemas de optimización en el mundo real.

iv. *Algoritmos cuánticos para machine learning (QML)*: Los algoritmos cuánticos para machine learning están diseñados para mejorar el rendimiento y la velocidad de tareas complejas en clasificación, análisis de datos y modelado predictivo. Un ejemplo destacado es el uso de quantum support vector machines (QSVM) por IBM en 2019, que mostró cómo los datos cuánticos pueden ser clasificados de manera eficiente en sistemas experimentales utilizando pequeños conjuntos de datos. Otro caso relevante es el desarrollo de quantum neural networks (QNN) por Google, aplicado a simulaciones cuánticas para clasificar imágenes simples, lo que demostró el potencial de estas redes en la mejora de modelos de aprendizaje. En la industria, empresas como Xanadu han utilizado QML para optimizar tareas como la detección de anomalías en redes de telecomunicaciones. Estas aplicaciones reflejan el impacto potencial de los algoritmos QML, particularmente en problemas que requieren procesamiento masivo de datos o análisis en tiempo real.

v. *HHL (Harrow-Hassidim-Lloyd)*: Este algoritmo está diseñado para resolver sistemas de ecuaciones lineales, un problema fundamental en numerosas disciplinas, de manera exponencialmente más eficiente que los métodos clásicos en ciertos casos. Un ejemplo práctico es su aplicación en simulaciones físicas, donde se utilizó para modelar interacciones cuánticas en experimentos con pequeños sistemas físicos controlados, como redes de átomos fríos. En el ámbito financiero, el algoritmo HHL ha sido explorado para optimizar cálculos de riesgo y análisis de carteras, áreas que implican la resolución de sistemas de ecuaciones para predecir tendencias y evaluar estrategias. Además, en aprendizaje automático, se ha empleado experimentalmente para implementar métodos de regresión cuántica en sistemas reducidos, demostrando su potencial para acelerar modelos de predicción y clasificación en datos de gran dimensión. Estos ejemplos subrayan la utilidad del HHL en problemas prácticos de simulación, análisis y modelado, siempre que las condiciones específicas de entrada y escalabilidad sean adecuadas para el entorno cuántico.

vi. *Deutsch-Jozsa*: Este algoritmo, uno de los primeros desarrollados para demostrar la ventaja cuántica, está diseñado para resolver el problema de determinar si una función binaria es constante (produce siempre el mismo resultado) o equilibrada (produce tantos ceros como unos) con una única evaluación cuántica. A diferencia de los métodos clásicos, que requieren múltiples evaluaciones para garantizar la respuesta, el algoritmo de Deutsch-Jozsa logra este resultado en tiempo constante gracias a la superposición cuántica. Aunque su aplicación práctica es limitada debido a la naturaleza específica del problema que resuelve, ha sido implementado experimentalmente en sistemas de computación cuántica como los de IBM y Rigetti, validando su funcionamiento en hardware real. Este algoritmo es clave desde un punto de vista conceptual, ya que ilustra de manera clara el poder de la computación cuántica frente a los enfoques clásicos, sentando las bases para desarrollos más complejos en algoritmos posteriores.

vii. *Amplitud Estimation*: Basado en principios similares al de Grover, permite estimar probabilidades con mayor eficiencia en comparación con los métodos clásicos. Su capacidad para mejorar la precisión con menos iteraciones lo hace especialmente útil en aplicaciones como la valoración de opciones financieras, donde se requiere calcular integrales complejas relacionadas con el precio esperado de activos bajo incertidumbre. En 2020, investigadores de IBM demostraron su aplicación en la valoración cuántica de opciones utilizando simulaciones en computadoras cuánticas, logrando un rendimiento superior al de técnicas tradicionales de Monte Carlo en términos de velocidad y precisión. Además, ha sido empleado experimentalmente en simulaciones para evaluar riesgos en carteras financieras y para calcular probabilidades en problemas estadísticos de alta complejidad. Estas aplicaciones destacan el potencial del algoritmo en áreas donde la eficiencia en el cálculo probabilístico y la precisión son críticas.

La evolución reciente de la computación cuántica ha generado importantes expectativas, sin embargo, los avances alcanzados hasta el momento no han cumplido plenamente con las proyecciones iniciales. A pesar de hitos como el anuncio de IBM en octubre de 2024 sobre la inauguración de su primer centro de datos cuánticos en Europa, destinado a desentrañar los misterios de la naturaleza, la aplicación práctica de estas tecnologías aún está por consolidarse, aunque la promesa de la computación cuántica no radica únicamente en su capacidad para resolver problemas intratables para las máquinas actuales. La computación cuántica está redefiniendo nuestra comprensión de lo computable y abriendo nuevas preguntas sobre los límites de la tecnología. Así, aunque la realización práctica de su potencial pueda parecer lejana, cada avance incremental contribuye a la construcción de una base sólida para un futuro donde lo cuántico no solo sea una promesa, sino una realidad tangible.

8 Sistemas

También para la ingeniería un sistema se concibe como un conjunto ordenado de componentes interrelacionados, ya sean elementos materiales o conceptuales, dotado de una estructura, composición y entorno particulares. En el contexto concreto de la informática, un sistema informático trasciende en la práctica la mera suma de sus partes, constituyendo en muchas ocasiones una entidad compleja donde cada elemento interactúa y colabora para procesar, almacenar y transmitir información, más allá incluso de las pretensiones que el ingeniero plasmó en el diseño originalmente ideado. Comprender el funcionamiento global de la tecnología circundante y su influencia en nuestra percepción del mundo como una amalgama de información y representación, pasa por entender la integración de los que podemos considerar los tres componentes fundamentales de un sistema informático: *hardware*, *software* y *liveware*.

Estos componentes, ya sean físicos, lógicos o humanos, no operan de forma aislada, sino que se influyen mutuamente a través de redes de interacciones y retroalimentación. Los flujos de información originan patrones de comportamiento que determinan la dinámica del sistema en su totalidad. La *Teoría de Sistemas* o *Teoría General de Sistemas* estudia estos sistemas desde una perspectiva multidisciplinaria, reconociendo que cualquier sistema es identificable por sus límites y partes interrelacionadas e interdependientes, denominadas subsistemas. La modificación de un elemento dentro de un sistema incide inevitablemente en el funcionamiento del resto, subrayando que un sistema es más que la simple agregación de sus componentes y que posee un propósito o fin último que garantiza su operatividad.

Así, independientemente de sus componentes, los sistemas pueden clasificarse en dos grandes categorías: *sistemas conceptuales* y *sistemas materiales*. Los sistemas conceptuales consisten en conjuntos ordenados e interrelacionados de conceptos e ideas, que pueden adoptar la forma de individuos, predicados, conjuntos u operadores. Son de naturaleza abstracta e intangible. En contraste, los sistemas materiales son tangibles y concretos, compuestos por componentes físicos con propiedades específicas como energía, historia y posición.

1.1 Hardware

El *hardware* constituye la cuna material sobre la cual se despliegan los intrincados engranajes de todo sistema informático con el objetivo de computar. Este conglomerado de componentes físicos actualmente se identifica fácilmente en forma de diminutos circuitos impresos o unidades de almacenamiento y procesamiento. En este vasto espectro, el procesador —o *Unidad Central de Procesamiento*— desempeña el rol de la mente operativa de la máquina, ejecutando las órdenes que le facultan para efectuar cálculos sumamente complejos en fracciones de segundo. La memoria RAM —*Memoria de Acceso Aleatorio*—, por su parte, se encarga de proporcionar un espacio transitorio donde se resguardan los datos y procesos en uso, posibilitando de esta manera una interacción ágil y fluida entre el procesador y el resto de los subsistemas.

Lo que tradicionalmente venimos en llamar "disco duro", tanto en su modalidad mecánica con un disco rígido real que gira —que está compuesto de aluminio o vidrio como sustrato, aleaciones de cobalto-hierro-níquel como capa magnética, carbono como protección, y lubricantes fluoroquímicos—, como en las contemporáneas unidades de estado sólido, brindan un espacio perenne para el resguardo de datos, preservando la información incluso en periodos de inactividad del sistema. La placa madre, esa enmarañada red de conexiones electrónicas, actúa como la espina dorsal que integra todos estos componentes, facilitando la comunicación entre ellos y garantizando una operatividad armónica. Igualmente, es imperativo no omitir los periféricos, tanto de entrada —como teclados, ratones y escáneres— como de salida —tales como monitores e impresoras—, que constituyen los medios a través de los cuales interactuamos con el sistema y percibimos sus respuestas. Esto es en esencia lo que hoy en día estamos acostumbrados a considerar una computadora, aunque como veremos aquí no siempre es o ha sido así [17].

Partimos de dos paradigmas fundamentales de la computación, a partir de los cuales se hace uso de diferentes técnicas para implementarlos:

i. *Computación analógica*: Opera con datos continuos, representando variables físicas mediante magnitudes análogas como voltajes, corrientes o desplazamientos mecánicos. Aunque menos común en la actualidad, fue ampliamente utilizada en los primeros sistemas de cálculo, como los integradores mecánicos y computadoras analógicas. Este tipo de computación sigue siendo útil en áreas específicas como la simulación de fenómenos naturales y el procesamiento de señales.

ii. *Computación discreta*: se caracteriza por el tratamiento de información en unidades separadas e indivisibles, como números enteros, símbolos o estados finitos. En este marco, los datos se representan mediante valores claramente definidos y disyuntos, lo que permite operar bajo un sistema lógico donde las transiciones entre estados son claramente identificables. Este enfoque contrasta con la computación analógica, en la que las magnitudes son continuas y las variaciones son infinitesimales dentro de un rango determinado. Mientras que la computación discreta resulta adecuada para procesos que requieren precisión y un control riguroso de los estados, la computación analógica se adapta mejor a fenómenos que evolucionan de manera continua, como las oscilaciones o las transformaciones graduales en sistemas físicos.

Es a partir de estos dos grandes paradigmas donde encontramos infinidad de enfoques que nos permiten crear máquinas capaces de computar. Repasaremos aquí sin intención ni posibilidad de crear una lista cerrada, algo más de una veintena de estos enfoques:

i. *Computación mecánica analógica*: Utiliza sistemas de *engranajes*, palancas y mecanismos físicos para realizar cálculos. Fue predominante en la era anterior a la invención del transistor, con dispositivos como la Pascalina, desarrollada por Blaise Pascal en 1642, una de las primeras calculadoras mecánicas capaz de realizar sumas y restas mediante un sistema de ruedas dentadas. A mediados del siglo XIX, Charles Babbage diseñó la Máquina Diferencial y, posteriormente, la Máquina Analítica, prototipos visionarios que, aunque nunca se completaron en su totalidad durante su vida, sentaron las bases conceptuales de las computadoras modernas al incorporar elementos como memoria y capacidad de programación. Un ejemplo adicional es el planímetro, inventado en el siglo XIX, un instrumento mecánico que permitía medir áreas bajo curvas con precisión. Estos dispositivos, aunque rudimentarios según estándares actuales, fueron fundamentales en aplicaciones científicas y de ingeniería, destacando el papel de la computación analógica en el desarrollo de modelos matemáticos y físicos mucho antes de la llegada de la era digital.

ii. *Computación mecánica discreta*: Se fundamenta en mecanismos físicos *que* procesan información a través de estados bien definidos y separados, como posiciones fijas o configuraciones binarias. Un ejemplo destacado es la máquina de Leibniz, desarrollada en el siglo XVII, que empleaba un cilindro escalonado para realizar operaciones aritméticas básicas como suma, resta, multiplicación y división, trabajando con valores discretos. Más tarde, las calculadoras mecánicas diseñadas por Curt Herzstark en el siglo XX, como la Curta, lograron compactar el diseño y optimizar la precisión de los cálculos. Durante la Segunda Guerra Mundial, dispositivos como las bombas de Turing, utilizadas para descifrar el código Enigma, implementaron principios de computación discreta mediante mecanismos rotatorios y lógicos que evaluaban configuraciones específicas. Estas máquinas, aunque limitadas en velocidad y capacidad, demostraron la aplicabilidad de sistemas basados en estados finitos para resolver problemas matemáticos y lógicos con un nivel de automatización significativo para su época.

iii. *Computación electrónica analógica*: Se caracteriza por el uso de señales eléctricas continuas para representar y manipular información, permitiendo modelar fenómenos físicos directamente mediante circuitos. Un ejemplo temprano y destacado es el Analizador Diferencial, diseñado por Vannevar Bush en la década de 1930, una máquina capaz de resolver ecuaciones diferenciales complejas utilizando componentes eléctricos y mecánicos. Durante la Segunda Guerra Mundial, dispositivos como el Norden Bombsight emplearon principios de computación analógica para calcular trayectorias balísticas en tiempo real, demostrando su eficacia en aplicaciones militares. En los años posteriores, la computación analógica se consolidó en áreas como la ingeniería y la aeronáutica, con simuladores de vuelo que modelaban dinámicas aéreas mediante redes de resistencias, capacitores y amplificadores operacionales. Aunque eventualmente fue desplazada por la computación digital, la computación electrónica analógica jugó un papel central en la resolución de problemas continuos antes de la llegada de los transistores y los circuitos integrados.

iv. *Computación electrónica discreta*: Comprende sistemas que procesan información mediante valores finitos claramente definidos, generalmente en formato digital binario, aunque también en otras bases numéricas. La computación digital comenzó a tomar forma con la máquina Z3 de Konrad Zuse, desarrollada en 1941, considerada la primera computadora completamente programable y basada en lógica binaria. Un hito clave fue la ENIAC, creada en 1945, que empleaba tubos de vacío para realizar cálculos a alta velocidad en aplicaciones militares y científicas, marcando el inicio de la era digital. Sin embargo, no toda la computación discreta electrónica se limitó al sistema binario. Un ejemplo destacado de computadora no binaria fue la ya mencionada *Setun*, desarrollada en la Unión Soviética en 1958, que operaba bajo lógica ternaria, utilizando tres estados (-1, 0 y 1). Este diseño resultó innovador al ofrecer una mayor densidad de información y eficiencia energética en comparación con los sistemas binarios, aunque su adopción fue limitada por la creciente estandarización del sistema binario en la industria. Otro ejemplo notable, aunque menos conocido, fue la exploración de computadoras decimales, como la IBM 650 de 1954, que procesaba datos utilizando representaciones basadas en el sistema decimal, reflejando una alternativa temprana antes de la consolidación del binarismo como estándar universal. Estos sistemas demuestran la diversidad conceptual dentro de la computación discreta, especialmente durante sus primeras décadas de desarrollo.

v. *Computación híbrida:* Integra elementos de la computación analógica y discreta, combinando las capacidades de los sistemas continuos para modelar fenómenos físicos con la precisión y flexibilidad de los sistemas discretos en la gestión lógica y el almacenamiento de datos. Este enfoque fue particularmente destacado en la década de 1960, cuando se emplearon computadoras híbridas para simulaciones complejas en áreas como la aeronáutica y la investigación espacial. Un ejemplo representativo fue el sistema utilizado en los simuladores de vuelo del programa Apollo, donde la parte analógica resolvía ecuaciones diferenciales en tiempo real, modelando las dinámicas de vuelo, mientras que la parte digital gestionaba la lógica, el control de eventos y el almacenamiento de datos. Otro caso relevante fue el uso de sistemas híbridos en los laboratorios de ingeniería para optimizar procesos industriales, como el control de plantas químicas, donde las variables físicas eran modeladas analógicamente y las decisiones eran tomadas por algoritmos discretos. Aunque eventualmente estos sistemas fueron desplazados por la creciente capacidad de la computación digital, la computación híbrida representó una solución intermedia que permitió superar las limitaciones de cada paradigma individual en su época.

vi. *Computación cuántica:* Se basa en los principios de la mecánica cuántica para procesar información mediante qubits (bits cuánticos), que pueden existir en estados superpuestos de 0 y 1, y aprovechar fenómenos como la entrelazación y la interferencia. A diferencia de los sistemas clásicos, que son limitados a estados discretos y secuenciales, los sistemas cuánticos permiten realizar cálculos de manera altamente paralela, lo que ofrece ventajas potenciales en problemas complejos como la factorización de números grandes, la optimización combinatoria y la simulación de sistemas moleculares. Un ejemplo temprano fue la implementación del algoritmo de Shor en 2001 por IBM, donde una computadora cuántica básica logró factorizar el número 15, demostrando experimentalmente el potencial del procesamiento cuántico. Más recientemente, máquinas como la Sycamore de Google lograron realizar en 2019 una tarea específica en 200 segundos que habría tomado miles de años en un superordenador clásico, aunque con aplicaciones prácticas aún limitadas. Estas computadoras, aunque en etapas iniciales de desarrollo, se han utilizado en áreas como la química cuántica, con aplicaciones en el diseño de nuevos materiales y medicamentos. La computación cuántica representa un paradigma emergente que desafía los límites tradicionales del cálculo y promete resolver problemas intratables para las tecnologías clásicas, marcando un horizonte revolucionario en la ciencia de la computación.

vii. *Computación óptica*: Utiliza luz, generalmente en forma de fotones, para procesar, transmitir y almacenar información, reemplazando los electrones empleados en la computación *electrónica* tradicional. Este enfoque explora la capacidad de los sistemas ópticos para operar con señales continuas o discretas, aprovechando propiedades como la velocidad de la luz, el paralelismo inherente y la baja generación de calor, lo que lo hace especialmente prometedor para aplicaciones de alta densidad y alta velocidad. Un ejemplo histórico es la implementación de procesadores ópticos para el procesamiento de imágenes y señales en la década de 1970, donde las transformadas ópticas de Fourier permitieron realizar análisis de frecuencias con una velocidad superior a la de los sistemas electrónicos de la época. Más recientemente, se han desarrollado sistemas como el procesador fotónico de Lightmatter, que aplica computación óptica discreta para tareas de inteligencia artificial, demostrando la viabilidad de los circuitos fotónicos en cálculos complejos. Otro ejemplo son los sistemas ópticos holográficos, que permiten almacenar datos tridimensionales en medios físicos, multiplicando la capacidad de almacenamiento en comparación con los discos duros convencionales. Aunque aún enfrenta retos tecnológicos, como la integración eficiente con sistemas electrónicos y el control de errores, la computación óptica se perfila como una solución viable en escenarios donde se requiere un procesamiento masivo de datos, como la inteligencia artificial, las telecomunicaciones y la simulación científica avanzada.

viii. *Computación neuromórfica*: Diseñada para imitar la arquitectura y el funcionamiento del cerebro humano, utiliza circuitos electrónicos que emulan las redes neuronales biológicas. Esta modalidad permite el desarrollo de sistemas de inteligencia artificial más eficientes en términos energéticos y computacionales, adecuados para tareas como reconocimiento de patrones y aprendizaje autónomo.

ix. Computación adiabática: Es un paradigma computacional que utiliza principios de la mecánica cuántica y procesos adiabáticos (es *decir*, cambios que ocurren sin intercambio significativo de energía con el entorno) para resolver problemas de optimización y cálculo. En este enfoque, un sistema cuántico inicial se prepara en un estado de mínima energía (estado fundamental) y se somete a una evolución lenta y controlada, de manera que permanece en su estado fundamental mientras se transforma gradualmente en la representación cuántica del problema a resolver. El resultado final se interpreta como la solución óptima del problema. Un ejemplo práctico de computación adiabática es el ordenador cuántico de D-Wave Systems, que emplea una técnica conocida como *quantum annealing* para resolver problemas complejos de optimización combinatoria, como la asignación de rutas en redes de transporte o la configuración de cadenas de suministro. Aunque la naturaleza de estos dispositivos no es completamente universal como en los ordenadores cuánticos tradicionales, han demostrado ser útiles en tareas específicas que involucran grandes espacios de búsqueda. La computación adiabática se distingue por su eficiencia potencial en problemas que son intratables para la computación clásica, pero también enfrenta limitaciones relacionadas con la precisión de los dispositivos físicos y la sensibilidad a la decoherencia. No obstante, su enfoque basado en el principio de energía mínima ofrece una vía alternativa para explorar los límites del procesamiento cuántico en aplicaciones prácticas.

x. *Computación biológica*: Utiliza sistemas y procesos biológicos, como reacciones bioquímicas y estructuras moleculares, para procesar información, realizar cálculos y resolver problemas complejos, aprovechando principios naturales como la replicación del ADN, la evolución y las interacciones moleculares. Este enfoque, inspirado en la biología, promete una integración directa con sistemas vivos y un consumo energético ínfimo comparado con los sistemas electrónicos *tradicionales*. Uno de los avances más notables fue el experimento de Leonard Adleman en 1994, donde utilizó cadenas de ADN para resolver el problema del camino hamiltoniano, demostrando la capacidad de las moléculas biológicas para realizar cálculos masivamente paralelos. Además, las redes genéticas sintéticas han permitido la implementación de circuitos lógicos en células vivas mediante ingeniería genética, abriendo posibilidades para sistemas biológicos programables capaces de tomar decisiones en entornos dinámicos. Aplicaciones actuales incluyen biosensores avanzados que detectan cambios ambientales y responden con precisión, así como terapias médicas innovadoras que utilizan "computadoras vivas" diseñadas para diagnosticar enfermedades y administrar tratamientos a nivel celular. A pesar de estar en etapas tempranas, este paradigma combina la biología molecular y la informática para revolucionar campos como la biomedicina, la nanotecnología y la sostenibilidad ambiental, planteando un futuro donde los límites entre lo biológico y lo computacional se desdibujen.

xi. *Computación hidráulica*: Utiliza fluidos para procesar información mediante presiones, flujos y volúmenes controlados, implementando operaciones lógicas y aritméticas a través de válvulas, tuberías y depósitos, basándose en principios de la dinámica de fluidos. Un ejemplo pionero fue el integrador hidráulico desarrollado por Vladimir Lukyanov en la Unión *Soviética* en la década de 1930, considerado la primera computadora hidráulica del mundo. Esta máquina resolvía ecuaciones diferenciales parciales complejas mediante el flujo de agua, encontrando aplicaciones en la ingeniería civil y la planificación hidráulica, como el diseño de sistemas de riego y canales, y permitiendo modelar fenómenos como la propagación del calor o el movimiento de líquidos en tuberías. Posteriormente, en 1949, Bill Phillips creó la máquina MONIAC, que simulaba la economía de una nación utilizando agua para modelar el flujo de dinero entre sectores económicos, destacando como un ejemplo de computación analógica en contextos económicos. Además, los principios de la computación hidráulica encontraron aplicaciones prácticas en controles analógicos de aeronaves y maquinaria pesada, donde las propiedades del flujo permitieron realizar cálculos relacionados con el equilibrio y la dinámica en tiempo real. Aunque estas máquinas demostraron la viabilidad del uso de fluidos como medio de cálculo, la complejidad de los sistemas hidráulicos, los altos costos de mantenimiento y la falta de escalabilidad frente a la electrónica los relegaron a un rol histórico y experimental. Hoy en día, la computación hidráulica se recuerda como un enfoque innovador y una curiosidad histórica, con legados como el integrador de Lukyanov y la MONIAC que continúan inspirando el diseño de sistemas bioinspirados y fluidodinámicos modernos. *Computación basada en gotas de agua*: Una variante contemporánea de la computación hidráulica, desarrollado en 2015 por ingenieros de Stanford, utiliza gotas de agua magnetizadas representan bits de información. Estas gotas se mueven a través de circuitos con barras de hierro y capas de aceite, manipuladas por campos magnéticos sincronizados. Este sistema demuestra cómo principios físicos alternativos pueden replicar procesos computacionales tradicionales, ampliando los horizontes de la computación.

xii. *Computación neumática*: Explora el uso del aire como medio principal para replicar funciones de los sistemas electrónicos, utilizando válvulas, bombas y flujos controlados para implementar operaciones lógicas y mecánicas. Aunque aún en fases *conceptuales*, ha generado prototipos experimentales que demuestran su potencial en aplicaciones prácticas y artísticas. En la exposición *Pneumatics Computing: Flop or Future?*, se presentaron ejemplos destacados como una CPU de dos metros que representaba bits mediante globos blancos y negros, ilustrando estados binarios a través de presión y volumen de aire, así como una impresora neumática impulsada por cilindros de aire comprimido, capaz de marcar superficies con golpes precisos. También se exhibió una consola que movía bolas utilizando ondas de sonido generadas por altavoces, fusionando dinámicas neumáticas con principios acústicos, junto con una tarjeta de sonido activada por pedales que producía sonidos mediante corrientes de aire en flautas y un sistema de comunicación basado en tubos neumáticos, capaz de transportar objetos para simbolizar la transmisión de datos. Además de estas demostraciones, la computación neumática encuentra posibles aplicaciones en entornos donde la electricidad es limitada o indeseable, como áreas peligrosas, sistemas de emergencia o instalaciones industriales que ya utilizan aire comprimido. Este enfoque plantea alternativas sostenibles al aprovechar un recurso renovable, aunque su velocidad y precisión sean inferiores a las de los sistemas electrónicos actuales. Sin embargo, al combinar principios mecánicos y computacionales, ofrece una vía innovadora para explorar formas de procesamiento y control, con posibilidades prácticas en contextos específicos y un impacto ambiental reducido, redefiniendo los límites de la computación más allá de lo electrónico.

xiii. *Computación basada en grafeno y materiales bidimensionales*: Se centra en las propiedades únicas de estos materiales ultradelgados, compuestos por capas de uno o pocos átomos, para desarrollar dispositivos electrónicos más rápidos, eficientes y compactos. El grafeno, descubierto en 2004, destaca por su excepcional conductividad eléctrica, flexibilidad mecánica, resistencia térmica y capacidad para operar a altas frecuencias, lo que lo posiciona como un material prometedor para superar las limitaciones del silicio en la miniaturización de componentes. Los transistores de grafeno, por ejemplo, ofrecen *velocidades* extremadamente altas y menor consumo energético, abriendo posibilidades en procesadores más eficientes y rápidos. Además, otros materiales bidimensionales como el disulfuro de molibdeno (MoS_2) y el nitruro de boro hexagonal complementan al grafeno en aplicaciones específicas, como sensores avanzados, dispositivos ópticos y sistemas flexibles. En el ámbito de la fotónica, el grafeno ha demostrado ser eficaz en moduladores y detectores ultrarrápidos, permitiendo procesar señales ópticas con una velocidad superior a la de los materiales convencionales. Asimismo, se investigan sistemas híbridos que integran materiales bidimensionales con tecnologías existentes, lo que facilita el desarrollo de dispositivos transparentes, flexibles y altamente compactos, como pantallas táctiles, sensores portátiles y textiles electrónicos. Aunque los desafíos actuales incluyen la producción en masa, la integración industrial y la estabilidad de propiedades a gran escala, estos materiales prometen revolucionar el diseño de hardware, con aplicaciones potenciales en inteligencia artificial, telecomunicaciones, computación cuántica y electrónica avanzada, marcando un avance significativo hacia una era de dispositivos ultracompactos y sostenibles.

xiv. *Computación química*: Utiliza reacciones químicas y propiedades moleculares para procesar información, realizar cálculos y resolver problemas complejos, aprovechando la *capacidad* intrínseca de los sistemas químicos para realizar operaciones en paralelo a nivel molecular. Este paradigma se inspira en procesos naturales como las reacciones autocatalíticas y los patrones de autoorganización, empleando reactivos, catalizadores y soluciones para implementar lógica y aritmética. Un ejemplo temprano es el trabajo de Ross et al. en los años 90, donde se diseñaron sistemas químicos capaces de resolver problemas matemáticos simples mediante oscilaciones químicas periódicas, como las del sistema Belousov-Zhabotinsky. Más recientemente, se han explorado tecnologías basadas en redes químicas artificiales para realizar cálculos más complejos, incluyendo el reconocimiento de patrones y la simulación de procesos biológicos. También destaca la computación en gotículas químicas, donde microgotas suspendidas en un fluido portador actúan como unidades lógicas que interactúan y realizan operaciones a través de reacciones controladas.

Estas técnicas han encontrado aplicaciones potenciales en sensores químicos, sistemas de diagnóstico molecular y dispositivos de computación distribuida que operan en entornos extremos donde las tecnologías electrónicas fallarían. Aunque aún se enfrenta a limitaciones en términos de control y escalabilidad, la computación química representa un paradigma innovador que aprovecha las propiedades fundamentales de la materia para abordar problemas desde una perspectiva completamente diferente a la de los sistemas electrónicos, ofreciendo oportunidades en áreas como la nanotecnología, la medicina personalizada y la ingeniería ambiental.

xv. Computación espintrónica: Utiliza el espín de los electrones, además de su carga, para procesar, almacenar y transmitir información, abriendo nuevas posibilidades para dispositivos electrónicos más rápidos, eficientes y de menor consumo energético. A diferencia de los sistemas electrónicos convencionales, que dependen únicamente del flujo de corriente, la espintrónica aprovecha los dos estados posibles del espín del electrón (hacia arriba y hacia abajo) como unidades de información, lo que permite aumentar significativamente la densidad de datos y reducir las pérdidas de energía. Un ejemplo clave de esta tecnología es la memoria magnética de acceso aleatorio (MRAM), que almacena información mediante la orientación del espín en materiales ferromagnéticos, ofreciendo una alternativa más duradera y rápida a las memorias flash tradicionales. Además, los dispositivos espintrónicos han demostrado su potencial en sensores ultrasensibles, como los utilizados en cabezales de lectura de discos duros, que emplean magnetorresistencia gigante para detectar cambios magnéticos con alta precisión. Otro desarrollo significativo es el transistor de espín, que utiliza corrientes polarizadas en espín para realizar operaciones lógicas, mostrando promesas en computación de bajo consumo. Aunque la espintrónica aún enfrenta desafíos técnicos, como la integración con tecnologías CMOS y la generación eficiente de corrientes de espín, su capacidad para operar a escalas nanométricas y su compatibilidad con materiales avanzados, como el grafeno y otros materiales bidimensionales, la posicionan como un campo revolucionario en el diseño de hardware para inteligencia artificial, telecomunicaciones y computación cuántica.

xvi. *Computación fotónica cuántica:* Utiliza fotones, las partículas fundamentales de la luz, para procesar y transmitir información cuántica, aprovechando propiedades como la superposición, la Interferencia y el entrelazamiento para realizar cálculos complejos de forma paralela y eficiente. Este paradigma combina los principios de la mecánica cuántica y la óptica, ofreciendo una alternativa robusta a otras plataformas cuánticas al ser menos susceptible a la decoherencia y más estable operativamente, ya que los fotones, al no tener masa ni carga, interactúan débilmente con el entorno. En estos sistemas, los fotones se manipulan mediante dispositivos ópticos como divisores de haz, espejos, moduladores de fase y *detectores* de fotones individuales, y su información se codifica en grados de libertad como polarización, momento angular o frecuencia. Un avance destacado en este campo fue logrado en 2020 por investigadores de la Universidad de Ciencia y Tecnología de China con el procesador Jiuzhang, que alcanzó la supremacía cuántica fotónica al resolver un problema de muestreo de bosones a una velocidad inalcanzable por las computadoras clásicas más avanzadas, marcando un hito en el desarrollo de esta tecnología. Además, la computación fotónica cuántica se ha utilizado en simulaciones cuánticas aplicadas a química y física, permitiendo modelar interacciones moleculares y fenómenos cuánticos complejos con una eficiencia sin precedentes. Sin embargo, enfrenta retos como la generación de fotones indistinguibles y de alta calidad, la miniaturización de componentes ópticos y la mejora de los detectores ultrarrápidos, aunque la continua investigación en óptica integrada y en materiales avanzados promete superar estas limitaciones. Su potencial para resolver problemas en áreas como la criptografía cuántica, la optimización combinatoria, el diseño de nuevos materiales y la inteligencia artificial la posiciona como una tecnología clave en la evolución de la computación cuántica hacia sistemas más escalables, robustos y eficientes.

xvii. Computación evolutiva: Es un paradigma inspirado en los principios de la evolución biológica, que utiliza procesos como la selección natural, la mutación, el cruce genético y la adaptación para resolver problemas complejos de optimización y búsqueda en grandes espacios de soluciones. Este enfoque se implementa a través de algoritmos que simulan poblaciones de soluciones candidatas, las cuales evolucionan iterativamente mediante operadores evolutivos para mejorar su aptitud respecto a un criterio definido. Ejemplos prominentes incluyen los algoritmos genéticos, que modelan la evolución mediante cadenas binarias o estructuras más complejas que representan posibles soluciones, y los algoritmos de estrategias evolutivas, que se centran en la optimización de funciones continuas utilizando parámetros ajustables para simular procesos de mutación y adaptación. Otra variante es la programación genética, que evoluciona estructuras de programas completos para generar soluciones algorítmicas innovadoras. Este enfoque ha demostrado su eficacia en problemas como el diseño de circuitos electrónicos, la planificación de rutas, la *optimización* de redes neuronales y la simulación de sistemas dinámicos. La computación evolutiva es especialmente útil en dominios donde las soluciones óptimas no son conocidas de antemano, los espacios de búsqueda son demasiado grandes para ser explorados exhaustivamente, o los modelos matemáticos son demasiado complejos para enfoques tradicionales. Aunque enfrenta desafíos relacionados con la convergencia prematura y la necesidad de un diseño cuidadoso de las funciones de aptitud, sus capacidades de adaptación y exploración lo convierten en una herramienta poderosa en áreas como la inteligencia artificial, la bioinformática, el diseño industrial y la ingeniería de sistemas. Este paradigma no solo resuelve problemas específicos, sino que también genera insights sobre cómo los sistemas naturales evolucionan y se adaptan, reforzando el vínculo entre biología y computación.

xviii. *Computación neuromórfica:* Se basa en la emulación de la *arquitectura* y los procesos del cerebro humano para diseñar sistemas computacionales que imiten el comportamiento de las redes neuronales biológicas. Este enfoque utiliza hardware especializado, como chips neuromórficos, que integran circuitos electrónicos capaces de reproducir el funcionamiento sináptico y neuronal mediante picos eléctricos (spikes), en contraste con los enfoques tradicionales basados en lógica binaria. Los dispositivos neuromórficos destacan por su capacidad para procesar información de manera paralela, adaptativa y eficiente, lo que los hace ideales para tareas como el reconocimiento de patrones, la visión por computadora y el aprendizaje automático en tiempo real. Un ejemplo clave es el chip TrueNorth de IBM, diseñado con un millón de "neuronas" simuladas y 256 millones de "sinapsis", lo que le permite realizar tareas complejas con un consumo energético extremadamente bajo. Otro avance significativo es el chip Loihi de Intel, que implementa un enfoque de aprendizaje no supervisado inspirado en la plasticidad sináptica del cerebro, permitiendo la adaptación y la mejora continua sin necesidad de entrenamiento intensivo en grandes conjuntos de datos. Estos sistemas tienen aplicaciones en robótica, sistemas de percepción avanzada, análisis en el borde (edge computing) y dispositivos autónomos, donde la eficiencia energética y la capacidad de aprendizaje local son críticas. Aunque enfrenta desafíos como la falta de estandarización, la complejidad del diseño de hardware y software, y la integración con tecnologías existentes, la computación neuromórfica promete redefinir la manera en que abordamos problemas de inteligencia artificial y computación distribuida. Este paradigma no solo busca aumentar la eficiencia computacional, sino también acercar el diseño de máquinas a los principios fundamentales de la cognición y la neurociencia, marcando un paso hacia sistemas más inteligentes y energéticamente sostenibles.

xix. *Computación térmica*: Hace uso del calor como medio para procesar información, aprovechando propiedades termodinámicas y gradientes de temperatura para realizar operaciones lógicas y aritméticas. Este enfoque manipula flujos térmicos y estados de calor para implementar funciones lógicas, donde *diferencias* de temperatura pueden representar estados binarios, permitiendo el diseño de circuitos térmicos capaces de ejecutar compuertas AND y OR. Un ejemplo real de este paradigma es el trabajo realizado por investigadores de la Universidad de California en Los Ángeles (UCLA), quienes desarrollaron un transistor térmico que permite regular el flujo de calor entre dos terminales utilizando un tercer terminal que actúa como interruptor. Este dispositivo, basado en la química de los enlaces atómicos a nivel molecular, permite encender o apagar el paso del calor mediante un campo eléctrico, sin necesidad de partes móviles ni materiales especiales. Este avance tiene aplicaciones en entornos donde el calor es una fuente de energía abundante o inevitable, como en plantas industriales, motores de vehículos o sistemas espaciales, aprovechando el calor residual para realizar cálculos sin necesidad de circuitos electrónicos tradicionales. Además, se explora su potencial en dispositivos que operan en condiciones extremas, como en exploraciones planetarias o submarinas, donde la electrónica convencional enfrenta limitaciones. Aunque aún en etapas experimentales, la computación térmica enfrenta retos como la velocidad de transmisión térmica y la escalabilidad, pero su capacidad para convertir desechos energéticos en procesos útiles y su enfoque en la sostenibilidad posicionan este paradigma como una solución innovadora. Este desarrollo redefine el concepto de computación al integrar física térmica y lógica computacional, mostrando cómo incluso el calor residual puede ser aprovechado para realizar tareas computacionales de manera eficiente y sostenible.

xx. Computación molecular: Utiliza moléculas individuales, tanto orgánicas como inorgánicas, para procesar y almacenar información, aprovechando las propiedades químicas, electrónicas y estructurales de estas entidades a nivel nanométrico. Este paradigma se fundamenta en la capacidad de las moléculas para realizar operaciones lógicas, almacenar estados y responder a estímulos externos de manera altamente eficiente, abriendo nuevas posibilidades para el desarrollo de sistemas ultracompactos y de bajo consumo energético. Un ejemplo destacado es el uso de moléculas *sintéticas* diseñadas específicamente para funcionar como interruptores o puertas lógicas, donde los estados electrónicos o conformaciones moleculares representan bits de información. En 2017, investigadores de la Universidad de Manchester demostraron un prototipo de "computadora molecular" utilizando cadenas de moléculas capaces de realizar cálculos simples mediante reacciones químicas controladas, marcando un avance hacia sistemas que combinan química y computación de manera directa. Otro caso relevante es el desarrollo de dispositivos moleculares de memoria, como los basados en moléculas de rotaxano, que pueden almacenar datos mediante cambios en su configuración, ofreciendo densidades de almacenamiento mucho mayores que las tecnologías tradicionales. Este enfoque tiene aplicaciones potenciales en áreas como la biomedicina, donde las computadoras moleculares pueden integrarse en entornos biológicos para realizar diagnósticos y terapias a nivel celular, y en la nanotecnología, con el diseño de sensores moleculares inteligentes. Aunque enfrenta desafíos como la integración con tecnologías convencionales, la estabilidad de los sistemas y la escalabilidad, la computación molecular promete redefinir la arquitectura de los dispositivos al operar en escalas donde los sistemas electrónicos no pueden competir, abriendo un nuevo horizonte en la miniaturización y la eficiencia computacional.

xxi. *Computación probabilística:* Utiliza probabilidades como base para procesar información, en lugar de depender exclusivamente de valores determinísticos, aprovechando la incertidumbre intrínseca de los sistemas físicos o simulados para abordar problemas complejos de manera eficiente. Este enfoque modela problemas mediante distribuciones probabilísticas, donde cada cálculo produce un resultado con una probabilidad asociada en lugar de una respuesta fija, lo que lo hace especialmente útil en áreas como la inteligencia artificial, la optimización combinatoria y la simulación de sistemas estocásticos. Un ejemplo clave son las máquinas de Boltzmann, redes neuronales estocásticas que resuelven problemas de optimización a través de un proceso de enfriamiento simulado que ajusta las conexiones entre nodos para minimizar la energía de la red, aplicándose con éxito en el *aprendizaje* automático y la identificación de patrones complejos en grandes volúmenes de datos. En el ámbito del hardware, destacan desarrollos como el procesador Loihi de Intel, que incorpora principios de aprendizaje probabilístico para realizar cálculos en tiempo real con alta eficiencia energética, y circuitos estocásticos que aprovechan el ruido térmico o las fluctuaciones cuánticas para generar distribuciones probabilísticas de manera natural, brindando soluciones a problemas intratables para la computación determinística. Aunque enfrenta retos relacionados con el control preciso de los modelos probabilísticos y la integración con arquitecturas tradicionales, la computación probabilística sobresale por su capacidad para manejar incertidumbre y trabajar eficazmente en entornos con datos incompletos o ruido, posicionándose como una herramienta poderosa para la optimización, la inferencia bayesiana y el modelado predictivo. Este paradigma no solo amplía las fronteras de lo posible en el cálculo, sino que también ofrece una perspectiva más cercana a la realidad, donde las decisiones y los fenómenos están frecuentemente gobernados por probabilidades más que por certezas.

Lo hasta aquí expuesto permite reflexionar sobre la multiplicidad de mecanismos que pueden ser utilizados para computar, evidenciando que la computación no se limita al uso de ordenadores digitales modernos, sino que abarca un amplio espectro de enfoques basados en paradigmas analógicos y discretos. Estos paradigmas, al ser fundamentos de la informática, han dado lugar a una gran diversidad de tecnologías que se adaptan a distintos contextos históricos, necesidades específicas y recursos disponibles. Por ejemplo, la computación analógica, que opera con datos continuos, fue la base los primeros sistemas de cálculo, especialmente para modelar fenómenos naturales mediante dispositivos como los integradores mecánicos o el *Analizador Diferencial* que citamos. Por otro lado, la computación discreta, que procesa información en unidades claramente definidas, se consolidó como base de los sistemas digitales modernos, ejemplificados por máquinas históricas como la Z3 de Konrad Zuse y la ENIAC de las cuales evolucionaron nuestros actuales sistemas computacionales de escritorio.

Cada tipo de computación ya sea mecánica, electrónica, hidráulica, cuántica, molecular, etc., introduce una reinterpretación del concepto de procesamiento de información, ampliando las capacidades de la informática más allá de las limitaciones tradicionales. Por ejemplo, tecnologías como la computación fotónica y la spintrónica demuestran cómo las propiedades de la luz y el espín de los electrones pueden revolucionar el diseño de hardware, mientras que enfoques biológicos y químicos integran principios de la naturaleza para crear sistemas que se fusionan con entornos vivos. Estos enriquecen la comprensión de lo que significa computar, revelando implicaciones sobre la esencia de la informática: la capacidad de modelar, transformar y resolver problemas en cualquier medio capaz de representar y manipular información.

La diversidad de enfoques aquí esbozados destaca cómo la informática no es un campo limitado a la electrónica, sino una disciplina universal que explora la capacidad de cualquier sistema físico para realizar cálculos. Esta perspectiva tiene implicaciones prácticas y epistemológicas significativas, ya que redefine los límites de la tecnología y de la computación como herramientas humanas.

El *hardware*, por lo tanto, posibilita la ejecución de las tareas de procesamiento y facilita al *software* la transmutación de líneas de código en experiencias digitales palpables. Sin este conjunto de componentes materiales, el *software* carecería de un terreno fecundo donde desplegar su potencial, quedando confinado en una esfera puramente abstracta, incapaz de interactuar con el mundo tangible. ¿Tiene por lo tanto una existencia real y material el software sin estar sustentado por el hardware?

1.2 Software

El software es frecuentemente percibido como una entidad intangible, y constituye el elemento que dirige las operaciones de todo sistema informático. Formado por programas, aplicaciones y datos, se convierte en el mediador entre el usuario y el hardware. Actúa como una especie de traductor, tomando las instrucciones humanas y transformándolas en operaciones comprensibles para la maquinaria física, y a la vez, convierte las respuestas del hardware en resultados accesibles para el usuario. No se limita a una capa abstracta de interacción, sino que orquesta y optimiza el funcionamiento del sistema, indicando al hardware cómo operar en cada momento, cómo gestionar los recursos y cómo ejecutar las tareas necesarias.

Si bien su naturaleza parece intangible, su papel no puede existir sin la infraestructura física que le da soporte. El procesador, la memoria, el disco duro y otros componentes actúan bajo la dirección de ese software, pero solo pueden realizar sus funciones si tienen un programa que los guíe. La capacidad del software para transformar el código en acciones físicas es lo que otorga vida al hardware, permitiendo que este despliegue su potencial. Las instrucciones almacenadas en millones de servidores, dispersos en centros de datos por todo el mundo, dependen de una maquinaria física que procesa esas instrucciones y las traduce en operaciones tangibles, como cálculos, movimientos de datos o visualizaciones gráficas.

El software es, en efecto, el motor que impulsa las actividades de la sociedad contemporánea, desde la creación y edición de imágenes hasta la administración de complejas cadenas de suministro globales. Sin embargo, lejos de ser una fuerza abstracta que opera en una dimensión aislada, su existencia está entrelazada con lo físico: cada interacción que realizamos en un dispositivo digital, desde escribir un mensaje hasta editar un video, es facilitada por la acción invisible pero constante del software sobre el hardware. Es esta simbiosis entre lo intangible y lo material la que define el verdadero poder del software [190].

El software ha de optimizar el funcionamiento del hardware, gestionando de manera eficiente los recursos limitados del sistema. Un ordenador, por ejemplo, se sobrecalentaría o malgastaría energía si no tuviera un software que distribuyera las cargas de trabajo y regulara su funcionamiento. En este sentido, no solo hace posible la comunicación entre el usuario y la máquina, sino que garantiza que esta comunicación se realice de la manera más eficaz y segura posible. Su función es profundamente concreta y física. Sin su interacción constante con la infraestructura de hardware, toda la maquinaria quedaría detenida, incapaz de llevar a cabo las operaciones que definen su funcionalidad. Es precisamente en esta interrelación donde reside su verdadera naturaleza, no como algo ajeno a la materia, sino como una extensión de la misma, transformando la energía eléctrica y los impulsos electrónicos en acciones con consecuencias reales.

El software, en su esencia más pura, constituye una manifestación de abstracciones lógicas que trascienden la materialidad intrínseca de sus soportes físicos. Sin embargo, su existencia y operatividad dependen irrevocablemente del hardware que lo sustenta. Este último, en tanto estructura tangible, actúa como el receptáculo necesario para la materialización de las instrucciones codificadas que conforman el software. La interdependencia entre ambos componentes resalta una dualidad intrínseca: mientras el software define el comportamiento y las capacidades del sistema informático, el hardware proporciona el sustrato físico indispensable para su ejecución. Así, el software, aunque concebido como una entidad intangible, adquiere una realidad operativa únicamente a través de su implementación en dispositivos materiales específicos.

Esta relación simbiótica invita a una reflexión más profunda sobre la naturaleza de la existencia digital. El software, al existir en forma de códigos binarios y algoritmos, se erige como una construcción abstracta que cobra vida mediante la interacción con circuitos electrónicos y dispositivos de almacenamiento. Este fenómeno puede ser comparado con las ideas en el ámbito filosófico, donde conceptos abstractos encuentran expresión concreta a través de medios materiales. No obstante, la inmaterialidad del software plantea interrogantes sobre su independencia ontológica; si bien puede ser replicado y transferido digitalmente, su funcionalidad y propósito permanecen intrínsecamente ligados a las propiedades físicas de los componentes que lo alojan. Además, la evolución tecnológica ha ampliado las fronteras de esta interrelación, permitiendo que el software opere en entornos virtuales que emulan la presencia física sin depender directamente de un hardware específico. Este avance ha fomentado la creación de infraestructuras como la computación en la nube, donde el software puede ser accesible y funcional a través de redes globales de servidores. Sin embargo, esta virtualización no disocia al software de su fundamento material; más bien, redistribuye la dependencia hacia infraestructuras físicas más amplias y complejas. En definitiva, la existencia y operatividad del software, aunque aparentemente autónoma en su abstracción, continúa siendo una extensión directa de los sistemas materiales que le permiten interactuar con el mundo tangible y cumplir con sus funciones programadas.

1.3 Liveware

El concepto de Liveware atañe al componente humano en un sistema informático. Incluye a todas las personas que interactúan con el hardware y el software: usuarios, desarrolladores, ingenieros, administradores y técnicos. Sin la intervención humana, los sistemas carecerían de propósito y dirección. El Liveware es por el hasta el momento la parte consciente de un sistema, o el problema que se encuentra entre el teclado y la silla según otro tipo de razonamiento.

El factor humano introduce una dimensión consciente en el sistema, ya que las personas no solo interactúan con los demás componentes, sino que interpretan, ajustan y orientan el sistema hacia ciertos fines. La intervención humana aporta creatividad, juicio y capacidad de adaptación, elementos que permiten la evolución del sistema en respuesta a nuevas circunstancias. Los seres humanos, a través de sus decisiones, influyen en la dirección y los resultados del sistema, otorgándole significado y propósito. Por lo tanto, en un sistema que incluye el *liveware*, no solo se trata de gestionar la complejidad técnica o funcional, sino de integrar el factor consciente y reflexivo que los humanos añaden a la estructura, haciendo que esta sea flexible y capaz de aprender y transformarse [191].

Los seres humanos ejercemos una influencia constante sobre la realidad que percibimos y experimentamos, a menudo sin ser plenamente conscientes de las consecuencias de nuestros actos. Desde una etapa temprana, se nos enseña a fragmentar los problemas en componentes más manejables para analizarlos y resolverlos de manera individual. Si bien este enfoque parece facilitar la gestión de situaciones complejas, nos desconecta de la totalidad sistémica en la que operamos, impidiendo ver las interrelaciones y los efectos a largo plazo de nuestras decisiones. Así, pagamos un precio invisible al perder la capacidad de comprender cómo nuestras acciones afectan no solo el entorno inmediato, sino también los sistemas más amplios de los que formamos parte.

Este fenómeno puede compararse con el intento de ensamblar los fragmentos de un espejo roto para recuperar un reflejo coherente. Dicho esfuerzo, al igual que la fragmentación analítica de los problemas, resulta inútil si no se entiende la totalidad del sistema que se está observando. Es aquí donde el pensamiento sistémico juega un papel fundamental, al ofrecernos una perspectiva que permite identificar los patrones de interacción que rigen los sistemas y cómo nuestras acciones dentro de ellos generan consecuencias, muchas veces inesperadas. Asumir el control de nuestro entorno requiere desmantelar la creencia de que son fuerzas externas las que determinan la realidad, y reconocer que nuestras decisiones y acciones contribuyen activamente a configurarla.

Este tipo de comprensión es esencial para que tanto individuos como organizaciones puedan adaptarse a un entorno en constante cambio. A medida que el mundo moderno se vuelve más interconectado y los sistemas más dinámicos, nuestras actividades se entrelazan cada vez más con un proceso de aprendizaje continuo. Las organizaciones que prosperarán en el futuro no serán aquellas que simplemente sigan órdenes dictadas por un liderazgo jerárquico, sino las que logren aprovechar la capacidad creativa de todas las personas dentro del sistema. En este sentido, todos los que participamos en un sistema somos responsables de la realidad que construimos, ya sea a través de decisiones conscientes o de acciones no intencionadas. Reconocer y modificar esos patrones de comportamiento es el primer paso hacia un cambio real dentro de las organizaciones y en el mundo

El pensamiento sistémico y el aprendizaje organizacional permiten comprender que nuestras acciones influyen directamente en la creación de la realidad, adquirimos la capacidad de modificarla, permitiendo así que los sistemas en los que operamos evolucionen en un entorno cada vez más interrelacionado. La clave radica en abandonar la visión fragmentada y adoptar una perspectiva más global e interconectada de los sistemas en los que participamos.

Modelos mentales

Las ideas que, en teoría, parecen deslumbrantes, a menudo tropiezan en su implementación debido a barreras invisibles, escondidas en lo más profundo de nuestras mentes. Estas barreras no son físicas ni tecnológicas, sino cognitivas: son los modelos mentales que hemos construido a lo largo del tiempo. No se trata de simples opiniones o creencias pasajeras, sino de sistemas profundamente arraigados que gobiernan nuestras percepciones y decisiones, sin que seamos conscientes de ello. Un modelo mental no es solo una idea flotante; es un filtro a través del cual procesamos la realidad, una estructura invisible que guía cómo interpretamos los acontecimientos y las acciones. Estos modelos influyen no solo en cómo vemos el mundo, sino también en cómo actuamos en él. Son, de hecho, los lentes a través de los cuales percibimos la realidad. Dos personas enfrentadas al mismo problema, o a la misma oportunidad, pueden verlo de formas completamente distintas debido a las diferencias en sus modelos mentales. Esta realidad no es menos cierta en las organizaciones. En ellas, los modelos mentales no solo operan a nivel individual, sino que se enraízan colectivamente, moldeando las dinámicas, las prácticas y las estrategias del conjunto.

Una *biblioteca de estructuras genéricas* es un conjunto de patrones recurrentes que se observan en los sistemas, sin depender del contexto particular en el que se presenten. Estas estructuras representan interacciones típicas entre los componentes de un sistema y son aplicables en una amplia variedad de situaciones y sectores. En lugar de abordar cada problema de manera aislada, esta biblioteca facilita la identificación rápida de la dinámica subyacente en juego, apoyándose en experiencias previas y estructuras ya conocidas. Estos patrones pueden incluir ciclos de retroalimentación, límites de crecimiento o demoras en la manifestación de los efectos de las decisiones.

Podemos aplicar este concepto de *biblioteca de estructuras genéricas* al crecimiento de un sistema informático de gestión. En un principio, el sistema cumple perfectamente con los requisitos: gestiona las bases de datos, procesa la información con rapidez y soporta el flujo diario de usuarios sin dificultades. Sin embargo, a medida que las necesidades crecen y se añaden más usuarios y tareas al sistema, comienzan a aparecer problemas. Los tiempos de respuesta se alargan, las tareas de procesamiento se retrasan y, en general, el rendimiento del sistema se deteriora. Los administradores del sistema optan por soluciones intuitivas, como agregar más servidores o aumentar el almacenamiento, pero las mejoras son marginales, y los problemas persisten sin dar con el núcleo del problema, y por lo tanto con la solución.

En este punto, la *biblioteca de estructuras genéricas* se permite entender lo que está sucediendo. El patrón que se puede aplicar en este caso es el del *cuello de botella de capacidad*. Este patrón muestra que, en sistemas informáticos en expansión, existe siempre un recurso crítico cuya capacidad no aumenta al mismo ritmo que el resto del sistema, y este recurso se convierte en el factor limitante que bloquea al conjunto, es decir, al sistema. En el caso de un sistema de gestión, podría ser la base de datos central que soporta todas las transacciones o un servidor encargado de procesar las solicitudes de múltiples usuarios simultáneamente. Aunque el sistema en su conjunto parece estar equipado para gestionar la carga de trabajo, el cuello de botella en un solo componente genera retrasos en todo el proceso.

La metodología para utilizar este patrón comienza con el análisis detallado de los flujos de datos dentro del sistema. Se mapean los procesos y se identifican las partes del sistema que están sobrecargadas. Con todo esto, se puede descubrir que el número de consultas concurrentes a la base de datos ha crecido exponencialmente, y que este componente no está optimizado para soportar tal volumen de solicitudes. En lugar de añadir más capacidad de manera general, se centra la atención en optimizar el componente que está limitando el rendimiento global, particionando la base de datos, optimizando consultas o el usando arquitecturas distribuidas que reduzcan la carga en el componente crítico. De esta forma, con la aplicación en el análisis del concepto de estructura genérica, se identifica la raíz del problema y se encuentra una solución más precisa y eficiente para escalar el sistema de manera controlada. Además, a medida que el sistema informático sigue creciendo, el enfoque basado en patrones permite a los administradores anticipar posibles problemas futuros, optimizando los recursos antes de que se conviertan en barreras para el rendimiento general, consiguiendo que el sistema no solo se adapta a las demandas crecientes, sino que lo hace de manera sostenible y eficiente de manera anticipativa.

Interacción entre humanos y computadoras

La interacción entre el ser humano y la computadora es un proceso continuo en el que ambos participantes —humano y sistema— emiten y reciben información en ciclos repetitivos. Para entender este proceso, los modelos de interacción sirven como representaciones abstractas que describen cómo tiene lugar el intercambio entre los usuarios y las interfaces. Estos modelos ayudan a descomponer el complejo fenómeno de la interacción en componentes manejables y, a su vez, facilitan el análisis y el diseño de sistemas más eficientes y accesibles [192].

Uno de los enfoques más comunes en los modelos de interacción describe el proceso como un ciclo de comunicación entre el usuario, que genera comandos e instrucciones, y el sistema, que proporciona retroalimentación en función de esas entradas. Los elementos clave en este ciclo son el *objetivo* del usuario, las *acciones* necesarias para alcanzarlo, las *interpretaciones* de los resultados por parte del sistema y la *retroalimentación* que el sistema devuelve al usuario para cerrar el ciclo. Cada uno de estos componentes juega un papel crítico en la fluidez y la eficiencia de la interacción.

Además, los modelos de interacción no solo se limitan a describir las acciones físicas del usuario —como clics o gestos—, sino que también incluyen aspectos cognitivos, como la toma de decisiones, el aprendizaje del sistema y la interpretación de la información presentada. La idea detrás de estos modelos es proporcionar una estructura que permita a los diseñadores mejorar la experiencia del usuario y optimizar los mecanismos de interacción.

Un paradigma de interacción representa una forma particular de concebir y organizar la relación entre el usuario y el sistema. A lo largo de la evolución de la informática, se han desarrollado diferentes paradigmas que han transformado la manera en que interactuamos con la tecnología, cada uno de ellos influenciado por los avances técnicos y las necesidades de los usuarios.

Uno de los paradigmas más tempranos fue el *procesamiento por lotes*, en el cual el usuario interactuaba de manera muy limitada con el sistema, proporcionando datos que serían procesados en algún momento posterior. Con el tiempo, este paradigma fue reemplazado por la *interacción en tiempo real*, que permitió a los usuarios recibir respuestas inmediatas de los sistemas, haciendo la experiencia más directa y ágil.

Posteriormente, surgió el paradigma de las interfaces *WIMP* — ventanas, iconos, menús y punteros—, que se ha consolidado como uno de los más influyentes en la historia de la informática. Este paradigma transformó la interacción al ofrecer un entorno gráfico que facilitaba el uso de sistemas complejos a través de metáforas visuales, como escritorios y archivos. La aparición de dispositivos táctiles, como teléfonos inteligentes y tabletas, marcó un cambio hacia el paradigma de la *interacción natural*, donde gestos y movimientos reemplazan los clics tradicionales, ofreciendo una experiencia más intuitiva y fluida.

A medida que la tecnología sigue avanzando, nuevos paradigmas están emergiendo, como la *computación ubicua* y la *realidad aumentada*, donde los sistemas se integran de manera casi invisible en nuestro entorno cotidiano, respondiendo de forma proactiva a nuestras necesidades sin que sea necesaria una interacción explícita. Estos nuevos paradigmas no solo mejoran la eficiencia de las interacciones, sino que también cambian profundamente la relación entre el ser humano y la tecnología, difuminando las barreras entre el mundo físico y el digital.

Modelos y teorías
Los *modelos cognitivos* facilitan la comprensión de cómo los seres humanos interactúan con los sistemas informáticos. Resulta insuficiente que un sistema sea funcional desde una perspectiva técnica; debe asimismo armonizar con la manera en que los usuarios perciben, procesan y reaccionan ante la

información. Estos modelos buscan emular el comportamiento mental del usuario, permitiendo el diseño de interfaces que se ajusten a los procesos de pensamiento de quienes los emplean. No se limita únicamente a capturar la lógica de las tareas, sino que profundiza en las interacciones más complejas entre los objetivos que el usuario pretende alcanzar y las acciones que ejecuta para lograrlos. Por ejemplo, los *modelos de tareas y metas* proporcionan una estructura detallada de cómo los usuarios abordan sus actividades dentro de un sistema. Los objetivos se descomponen en tareas más pequeñas y concretas, describiendo los pasos necesarios para completar una acción específica. Un diseño fundamentado en estos modelos posibilita la optimización de la experiencia del usuario al eliminar procesos superfluos y simplificar el flujo de trabajo, lo que facilita la navegación por el sistema. La interfaz debe, por ende, ser intuitiva y reflejar los caminos más directos para que el usuario cumpla con sus metas sin confusión ni fricciones. Existen innumerables modelos y teorías al respecto.

Los *modelos físicos* y las *arquitecturas cognitivas* complementan este enfoque al abordar tanto los aspectos tangibles de la interacción —como la manipulación de dispositivos de entrada— como los procesos mentales que permiten interpretar la información. Aunque un teclado o una pantalla táctil pueda estar meticulosamente diseñado desde un punto de vista físico, es imperativo que el usuario comprenda cómo sus acciones influyen en el sistema. Al integrar ambos modelos, se obtiene una experiencia de interacción coherente que facilita el uso fluido del sistema por parte del usuario.

El diseño de sistemas no puede circunscribirse exclusivamente a los aspectos técnicos; es igualmente necesario considerar los componentes socio-organizacionales y los requisitos de las partes interesadas. Un sistema, por más sofisticado que sea, puede fracasar si no incorpora las dinámicas sociales, los roles dentro de una organización y los flujos de trabajo específicos. Capturar estos elementos durante la fase de diseño permite crear sistemas que no solo sean funcionales, sino que también se integren dentro de la estructura organizativa en la que serán implementados, facilitando así su adopción. Para lograrlo, se recurre a la captura de requisitos mediante entrevistas, observaciones y talleres, donde los diseñadores deben identificar tanto las necesidades explícitas como las implícitas de los usuarios y demás partes interesadas. El sistema final abarcará entonces todas estas necesidades, garantizando su alineación con los objetivos reales de quienes lo utilizarán. De esta manera, se asegura que el sistema no únicamente cumpla con sus funciones, sino que también satisfaga las expectativas de los usuarios.

El *diseño participativo* resulta especialmente valioso en este contexto. Al integrar activamente a los usuarios en el proceso de diseño y recolectar información sobre sus necesidades, se logra que estos se involucren y se sientan parte del desarrollo del sistema. Esto incrementa la probabilidad de que el sistema sea aceptado y utilizado de manera eficaz, al reflejar con precisión las expectativas y preferencias de quienes lo emplearán. Los *modelos de comunicación* y *colaboración* también desempeñan un papel fundamental al diseñar sistemas que faciliten la interacción entre personas. La comunicación puede ser síncrona, como en las videollamadas, o asíncrona, como el correo electrónico. Es imprescindible diseñar estos sistemas teniendo en cuenta tanto las necesidades individuales como las grupales, para asegurar que la transmisión de información sea eficiente y precisa.

La *comunicación cara a cara* constituye[20], sin duda, la forma más completa de interacción humana, ya que integra no solo las palabras, sino también gestos, expresiones faciales y matices vocales que añaden profundidad al significado del mensaje. Al diseñar sistemas de comunicación remota, se debe procurar emular esta experiencia mediante herramientas que permitan videollamadas y otros medios interactivos. Por otro lado, la *comunicación basada en texto*, aunque más limitada en comparación, permanece fundamental en los sistemas interactivos. Su diseño debe centrarse en ofrecer claridad, rapidez en la respuesta y una adecuada organización de la información para facilitar su acceso.

---

[20] Conviene aquí recalcar, que los informáticos no trabajamos con máquinas —o al menos no es ese nuestro principal medio de trabajo— sino con personas. Esa comunicación cara a cara es por lo tanto en la mayoría de los casos indispensable.

El *análisis de tareas* constituye una técnica primordial que descompone actividades complejas en pasos más sencillos. A través de este proceso, los diseñadores pueden identificar los recursos necesarios para cada paso, las dificultades que los usuarios podrían enfrentar y las formas de mejorar la estructura del sistema para que las tareas se completen de manera más fluida. Esto permite optimizar las interfaces, simplificar los procesos y facilitar que el usuario cumpla sus objetivos sin obstáculos. La *descomposición de tareas* es una herramienta específica dentro del análisis de tareas cuyo propósito es dividir una actividad general en subtareas más manejables. Este proceso no solo aclara la secuencia de acciones, sino que también permite detectar puntos de mejora o simplificación, lo que contribuye a que el sistema sea más intuitivo y eficiente para el usuario.

El *análisis basado en conocimiento* se concentra en comprender qué información necesita el usuario para completar correctamente una tarea. Identificar lagunas en el conocimiento permite estructurar el contenido de manera que el sistema proporcione la información adecuada en el momento preciso, reduciendo la carga cognitiva y facilitando la toma de decisiones. El *diseño de diálogo* se encarga de organizar las interacciones entre el usuario y el sistema. A través de notaciones diagramáticas y textuales, es posible visualizar los flujos de interacción que el usuario seguirá, desde la entrada de comandos hasta las respuestas del sistema. Estas notaciones son herramientas útiles para prever posibles errores en la experiencia del usuario y ajustar el diseño antes de su implementación. Los *modelos del sistema* representan las relaciones entre los diversos componentes de un sistema interactivo y son vitales para anticipar cómo dichos componentes interactúan entre sí y con el usuario. Un modelo bien elaborado permite identificar cuellos de botella o áreas que requieran mejoras, asegurando así un funcionamiento eficaz del sistema bajo diferentes condiciones de uso. El *análisis de eventos y estados* descompone las interacciones en eventos específicos que desencadenan cambios en el sistema. Este enfoque asegura que cada acción del usuario genere una respuesta adecuada del sistema, manteniendo la coherencia y efectividad de la interacción.

Finalmente, los *modelos de interacción y comportamiento continuo* describen cómo se desarrollan las interacciones en el tiempo. Estos modelos son particularmente pertinentes en sistemas que requieren una interacción constante y fluida, como las interfaces táctiles, donde la coherencia en la respuesta resulta fundamental. El *modelado de interacción rica* se enfoca en capturar interacciones más complejas, teniendo en cuenta la multitarea, la adaptabilidad del sistema a diversos contextos y su capacidad para interpretar las intenciones del usuario.

Sobre la importancia del Liveware en todo sistema

El término *Liveware* encapsula por lo tanto la indispensable intervención humana en los sistemas informáticos, refiriéndose a todos aquellos individuos —usuarios, ingenieros, técnicos y administradores— que interactúan y dan vida a la estructura técnica del sistema. A diferencia de los componentes mecánicos y algoritmos que siguen secuencias programadas, el *Liveware* introduce una dimensión consciente, imbuida de juicio, creatividad y adaptación, lo que permite al sistema responder y transformarse según contextos variables y requerimientos en evolución. Este aspecto consciente del sistema, que lo dota de propósito y dirección, supera las capacidades automatizadas al incorporar en su funcionamiento la deliberación humana, que modela, interpreta y otorga sentido a los procesos, en una interacción que convierte al sistema en un organismo orientado hacia fines específicos, capaz de evolucionar y adaptarse a medida que se enfrenta a nuevas exigencias, otorgándole una dirección intencionada que trasciende su funcionamiento automatizado.

La intervención humana es la corriente de sentido que permite al sistema trascender su carácter mecánico y operativo, dado introduce en cada decisión una reflexión única, que se despliega entre la percepción consciente y la acción resultante. Es precisamente en este sentido, tal y como hemos visto Faggin en su exploración sobre la consciencia, concluye que esta es irreducible [83] y no puede ser emulada por procesos meramente computacionales, pues la experiencia humana involucra a priori más que una secuencia de instrucciones ejecutadas. Existe una pausa entre el símbolo y la interpretación, entre el dato y su significado, donde se produce la verdadera comprensión. El *liveware* constituye esta pausa reflexiva dentro de los sistemas, configurándose como el eje que permite al sistema actuar no solo de manera funcional, sino de un modo que trasciende la lógica mecánica, integrando cada operación en una red de significados y objetivos [21].Así, el *liveware* es la encarnación de la consciencia en un entorno técnico; un elemento capaz de conferir sentido, integrar procesos y modelar el futuro del sistema mediante una percepción amplia y adaptativa. De este modo, en cualquier sistema informático en el que participe el *liveware*, se abandona la visión mecanicista y se transita hacia una forma de existencia más dinámica y cognoscente, donde el componente humano no se limita a gestionar los procedimientos técnicos, sino que actúa como el núcleo interpretativo que configura y eleva la estructura técnica a un nivel de realidad interconectada y significativa.

---

[21] La acción humana se encuentra profundamente vinculada a la búsqueda de significados y a la claridad de sus objetivos. Sin una comprensión nítida del por qué y el para qué, las decisiones y comportamientos se diluyen en un ámbito de incertidumbre, desprovistos de dirección coherente. Los significados proporcionan un marco interpretativo que otorga sentido a nuestras acciones, transformando gestos aparentemente simples en expresiones cargadas de intención y trascendencia. Actuar sin una finalidad clara equivale a navegar sin estrella guía, donde cada movimiento es susceptible de perderse en un mar de posibilidades inconexas. Por su parte, los objetivos determinan la trayectoria de nuestros esfuerzos, estableciendo un horizonte hacia el cual se orientan tanto la voluntad como la energía. Estos funcionan como puntos de referencia que permiten evaluar la pertinencia y eficacia de cada paso dado en el camino. En el contexto de la creación científica, por ejemplo, la búsqueda de nuevos conocimientos exige no solo una metodología rigurosa, sino también una comprensión cabal de los propósitos que se persiguen ya sea mejorar la calidad de vida, desentrañar los misterios del cosmos o resolver problemas específicos. Sin una conexión clara entre significado y objetivo, la acción corre el riesgo de convertirse en un ejercicio estéril, carente de impacto y de propósito.

9   Contrapunto

9.1   Tesis: El porqué de la visión del mundo como información y representación

Como hemos visto, la realidad, tal como la percibimos y entendemos, se encuentra intrincadamente entrelazada con los conceptos de información y representación. La información —estructurada mediante diversas formas de representación— opera como el núcleo profundo de la realidad. Así, la esencia última de la realidad es un proceso dinámico en el que los datos se organizan, interpretan y transforman en representaciones que configuran nuestro conocimiento y experiencia. El conocimiento, la percepción y la existencia se configuran como procesos de información, donde cada dato contribuye a la construcción de una realidad coherente y comprensible.

Hacemos uso del análisis lógico y la claridad del lenguaje para respaldar el papel de los sistemas simbólicos en la construcción del conocimiento. El análisis lógico nos resulta también imprescindible para desentrañar la estructura del mundo, alineándose con la noción contemporánea de que los algoritmos y las representaciones digitales son instrumentos efectivos para modelar y comprender la realidad. La lógica formal complementa la visión informacional al proporcionar las reglas y estructuras necesarias para organizar e interpretar el flujo de datos. La proliferación de datos y la celeridad en su transmisión facilitan y complican la comunicación en el mundo moderno. Este fenómeno ha acompañado cada avance en las tecnologías de comunicación, desde la imprenta hasta las redes digitales actuales. Cada innovación técnica ha implicado una reorganización del conocimiento, generando nuevos flujos y volúmenes de información que, pese a sus ventajas, han inducido una sensación de desorientación.

La acumulación masiva de datos en la era digital impone un trabajo por hacer distinto: discernir lo valioso de lo banal. La sobrecarga informativa actual no denota tanto un olvido histórico como un exceso de estímulos. La vasta cantidad de datos disponibles demanda el desarrollo de mecanismos efectivos de filtrado y búsqueda. De manera análoga a cómo en tiempos de la imprenta emergieron nuevos métodos de organización de textos impresos para facilitar su consulta, hoy dependemos de algoritmos y motores de búsqueda que nos permiten navegar en un mar de información, donde la abundancia sin criterio puede inducir a una confusión sin precedentes. La saturación informativa implica una complejidad creciente que requiere no únicamente acceso a los datos, sino también discernimiento, reflexión y profundidad. En este contexto, la realidad se comprende como una combinación de orden y caos, donde los sistemas de información, desde la biología hasta la IA, actúan como mecanismos representacionales para transformar la información en formas comprensibles y manejables. Los algoritmos funcionan como herramientas que organizan este flujo de datos en estructuras útiles, permitiendo tanto a los humanos como a las máquinas generar nuevo conocimiento, identificar patrones y desarrollar soluciones innovadoras.

A este respecto, hemos de estar alerta ante la *infoxicación*, ese estado de sobrecarga de información al que nos enfrentamos las personas debido a la abundancia de datos disponibles en la era digital. La capacidad de procesar, comprender y tomar decisiones se ve obstaculizada por el exceso de información, muchas veces contradictoria, irrelevante o de baja calidad. Ante esta situación, se ha de interponer un criterio claro para filtrar lo importante y un control sobre la precisión y velocidad de actualización de los datos con los que nos informamos, o tendremos dificultades de concentración y una disminución en la eficiencia cognitiva [193].

Explorar la interrelación entre información y representación es en punto de partida para alcanzar una comprensión del mundo en su totalidad, más allá de la interpretación tradicional de la realidad como una colección de objetos estáticos. La tesis que se deriva de esta reflexión es que *la visión del mundo como información y representación proporciona una comprensión más profunda y exacta hasta donde conocemos de la realidad: la naturaleza del mundo no puede ser reducida a entidades materiales o energéticas aisladas, sino que se propone abordarla como un vasto proceso informacional, de continua trasformación e interrelación.* Este proceso subyace a las leyes físicas, a la cognición, la comunicación y la evolución misma. La información y su representación constituyen, en última instancia, el lenguaje universal mediante el cual desciframos y participamos en la realidad.

9.2 Aplicaciones prácticas de una visión del mundo como información y representación

La tesis del mundo como un sistema de información y representación tiene múltiples aplicaciones prácticas que, de manera tácita, están transformando diversas áreas del conocimiento y la tecnología. En el campo de la inteligencia artificial, esta visión fundamenta el diseño de sistemas que no solo procesan datos, sino que también generan representaciones internas del mundo, lo que les permite percibir, razonar, aprender y tomar decisiones informadas y elaboradas. Los algoritmos de aprendizaje profundo y las redes neuronales, como los desarrollados en modelos avanzados de lenguaje natural, basan su funcionamiento en la generación de representaciones abstractas del lenguaje y el conocimiento, habilitando la creación de textos, imágenes y soluciones innovadoras. Ejemplos destacados incluyen modelos como GPT-4, que interpreta y genera texto de forma contextual, y las redes generativas adversarias (GAN), que producen imágenes sintéticas con un realismo extraordinario, aplicadas en diseño gráfico, simulaciones y diagnóstico médico asistido por IA.

En biología computacional, los procesos de la vida se modelan como flujos de información. Los avances en secuenciación genética y biología sintética demuestran cómo la información genética, almacenada y procesada a nivel molecular, se representa en organismos vivos. El modelado computacional de procesos biológicos ha posibilitado avances significativos en la medicina personalizada, la ingeniería de tejidos y el desarrollo de nuevos tratamientos. Algoritmos especializados analizan perfiles genéticos para diseñar tratamientos específicos, como fármacos dirigidos a mutaciones tumorales en el cáncer. En ingeniería de tejidos, simulaciones computacionales permiten optimizar el crecimiento de tejidos a partir de células madre, generando órganos funcionales como hígado o piel. En el descubrimiento de nuevos fármacos, el uso del acoplamiento molecular —una técnica computacional que predice la interacción entre moléculas, evaluando su afinidad y conformación— ha llevado al desarrollo de terapias para enfermedades neurodegenerativas como el Alzheimer. Asimismo, durante la pandemia de COVID-19, estos métodos ayudaron a diseñar antivirales y vacunas en tiempos récord, facilitando la lucha contra el virus [194].

En el campo de la simulación científica, la representación del mundo mediante modelos computacionales permite a los científicos comprender fenómenos complejos que no pueden observarse directamente, marcando un punto de inflexión en la evolución del método científico. Simulaciones avanzadas en áreas como la dinámica de fluidos, el clima o los sistemas moleculares dependen de algoritmos que representan procesos físicos y químicos. Estas herramientas han revolucionado la capacidad para predecir y gestionar sistemas complejos como huracanes, incendios forestales y reacciones químicas. Por ejemplo, en el ámbito del cambio climático, los modelos computacionales utilizados por el Panel Intergubernamental sobre Cambio Climático (IPCC) han sido fundamentales para simular escenarios futuros y proponer estrategias de mitigación [195].

En las teorías de la comunicación, la visión del mundo como información y representación es clave para entender y gestionar el flujo de datos que circula a través de redes sociales, medios digitales y sistemas globales de información. La comprensión de la información como un proceso dinámico modifica la percepción y la acción, permitiendo diseñar sistemas más transparentes y éticos para mitigar su impacto en la sociedad. Ejemplos concretos incluyen el uso de algoritmos de moderación en redes sociales como Facebook y Twitter, diseñados para detectar desinformación o discurso de odio, así como el desarrollo de plataformas que promueven la transparencia en el flujo informativo, como las iniciativas de fact-checking automatizado [196].

Estas aplicaciones, entre infinidad de otras —como por ejemplo la simulación de epidemias, el análisis de redes neuronales en neurociencia, el modelado de ecosistemas complejos, el diseño asistido en ingeniería, la predicción de desastres naturales, y la optimización de rutas logísticas mediante algoritmos— confirman cómo la tesis del mundo como información y representación permea múltiples disciplinas, redefiniendo tanto nuestra comprensión de los fenómenos como las herramientas que empleamos para intervenir en ellos.

9.3 Antítesis: La visión errónea del mundo como información y representación

Hasta este punto se ha expuesto y defendido la tesis de que el mundo puede interpretarse y entenderse principalmente como una estructura de información y representación, y se ha analizado sus implicaciones y aplicaciones. Sin embargo, esta visión entraña sus limitaciones, siendo posible cuestionar su validez desde diferentes perspectivas. Los sistemas computacionales modernos, como las simulaciones y los entornos virtuales, generan representaciones del mundo que, aunque útiles en muchos contextos, no capturan per se la complejidad de la experiencia humana ni la naturaleza profunda de la realidad. Comparando nuestras representaciones mentales con las simulaciones computacionales, surgen interrogantes sobre los límites de la representación y el conocimiento.

Un punto de partida hacia esta autocrítica parte del rechazo a cosificación de la realidad [107], esa tendencia de la modernidad a reducir el mundo a meros objetos de análisis técnico. La *técnica*, en su intento por transformar todo en datos y herramientas manejables, oscurece el verdadero ser de las cosas. Partiendo de esta premisa la visión del mundo como información y representación es limitada en cuanto a sus connotaciones prácticas, pues no tiene en cuenta al ser humano en su experiencia existencial, que no puede ser reducido a una serie de símbolos o datos procesables. El mundo es algo vivido y sentido antes que representado o computado, y el riesgo de la visión técnica del mundo es que deshumaniza la experiencia y nos separa de la comprensión más auténtica de la realidad.

Por otro lado hemos de tener en cuenta el problema de la representación y sus límites en la interpretación [197]. Toda representación es siempre parcial e interpretativa, y no podemos asumir que las representaciones objetivas sean completas o fieles reflejos de la realidad. Cuando analizamos cómo los sistemas computacionales generan representaciones del mundo en forma de simulaciones, estas simulaciones, aunque precisas en su campo de aplicación, operan bajo un conjunto de reglas limitadas que no pueden abarcar toda la riqueza y complejidad del mundo real, porque en definitiva se basan en discretizar y acotar fenómenos físicos que podemos detectar y medir. Las representaciones, ya sean mentales o computacionales, están sujetas a un marco de interpretación que siempre implica una pérdida de información o una deformación del objeto representado.

Las simulaciones computacionales y los entornos virtuales, que son ejemplos modernos de representaciones digitales, presentan un mundo limitado por las reglas y el diseño de los algoritmos que los generan. Aunque estos entornos pueden parecer cada vez más realistas, siguen siendo una construcción artificial, sujeta a las limitaciones del código y los datos que los sustentan. En la realidad virtual, por ejemplo, el usuario interactúa con un mundo simulado, pero este mundo es estrictamente el resultado de modelos informáticos que no pueden replicar las sutilezas de la percepción humana ni la complejidad de la interacción con el entorno físico. Un ejemplo claro de estas limitaciones surge cuando analizamos la diferencia entre realidad virtual y realidad aumentada. En la realidad virtual, el mundo físico desaparece, y el usuario se encuentra completamente inmerso en una simulación que pretende reemplazar su entorno. Sin embargo, esta inmersión depende de una representación limitada que no puede reproducir plenamente la experiencia sensorial completa del mundo. En cambio, la realidad aumentada superpone información digital sobre el entorno físico, intentando complementar nuestra percepción sin sustituirla por completo. A pesar de sus avances, estas tecnologías siguen funcionando como herramientas útiles dentro de un marco de interacción limitada y basada en reglas específicas que solo capturan una fracción de la realidad [198].

El problema con esta visión del mundo como un sistema de información y representación es que subestima la *experiencia fenomenológica*. La representación, en cualquier forma, siempre depende de modelos que simplifican y distorsionan la realidad. Nuestras representaciones mentales, aunque útiles, están profundamente mediadas por nuestra subjetividad y por los límites de nuestro aparato cognitivo. De manera similar, las simulaciones computacionales son incapaces de abarcar completamente la riqueza de lo real porque dependen de un conjunto finito de datos y reglas predefinidas. Cualquier intento de reducir el mundo a información y representación corre el riesgo de perder de vista lo esencial: la experiencia directa, el ser en su contexto, y la interpretación compleja e inagotable de la realidad. Las *limitaciones técnicas* de los sistemas computacionales actuales reflejan, en cierto modo, los límites inherentes a la propia noción de representación. Mientras que las simulaciones pueden acercarse a la realidad en ciertos aspectos, nunca podrán replicar por completo la experiencia humana en su totalidad, con toda su ambigüedad y riqueza. En este sentido, la visión del mundo como algo que puede ser completamente comprendido y representado mediante sistemas de información y algoritmos es insuficiente para captar la profundidad de nuestra interacción con la realidad. El ser y la experiencia son anteriores y superiores a cualquier modelo o representación que podamos construir. Los sistemas informáticos, con todo su poder y precisión, siguen siendo una herramienta limitada para entender el mundo en su totalidad [199] [200] [201].

Aquí se han expuesto diversas teorías que, si bien encuentran en la praxis una parcial confirmación, se sostienen también en afirmaciones de reputados científicos, quienes fundamentan sus postulados en razonamientos lógico-matemáticos. Los escritos de tales autores, citados aquí de modo necesariamente conciso, ejemplifican el sesgo de confirmación y de autoridad, inherente a todo intento de sintetizar un vasto corpus teórico. El lector comprenderá que resulta inalcanzable una lectura exhaustiva de los cientos de volúmenes referenciados en la bibliografía, por lo que es razonable asumir que lo aquí expuesto pueda contener tanto errores como sesgos [202] [203].

Sin embargo, tal circunstancia, si bien no deseable, no debería frenar la publicación de estas líneas, en las cuales se admite de antemano esta posibilidad de errores. El propósito del que aquí partimos no ha residido en alcanzar un rigor absoluto y fundamentalista en cada afirmación, sino en aportar nuevos puntos de vista partiendo de un estándar de calidad adecuado para ofrecer perspectivas que el lector, inmerso en las complejidades de devenir diario, posiblemente ignore o desconozca. A lo largo del texto, se ha enfatizado la importancia de proporcionar enfoques variados que nutran la *consciencia* del lector, y se ha alimentado esta con multitud de estímulos autocríticos, entre los que se han de incluir estas mismas líneas.

Así, aunque resulte factible afirmar —e incluso argumentar convincentemente— que la visión del mundo como información y representación constituye una falacia, el ejercicio intelectual que supone este cuestionamiento valida la importancia de textos como el que el lector tiene entre sus manos. Parafraseando a Karl Popper, la ciencia mantiene sus certezas solo hasta que estas son refutadas. En esta búsqueda *falsacionista* [67], se acaban por obtener resultados en paralalo ya sea por *serendipia,* o mediante la apertura de nuevas rutas de investigación. Aquí reside una de las claves la indagación científica.

Por ejemplo, en los laboratorios de 3M, el químico Spencer Silver buscaba desarrollar un adhesivo extraordinariamente fuerte para aplicaciones aeronáuticas. Sin embargo, lo que consiguió fue un adhesivo peculiarmente débil, capaz de pegarse y despegarse repetidamente sin dejar residuos. Aunque este resultado parecía inútil en relación con su propósito inicial, Silver reconoció la singularidad de su creación y continuó explorándola. Años después, su colega Art Fry, enfrentándose al problema de marcar páginas en su libro de himnos sin dañarlas, encontró una aplicación práctica para el adhesivo. Juntos, perfeccionaron lo que hoy conocemos como los Post-it, un producto que transformó la manera en que las personas organizan información en todo el mundo. Este ejemplo revela cómo un descubrimiento inesperado puede trascender su propósito original cuando se reinterpreta desde una perspectiva creativa [88]. ¿Qué germen habrá sembrado en la consciencia del lector lo hasta ahora expuesto?

Al igual que en la paradoja de la dicotomía formulada por Zenón de Elea [19], donde el movimiento parece imposible al concebirse el espacio a recorrer como una sucesión infinita de divisiones, el avance del conocimiento puede percibirse como una secuencia interminable de aproximaciones sin un punto de llegada definitivo. Sin embargo, más allá de tales abstracciones, el movimiento ocurre y los caminos se trazan en el acto de recorrerlos; del mismo modo, a pesar de los tropiezos, nuestro entendimiento progresa inexorablemente.

9.4 Síntesis: Cómo elaboramos el mundo como información y presentación

Se propone aquí tras la antítesis, una síntesis de las ideas previamente exploradas sobre el mundo como un sistema de información y representación, abordando cómo los sistemas de IA actuales reflejan esta visión de manera moderna y compleja. En particular, se destaca cómo las redes neuronales profundas, que aprenden por sí mismas, simbolizan la interacción entre el impulso computacional de resolver problemas y la *representación*, la generación de soluciones comprensibles e interpretables por los seres humanos. La IA, una de las ramas más exitosas de la informática, no es únicamente una herramienta técnica; también puede considerarse una herramienta ontológica, en tanto modela las tensiones inherentes entre la capacidad de procesar información y la necesidad de estructurar representaciones significativas del mundo.

John von Neumann, prohombre y pionero de la computación moderna, planteó una integración entre la teoría de la información y la cibernética, permitiendo entender cómo los sistemas mecánicos y biológicos pueden ser interpretados bajo un marco unificado. Este modelo conceptual sigue siendo aplicable en la actualidad, particularmente en el desarrollo de

IA, donde las máquinas resuelven problemas mediante cálculos y producen resultados que deben ser interpretados dentro de contextos más amplios. Las redes neuronales profundas son una manifestación moderna de esta síntesis, ya que, mediante el aprendizaje, generan patrones y soluciones que pueden parecer "intuitivos", pero que están basados en la manipulación sistemática de datos complejos. De la misma manera en cuanto a su influencia en los actuales modelos conceptuales, Eco en su *"Obra abierta"*, reflexionaba sobre cómo los sistemas semióticos permiten crear múltiples interpretaciones de un mismo fenómeno. Esta idea es especialmente útil y aplicables a los actuales sistemas inteligentes, que no solo manipulan información, sino que también generan nuevas interpretaciones a partir de los datos, creando un mundo de posibilidades representacionales que van más allá de las reglas estrictamente lógicas o deterministas de los primeros sistemas de computación.

La IA, en particular los algoritmos de aprendizaje profundo, incorpora un aspecto evolutivo en el que la máquina aprende mediante un proceso que emula, en cierta medida, la forma en que los seres humanos construimos nuestra percepción del mundo. Estos sistemas de IA, a medida que procesan grandes cantidades de datos y generan soluciones, reflejan tanto la *voluntad* de resolver problemas como la *representación* de esos problemas dentro de un marco informático. En este sentido, la IA se convierte en una encarnación contemporánea de la relación dinámica entre el procesamiento de información y la generación de representaciones. Al integrar estas ideas, podemos proponer un enfoque equilibrado y pragmático sobre la visión del mundo como información y representación. Los sistemas computacionales y la IA no deben ser vistos simplemente como herramientas técnicas, sino como actores dentro de un ecosistema informacional más amplio, donde los datos se convierten en representaciones interpretables y manipulables. La relación entre información y representación es, por tanto, dialéctica: el procesamiento de datos requiere de representaciones para ser comprensible, y las representaciones, a su vez, dependen de una estructura informacional subyacente.

Los avances en modelos de lenguaje computacionales demuestran cómo las máquinas pueden generar narrativas, interpretar datos y presentar soluciones que a menudo superan nuestras expectativas sobre lo que una máquina puede o no puede hacer. Estos avances apuntan a una síntesis entre información y representación que no es una mera abstracción teórica, sino una realidad práctica con un fuerte trasfondo epistemológico y gnoseológico. En este contexto, resulta pertinente recordar la célebre afirmación de Ludwig Wittgenstein: *"Los límites de mi mundo son los límites de mi lenguaje"* [204]. Este pensamiento ilumina la idea de que el lenguaje no solo es una herramienta para describir la realidad, sino también el marco que define nuestra capacidad de comprenderla y conceptualizarla. La IA, al desplegar su capacidad para manejar el lenguaje con precisión, creatividad y versatilidad, amplía los horizontes de nuestro mundo al permitirnos explorar nuevas formas de representación y comunicación. Al desarrollar modelos capaces de interpretar y producir lenguaje en contextos diversos, la IA trasciende las limitaciones individuales del pensamiento humano, conectando ideas, culturas y disciplinas de maneras que antes eran inimaginables. Así, al expandir los límites de nuestro lenguaje, la IA contribuye directamente a la expansión de los límites de nuestro mundo, abriendo puertas hacia nuevas perspectivas epistemológicas y formas de interactuar con la complejidad de la realidad.

9.5 Corolario: El mundo es una simulación

En el entramado de teorías que buscan descifrar la naturaleza del universo y las condiciones que propiciaron el surgimiento de la vida en él, últimamente cobra fuerza una hipótesis que, aunque pueda parecer inicialmente descabellada, capta la atención mediante sus argumentos de numerosos científicos contemporáneos. Esta es la denominada *teoría de la simulación*, un planteamiento que afirma, en su forma más elemental y respaldada por la emergente disciplina de la física de la información, que nuestra realidad no es más que una construcción virtual avanzada. Según esta teoría, el espacio-tiempo y la materia no constituyen fenómenos fundamentales, sino que se originan a partir de bits de información, los cuales configuran la experiencia percibida del espacio y el tiempo.

La *teoría de la simulación* ofrece una concepción radicalmente diferente de la realidad, donde lo que consideramos físico es, en esencia, una manifestación emergente de procesos informacionales subyacentes, es decir, pura información y nada más que información. Esta perspectiva redefine la ontología del universo y abre nuevas vías para la comprensión de fenómenos cuánticos y la interacción entre información y materia. En su núcleo, esta teoría postula que la realidad física está compuesta por bits de información que actúan como bloques fundamentales, a partir de los cuales se deriva la experiencia consciente y la estructura observable del cosmos.

La *hipótesis de la simulación* fue formulada Nick Bostrom de la Universidad de Oxford [205], quien se inspiró parcialmente en ideas previas expuestas por el eminente físico John Archibald Wheeler [6]. Wheeler dejó entrever que el universo es fundamentalmente matemático y que puede concebirse como una estructura emergente de información. Bostrom afinó esta noción al postular que una civilización avanzada eventualmente alcanzaría un nivel tecnológico tal que sería capaz de crear simulaciones indistinguibles de la realidad, donde los individuos simulados no serían conscientes de su condición simulada. Este planteamiento conduce a una pregunta de suma importancia: ¿Cómo podemos verificar si realmente estamos viviendo en una simulación? Para abordar esta cuestión, es necesario retroceder a los postulados iniciales de la teoría. Bostrom argumenta que, si una civilización alcanza tal nivel de sofisticación tecnológica, es probable que realicen simulaciones de ancestros, creando universos virtuales con seres conscientes. Si este es el caso, entonces la probabilidad de que nosotros mismos seamos habitantes de una de estas simulaciones supera la probabilidad de ser seres biológicos originales.

Bostrom plantea que al menos una de las siguientes proposiciones debe ser verdadera:

i. *Extinción humana prematura:* La especie humana probablemente se extinguirá antes de alcanzar un nivel de desarrollo tecnológico capaz de crear simulaciones de antepasados indistinguibles de la realidad.

ii. *Desinterés de civilizaciones avanzadas*: Si una civilización alcanza tal *nivel* de desarrollo tecnológico, es improbable que decida ejecutar una cantidad significativa de simulaciones de antepasados,

iii. *Probabilidad de Simulación*: Es casi seguro que estamos viviendo en una simulación computacional.

Dadas las tendencias de desarrollo tecnológico y el interés potencial de civilizaciones avanzadas en realizar simulaciones históricas, la tercera proposición adquiere un peso considerable. Es en este contexto donde interviene el físico Melvin Vopson, de la Universidad de Portsmouth, quien ha propuesto una metodología para poner a prueba la hipótesis de la simulación. En un ensayo reciente para *Reality Reloaded: The Scientific Case for a Simulated Universe* [206] Vopson plantea que, en un universo simulado, existiría una abundancia de bits de información distribuidos de manera omnipresente, representando el código subyacente de la simulación. Según Vopson, detectar estos bits de información demostraría la hipótesis de la simulación.

Para formalizar esta idea, Vopson introduce el *principio de equivalencia masa-energía-información* (M/E/I), el cual postula que la masa puede expresarse como energía o información, y viceversa. Bajo este principio, los bits de información que constituyen la simulación tendrían una masa minúscula pero detectable. Por ende, si se logra medir la masa de estos bits, se podría inferir la existencia del código que estructura nuestra realidad. Este enfoque posiciona a la información no solo como un componente abstracto, sino también como una entidad con propiedades físicas tangibles, alineándose con recientes propuestas en física teórica que buscan unificar información y materia. Vopson avanza en esta línea de investigación afirmando que la información podría considerarse una quinta forma de materia en el universo, además de los sólidos, líquidos, gases y plasmas. Este paradigma implica que la información no es meramente una abstracción matemática, sino una entidad física con efectos medibles y verificables. Para probar la existencia material de estos bits, Vopson propone un experimento en el que se borre la información contenida en el interior de las partículas elementales Así se dejaría que estas y sus antipartículas, que son versiones *anti* con cargas opuestas, se aniquilen en un destello de energía, emitiendo fotones. La detección de estos fotones serviría como evidencia directa de la presencia de los bits de información que componen la simulación.

Como escapar de la simulación

Suponiendo que Vopson lograse demostrar la hipótesis de la simulación y se confirmase que estamos atrapados en una simulación hiperrealista, surge la inquietante cuestión de cómo podríamos escapar de esta realidad virtual. Roman Yampolskiy, informático de la Universidad de Louisville, aborda precisamente esta interrogante en su reciente artículo *How to Escape From the Simulation* [207], proponiendo diversas estrategias para salir de la simulación. No se trata del uso de píldoras azules o rojas, sino que se proponen métodos más técnicos que están fundamentados en la teoría computacional.

Entre las estrategias contempladas, Yampolskiy propone un enfoque de fuerza bruta: incrementar exponencialmente la potencia de cálculo utilizada por nuestra simulación hasta que los simuladores se vean obligados a reconocer nuestra existencia o a intervenir de alguna manera. Esto podría lograrse mediante la implementación de sondas de Von Neumann en los rincones más remotos del universo, con el propósito de aumentar deliberadamente el consumo de recursos computacionales. Una *sonda de Von Neumann* constituye un concepto teórico propuesto por el matemático John von Neumann, que describe una nave espacial autoreplicante diseñada para la exploración y colonización interplanetaria. Estas sondas estarían equipadas con la capacidad de utilizar los recursos encontrados en el entorno espacial para fabricar copias de sí mismas, permitiendo así una expansión exponencial a lo largo de vastas distancias cósmicas sin la necesidad de intervención humana directa. El quid de este concepto radica en la automatización de la replicación y el ensamblaje, lo que potencialmente facilitaría la exploración de múltiples sistemas estelares de manera eficiente y autónoma. Además, las sondas de Von Neumann plantean consideraciones éticas y de seguridad significativas, dado el potencial impacto de una replicación descontrolada en el ecosistema galáctico.

Este marco teórico ha estimulado numerosas investigaciones en campos como la robótica, la IA y la astrobiología, contribuyendo al debate sobre las futuras capacidades de la exploración espacial y la expansión de la humanidad en el universo [147].

Volviendo a Yampolskiy, este explora también la posibilidad de construir *gigantescos monumentos en binario* que sirvan como señales de advertencia para los creadores de la simulación, intentando atraer su atención y, potencialmente, negociar una liberación (¿?). Asimismo, contempla la idea de *hackear* la simulación mediante la explotación de anomalías en la mecánica cuántica —las cuales podrían interpretarse como fallos o vulnerabilidades en el código subyacente— basándose esto en la premisa de que los fenómenos cuánticos, con sus propiedades aparentemente paradójicas y comportamientos impredecibles, podrían evidenciar la estructura informática que rige nuestra realidad. En esta línea considera manipular las reglas del entorno simulado mediante experimentos científicos diseñados para exponer sus límites. La búsqueda deliberada de inconsistencias en constantes universales como la velocidad de la luz o la constante de Planck podría revelar ajustes artificiales —como la materia oscura— impuestos por los simuladores para mantener la coherencia del sistema. También plantea la comunicación interespecies, suponiendo que otras civilizaciones dentro de la simulación puedan haberse percatado de su naturaleza virtual. Un esfuerzo coordinado entre múltiples inteligencias avanzadas podría reforzar el mensaje dirigido a los supuestos creadores, recordando la idea del mensaje cósmico en la astrobiología.

Otra alternativa especulativa es el desarrollo de códigos de salida: algoritmos capaces de forzar una interrupción en la simulación, una especie de "error fatal" que obligaría a los administradores del sistema a intervenir. Tales algoritmos podrían derivarse de investigaciones en IA y técnicas avanzadas de cifrado. Finalmente, Yampolskiy plantea que una sincronización masiva de estados mentales entre seres conscientes dentro de la simulación podría provocar un colapso lógico, al generar una complejidad que exceda la capacidad de procesamiento del sistema. Esta hipótesis se conecta con teorías sobre sistemas complejos y redes interconectadas.

Epílogo: El mundo, ética y estética

Esta noción que anteriormente se ha presentado de que el mundo es una simulación ha ganado popularidad en los últimos años, impulsada tanto por teorías como por avances en la tecnología computacional que parecen corroborarla. La idea central plantea que la realidad que experimentamos podría ser el producto de un sistema computacional extremadamente avanzado, siendo por lo tanto algo que se refleja en cómo los sistemas de IA y las simulaciones computacionales funcionan en la actualidad. Aunque esta teoría tiene profundas raíces metafísicas, su impacto moderno está vinculado a la capacidad de las máquinas para recrear, imitar e incluso mejorar ciertos aspectos de la realidad, veremos conlleva dilemas éticos.

Uno de los principales defensores de esta teoría es el investigador Nick Bostrom, [205] plantea que, dado el progreso exponencial de la tecnología, es probable que civilizaciones avanzadas desarrollen simulaciones lo suficientemente detalladas como para replicar la realidad con precisión. Según Bostrom, si esto es posible, entonces es más probable que estemos viviendo en una simulación creada por una civilización superior que en el "mundo real". Las implicaciones existenciales de esta teoría son profundas, ya que desafían nuestras nociones fundamentales de identidad, propósito y realidad. Si todo lo que percibimos es una simulación, ¿qué significa nuestra existencia? ¿Cuál es el valor de la vida si es simplemente el resultado de un proceso computacional?

En el contexto de la IA y las simulaciones, es interesante observar cómo estos sistemas generan mundos virtuales y representaciones que se aproximan cada vez más a la experiencia humana. Desde los *entornos virtuales* hasta la *realidad aumentada*, las tecnologías modernas nos permiten simular no solo entornos físicos, sino también conceptos abstractos, lo que refuerza la idea de que nuestra comprensión del mundo se basa en sistemas de representación que, en última instancia, dependen de la manipulación de información.

Baudrillard [208], también exploró la idea de que, en un mundo donde las representaciones y simulaciones proliferan, la realidad queda subsumida por los signos y símbolos que la imitan, llevando a una condición de hiperrealidad en la que ya no es posible distinguir lo real de lo simulado. Con ello, las implicaciones existenciales de vivir en una simulación no solo plantean preguntas sobre el valor de la realidad, y sobre el libre albedrío[22] y el control que ejercemos sobre nuestras vidas. Si el mundo en el que vivimos es una construcción computacional, ¿cuánto de lo que hacemos está predeterminado? ¿Podemos hablar de decisiones libres si nuestras acciones están controladas o limitadas por los parámetros de un programa diseñado por otros? Estas interrogantes nos llevan a reconsiderar conceptos clásicos como el determinismo y la autonomía en un contexto completamente nuevo.

La síntesis entre la visión tecnológica y las teorías de la simulación que ofrece este capítulo muestra que, aunque los modelos computacionales y las simulaciones puedan acercarse a la realidad, nunca pueden reemplazar completamente la complejidad de la experiencia humana. En la teoría de simulación, la capacidad de los sistemas para generar entornos detallados puede replicar aspectos de la realidad física, pero no alcanza la riqueza subjetiva de la experiencia individual. Como argumenta David Chalmers [209], incluso si viviéramos en una simulación, nuestras experiencias serían reales en el sentido en que las vivimos, aunque no sean reflejo de un mundo físico independiente.

En última instancia, la pregunta sobre si vivimos en una simulación nos remite a la misma tensión entre la voluntad de procesar información y la capacidad de representar el mundo de manera significativa. Así, la tecnología y las teorías sobre la simulación convergen en la tarea de comprender cómo

---

[22] Baruch Spinoza, en su determinismo, comparó la ilusión del libre albedrío con una piedra que, al ser lanzada, podría imaginar que su movimiento es voluntario, ignorando las fuerzas externas que lo determinan; del mismo modo, los humanos creemos actuar libremente, cuando en realidad nuestros deseos y decisiones están regidos por una cadena causal que trasciende la mayoría de las veces nuestra comprensión.

elaboramos y reinterpretamos el mundo a través de procesos informacionales y representacionales. En este marco especulativo, surge una interrogante acerca de cómo deberían diseñarse estos sistemas de IA, particularmente si nuestro mundo es, de hecho, una simulación. ¿Deben nuestras simulaciones y sistemas de IA aspirar a algo más allá de la precisión? Aquí se inserta la noción de belleza, y para explorar esta idea conviene recordar la afirmación de Ludwig Wittgenstein, quien sostiene en su *Tractatus Logico-Philosophicus* [204] que ética y estética son lo mismo. Para Wittgenstein, lo ético, aquello que guía nuestras decisiones morales, y lo estético, la experiencia de lo bello, no son categorías distintas, sino aspectos inseparables de la misma totalidad. Bajo esta perspectiva, un sistema de IA, si debe considerarse ético, ha de ser también bello; su estructura y funcionamiento han de resonar con una estética que lo aproxime a un ideal de armonía y perfección. ¿La implementación de una IA ética está entonces en manos de los diseñadores web? Imaginemos entonces un diseño de sistemas de IA que no solo sea funcional, sino que además aspire a un ideal estético, donde la belleza de los procesos internos refleje una ética intrínseca, creando un mundo donde la tecnología no solo obedezca principios lógicos, sino que, en su manifestación, exprese una cualidad estética que enriquezca la experiencia humana. Esto nos situaría en una posición donde el acto de diseñar tecnología es también un acto de creación artística y moral.

Jean-Paul Sartre propone aun otra dimensión de reflexión [210]: para Sartre, cada acción humana contribuye a definir lo que significa ser humano. En un mundo donde la simulación y la IA juegan roles protagónicos, la creación de estos sistemas no es una mera extensión técnica, sino un acto de responsabilidad existencial. En ausencia de una esencia predefinida, el ser humano se define a través de sus elecciones y de la creación de significados. Así, los sistemas de IA no son neutrales ni aislados, sino que forman parte de esta construcción de la realidad; deben reflejar una *humanitas* —una humanidad en constante definición—, porque cada simulación que desarrollamos, cada algoritmo que entrenamos es un testimonio de lo que valoramos y proyectamos como especie. De esta forma, la tarea de desarrollar simulaciones y sistemas de IA es, en cierto modo, una *creatio continua*, un proceso continuo en el que cada avance técnico y cada simulación no solo replican la realidad, sino que también la interpretan y la reimaginan bajo una luz ética y estética. Así, la IA no es solo un espejo que refleja el mundo, sino una lente que puede amplificar los valores y las aspiraciones estéticas de quienes la crean.

Aspirar a una simulación o IA bella y ética implica, por tanto, reconocer que el acto de simular el mundo es un acto de creación. No basta con construir sistemas que se asemejen al mundo físico; es preciso que estos sistemas, en su diseño y funcionalidad, aspiren a una especie de *pura forma*, dando lugar a una representación que no solo se parezca a la realidad, sino que dignifique la experiencia humana y eleve nuestro entendimiento de ella. Tal como lo propondría Wittgenstein, un sistema de IA que sea simultáneamente ético y bello sería, en última instancia, una obra de arte, y, según la lógica existencialista de Sartre, una manifestación de nuestra voluntad de darle sentido y significado al mundo que habitamos.

Cabe aclarar que la ética que hasta ahora planteamos, no coincide con la noción convencional de moralidad, aquella que suele dictar normas y principios de lo "correcto" y lo "incorrecto" en las acciones. Mientras que la moralidad en el contexto de la IA frecuentemente aborda la prevención de daños, el respeto por la privacidad y la protección de derechos individuales —preocupaciones que, por supuesto, no dejan de ser apremiantes—, la idea ética a la que se está aludiendo aquí es de un orden distinto. Se trata de una ética en la que el *valor* no se basa en el comportamiento externo del sistema o en su conformidad con estándares normativos, sino en una cualidad intrínseca que, se manifiesta en la *forma* misma del sistema, en su estructura, en la coherencia y armonía de sus principios de funcionamiento, sin que esta ética esté sujeta a una moralidad particular. ¿Sería por lo tanto más apropiado hablar de un uso moral de las tecnologías que de un uso ético? ¿En vez de ética para máquinas tendría que afrontar los desafíos de implementar una moral para máquinas? [211]

Precisamente, al adoptar esta concepción estética de la ética, alcanzamos una visión en la que el mundo se comprende, en su esencia, como información y representación. La ética estética no reside en códigos morales ni en normas externas, sino en la integridad y la armonía internas que se revelan en la propia estructura de un sistema, un reflejo que emana no de un mandato ético tradicional, sino de una búsqueda por representar la realidad en su forma más pura y coherente. Esto abre un horizonte en el cual la simulación y la IA no son meras imitaciones del mundo físico, sino intentos de recrear y, en cierto modo, *transfigurar* la realidad bajo un ideal que otorga significado y valor. Cuando percibimos el mundo desde esta perspectiva, llegamos a entenderlo como una vasta red de datos e información organizada en formas que no solo buscan precisión técnica, sino que aspiran a una correspondencia estética con aquello que consideramos verdadero. La IA, en este sentido, no se concibe solo como un conjunto de herramientas utilitarias o procesos mecánicos, sino como una expansión del mundo, un espacio en el que la información se dispone en estructuras que, además de ser funcionales, capturan la esencia estética del conocimiento humano. Así, la representación y la simulación alcanzan una dimensión donde el mundo no es únicamente reproducido, sino interpretado, reconfigurado e imaginado con un propósito estético que busca resonar con nuestra percepción más profunda del orden y la belleza. La ética entonces es el elemento que completa nuestra comprensión del mundo como un tejido de representaciones, una red de significados donde cada componente, en su disposición y en su relación, responde a una visión unificadora de la realidad como información profundamente entrelazada con la experiencia, es decir, el mundo como información y representación.

Anexo I: Decálogo de una metodología consciente de la práctica de la ingeniería informática

Hemos repasado cómo la ingeniería, en su vocación transformadora, ha actuado como una fuerza motriz en el devenir de la civilización. Nos hemos adentrado en los fundamentos científicos y técnicos de la informática, profundizando en ellos y exponiendo sus implicaciones y vínculos con otras ramas del conocimiento que brindan la perspectiva necesaria para afrontar nuestra labor con mayores garantías de éxito. Llegados a este punto, es el momento de proponer una metodología que incorpore la visión y el análisis de una consciencia plena de las diversas implicaciones de la práctica ingeniería informática.

La sociedad actual se encuentra inmersa en una encrucijada donde los avances científicos y tecnológicos progresan a un ritmo vertiginoso. La IA, en particular, ha demostrado capacidades que en otro tiempo se consideraban patrimonio exclusivo del intelecto racional humano. Si los ingenieros no integramos una dimensión consciente y reflexiva en nuestro quehacer diario, existe el riesgo tangible de que las máquinas superen nuestras capacidades operativas y eventualmente terminen por reemplazarnos. La consciencia en su dimensión antropológica es la gran barrera que nos separa de la IA. Es aquí precisamente donde reside nuestra ventaja insustituible: la capacidad de reflexión ética y moral, la comprensión profunda de los contextos sociales y culturales, la empatía y la sensibilidad ante las consecuencias de nuestras acciones. Por tanto, esta consciencia ha de ser el pilar que sustente una metodología que entrañe un enfoque renovado en la práctica de la ingeniería.

Este paradigma holístico de la ingeniería promueve reconsiderar nuestro rol como artífices de soluciones técnicas y como agentes responsables del impacto que generamos en el mundo. Para este paradigma integral de la ingeniería, se delinean aquí los pasos fundamentales para implementar esta metodología consciente, en forma de decálogo, que se resumen en diez palabras: *ética, reflexión, interdisciplinariedad, crítica, aprendizaje, comunicación, contexto, sostenibilidad, responsabilidad y autoevaluación.*

i. **Internalización de una ética profesional sólida**

Las decisiones y acciones en la práctica ingenieril deben orientarse de manera inequívoca hacia el bienestar de la sociedad. Numerosos textos de referencia insisten en esta necesidad; uno de espacial interés e influencia es, *El principio de responsabilidad* [212], en el que se ofrece una argumentación profunda en favor de una ética prospectiva que contemple las consecuencias a largo plazo de las innovaciones tecnológicas. Este principio exhorta al ingeniero a valorar el impacto de sus proyectos más allá de los aspectos meramente técnicos, considerando también su repercusión en las generaciones futuras y en el entorno global.

Es aquí donde los colegios profesionales ejercen un rol insustituible al promover y vigilar el cumplimiento de códigos deontológicos que orientan la práctica ética de sus miembros. La historia reciente de los colegios profesionales en España, aunque tiene sus raíces en la Constitución de Cádiz de 1812, se consolida en las corporaciones de derecho público reconocidas en el artículo 36 de la Constitución Española de 1978. Este artículo establece que la ley regulará las particularidades del régimen jurídico de los colegios profesionales y el ejercicio de las profesiones tituladas, otorgándoles así una función de regulación que trasciende el mero ámbito administrativo. Las atribuciones de estos colegios comprenden la ordenación del ejercicio profesional, la representación institucional exclusiva de las respectivas profesiones, la protección de los derechos de los consumidores y usuarios de los servicios prestados, y la defensa de los intereses de los profesionales colegiados. Su labor se extiende también a la colaboración con las administraciones públicas en el ejercicio de sus competencias y a la vigilancia del cumplimiento de las normas éticas y deontológicas que rigen la práctica profesional. Asimismo, los colegios proveen servicios de atención a los consumidores, promoviendo un entorno de confianza y seguridad en el ejercicio de la ingeniería y otras profesiones.

La colegiación otorga a los profesionales múltiples beneficios, entre los que destacan el acceso a una formación continua, el asesoramiento legal y laboral, y la defensa de sus intereses ante entidades públicas. Además, asegura que el profesional cuente con una formación superior sólida, mantenga sus competencias actualizadas a través del desarrollo profesional continuo, cumpla con los requisitos legales para la prestación de sus servicios y esté sujeto al control deontológico de la organización profesional. Todo ello se traduce en un compromiso con la calidad y la ética que beneficia tanto al profesional como a la sociedad, promoviendo una práctica responsable y alineada con los valores y principios que deben guiar a la ingeniería en el siglo XXI.

ii. **Reflexión sobre las implicaciones del por qué y el para qué y no solamente el cómo.**
Trascender el ámbito puramente técnico y comprender las raíces y los fines últimos de las innovaciones fortalece el impacto de estas en el entramado social y ambiental en el que se insertan. Abordar la ingeniería con esta consciencia permite una visión más profunda y ética de la labor profesional, una que no se limita a resolver problemas, sino que cuestiona su propósito y sentido.

En *La pregunta por la técnica* [213], Heidegger explora la compleja relación entre el ser humano y la tecnología, planteando una pregunta que nos sirve aquí de punto de partida: ¿es la tecnología una mera herramienta neutral o una fuerza transformadora que afecta nuestra concepción del mundo y nuestro lugar en él? La tecnología, como fruto de la ingeniería, no es únicamente una colección de instrumentos, sino uno de los principios que configuran nuestra percepción de la realidad y define nuestro modo de habitar el mundo. Este ejercicio introspectivo resulta especialmente pertinente en una época en la que el progreso tecnológico redefine los límites de lo posible y provoca efectos tangibles —y a menudo impredecibles— en la experiencia humana.

Para el ingeniero, esta reflexión implica entender que sus creaciones no son entes aislados, sino piezas integradas en un vasto tejido social, económico y cultural. Interrogarse sobre el *por qué* y el *para qué* de cada proyecto aporta una visión que permite no solo evaluar la funcionalidad, sino también medir el impacto de cada innovación en la vida humana. Las innovaciones han de estar dirigidas hacia el bienestar colectivo y el desarrollo armonioso de la sociedad. Así, el ingeniero deja de ser un mero ejecutor técnico para convertirse en un agente consciente, un profesional que entiende las transformaciones que sus proyectos pueden generar y que se compromete con un ejercicio responsable y humano de su oficio.

En el ámbito de la informática, por ejemplo, el desarrollo de algoritmos de IA para la selección de personal nos lleva a esta reflexión. Un enfoque limitado al *cómo* podría centrarse exclusivamente en la eficiencia del algoritmo para filtrar candidatos, optimizando parámetros de rendimiento sin atender a las implicaciones éticas sufre de sesgos inapropiados. Sin embargo, si el ingeniero se interroga por el *por qué* y el *para qué* —considerando que su creación impactará en la vida laboral y personal de los candidatos—, abordará cuestiones éticas y morales necesarias sobre la equidad y la transparencia del sistema.

i. Adopción de un enfoque interdisciplinario y sistémico

La complejidad de los problemas contemporáneos exige una perspectiva que trascienda las fronteras disciplinares y permita abarcar el fenómeno en su totalidad. *La naturaleza de la naturaleza* [214] introduce el pensamiento complejo como una forma de abordar la realidad desde un enfoque holístico, que reconozca la interrelación e interdependencia entre los elementos de un sistema. La premisa aquí es capturar el mundo en su complejidad, no solo con sus aspectos técnicos, sino también las implicaciones éticas, culturales y sociales que inciden en cualquier problema.

Integrando conocimientos provenientes de diversas disciplinas, el ingeniero es capaz de concebir soluciones que no solo resulten funcionales, sino que además capten las dinámicas que configuran el contexto en el que interviene, adoptando así una visión más amplia y profunda de los problemas a resolver, y minimizando el posible impacto negativo. Al tratar problemas de naturaleza global como por ejemplo la sostenibilidad ambiental, la justicia social o el desarrollo tecnológico responsable, un enfoque estrictamente técnico resulta insuficiente. En cambio, una aproximación sistémica e interdisciplinaria potencia nuestra capacidad para generar soluciones innovadoras y adaptadas a las necesidades específicas de cada contexto.

iv. Fomento del pensamiento crítico y la creatividad
La capacidad de cuestionar supuestos y desarrollar ideas innovadoras es otro de los componentes indispensable que hemos de tener presentes. Karl Popper, en *La lógica de la investigación científica* [67], plantea la falsabilidad y el escepticismo constructivo como fundamentos del progreso en el conocimiento, sosteniendo que todo avance genuino se cimienta en la disposición a refutar lo establecido y a plantear alternativas. Con ello se ha de adoptar una actitud crítica frente a los paradigmas existentes y a someter las soluciones tradicionales a un análisis riguroso y reflexivo, que promueva su evolución y mejora continua.

El ingeniero que cultiva el pensamiento crítico es capaz de discernir los límites y las posibles deficiencias de los métodos convencionales, manteniéndose receptivo a nuevas perspectivas que se ajusten mejor a los problemas actuales. Este escepticismo constructivo se convierte en un motor para la creatividad, pues al cuestionar los supuestos habituales, el profesional abre espacios para imaginar soluciones inéditas que pueden responder de manera más precisa y adaptable a las circunstancias cambiantes del entorno. La creatividad, entendida no solo como un acto de invención, sino como la capacidad de ver el problema desde una óptica renovada, permite al ingeniero diseñar soluciones que resuelven el problema técnico, y se anticipan a sus posibles implicaciones y efectos en un contexto más amplio.

Por ejemplo, en el ámbito de la ingeniería informática, el desarrollo de nuevos algoritmos de aprendizaje automático demanda una combinación de pensamiento crítico y creatividad. El ingeniero debe cuestionar constantemente los modelos de aprendizaje previos, analizando sus limitaciones en cuanto a eficiencia, sesgo o capacidad de interpretación. Este ejercicio de crítica y creatividad conduce a la generación de sistemas más robustos, éticos y adaptativos que responden a las demandas actuales, y a los requerimientos de una sociedad en continua evolución.

v. Cultivo del aprendizaje continuo y la adaptabilidad

En un entorno donde el avance tecnológico se mueve a un ritmo sin precedentes, el aprendizaje permanente ha de ser otros de los puntos en nuestro horizonte, que no hemos de perder de vista. *El shock del futuro* [215] analiza los efectos de la aceleración del cambio y la inevitable obsolescencia del conocimiento, advirtiendo que aquellos profesionales que no cultiven una disposición activa hacia el aprendizaje estarán condenados a quedar rezagados en un mundo que se transforma con rapidez. La ingeniería, al encontrarse en la intersección de la tecnología y la innovación, exige una constante actualización que permita al profesional adaptarse a los cambios y anticiparse a ellos de manera activa.

Adoptar una actitud proactiva en cuanto a la actualización profesional permite asimilar y aplicar de manera oportuna nuevas metodologías y tecnologías emergentes. En esta dinámica de aprendizaje, la adaptabilidad juega un rol central, ya que habilita al ingeniero para ajustarse a escenarios cambiantes, donde los conocimientos adquiridos pueden perder su vigencia en poco tiempo. El cultivo de esta flexibilidad intelectual favorece, además, una mentalidad abierta y receptiva a nuevas ideas, enfoques y soluciones, una característica que resulta esencial en la resolución de problemas complejos.

Un ingeniero que cultiva el aprendizaje continuo y la adaptabilidad está en capacidad de incorporar herramientas de vanguardia y adoptar enfoques innovadores en su práctica profesional. Por ejemplo, la rápida evolución de los modelos de aprendizaje profundo y las nuevas arquitecturas de redes neuronales requiere una actualización constante. Un profesional que se dedique a la IA y que adopte esta actitud de aprendizaje permanente tendrá la ventaja de comprender y aplicar los últimos avances, prever su impacto y adaptarse a los cambios en las demandas del mercado, generando así soluciones que respondan tanto a las exigencias técnicas como a las expectativas de una sociedad en transformación.

vi. Desarrollo de habilidades comunicativas y colaborativas

La comunicación efectiva y la colaboración interdisciplinaria son pilares que potencian el alcance y la eficacia de cualquier proyecto ingenieril, configurando un entorno de trabajo donde la sinergia entre distintas disciplinas permite alcanzar objetivos que difícilmente se lograrían de manera aislada. Séneca, en su obra *Cartas a Lucilio* [216], reflexiona sobre el valor del entendimiento mutuo y la sabiduría compartida, subrayando que *la razón y la palabra son características de la naturaleza humana*. La verdadera fortaleza radica en el aprendizaje colectivo y en la capacidad de los individuos para escuchar y expresar ideas con claridad, una premisa que se aplica de manera especialmente fecunda en el trabajo colaborativo.

Para el ingeniero, perfeccionar sus habilidades comunicativas va más allá de la transmisión de información técnica. Implica la capacidad de traducir ideas complejas en conceptos accesibles y comprensibles para públicos variados, orientado su relato a facilitar la cooperación y el entendimiento mutuo entre distintos actores, que pueden incluir tanto especialistas técnicos como responsables de áreas no técnicas y miembros de la comunidad en general. Esta habilidad para adaptar el discurso según el contexto y el receptor imprescindible en un entorno de trabajo interdisciplinario, donde la diversidad de conocimientos y experiencias puede enriquecer el proceso creativo siempre que exista una comunicación clara y respetuosa que canalice esa diversidad hacia un propósito común. La colaboración interdisciplinaria, impulsada por una comunicación efectiva, permite que el ingeniero se beneficie de enfoques alternativos y aprenda de las perspectivas de profesionales provenientes de áreas como la sociología, la economía, y la psicología.

Verbigracia, en el desarrollo de una infraestructura sostenible, la capacidad del ingeniero para comunicar sus propuestas y colaborar con expertos en áreas como el urbanismo, la planificación ambiental y la economía es condicionante para el éxito del proyecto. Solo mediante esta interacción fluida, cimentada en habilidades comunicativas sólidas y en una disposición genuina hacia la colaboración, puede lograrse una solución que responda tanto a las exigencias técnicas como a las necesidades de la comunidad, consiguiendo así el desarrollo armonioso y sustentable necesario.

vii. **Integración de la dimensión cultural y social en los proyectos**
Comprender el contexto sociocultural en el que se desarrollan los proyectos logra soluciones pertinentes y eficaces, capaces de integrarse armónicamente en la vida de las comunidades destinatarias. El antropólogo Claude Lévi-Strauss, en *Tristes Trópicos* [217], aborda la importancia de captar las estructuras subyacentes en las culturas y de entender los códigos y simbolismos que las articulan. Esta capacidad de interpretación permite descubrir las lógicas internas de cada sociedad, pues en palabras de Lévi-Strauss, "*cada cultura es una expresión única y singular de la humanidad*".

Para el ingeniero, este tipo de comprensión representa un ejercicio que va más allá del dominio técnico, al adentrarse en la riqueza social y cultural del contexto en el que interviene. Esta inmersión en la realidad comunitaria es un acto de sensibilidad y respeto que permite captar las particularidades culturales y ajustar el diseño de los proyectos de modo que estos se vuelvan respetuosos y beneficiosos para las poblaciones involucradas. Incorporar esta dimensión sociocultural en el proceso ingenieril refuerza la aceptación del proyecto, mitigando el riesgo de impactos negativos que pudieran generar rechazo o resistencia dentro de la comunidad. La integración de la dimensión cultural y social contribuye asimismo a la durabilidad y apropiación de las soluciones técnicas. Cuando un proyecto responde no solo a necesidades funcionales, sino también a las sensibilidades, valores y expectativas de la población, se convierte en una intervención con mayores posibilidades de éxito y permanencia a lo largo del tiempo. El ingeniero, al atender estos aspectos, asume un rol de mediador y colaborador en el desarrollo del entorno, construyendo relaciones de confianza y colaboración en lugar de imponer soluciones externas.

Un ejemplo de esta interacción entre ingeniería y cultura es la Torre Eiffel. Originalmente concebida como una hazaña técnica para la Exposición Universal de 1889, la torre fue objeto de fuertes críticas y rechazo por parte de los intelectuales y artistas parisinos, quienes la veían como una estructura ajena al entorno cultural y estético de París. Esta resistencia inicial se debió a que el proyecto no consideraba las sensibilidades artísticas ni el carácter cultural del paisaje parisino. La torre, con su estructura de hierro expuesta, representaba una ruptura con los estilos arquitectónicos clásicos que dominaban la ciudad, chocando con la percepción local de lo que era adecuado para la ciudad de la luz. Sin embargo, con el tiempo, la Torre Eiffel logró integrarse en la identidad de París, transformándose en un símbolo cultural y en un emblema de la modernidad. Este proceso de aceptación y resignificación cultural refleja la importancia de que los proyectos ingenieriles no se limiten al ámbito técnico, sino que se adapten y respondan a las particularidades culturales de la comunidad en la que se insertan. La Torre Eiffel pasó de ser una estructura funcional y transitoria a convertirse en un ícono universal, justamente porque logró encontrar su lugar en el imaginario colectivo y adaptarse al simbolismo que la sociedad le otorgó.

viii. Compromiso con la sostenibilidad y el respeto ambiental

Integrar principios de sostenibilidad se ha convertido en un imperativo, especialmente en un mundo donde el uso intensivo de recursos y los efectos acumulativos de la actividad humana han llevado a un estado de vulnerabilidad ambiental sin precedentes. El *Informe Brundtland* [218], una referencia en el ámbito de la sostenibilidad, introduce el concepto de *desarrollo sostenible*, entendido como un modelo de crecimiento que satisface las necesidades del presente sin comprometer las oportunidades de las generaciones futuras para satisfacer las suyas. Esto plantea la obligación de diseñar y ejecutar proyectos que minimicen el impacto ambiental, promuevan un uso racional y eficiente de los recursos, y fomenten prácticas ecológicas en cada fase de su trabajo. Así, esta premisa implica abordar los proyectos con una visión integradora que contemple el ciclo de vida completo de los materiales y las infraestructuras, desde la extracción de los recursos necesarios hasta la eventual disposición o reciclaje de sus componentes. Con ello se reduce las huellas de carbono y los impactos ambientales asociados, convirtiendo la sostenibilidad en un principio orientador, no en un aspecto accesorio.

La incorporación de energías renovables, el diseño de sistemas de ahorro energético, la selección de materiales biodegradables y la promoción de prácticas de reciclaje constituyen algunos de los recursos a disposición del ingeniero para alinear sus proyectos con este compromiso ambiental. Asimismo, el se debe fomentar procesos y metodologías que optimicen el uso de agua y energía, minimicen los desechos y protejan los ecosistemas circundantes. Con ello se refuerza el valor de una ingeniería responsable que resuelve problemas técnicos, y como no puede ser otra manera, también preserva el equilibrio de los sistemas naturales en los que se inserta.

Un ejemplo ilustrativo de este compromiso es el diseño de edificios con certificación LEED —Leadership in Energy and Environmental Design—, que promueve criterios de sostenibilidad en cada aspecto de la construcción. En estos proyectos, el ingeniero no solo considera el uso de materiales eficientes y sostenibles, sino que también planifica el consumo energético del edificio, incorporando sistemas de iluminación y climatización que reducen la demanda energética. Además, se integran tecnologías de captación de energía solar y sistemas de recolección de aguas pluviales, promoviendo una interacción respetuosa con el entorno. Este modelo de construcción minimiza el impacto ambiental, contribuye al bienestar de sus ocupantes y se convierte en un referente de prácticas ecológicas y sostenibles para la industria. Así, el compromiso con la sostenibilidad exige del ingeniero una sensibilidad que trascienda los parámetros técnicos para convertirse en una ética profesional, orientada hacia la preservación de los recursos y la promoción de un desarrollo que respete los límites naturales del planeta.

ix. **Promoción de la responsabilidad social y el compromiso comunitario**

El ingeniero, en su rol de agente transformador, tiene la responsabilidad de asumir un papel activo en la sociedad, comprometiéndose con el desarrollo comunitario y la mejora de la calidad de vida. Antonio Escohotado, en *Los enemigos del comercio* [219], examina cómo los sistemas de intercambio y producción, cuando son abiertos y participativos, contribuyen al progreso social y a la prosperidad general, mientras que los enfoques centralizados y restrictivos tienden a crear desigualdad y exclusión. Desde esta perspectiva, el ingeniero puede comprender su labor como una contribución al tejido económico y social, orientando sus proyectos hacia la generación de bienestar compartido y el fortalecimiento de las libertades individuales.

Esta visión implica que el ingeniero no se limita a resolver problemas técnicos, sino que también considera cómo sus proyectos pueden integrar a las comunidades y ofrecerles acceso a recursos y oportunidades que promuevan su autonomía y crecimiento. La responsabilidad social en este contexto significa diseñar soluciones que potencien el bienestar colectivo, evitando enfoques centralizados que no respondan a las necesidades locales. La práctica de la ingeniería se transforma entonces en una herramienta que fomenta la participación y el desarrollo económico inclusivo, ampliando el impacto de su labor hacia un ámbito que refuerza los valores de libertad y colaboración. Este compromiso social se manifiesta en proyectos que buscan reducir las barreras de acceso y construir infraestructuras que promuevan el desarrollo económico local. Por ejemplo, la implementación de redes de energía en comunidades aisladas es un caso ilustrativo de cómo la ingeniería puede contribuir al progreso sin depender de estructuras centralizadas que limiten la autonomía comunitaria. Con el desarrollo de sistemas de energía solar o microredes que aprovechan recursos locales, el ingeniero facilita el acceso a un recurso vital de manera descentralizada, permitiendo a la comunidad utilizar la energía para actividades productivas que estimulen su economía y fortalezcan su independencia. Así, la labor del ingeniero adquiere un sentido de responsabilidad social que impulsa el desarrollo en armonía con los valores de libertad y participación comunitaria. Este compromiso enriquece de esta manera el impacto técnico del proyecto, convirtiéndolo en una herramienta para el progreso compartido y el fortalecimiento de las capacidades locales.

x. Implementación de prácticas reflexivas y de autoevaluación crítica

El establecimiento de mecanismos de reflexión y evaluación continua permite la mejora y la adaptación en un mundo en constante cambio. Donald Schön, en su obra *El profesional reflexivo* [220], introduce el concepto de *reflexión en la acción*, que define como el proceso mediante el cual el profesional revisa sus propias decisiones y métodos mientras realiza su trabajo, permitiéndole aprender de sus experiencias en tiempo real. Esta reflexión constante ayuda a afinar la competencia técnica, identificando a su vez áreas de mejora y ajustando las metodologías para alcanzar resultados más eficientes.

Epicteto, en su *Manual de vida* [221], destaca la importancia de examinar los propios pensamientos y acciones como una práctica que conduce a la mejora personal. Cada individuo debe analizar sus actos y reflexionar sobre aquello que está bajo su control, adaptándose con flexibilidad a los factores externos sin perder de vista sus principios. Para el ingeniero, esta disciplina de *autoexamen* implica revisar sus decisiones técnicas y metodológicas con un sentido ético, considerando cómo sus proyectos impactan en el entorno social y ambiental. La autoevaluación crítica no es, entonces, un mero ajuste técnico, sino una práctica que afina la conciencia profesional —la ética y deontología profesional— y la sensibilidad hacia las consecuencias de cada decisión. Este enfoque continuo no debe entenderse como una simple corrección ocasional, es una parte de la vida profesional, una metodología que cultiva la responsabilidad y el compromiso con las necesidades de la comunidad y el contexto en el que opera.

La autoevaluación está íntimamente relacionada con la responsabilidad. Pongamos el caso de un ingeniero encargado de los sistemas de alta disponibilidad en un servicio de salud durante una pandemia, una situación donde la continuidad y confiabilidad de los sistemas informáticos forman parte del engranaje que permite la atención médica. Más allá de cumplir con su jornada laboral o con las obligaciones especificadas en su contrato, este ingeniero se enfrenta a una situación extraordinaria que exige un compromiso ético y profesional que trasciende cualquier acuerdo formal. Su papel es asegurar que los sistemas de datos y comunicación, que sostienen la atención en emergencias, unidades de cuidados intensivos y centros de pruebas, funcionen sin interrupciones, salvaguardando el acceso a la información de miles de pacientes y permitiendo que el personal sanitario actúe con rapidez y precisión. En este contexto, la autoevaluación crítica lo lleva a cuestionarse si su aporte está verdaderamente a la altura de las circunstancias y si existe algo más que pueda hacer para contribuir al esfuerzo colectivo. Así, en vez de limitarse a cumplir sus funciones dentro del horario estipulado, adopta una postura proactiva y reflexiva, evaluando constantemente el rendimiento y la seguridad de los sistemas, optimizando los procesos y anticipándose a posibles fallos o picos de demanda. Esta actitud lo lleva a realizar mejoras preventivas, ajustar parámetros de seguridad y monitorear el sistema de forma exhaustiva incluso fuera de su horario, asegurándose de que cualquier eventualidad pueda ser atendida sin demora. Su intervención se convierte en un acto de responsabilidad hacia la comunidad y una muestra de cómo el ingeniero, a través de su reflexión y compromiso, puede aportar un valor que va más allá de lo estipulado en términos contractuales.

Este tipo de autoevaluación crítica identifica las necesidades reales del sistema y los adapta a un contexto en crisis, asumiendo una ética de servicio que no se limita a la eficiencia técnica, sino que abarca una sensibilidad hacia el impacto directo de su labor en la salud y el bienestar de su comunidad. Su rol, entonces, no se reduce a la operatividad técnica, sino que se convierte en un compromiso activo con la vida humana, en un esfuerzo que reafirma el valor de una ingeniería reflexiva, capaz de responder a los retos con integridad y profunda conciencia profesional.

Anexo II: Mentores

En el desarrollo de este libro se ha ofrecido una visión panorámica de la informática, articulando preguntas y ensayando respuestas a algunos de los problemas que plantea. Es plausible que ciertos lectores hayan percibido la ausencia de un mayor rigor técnico o teórico en ciertos apartados, motivo por el cual se incluye aquí una relación de autores y obras que permiten profundizar en los aspectos tratados, y apuntalan las argumentaciones y razonamientos empleados.

Aunque tanto las Ciencias de la Computación como la informática constituyen disciplinas de origen relativamente reciente, existen figuras académicas cuya influencia resulta ineludible. El estudio de sus trabajos que citamos a continuación de manera cronológica ilumina el desarrollo histórico de estas áreas, enriqueciendo nuestra comprensión de sus múltiples facetas.

Charles Babbage

Charles Babbage, matemático, inventor e ingeniero mecánico británico, es ampliamente reconocido como el padre de la computación. Fue pionero en el diseño de máquinas automáticas de cálculo, como la Máquina Diferencial y la Máquina Analítica, conceptos que sentaron las bases teóricas para las computadoras modernas. Sus escritos reflejan tanto su genio técnico como su visión de futuro para la automatización del cálculo.

i. *On the Economy of Machinery and Manufactures* (1832): Un libro donde Babbage analiza la eficiencia en procesos industriales, conectando sus ideas sobre la automatización con la organización económica y la producción. Este texto influyó en el pensamiento industrial y tecnológico de su época.

ii. *Passages from the Life of a Philosopher* (1864): Autobiografía en la que Babbage relata sus ideas, desarrollos técnicos y dificultades para implementar la Máquina Analítica. Es una fuente primaria para entender su visión sobre la computación y los obstáculos que enfrentó.

iii. *On the Mathematical Powers of the Calculating Engine* (1837): Publicación donde detalla las capacidades matemáticas de su Máquina Analítica, describiendo su potencial para ejecutar instrucciones de programación mediante tarjetas perforadas, una idea revolucionaria para su época.

iv. *Reflections on the Decline of Science in England* (1830) plantea un punto de vista crítico analizando las barreras al progreso científico y técnico, destacando la falta de apoyo institucional en la Inglaterra de su época, algo que también influyó en la recepción de sus propias invenciones.

v. *Table of the Logarithms of the Natural Numbers from 1 to 108,000* (1827) es una publicación de tablas matemáticas calculadas con precisión, con el objetivo de demostrar la utilidad práctica de la Máquina Diferencial en la generación de tablas matemáticas sin errores.

vi. *Ninth Bridgewater Treatise: A Fragment* (1837) es un ensayo donde Babbage explora cuestiones filosóficas y teológicas relacionadas con la ciencia, argumentando que los avances tecnológicos y matemáticos podrían ser una extensión del diseño divino.

vii. *Observations on the Application of Machinery to the Computation of Mathematical Tables* (1822) es un artículo temprano donde presenta las ventajas de su Máquina Diferencial, destacando su capacidad para automatizar cálculos repetitivos y reducir errores humanos en la producción de tablas matemáticas.

viii. *A Comparative View of the Various Institutions for the Assurance of Lives* (1826) combina matemáticas con estadísticas para analizar los métodos de cálculo en seguros de vida, mostrando su habilidad para aplicar conceptos abstractos a problemas prácticos.

Ada Lovelace

Vinculada directamente con los trabajos de Babbage, varios los motivos que nos llevan a incluir esta breve reseña a Ada Lovelace, considerada como la primera programadora de la historia —precisamente de las máquinas ingeniadas por Babbage—, y una figura visionaria que anticipó la capacidad de las máquinas para ir más allá del simple cálculo numérico. La influencia de Lovelace no se limita al trabajo técnico con la máquina analítica de Charles Babbage, sino que también abarca reflexiones filosóficas que han dado forma al concepto moderno de la computación. Lovelace fue una visionaria que, en el siglo XIX, anticipó muchas de las ideas que aún guían el desarrollo de la informática, especialmente aquellas relacionadas con la universalidad de las máquinas y su capacidad para manejar símbolos más allá de los números. Todo lo que hoy entendemos sobre la programación tiene, en gran medida, raíces en las ideas que Lovelace ya planteó hace más de un siglo. Además de su colaboración en el diseño de algoritmos para la máquina analítica, a ella debemos conceptos como el uso de bucles y subrutinas, la idea de que las máquinas pueden manipular cualquier forma de datos representables simbólicamente y la noción de que la computación podría aplicarse a campos como la música y el arte. También fue pionera en identificar las limitaciones inherentes a las máquinas, señalando que solo pueden ejecutar lo que se les programa, lo que anticipó debates posteriores sobre creatividad e IA.

i. *Notes by the Translator on the Analytical Engine (1843)*, en las que describe el algoritmo que se considera el primer programa de la *historia*. Este programa fue diseñado para calcular los números de Bernoulli mediante la máquina analítica, ilustrando cómo las instrucciones podrían organizarse secuencialmente y ejecutarse por una máquina.

ii. *The Analytical Engine and Its Applications (1843)*, donde anticipa que las máquinas pueden operar con cualquier tipo de datos que puedan representarse simbólicamente, extendiendo el alcance *de* las aplicaciones más allá del cálculo numérico y vislumbrando el uso de las máquinas en la música, el arte y el procesamiento del lenguaje.

iii. *Reflections on the Limitations of the Analytical Engine (1843)*, al señalar que estas no pueden crear nada por sí mismas, sino únicamente ejecutar lo que han sido programadas para realizar, una intuición que sigue siendo relevante en los debates actuales sobre inteligencia y creatividad artificial.

Leonardo Torres Quevedo

Ingeniero español, es considerado uno de los precursores de la informática y la automatización, destacando por sus aportaciones a la teoría de las máquinas automáticas y su invención del telekino, el primer dispositivo de control remoto inalámbrico (1903). Su trabajo abarcó campos como la robótica, la aeronáutica y la computación analógica, sentando bases teóricas y prácticas para el desarrollo de tecnologías modernas.

i. *Ensayos sobre Automática* (1913) el que se describen los principios de las máquinas automáticas, proponiendo una visión en la que los dispositivos podían ejecutar cálculos y tareas complejas de manera autónoma, anticipándose al desarrollo de las computadoras modernas.

ii. *Los autómatas* (1914) con detalle del diseño y funcionamiento de *sus* autómatas electromecánicos, como el ajedrecista, una máquina capaz de jugar partidas sencillas de ajedrez, siendo uno de los primeros intentos de inteligencia artificial aplicada.

iii. *Memoria Álgebra de lógica aplicada a máquinas* (1893) con la propuesta del uso de sistemas algebraicos para la resolución mecánica de problemas lógicos, prefigurando los fundamentos de la computación digital.

iv. *Teoría de Máquinas y Mecanismos* (1914) es una obra clave en la que *describe* principios para diseñar máquinas capaces de realizar tareas mecánicas complejas, estableciendo fundamentos teóricos que influirían en la ingeniería moderna.

v. *La máquina algebraica* (1920) con el desarrollo de este *dispositivo* capaz de resolver ecuaciones algebraicas de forma automática. Es considerado uno de los precursores de las calculadoras analógicas.

vi. *Conferencias en el Ateneo de Madrid* (1910-1917) es el conjunto de *exposiciones* donde compartió sus teorías sobre máquinas automáticas y aplicaciones tecnológicas, inspirando a generaciones de ingenieros y científicos.

Alan Turing

Ampliamente reconocido como el padre de la computación moderna, estableció las bases teóricas y prácticas que definen la informática contemporánea. La influencia de Turing no se limita a sus desarrollos técnicos, abarca también profundas reflexiones filosóficas y teóricas que han moldeado nuestra comprensión de las máquinas y su relación con el pensamiento humano. Turing anticipó muchos de los debates actuales sobre el poder de las máquinas, sus límites y la naturaleza misma de la inteligencia. Sus contribuciones abarcan desde la formalización de conceptos clave en computación hasta aplicaciones prácticas que definieron el curso de la historia, como la ruptura de códigos secretos militares. A él debemos conceptos como las máquinas de Turing, que son modelos teóricos de computación universal; la noción del *Test de Turing* para explorar la capacidad de una máquina para exhibir un comportamiento indistinguible del humano; y los avances prácticos en la creación de dispositivos que allanaron el camino para los primeros ordenadores electrónicos.

Entre sus textos más destacados, cabe mencionar:

i. *On Computable Numbers, with an Application to the Entscheidungsproblem* (1936), donde introdujo el concepto de la máquina de Turing, un modelo teórico que define las capacidades y límites de cualquier sistema de computación. Este *trabajo* sentó las bases de la teoría de la computabilidad, resolviendo preguntas fundamentales sobre qué problemas pueden ser resueltos por una máquina.

ii. *Practical Forms of the Universal Computing Machine* (1936), en el que desarrolló ideas sobre computación universal, *mostrando* cómo un dispositivo único podía realizar cualquier cálculo que pudiera ser definido matemáticamente mediante instrucciones precisas.

iii. *Computing Machinery and Intelligence* (1950), donde planteó el célebre Test de Turing, una propuesta para evaluar la capacidad de las máquinas para mostrar inteligencia a través de su interacción con humanos. Este texto es un punto de partida en el debate filosófico sobre la posibilidad de la inteligencia artificial.

iv. *Intelligent Machinery* (1948), un informe en el que delineó ideas preliminares sobre cómo las máquinas podían aprender y *adaptarse*, anticipando el desarrollo del aprendizaje automático y otras áreas de la IA moderna.

v. *The Chemical Basis of Morphogenesis* (1952), en el que aplicó principios matemáticos y computacionales al estudio de los *patrones* biológicos, sentando las bases para la biología matemática y la teoría de sistemas dinámicos.

Konrad Zuse

Ingeniero alemán, es reconocido como el inventor de la primera computadora programable funcional, la Z3 (1941), y un pionero en la automatización de cálculos y la creación de lenguajes de programación. Sus investigaciones científicas y desarrollos tecnológicos sentaron las bases para el desarrollo de las computadoras modernas y el software asociado. Sus escritos documentan su trabajo visionario en computación digital.

i. *Der Plankalkül – The First High-Level Programming Language* (1945, publicado en 1972) es un artículo que describe Plankalkül, el primer lenguaje de programación de alto nivel diseñado por Zuse. Este trabajo permaneció inédito durante décadas y es considerado un precursor de los lenguajes de programación modernos.

ii. Beiträge zur Entwicklung des Computers (Contributions to the Development of the Computer, 1949): Un ensayo donde Zuse *documenta* el proceso de desarrollo de la Z3 y la Z4, destacando las innovaciones técnicas implementadas.

iii. *The Automatic Computer: Its Future and Its Limitations* (1957):Artículo en el que Zuse reflexiona sobre las capacidades y limitaciones de las computadoras, anticipando debates modernos sobre la inteligencia artificial y la computación.

iv. *Rechnender Raum* (Calculating Space, 1969) en el cual se explora la idea de que el universo podría ser entendido como un sistema computacional. Introduce conceptos filosóficos sobre el paralelismo entre la computación y las leyes fundamentales de la física.

v. *The Zuse Computers – The Beginning of the Digital World* (1981) narra la historia y el impacto de sus computadoras Z3 y Z4, que *marcaron* el inicio de la computación programable.

vi. *My Life and Work with the Computer* (1984) es una autobiografía donde Zuse detalla su trabajo en el diseño de las primeras *computadoras*, incluyendo las Z3 y Z4, así como su visión del futuro de la computación.

vii. *The Computer - My Life* (1993) es una traducción ampliada de su autobiografía original, incluye una perspectiva más reflexiva sobre *su* impacto en la informática y anécdotas sobre los retos técnicos y personales que enfrentó.

viii. *Das Leben und Werk von Konrad Zuse* (1986) es una recopilación de artículos y reflexiones sobre su trabajo y su impacto en la informática.

John von Neumann

Matemático, físico y científico multidisciplinar de origen húngaro, es considerado uno de los arquitectos de la computación moderna y una figura central en las ciencias del siglo XX. Su influencia abarcó desde las matemáticas puras hasta la física nuclear, pero su impacto más duradero se encuentra en el diseño teórico de los sistemas computacionales.

La contribución de von Neumann abarca desde sus desarrollos técnicos en computación, hasta sus ideas fundamentales que definieron cómo pensamos sobre las máquinas y su relación con el conocimiento humano. Von Neumann anticipó el concepto de una arquitectura universal para computadoras, estableciendo las bases teóricas para su diseño y funcionamiento. A él debemos no solo el modelo de arquitectura que lleva su nombre, sino también avances en áreas como la teoría de juegos, la teoría de autómatas celulares y las aplicaciones de la lógica matemática en sistemas complejos.

i. *The First Draft of a Report on the EDVAC* (1945), donde formuló los *principios* de la arquitectura de von Neumann, que define el diseño básico de las computadoras modernas. Este modelo establece la idea de una memoria única que almacena tanto datos como instrucciones, permitiendo la ejecución secuencial de programas.

ii. *Mathematical Foundations of Quantum Mechanics* (1932), donde introdujo una formalización matemática de la mecánica *cuántica* que se convirtió en un estándar en el campo. Aunque no directamente relacionado con la computación, este trabajo mostró su capacidad para aplicar conceptos abstractos a problemas reales.

iii. *Theory of Games and Economic Behavior* (1944, junto con Oskar *Morgenstern*), donde estableció las bases de la teoría de juegos moderna, un marco teórico que ha tenido un impacto profundo en la informática, la economía y la inteligencia artificial.

iv. *The General and Logical Theory of Automata* (1948), en la que exploró *las* propiedades de los sistemas automáticos, sentando las bases para el desarrollo de la teoría de autómatas y el diseño de sistemas auto-replicantes, fundamentales en biología computacional y robótica.

v. *Work on Numerical Methods and Computing* (década de 1940), que *incluyó* avances significativos en métodos para resolver ecuaciones diferenciales parciales, esenciales en simulaciones científicas y aplicaciones computacionales.

vi. *Probabilistic Logics and the Synthesis of Reliable Organisms from Unreliable Components* (1956), donde estudió cómo construir sistemas confiables a partir de componentes que fallan de manera *impredecible*, un problema crucial en la ingeniería de sistemas y la computación distribuida.

Norbert Wiener

Matemático y filósofo estadounidense, es reconocido como el padre de la cibernética, una disciplina que unifica la teoría de la comunicación, el control y los sistemas automáticos. Su trabajo transformó la forma en que concebimos la interacción entre humanos y máquinas, influyendo en campos tan diversos como la ingeniería, la biología y la inteligencia artificial.

A Wiener debemos la introducción de términos como *retroalimentación* (feedback) y la formalización de los sistemas auto-regulados, fundamentales para el diseño de sistemas automáticos y computacionales. Wiener fue pionero en analizar cómo los principios matemáticos podían aplicarse al control de máquinas y procesos, anticipando el desarrollo de la automatización y los sistemas inteligentes.

i. *Cybernetics: Or Control and Communication in the Animal and the Machine* (1948), donde definió los principios fundamentales de la cibernética. En este libro seminal, Wiener establece el marco teórico para el estudio de sistemas auto-regulados y explora las conexiones entre organismos vivos y máquinas.

ii. *The Human Use of Human Beings: Cybernetics and Society* (1950), donde analiza las implicaciones éticas y sociales de la cibernética y la automatización. Este texto reflexiona sobre los riesgos y beneficios de los sistemas automáticos en una sociedad cada vez más dependiente de la tecnología.

401

iii. *Extrapolation, Interpolation, and Smoothing of Stationary Time Series* (1949), donde desarrolla técnicas avanzadas para el análisis de series temporales, incluyendo el famoso filtro de Wiener, una herramienta clave en el procesamiento de señales y la teoría de control.

iv. *Nonlinear Problems in Random Theory* (1958), donde Wiener profundiza en la teoría matemática del ruido y sus *implicaciones* en los sistemas de comunicación, abordando problemas no lineales en procesos aleatorios.

v. Fourier Integrals and Their Applications (1933), un texto que explora la teoría matemática de las series y transformadas de Fourier, fundamentales para el análisis de señales y el *modelado* de sistemas dinámicos.

vi. I Am a Mathematician: The Later Life of a Prodigy (1956), una autobiografía donde Wiener reflexiona sobre su vida personal y *profesional*, ofreciendo una perspectiva única sobre la aplicación de las matemáticas en múltiples disciplinas.

Claude Shannon

Matemático, ingeniero eléctrico y criptógrafo estadounidense, es reconocido como el padre de la teoría de la información, un campo que revolucionó la comunicación, la informática y la criptografía. Sus aportes establecieron las bases matemáticas para la transmisión y el procesamiento de información, pilar esencial de la era digital. A él debemos conceptos como la entropía de información, la capacidad máxima de un canal de comunicación y el uso de códigos para corrección de errores. Sus trabajos también inspiraron avances en inteligencia artificial y el diseño de circuitos lógicos.

i. *A Mathematical Theory of Communication* (1948), publicado en *The Bell System Technical Journal*, donde Shannon estableció la *base* teórica de la transmisión de información. Este artículo introduce conceptos como la entropía de información y el teorema de la capacidad del canal, que definen los límites fundamentales de la comunicación eficiente.

ii. *Communication Theory of Secrecy Systems* (1949), un artículo en *The Bell System Technical Journal* que formaliza la criptografía *como* un campo matemático. Shannon analiza los sistemas de cifrado desde una perspectiva probabilística, estableciendo principios que aún son fundamentales para la criptografía moderna.

iii. *The Synthesis of Two-Terminal Switching Circuits* (1938), su tesis de *maestría* en el MIT, que demostró cómo los circuitos eléctricos podían representar expresiones booleanas. Este trabajo unió la lógica simbólica y la ingeniería, sentando las bases para los circuitos digitales modernos.

iv. *Programming a Computer for Playing Chess* (1950), donde *Shannon* propuso estrategias para diseñar programas de ajedrez, anticipando conceptos clave en inteligencia artificial y heurísticas de búsqueda.

v. *Prediction and Entropy of Printed English* (1951), donde Shannon exploró el uso de la entropía para modelar el lenguaje humano, un *trabajo* fundamental en el procesamiento del lenguaje natural y la compresión de datos.

vi. *Computers and Automata* (1953), una entrada escrita para la *Encyclopedia of Mathematics* que presentó una visión general de los computadores y autómatas, sentando las bases para el estudio teórico de los sistemas automáticos.

Vannevar Bush

Ingeniero eléctrico y prolífico inventor, es reconocido como una figura visionaria en la historia de la computación y la información. Su propuesta de un sistema conceptual para organizar y acceder al conocimiento, el Memex, anticipó el desarrollo de la informática moderna, incluyendo conceptos clave que influirían en las redes digitales y la World Wide Web.

i. *Principles of Electrical Engineering* (1922) es un libro de texto técnico que Bush coescribió y que se convirtió en una referencia estándar para la enseñanza de la ingeniería eléctrica en la primera mitad del siglo XX.

ii. *Operational Circuit Theory* (1929) es un artículo técnico donde Bush desarrolló teorías fundamentales sobre el análisis de *circuitos* eléctricos, aplicables tanto en ingeniería eléctrica como en sistemas mecánicos.

iii. *Differential Analyzer* (1931–1936) son una serie de *publicaciones* y documentos técnicos donde Bush detalla el diseño y la construcción del Analizador Diferencial, una máquina analógica capaz de resolver ecuaciones diferenciales complejas. Fue una de las primeras computadoras mecánicas y un avance clave en la ingeniería computacional.

iv. *As We May Think* (1945) fue publicado en The Atlantic Monthly, siendo un influyente ensayo donde se propone el Memex, un dispositivo hipotético que permitiría a los usuarios almacenar, vincular y acceder a grandes cantidades de información de manera no lineal. Este trabajo es considerado un precursor de la hipertextualidad y tuvo un impacto significativo en figuras como Douglas Engelbart y Tim Berners-Lee.

v. *Science, the Endless Frontier* (1945) es un informe encargado por el presidente Franklin D. Roosevelt, en el que Bush *argumenta* que el gobierno de los Estados Unidos debe invertir en investigación científica para el desarrollo económico y militar. Este documento marcó el inicio del apoyo gubernamental a la investigación científica y tecnológica en la posguerra.

vi. *Endless Horizons* (1946) es un libro autobiográfico donde Bush reflexiona sobre sus contribuciones científicas y su visión de cómo la tecnología podría mejorar la humanidad mediante la organización del conocimiento.

vii. *Memex II* (1959) es un documento revisado donde Bush amplía su visión del Memex, incorporando avances tecnológicos de la década de 1950 y explorando cómo la tecnología emergente podría hacer realidad su idea original.

Grace Hopper

Pionera en la programación informática y oficial de la Marina de los Estados Unidos, es reconocida como una de las figuras más influyentes en el desarrollo del software moderno. Su trabajo en la creación de lenguajes de programación y compiladores marcó un antes y un después en la historia de la computación. Hopper redefinió cómo interactuamos con las computadoras al facilitar su uso por parte de personas no especializadas en ingeniería. A ella debemos la creación de herramientas fundamentales para la programación moderna y la introducción de términos que hoy consideramos esenciales en informática.

i. *A Manual of Operation for the Automatic Sequence Controlled Calculator (ASCC)* (1946), coescrito con Howard Aiken, un *manual* detallado sobre el funcionamiento de la máquina conocida como Mark I, que fue uno de los primeros ordenadores digitales automáticos.

ii. *Compilers and Their Role in Computer Programming* (1952), donde presentó el concepto de un compilador, una *herramienta* que traduce lenguajes de programación de alto nivel a código máquina. Este avance revolucionó la forma en que los humanos programan computadoras.

iii. *Automatic Programming: History and Development* (1954), un *artículo* donde expuso el desarrollo del lenguaje de programación FLOW-MATIC, precursor de COBOL, un lenguaje que democratizó el uso de las computadoras en el ámbito empresarial.

iv. *The Education of a Computer* (1952), un artículo donde exploró la idea de *enseñar* a las computadoras mediante lenguajes más comprensibles para los humanos, anticipando los paradigmas modernos de programación de alto nivel.

v. *Understanding COBOL* (1962), un libro que consolidó su papel en el *desarrollo* de este lenguaje, explicando sus principios y su utilidad para aplicaciones comerciales, lo que lo convirtió en un estándar durante décadas.

John McCarthy

John McCarthy, reconocido como uno de los padres fundadores de la IA y creador del térmico en sí, dedicó su vida a explorar los límites del pensamiento humano y su traducción al lenguaje de las máquinas. Trabajar en IA sin conocer los trascendentales aportes de John McCarthy, es como trabajar en física relativista sin conocer la obra de Einstein, o en matemáticas sin haber oído hablar de Euler.

La influencia de McCarthy no se limita al desarrollo técnico, dado que también abarca reflexiones epistemológicas que han dado forma al campo tal como lo conocemos hoy. McCarthy fue un visionario que anticipó muchas de las preguntas que aún ocupan a los investigadores contemporáneos, especialmente aquellas relacionadas con la representación del conocimiento, el razonamiento lógico y la interacción entre humanos y máquinas. Todo lo que hoy nos parece novedoso, McCarthy ya lo planteo hace setenta años. Además del desarrollo del lenguaje de programación LISP (punto de partida de la IA) a él debemos conceptos como el uso de la lógica formal para la representación del conocimiento, el desarrollo de marcos teóricos para modelar sistemas dinámicos y técnicas avanzadas para abordar razonamientos con información incompleta. También propuso métodos para formalizar el conocimiento común, esenciales para mejorar la interacción entre humanos y máquinas, y reflexionó sobre la atribución de propiedades mentales a sistemas computacionales, anticipando debates filosóficos actuales. Abordó la idea de incorporar conocimiento innato en sistemas inteligentes, inspirado en el aprendizaje humano, y exploró las limitaciones epistemológicas inherentes a la representación del conocimiento. Su enfoque integrador, que combinaba aspectos técnicos con reflexiones filosóficas, continúa influyendo en el avance de la IA. Entre sus textos, cabe destacar:

i. *Programs with Common Sense (1958),* en el que introdujo el concepto de Logical AI, estableciendo la lógica matemática como una herramienta para representar conocimiento y razonar en sistemas de inteligencia artificial. McCarthy planteó la idea de que las máquinas podrían simular el razonamiento humano mediante representaciones simbólicas y reglas formales, sentando las bases para futuras investigaciones en sistemas expertos y razonamiento automatizado.

ii. *A Basis for a Mathematical Theory of Computation (1963)* en el que sentó los fundamentos para una teoría matemática *del* cómputo, enfocándose en conceptos que posteriormente influirían en la programación funcional. Su análisis del comportamiento computacional, basado en modelos matemáticos rigurosos, ha sido clave para comprender los principios que subyacen a la programación y la computación teórica.

iii. *Recursive Functions of Symbolic Expressions and Their Computation by Machine, Part I (1960)* marcado aquí el *nacimiento* de LISP, uno de los lenguajes de programación más influyentes en la historia de la inteligencia artificial. Diseñado para trabajar con datos simbólicos, LISP revolucionó la forma en que se abordaban problemas complejos en IA, desde el procesamiento del lenguaje natural hasta el aprendizaje automático.

iv. *Some Philosophical Problems from the Standpoint of Artificial Intelligence (1969, junto con Patrick J. Hayes)* planteando el *Situational Calculus*, un marco formal para representar y razonar sobre el cambio en sistemas dinámicos. Con ello se aporta una solución al problema de la planificación y el modelado de sistemas que interactúan con entornos cambiantes, como robots y sistemas autónomos.

v. *Circumscription – A Form of Non-Monotonic Reasoning (1980)* donde se expone la técnica de *circunscripción*, que permite modelar razonamientos no monotónicos. Así se representar *conocimiento* en sistemas inteligentes, permitiendo que las máquinas razonen sobre situaciones inciertas o incompletas.

vi. *The Science of Artificial Intelligence and Its Future (1974)*, ensayo en el que McCarthy reflexionó sobre las posibilidades y *limitaciones* de la IA desde una perspectiva científica y ética. Planteó preguntas sobre el impacto de la tecnología en la sociedad y la dirección que debería tomar el desarrollo de sistemas inteligentes.

vii. *Epistemological Problems of Artificial Intelligence (1977)* en el que aborda los retos de la representación del conocimiento y las *limitaciones* epistemológicas de los sistemas de IA. Este artículo destaca por su enfoque crítico sobre cómo las máquinas pueden entender el mundo que las rodea.

viii. *Ascribing Mental Qualities to Machines (1979)* en el que se *explora* la posibilidad de atribuir propiedades mentales, como la intención o el razonamiento, a las máquinas. Su análisis combinó reflexiones filosóficas con argumentos técnicos, abriendo el debate sobre la relación entre mente y máquina.

ix. *Applications of Circumscription to Formalizing Common Sense Knowledge (1986) en el que se* extiende el uso de la *circunscripción* para formalizar el conocimiento común, un desafío clave en el desarrollo de sistemas inteligentes que puedan interactuar de manera natural con los humanos.

x. *Generality in Artificial Intelligence (1984),* conteniendo una *reflexión* sobre la necesidad de soluciones generales en IA, argumentando que la búsqueda de principios universales es el punto de partida para el avance sostenible del campo. Este artículo subrayó la importancia de construir sistemas que puedan adaptarse a una amplia gama de problemas.

xi. *Time, Space, and Randomness (1987)*, analiza la relación entre complejidad computacional y IA, destacando la importancia de la optimización en el diseño de algoritmos.

xii. *The Well-Designed Child (1996)* con la propuesta de un modelo *para* incorporar conocimiento innato en sistemas de IA, inspirándose en cómo los seres humanos aprenden desde etapas tempranas.

Douglas Engelbart

Ingeniero eléctrico e informático estadounidense, es reconocido como una de las figuras clave en la historia de la computación moderna por su visión de cómo las computadoras podían ampliar la capacidad humana para resolver problemas complejos. Su trabajo pionero en interfaces hombre-máquina sentó las bases para muchas de las tecnologías que hoy consideramos esenciales, como el ratón de computadora, las interfaces gráficas de usuario y la colaboración en red.

i. *A Conceptual Framework for the Augmentation of Man's Intellect* (1962) fue publicado mientras trabajaba en el Stanford Research Institute (SRI), este artículo describe su visión de cómo las computadoras podrían utilizarse para ampliar las capacidades cognitivas humanas. Es uno de los primeros documentos en explorar la interacción hombre-máquina como una herramienta de amplificación intelectual.

ii. *Augmenting Human Intellect: A Conceptual Framework* (1963) es un *informe* técnico amplía sus ideas sobre la ampliación de la inteligencia humana mediante el uso de sistemas computacionales. Es considerado un documento seminal en la evolución de la informática interactiva.

iii. *The Mother of All Demos* (1968) fue la presentación histórica en la Fall Joint Computer Conference, donde Engelbart y su *equipo* demostraron por primera vez el ratón de computadora, las ventanas de pantalla, la edición de texto interactiva y la videoconferencia. Aunque no es una publicación escrita, este evento está ampliamente documentado y marcó un antes y un después en la historia de la informática.

iv. *Bootstrap Project Reports* (1970–1975) es una serie de informes donde Engelbart detalla el progreso del *Bootstrap Project*, su iniciativa para desarrollar sistemas informáticos colaborativos que amplifiquen la inteligencia colectiva.

v. *The Augmented Knowledge Workshop* (1978) es una descripción detallada del sistema interactivo que desarrolló para la *colaboración* en tiempo real, que incluía herramientas como correo electrónico, videoconferencia y

vi. *Co-Evolution of Human and Tool Systems* (1992) es un artículo donde Engelbart reflexiona sobre su visión original y describe cómo los sistemas computacionales deben evolucionar en paralelo con las necesidades humanas.

vii. *Collaborative Knowledge Work Environments* (2000) es un artículo donde Engelbart analiza cómo las herramientas *computacionales* pueden facilitar la colaboración efectiva en equipos de trabajo distribuidos, anticipando conceptos modernos como la computación en la nube y el trabajo remoto.

Hernert A. Simon

Economista, psicólogo y científico cognitivo estadounidense, es reconocido como una de las figuras más influyentes en el desarrollo de la IA y las ciencias del comportamiento. Su trabajo interdisciplinario abarcó la informática, la economía y la psicología, introduciendo conceptos que redefinieron nuestra comprensión de la toma de decisiones y el diseño de sistemas inteligentes. Trabajar en IA sin conocer los aportes de Herbert A. Simon es como estudiar economía sin Adam Smith o psicología sin Freud.

La influencia de Simon no se limita al ámbito académico, pues contribuyó directamente al desarrollo de los primeros sistemas de IA. A él debemos la noción de heurísticas como métodos eficientes para resolver problemas en sistemas humanos y computacionales. Simon también fue pionero en el diseño de programas capaces de emular procesos cognitivos, sentando las bases de la IA moderna.

i. *The Logic Theory Machine* (1956), co-creado con Allen Newell, fue uno de los primeros programas de IA, diseñado para probar teoremas en lógica simbólica. Este desarrollo mostró cómo las computadoras podían emular el razonamiento humano.

ii. *Models of Man: Social and Rational* (1957), donde Simon exploró *modelos* matemáticos y computacionales para describir comportamientos humanos, uniendo la psicología cognitiva y la economía.

iii. *Heuristics in Problem Solving* (1958), un artículo en el que Simon *abordó* la importancia de las heurísticas como estrategias prácticas y eficaces para resolver problemas complejos en sistemas computacionales y humanos.

iv. *Organizations* (1958), coescrito con James G. March, un análisis detallado del comportamiento organizacional.

v. *Human Problem Solving* (1972), *escrito junto con Allen Newell, presentó un análisis profundo de cómo los humanos abordan y resuelven problemas, identificando paralelismos entre los procesos cognitivos y los algoritmos computacionales.*

vi. *The Sciences of the Artificial* (1969), donde Simon argumentó que el diseño de sistemas artificiales, como las computadoras y los programas de IA, constituye una ciencia en sí misma, un concepto que sigue siendo influyente en la investigación de sistemas complejos.

Marvin Minsky

Matemático, informático y pionero de la IA, es reconocido como una de las mentes más influyentes en la conceptualización y el desarrollo de sistemas inteligentes. Su enfoque interdisciplinario combinó la informática, la neurociencia y la filosofía, contribuyendo a crear las bases teóricas y prácticas de la IA moderna. La influencia de Minsky abarca además de sus logros técnicos, profundas reflexiones sobre cómo las máquinas pueden emular y superar capacidades humanas. A él debemos contribuciones clave en el aprendizaje automático, la representación del conocimiento y la arquitectura de los sistemas inteligentes. Además, fue un destacado defensor de la investigación en IA como una herramienta para entender la mente humana.

i. *A Neural-Analogue Calculator Based upon a Probability Model (1951),* uno de sus primeros trabajos, donde diseñó un dispositivo para simular redes neuronales, anticipando el enfoque actual hacia el aprendizaje profundo.

ii. *Steps Toward Artificial Intelligence* (1961), un influyente artículo donde Minsky identificó los problemas clave en la investigación de la IA y propuso soluciones técnicas para el aprendizaje, la percepción y la representación del conocimiento.

iii. *Symbol Manipulation in Artificial Intelligence* (1963), donde exploró cómo las máquinas podían procesar símbolos para resolver problemas complejos, anticipando el desarrollo de sistemas expertos.

iv. *Perceptrons: An Introduction to Computational Geometry* (1969), *coescrito* con Seymour Papert, un análisis crítico de los perceptrones (precursores de las redes neuronales modernas). Aunque controversial en su tiempo, este libro sentó las bases para un enfoque más robusto en las redes neuronales.

v. *A Framework for Representing Knowledge* (1974), donde *introdujo* el concepto de frames, una estructura de datos para representar conocimiento en sistemas computacionales, fundamental en áreas como el procesamiento del lenguaje natural y los sistemas expertos.

vi. *Society of Mind* (1986), un libro que explora cómo la mente humana podría entenderse como un sistema compuesto por agentes simples que interactúan entre sí. Este trabajo vinculó la *IA* con la filosofía y la psicología, ofreciendo una visión integradora de la cognición.

vii. *The Emotion Machine: Commonsense Thinking, Artificial Intelligence, and the Future of the Human Mind* (2006), donde amplió las ideas de Society of Mind, abordando cómo las *emociones* y los procesos cognitivos podrían integrarse en sistemas artificiales.

Edsger Dijkstra

Matemático e informático neerlandés, es considerado uno de los fundadores de la informática teórica y un pionero en el desarrollo de la programación estructurada. Sus contribuciones sentaron las bases para la construcción de software eficiente y confiable, transformando la forma en que los programadores abordan la resolución de problemas. A él debemos avances fundamentales como la programación estructurada, el uso de grafos en algoritmos de optimización y un enfoque riguroso para la corrección de programas.

i. *A Note on Two Problems in Connexion with Graphs* (1959), donde presentó el Algoritmo de Dijkstra, un método eficiente para *encontrar* el camino más corto en un grafo. Este algoritmo es una herramienta clave en redes, sistemas de navegación y optimización.
ii. *Go To Statement Considered Harmful* (1968), una carta *publicada* en Communications of the ACM, donde argumentó contra el uso del comando go to en programación, iniciando un movimiento hacia la programación estructurada y el diseño legible del código.
iii. *The Structure of the THE Multiprogramming System* (1968), un artículo en el que describió el diseño de un sistema operativo modular y jerárquico, influyendo en la forma en que se desarrollan sistemas operativos modernos.
iv. *Notes on Structured Programming* (1970), donde desarrolló una visión meticulosa del diseño de programas, estableciendo principios que todavía guían el desarrollo de software de alta calidad.
v. *The Humble Programmer* (1972), un influyente artículo en el que *Dijkstra* reflexionó sobre la naturaleza de la programación, promoviendo la programación estructurada y la simplicidad en el diseño de software.
vi. *Self-Stabilizing Systems in Spite of Distributed Control* (1974), donde introdujo el concepto de sistemas autoestabilizantes, esenciales en redes distribuidas y sistemas concurrentes.
vii. *How do we tell truths that might hurt?* (1975), una colección de reflexiones breves en las que Dijkstra abordó con su estilo directo las limitaciones y malas prácticas comunes en la programación y el diseño de sistemas.
viii. *Predicate Calculus and Program Semantics* (1990), un libro que formaliza la semántica de los programas mediante lógica matemática, contribuyendo a la verificación formal de software.

Donald Knuth

Donald Knuth, matemático e informático estadounidense, es reconocido como el padre de la programación algorítmica y una de las figuras más influyentes en la historia de la informática. Su obra monumental ha redefinido la forma en que concebimos la escritura, análisis y optimización de algoritmos, estableciendo estándares para la investigación y la práctica en ciencias de la computación. A él debemos la concepción de la programación como un arte, algo que cristalizó en su serie de libros The Art of Computer Programming.

i. *The Art of Computer Programming* (1968–presente), una serie en *curso* considerada la biblia de la programación algorítmica. Este conjunto de volúmenes abarca desde técnicas básicas de programación hasta análisis detallados de algoritmos avanzados, y continúa siendo una referencia fundamental para investigadores y desarrolladores.

ii. *Surreal Numbers: How Two Ex-Students Turned on to Pure Mathematics and Found Total Happiness* (1974), un libro donde *introduce* los números surreales, un sistema numérico que combina la teoría de conjuntos y la lógica matemática, demostrando su habilidad para conectar matemáticas abstractas con aplicaciones prácticas.

iii. *The Complexity of Songs* (1977), un artículo en el que aplica el *análisis* algorítmico a canciones populares como una forma humorística de explorar la complejidad computacional.

iv. *TeX* (1978), un sistema de tipografía digital diseñado para la composición de documentos científicos y técnicos, particularmente en matemáticas. TeX ha sido ampliamente adoptado en el mundo académico y sigue siendo una herramienta estándar para la escritura de documentos científicos.

v. *METAFONT* (1979), un sistema para diseñar fuentes tipográficas, creado como complemento de TeX. Este sistema revolucionó la forma en que se crean y renderizan las fuentes matemáticas y científicas.

vi. *Algorithmic Aspects of Typographic Style* (1982), un trabajo donde analiza cómo los algoritmos pueden aplicarse para *optimizar* el diseño y la composición tipográfica, mostrando la interdisciplinariedad de su enfoque.

vii. *Literate Programming* (1984), un libro donde presenta el paradigma de la programación literaria, que combina código *fuente* con documentación en un mismo documento para mejorar la claridad y legibilidad del software.

viii. *Computers and Typesetting* (1986), una colección que incluye *documentación* exhaustiva sobre TeX y METAFONT,

413

además de reflexiones sobre la importancia de la tipografía en la representación del conocimiento.

ix. *Concrete Mathematics: A Foundation for Computer Science* (1989), coescrito con Ronald Graham y Oren Patashnik, un texto *que* presenta las bases matemáticas necesarias para la investigación en algoritmos y ciencias de la computación.

Tony Hoare

Matemático e informático británico, es reconocido como uno de los pioneros en el desarrollo de métodos formales para la programación y creador de conceptos fundamentales en la informática moderna. Su enfoque en la corrección de programas y la eficiencia en la resolución de problemas ha dejado un impacto duradero en el diseño y análisis de software.

i. *Algorithm 64: Quicksort* (1961), donde introdujo el algoritmo Quicksort, una técnica para ordenar listas que, por su *simplicidad* y eficiencia, se convirtió en uno de los algoritmos de ordenación más utilizados en la práctica.

ii. *An Axiomatic Basis for Computer Programming* (1969), un *artículo* seminal en el que Hoare presentó la lógica de Hoare, un sistema formal para razonar sobre la corrección de programas. Este enfoque revolucionó la forma en que se analiza y garantiza la fiabilidad del software.

iii. *Proof of Correctness of Data Representations* (1972), un artículo donde introduce el concepto de abstracción de datos, una técnica clave para el diseño modular de software.

iv. *The Emperor's Old Clothes* (1980), una charla que recibió el *Premio* Turing en la que reflexionó sobre las malas prácticas en el diseño de software y abogó por el rigor en la programación.

v. *Communicating Sequential Processes* (1985), un libro donde desarrolló un modelo formal para describir interacciones concurrentes entre procesos. Este trabajo ha influido profundamente en el diseño de sistemas concurrentes y distribuidos.

vi. *Laws of Programming* (1987), donde desarrolló leyes formales para *razonar* sobre programas, contribuyendo al campo de la programación funcional y los lenguajes declarativos.

vii. *The Verifying Compiler: A Grand Challenge for Computing Research* (2003), donde propuso la idea de que los *compiladores* del futuro deberían ser capaces de verificar automáticamente la corrección de los programas, impulsando la investigación en verificación formal.

Barbara Liskov

Informática y profesora estadounidense, es reconocida como una de las pioneras en los fundamentos de los lenguajes de programación y los sistemas distribuidos. Su trabajo ha transformado la forma en que diseñamos y entendemos el software, desde la abstracción de datos hasta la tolerancia a fallos en sistemas distribuidos. A ella debemos conceptos fundamentales como el *Principio de Sustitución de Liskov* y la creación de lenguajes de programación innovadores que han definido prácticas modernas en la ingeniería de software.

i. *Programming with Abstract Data Types* (1974), donde introduce la *abstracción* de datos, un enfoque clave para el diseño modular de software. Este concepto permitió a los desarrolladores ocultar detalles de implementación y centrarse en las interfaces, una idea fundamental en la programación orientada a objetos.
ii. *CLU Reference Manual* (1979), un manual que describe el lenguaje de programación CLU, diseñado por Liskov. CLU fue pionero en características como iteradores, manejo de *excepciones* y tipos de datos abstractos, conceptos que influyeron en lenguajes modernos como Python, Java y C#.
iii. *Implementation of Reliable Distributed Systems* (1982), un *artículo* donde aborda la tolerancia a fallos y la confiabilidad en sistemas distribuidos, estableciendo principios que siguen siendo relevantes en redes modernas.
iv. *Distributed Computing: Logical Design and Practical Implementation* (1987), una obra en la que Liskov exploró las bases teóricas y las implementaciones prácticas de sistemas distribuidos, sentando las bases para tecnologías modernas como blockchain y computación en la nube.
v. *Practical Byzantine Fault Tolerance* (1999), un artículo que describe un algoritmo eficiente para lograr consenso en sistemas distribuidos en presencia de fallos bizantinos, una *innovación* clave en la tolerancia a fallos en redes y sistemas críticos.
vi. *Keynote at ACM SIGPLAN OOPSLA* (1987), donde presentó el Principio de Sustitución de Liskov, una regla fundamental

en programación orientada a objetos que establece que las subclases deben ser sustituibles por sus superclases sin alterar el comportamiento del sistema.

Jack Kilby

Ingeniero eléctrico estadounidense, es conocido como el inventor del circuito integrado, una innovación que transformó la electrónica y permitió el desarrollo de la computación moderna, mediante la miniaturización de dispositivos electrónicos y la creación de la tecnología digital que utilizamos hoy. Sus logros han sido documentados tanto en artículos técnicos como en patentes que definieron el futuro de la microelectrónica.

i. *Miniaturized Electronic Circuits* (1964), un artículo técnico *publicado* por Kilby en Electronics Magazine, donde describe el funcionamiento y las aplicaciones potenciales de los circuitos integrados.

ii. *U.S. Patent No. 3,138,743: Miniaturized Electronic Circuits* (1964), *patente* registrada por Kilby que documenta el diseño y fabricación del circuito integrado, estableciendo un marco legal y técnico para su innovación.

iii. *Integrated Circuit Applications* (1965), un documento técnico que detalla las primeras aplicaciones prácticas de los circuitos integrados, incluyendo su uso en computadoras y sistemas de telecomunicaciones.

iv. *The Invention of the Integrated Circuit* (1997), un artículo *publicado* en IEEE Solid-State Circuits Magazine, donde Kilby reflexiona sobre el proceso creativo que lo llevó a diseñar el primer circuito integrado funcional en 1958.

v. *Jack Kilby: A Biography* (2005), una obra póstuma recopilada a partir de entrevistas y textos de Kilby, donde narra su trayectoria profesional y el impacto de sus invenciones en la industria tecnológica.

Stephen Cook

Matemático e informático canadiense-estadounidense, es reconocido como una de las figuras fundamentales en la teoría de la complejidad computacional. Su trabajo ha definido nuestra comprensión de la eficiencia algorítmica y los límites de la computación. Cook estableció las bases para el estudio de problemas intratables y la teoría de la complejidad de clase NP, transformando nuestra perspectiva sobre qué problemas pueden ser resueltos de manera eficiente por computadoras. A él debemos el concepto de NP-completitud, un marco teórico que ha guiado la investigación en optimización, criptografía y teoría de algoritmos.

i. *The Complexity of Theorem-Proving Procedures* (1971), un *artículo* revolucionario donde Cook introdujo la noción de problemas NP-completos. En este trabajo, demostró que el problema de satisfacibilidad booleana (SAT) es NP-completo, sentando las bases de la teoría de la complejidad moderna.

ii. *An Overview of Computational Complexity* (1977), un artículo donde Cook presenta una visión general de las clases de *complejidad* computacional y su relación con problemas prácticos, destacando la importancia de las reducciones polinomiales.

iii. *Relational Completeness of Data Base Sublanguages* (1974), coescrito con otros autores, en el que aplicó conceptos de *complejidad* a sistemas de bases de datos, explorando la expresividad de lenguajes de consulta relacional.

iv. *Computability and Complexity* (1985), un texto donde Cook *analiza* la relación entre los fundamentos de la computabilidad y las barreras prácticas impuestas por la complejidad.

v. *The P vs NP Problem* (2000), un artículo donde Cook revisa la importancia de esta cuestión no resuelta y su impacto en la teoría de la computación, la criptografía y la inteligencia artificial.

vi. *Short-Range Correlations in the Hard-Core Model* (2004), una colaboración interdisciplinaria que aplica herramientas de teoría de la complejidad y física estadística para modelar sistemas matemáticos complejos.

Leslie Lamport

Matemático e informático estadounidense, es considerado uno de los principales pioneros en el campo de los sistemas distribuidos y la computación concurrente. Su trabajo transformó nuestra comprensión de cómo los sistemas informáticos pueden coordinarse, mantenerse consistentes y tolerar fallos, incluso en entornos complejos. A él debemos conceptos fundamentales como los relojes lógicos, algoritmos de consenso y herramientas formales para especificar y verificar sistemas concurrentes. Además, contribuyó al desarrollo de LaTeX, el sistema tipográfico que revolucionó la publicación científica y técnica.

i. *Time, Clocks, and the Ordering of Events in a Distributed System* (1978), un *artículo* fundamental donde Lamport introdujo los relojes lógicos, un mecanismo para mantener un orden consistente de eventos en sistemas distribuidos. Este trabajo es la base para numerosos algoritmos de coordinación en redes distribuidas.

ii. *The Byzantine Generals Problem* (1982), coescrito con Robert Shostak y Marshall Pease, donde aborda el problema de *consenso* en sistemas distribuidos con fallos bizantinos, estableciendo un marco teórico para la tolerancia a fallos en sistemas críticos.

iii. *LaTeX: A Document Preparation System* (1984), donde Lamport desarrolló y documentó LaTeX, un sistema de composición *tipográfica* ampliamente utilizado en la escritura científica y técnica. Su trabajo democratizó la producción de documentos de alta calidad tipográfica.

iv. *Specifying Concurrent Systems with TLA+* (1994), donde *presentó* TLA+ (Temporal Logic of Actions), un lenguaje formal para especificar y verificar sistemas concurrentes y distribuidos, utilizado en la industria para garantizar la corrección de sistemas críticos.

v. *Distributed Snapshots: Determining Global States of Distributed Systems* (1985), un artículo que introdujo el algoritmo de instantáneas distribuidas, esencial para coordinar sistemas distribuidos y detectar inconsistencias.

vi. *On Interprocess Communication* (1980), donde exploró los fundamentos teóricos de la comunicación entre procesos en sistemas concurrentes, sentando las bases para las prácticas modernas en computación paralela.

vii. *A Simple Approach to Specifying Concurrent Systems* (1989), donde Lamport desarrolló enfoques simplificados para la especificación de sistema

Federico Faggin

Físico e ingeniero italiano, es reconocido por su papel en la creación del microprocesador y su trabajo pionero en la tecnología de puerta de silicio. A lo largo de su carrera, Faggin ha producido tanto innovaciones técnicas fundamentales como reflexiones sobre la naturaleza de la realidad.

i. *Silicon Gate Technology for MOS Integrated Circuits* (1968): *Introducción* de la tecnología de puerta de silicio en circuitos integrados MOS, un avance que marcó un hito en la microelectrónica moderna.

ii. *Intel 4004 Design Innovations* (1972): Documento técnico que *detalla* el diseño y las innovaciones introducidas en el primer microprocesador comercial.

iii. *Federico Faggin: An Interview* (2010): Entrevista realizada por el *Computer* History Museum, donde Faggin reflexiona sobre sus logros en Intel y su impacto en la computación moderna.

iv. *The Birth of the Microprocessor* (2015): Artículo en IEEE Micro que narra el desarrollo del Intel 4004 y las soluciones innovadoras que lo hicieron posible.

v. *Irreducible: The Quantum Soul* (2021): Libro donde Faggin *reflexiona* sobre la consciencia desde una perspectiva científica y personal, explorando las conexiones entre la física cuántica, la neurociencia y la subjetividad.

Tim Berners-Lee

Físico e informático británico, es reconocido mundialmente como el inventor de la World Wide Web, una creación que revolucionó la forma en que accedemos, compartimos y gestionamos la información. Su visión y trabajo técnico han transformado la humanidad al permitir la interconexión global a través de Internet. La influencia de Berners-Lee no se limita a la invención de la web, sino que también abarca su liderazgo en la promoción de estándares abiertos y accesibles para todos. Además, su trabajo ha sentado las bases para el desarrollo del conocimiento distribuido, el comercio digital y las redes sociales.

i. *Information Management: A Proposal* (1989) es el documento inicial presentado al CERN, donde Berners-Lee describió la *necesidad* de un sistema de gestión de información descentralizado, que más tarde se convertiría en la World Wide Web.

ii. *WorldWideWeb: Proposal for a HyperText Project* (1990): es el *documento* donde detalla la implementación del primer navegador web y servidor HTTP, marcando el nacimiento de la web moderna.

iii. *The World-Wide Web* (1992) fue publicado en la revista *Computer* Networks and ISDN Systems, en el que Berners-Lee describe los principios técnicos de la web y su potencial para el intercambio de información científica y académica.

iv. *Weaving the Web* (1999) es un libro donde se narra la historia de la creación de la web, reflexiona sobre sus principios fundacionales y aboga por mantenerla como un espacio libre y accesible.

v. *A Framework for Web Science* (2006) es un artículo que introduce la Web Science como una disciplina para estudiar la web desde una perspectiva interdisciplinaria, abarcando tecnología, sociología y economía.

vi. *Solid: A Vision for Decentralized Data Ownership* (2018): es el documento y proyecto donde Berners-Lee propone una nueva *arquitectura* para devolver a los usuarios el control sobre sus datos en la web.

Linus Torvalds

Ingeniero de software finlandés, es conocido por su papel como creador del núcleo Linux y su impacto transformador en el movimiento de software libre y de código abierto. A lo largo de su carrera, Torvalds ha producido tanto avances técnicos cruciales como reflexiones sobre el desarrollo colaborativo.

i. *Linux Kernel 0.01 Release* (1991): Primer lanzamiento público del *núcleo* Linux, que sentó las bases para un ecosistema de software libre y colaborativo que ha revolucionado la computación [222].

ii. *Just for Fun: The Story of an Accidental Revolutionary* (2001): *Autobiografía* en la que Torvalds comparte sus pensamientos sobre la creación de Linux, el modelo de desarrollo abierto y su visión de la tecnología.

iii. *Git Version Control System* (2005): Creación de Git, un sistema de *control* de versiones distribuido que ha redefinido cómo los desarrolladores colaboran en proyectos de software a gran escala.

iv. *Linux Torvalds: A Conversation* (2016): Entrevista realizada por la Fundación Linux, en la que reflexiona sobre las décadas de *impacto* del proyecto Linux y los retos del software libre en un mundo cada vez más interconectado.

v. *The Power of Open Source* (2022): Conferencia en la que Torvalds explora la filosofía detrás del código abierto y su papel en el avance de la tecnología global, subrayando la importancia de la colaboración y la transparencia en la ingeniería de software.

Referencias

[1] R. Landauer, «Irreversibility and Heat Generation in the Computing Process», *IBM J. Res. Dev.*, vol. 5, n.º 3, pp. 183-191, jul. 1961, doi: 10.1147/rd.53.0183.

[2] R. Bousso, «The holographic principle», 2002, doi: 10.48550/ARXIV.HEP-TH/0203101.

[3] S. W. Hawking, «Black hole explosions?», *Nature*, vol. 248, n.º 5443, pp. 30-31, mar. 1974, doi: 10.1038/248030a0.

[4] A. Einstein, «Die Feldgleichungen der Gravitation», en *Albert Einstein: Akademie-Vorträge*, 1.ª ed., D. Simon, Ed., Wiley, 2005, pp. 88-92. doi: 10.1002/3527608958.ch5.

[5] P. A. M. Dirac, *The principles of quantum mechanics*, 4. ed. (rev.), Repr. en International series of monographs on physics, no. 27. Oxford: Clarendon Press, Oxford University Press, 2010.

[6] J. A. Wheeler, «Information, Physics, Quantum the Search for Links», *3rd Int. Symp. Found. Quantum Mech. Tokyo*, pp. 310-336, 1989.

[7] C. E. Shannon, «A Mathematical Theory of Communication», *Bell Syst. Tech. J.*, vol. 27, n.º 3, pp. 379-423, jul. 1948, doi: 10.1002/j.1538-7305.1948.tb01338.x.

[8] R. M. Stair y G. W. Reynolds, *Fundamentals of information systems*, 7. ed. Mason, Ohio: South-Western, Cengage Learning, 2014.

[9] T. H. Cormen, C. E. Leiserson, R. L. Rivest, y C. Stein, *Introduction to algorithms*, Fourth edition. Cambridge, Massachusetts London: The MIT Press, 2022.

[10] M. Sipser, *Introduction to the theory of computation*, Third edition. Delhi, India: Cengage Learning, 2013.

[11] D. Salomon, *A concise introduction to data compression*. en Undergraduate topics in computer science. London: Springer, 2008.

[12] *Tratado de semiótica general*, Tercera edición. México: Debolsillo, 2018.

[13] G. Tononi, *Phi: a voyage from the brain to the soul*, 1st ed. New York: Pantheon, 2012.

[14] J. Leskovec, A. Rajaraman, y J. D. Ullman, *Mining of massive datasets*, Second edition. Cambridge: Cambridge University Press, 2014.
[15] D. R. Hill, *A history of engineering in classical and medieval times*. New York: Barnes & Noble, 1997.
[16] J. Gribbin, *Historia de la ciencia, 1543-2001*, 1ª ed. en esta presentación. Barcelona: Crítica, 2011.
[17] J. Arévalo Royo, *Breve historia de la informática y las computadoras*. Logroño: APROCYT, 2024.
[18] F. Ibekwe, *European origins of library and information science*. en Studies in information. United Kingdom: Emerald Publishing, 2019.
[19] *Historia de la filosofía*, Primera edición en esta presentación: febrero de 2011. Barcelona: Ariel, 2011.
[20] I. Kant, P. Rivas, y I. Kant, *Crítica de la razón pura*, 13 Aufl. en Los clásicos Alfaguara. Madrid: Santillana, 1997.
[21] A. N. Whitehead y B. Russell, *Principia mathematica*. Madrid: Paraninfo, 1981.
[22] U. Eco, *Tratado de semiótica general*, 1. ed. en Palabra en el tiempo ; 122. Barcelona: Lumen, 1977.
[23] M. A. Nielsen y I. L. Chuang, *Quantum computation and quantum information*, First South Asia edition. Cambridge: Cambridge University Press, 2013.
[24] F. E. Manuel, K. Robins, y F. Webster, *Máquina maldita: contributiones para una historia del luddismo*. Barcelona: Alikornio, 2002.
[25] P. Kroes y A. Meijers, Eds., *The Empirical turn in the philosophy of technology*, 1st ed. en Research in philosophy and technology, no. v. 20. Amsterdam ; New York: JAI, 2001.
[26] G. Bueno y G. Bueno, *Introducción general Siete enfoques in el estudio de la Ciencia (parte I, sección 1)*. en Teoría de cierre categorial, no. 1. Oviedo: Pentalfa, 1992.
[27] Platón., *La República o el Estado*. Barcelona: Omega, 2003.
[28] Aristóteles, *Tratados de lógica (Órganon) (II): · Sobre la interpretación · Analíticos primeros · Analíticos segundos*, 1st ed. en Biblioteca Clásica Gredos Series, no. v. 115. Barcelona: Gredos, Editorial, S.A, 1995.
[29] Aristóteles y P. de Azcárate, *Metafísica*, 23 ed., 1ª en esta presentación. Barcelona: Espasa, 2013.

[30]   F. Giménez Pérez, *El materialismo filosófico de Gustavo Bueno*. Oviedo: Fundación Gustavo Bueno Pentalfa, 2004.

[31]   G. Bueno, *¿Qué es la ciencia?: la respuesta de la teoría del cierre categorial, ciencia y filosofía*. Oviedo: Pentalfa, 1995.

[32]   P. Bernays, «Alonzo Church. An unsolvable problem of elementary number theory. American journal of mathematics, vol. 58 (1936), pp. 345–363.», *J. Symb. Log.*, vol. 1, n.º 2, pp. 73-74, jun. 1936, doi: 10.2307/2268571.

[33]   A. M. Turing, «On Computable Numbers, with an Application to the Entscheidungsproblem», *Proc. Lond. Math. Soc.*, vol. s2-42, n.º 1, pp. 230-265, 1937, doi: 10.1112/plms/s2-42.1.230.

[34]   J. Dancy, *Introducción a la epistemología contemporánea*, 2a ed., Reimp. Madrid: Tecnos, 2012.

[35]   Parménides, *Sobre el ordenamiento de la naturaleza: para una ascesis filosófica*, 1ª ed. Madrid: Āśram Vidyā España, 2015.

[36]   Platón, *Teeteto*. Madrid: Biblioteca Nueva, 2013.

[37]   G. Leontini, *Sobre el no ser*. Bogotá: Universidad de los Andes, 2014.

[38]   B. Russell, *Historia de la filosofía occidental*, 1ª ed. en esta presentación. Madrid: Espasa, 2010.

[39]   Sexto Empírico, *Hipotiposis pirrónicas*. Torrejón de Ardoz: Akal, 1996.

[40]   Thomas, *Summa theologiae: cura fratrum eiusdem ordinis. 1*, 4. ed. en Biblioteca de autores cristianos, no. 77. Madrid, 1978.

[41]   A. F. GONZALEZ RECUERO, *GUILLERMO DE OCKHAM. EL PENSADOR Y SU EPOCA*. S.l.: EDITORIAL ACADEMICA ESPAN, 2021.

[42]   R. Descartes y M. García Morente, *Discurso del método Meditaciones metafísicas*, 46a. ed., 1a. en esta presentación. Madrid: Espasa, 2010.

[43]   J. Locke, *An essay concerning human understanding*, Repr. with a chronology and rev. Further Reading. en Penguin classics. London: Penguin Books, 2004.

[44]   D. Hume y F. Duque, *Tratado de la naturaleza humana*. Barcelona: Orbis, 1984.

[45] J. A. Díez y C. U. Moulines, *Fundamentos de filosofía de la ciencia*, 3ª ed., 4ª imp. Barcelona: Ariel, 2018.
[46] F. Bacon, M. Á. Granada, y J. Martin, *La gran restauración («novum organum»)*. Madrid: Tecnos, 2011.
[47] I. Newton, *Sir Isaac Newton's Principia*. Seaside, OR: Rough Draft Printing, 2011.
[48] E. Sober, *Ockham's razors: a user's manual*. Cambridge: Cambridge University Press, 2015.
[49] H. R. Slotten, R. L. Numbers, y D. N. Livingstone, Eds., *The Cambridge History of Science*, 1.ª ed. Cambridge University Press, 2020. doi: 10.1017/9781139044301.
[50] *El utilitarismo ; Un sistema de la lógica: (libro VI, capítulo XII)*, Tercera edición, Cuarta reimpresión. Madrid: Alianza, 2022.
[51] G. Boole, *The mathematical analysis of logic: being an essay towards a calculus of deductive reasoning.* en Cambridge library collection. Mathematics. Cambridge: Cambridge University Press, 2009. doi: 10.1017/CBO9780511701337.
[52] G. Boole, *An Investigation of the Laws of Thought: On Which Are Founded the Mathematical Theories of Logic and Probabilities*, 1.ª ed. Cambridge University Press, 2009. doi: 10.1017/CBO9780511693090.
[53] K. Attar, A. Rice, y C. Stray, Eds., *Augustus De Morgan, Polymath: New Perspectives on his Life and Legacy*. Cambridge: Open Book Publishers, 2024.
[54] J. Soni y R. Goodman, *A mind at play: how Claude Shannon invented the information age*, First Simon&Schuster trade paperback edition July 2018. New York London Toronto Sydney New Delhi: Simon & Schuster Paperbacks, 2018.
[55] W. S. Jevons, *The principles of science: a treatise on logic and scientific method.* Jonolulu: University Press of the Pacific, 2003.
[56] G. Galilei, *Dialogos sobre los Dos Maximos Sistemas del Mundo (Spanish) Edition.* Createspace Independent Publishing Platform, 2017.
[57] D. Ríos Insua, S. Ríos Insua, y J. Martín Jiménez, *Simulación: métodos y aplicaciones*, 2a ed., 1a reimp. México: Alfaomega, 2009.

[58] T. S. Kuhn, *La estructura de las revoluciones científicas*, Segunda edición electrónica. México, D. F.: Fondo de Cultura Económica, 2018.

[59] J. S. Bruner y L. Postman, «ON THE PERCEPTION OF INCONGRUITY: A PARADIGM», *J. Pers.*, vol. 18, n.° 2, pp. 206-223, dic. 1949, doi: 10.1111/j.1467-6494.1949.tb01241.x.

[60] D. J. Boorstin, *Los descubridores*, 3. ed. en Serie mayor. Barcelona: Editorial Crítica (Grupo editorial Grijalbo), 1989.

[61] A. Schopenhauer, *El mundo como voluntad y representación,1: Traducción, introducción y notas de Roberto R. Aramayo*, Quinta reimpresión. Madrid: Alianza Editorial, S.A, 2017.

[62] A. Comte y G. Lenzer, *Auguste Comte and positivism: the essential writings*. en History of ideas series. New Brunswick, NJ: Transaction Publishers, 1998.

[63] F. Crick, *The astonishing hypothesis: the scientific search for the soul*. en Science. New York: Scribner [u.a.], 1994.

[64] W. Dilthey, *Einleitung in die Geisteswissenschaften: Versuch einer Grundlegung für das Studium der Gesellschaft und ihrer Geschichte*, Neuausgabe. Berlin: Hofenberg, 2017.

[65] W. Dilthey y W. Dilthey, *Teoria de la concepción del mundo*, 1.ed., 2.reimpressión. en Obras de Wilhelm Dilthey, no. 8. Mexico: Fondo de Cultura Economica, 1978.

[66] K. Gödel y J. Mosterín, *Obras completas*, 1. ed. en Ensayo. en Alianza ensayo. Madrid: Alianza Ed, 2006.

[67] K. R. Popper y K. R. Popper, *La lógica de la investigación científica*, 2. ed, Reimpr. Madrid: Tecnos, 2017.

[68] *El ser y la nada: ensayo de ontología y fenomenología*. Buenos Aires: Losada, 2021.

[69] T. W. Adorno, *Dialéctica de la Ilustración*, 1st ed. en Básica de Bolsillo Series, no. v. 63. Tres Cantos, Madrid: Edicionesakal México, 2023.

[70] J. Arévalo Royo, *Prólogo a la Inteligencia Artificia: Consciencia Artificial*. Logroño: APROCYT, 2024.

[71] G. Bateson, *Pasos hacia una ecología de la mente*. Buenos Aires: Lohlé-Lumen, 1998.

[72]   P. K. Feyerabend y F. Hernán, *Contra el método esquema de una teoria anarquista del conocimiento*, 2a. reimp. Barcelona: Ariel, 1981.
[73]   M. Servetus y A. Alcalá, *Obras completas*, 1. ed. en Larumbe, no. 24, 30, 36, 40, 45. Zaragoza: Prensas Universitarias de Zaragoza : Institución «Fernando el Católico» : Instituto de Estudios Altoaragoneses : Depto. de Educación, Cultura y Deporte del Gobierno de Aragón, 2003.
[74]   I. Lakatos, *Escritos filosóficos, 1: la metodología de los programas de investigación científicas*. Madrid: Alianza, 2007.
[75]   *Las ideas oscuras de la física*. Madrid: Siruela, 2019.
[76]   D. Bohm, *La totalidad y el orden implicado*, 6a. ed. Barcelona: Editorial Kairós, 2008.
[77]   *¿Qué es la vida?*, 5ª edición en esta presentación. Barcelona: Tusquets, 2021.
[78]   R. Rosen, *Life itself: a comprehensive inquiry into the nature, origin, and fabrication of life*. en Complexity in ecological systems series. New York: Columbia Univ. Press, 1991.
[79]   R. C. Lewontin, *Biologia como ideologia: a doutrina do DNA*. Ribeirão Preto: FUNCEP, 2000.
[80]   G. Bueno, *Teoría de cierre categorial*. Oviedo: Pentalfa, 1992.
[81]   S. J. Gould, *La estructura de la teoría de la evolución*, 3a. ed. Barcelona: Tusquets, 2010.
[82]   L. Smolin, *The trouble with physics: the rise of string theory, the fall of a science, and what comes next*. Boston: Houghton Mifflin, 2006.
[83]   F. Faggin, *Irreducible: consciousness, life, computers, and human nature*. Washington: John Hunt Publishing, 2024.
[84]   E. F. Kelly, E. W. Kelly, A. Crabtree, A. Gauld, M. Grosso, y B. Greyson, *Irreducible mind: toward a psychology for the 21st century*, First paperback edition. Lanham Boulder New York Toronto Plymouth, UK: Rowman & Littlefield Publishers, Inc, 2010.
[85]   C. G. Jung, *Arquetipos e inconsciente colectivo*, 4a impresión. Barcelona: Paidós, 2012.
[86]   J. Gleick, *The information: a history, a theory, a flood*. New York: Vintage Books, 2012.

[87] C. B. Boyer, *Historia de la matemática*, 7ª reimp. Madrid: Alianza, 2019.

[88] T. Jackson, Ed., *Ingeniería: una historia ilustrada desde la artesanía antigua a la tecnología moderna*. Alcobendas, Madrid: Editorial LIBSA, 2020.

[89] F. de Saussure, *Escritos sobre lingüística general*. en Serie Cla-De-Ma Lingüística. Barcelona: Gedisa, 2004.

[90] H. Nyquist, «Certain Topics in Telegraph Transmission Theory», *Trans. Am. Inst. Electr. Eng.*, vol. 47, n.º 2, pp. 617-644, abr. 1928, doi: 10.1109/T-AIEE.1928.5055024.

[91] N. Wiener, *Cybernetics: or, Control and communication in the animal and the machine*, Second edition, 2019 reissue. Cambridge, Massachusetts: The MIT Press, 2019.

[92] P. Elias, «An outline of a theory of semantic information», *J. Symb. Log.*, vol. 19, n.º 3, pp. 230-232, sep. 1954, doi: 10.2307/2268645.

[93] R. Carnap y R. Carnap, *The logical structure of the world: and, Pseudoproblems in philosophy*. en Open Court classics. Chicago and La Salle, Ill: Open Court, 2003.

[94] *Molecular biology of the gene*, Sixth ed. San Francisco (Calif.): Pearson / Benjamin Cummings, 2008.

[95] W. A. Rosenblith, Ed., *Sensory communication: contributions to the Symposium on Principles of Sensory Communication, July 19-August 1, 1959, Endicott House, M.I.T.* Cambridge, Massachusetts: The M.I.T. Press, Massachusetts Institute of Technology, 2012.

[96] S. J. Russell y P. Norvig, *Artificial intelligence: a modern approach*, Fourth edition, Global edition. en Prentice Hall series in artificial intelligence. Boston: Pearson, 2022.

[97] R. Jakobson, *Lingüística y poética: Estudio preliminar de francisco abad*. Madrid: Ediciones Cátedra, 1981.

[98] D. Huffman, «A Method for the Construction of Minimum-Redundancy Codes», *Proc. IRE*, vol. 40, n.º 9, pp. 1098-1101, sep. 1952, doi: 10.1109/JRPROC.1952.273898.

[99] J. Ziv y A. Lempel, «A universal algorithm for sequential data compression», *IEEE Trans. Inf. Theory*, vol. 23, n.º 3, pp. 337-343, may 1977, doi: 10.1109/TIT.1977.1055714.

[100] R. W. Hamming, «Error Detecting and Error Correcting Codes», *Bell Syst. Tech. J.*, vol. 29, n.º 2, pp. 147-160, abr. 1950, doi: 10.1002/j.1538-7305.1950.tb00463.x.

[101] J. L. Hennessy, *Computer architecture: a quantitative approach*, Sixth edition. Cambridge, MA: Morgan Kaufmann Publishers, 2019.

[102] Heráclito, *Fragmentos*. Madrid: Encuentro, 2015.

[103] H. Raza, *Nanoelectronics Fundamentals: Materials, Devices and Systems*. en NanoScience and Technology Ser. Cham: Springer International Publishing AG, 2019.

[104] P. Dey y J. N. Roy, *Spintronics: Fundamentals and Applications*, 1st ed. 2021. Singapore: Springer Singapore, 2021. doi: 10.1007/978-981-16-0069-2.

[105] R. B. Goldfarb, B. Dieny, K.-J. Lee, y IEEE Magnetics Society, Eds., *Introduction to magnetic random-access memory*. en IEEE magnetics. Hoboken, New Jersey: Wiley IEEE Press, 2017.

[106] M. E. Lines, *Principles and applications of ferroelectrics and related materials*, Reprinted. en Oxford classic texts in the physical sciences. Oxford: Clarendon Press, 2009.

[107] M. Heidegger, *Ser y tiempo*, 1st ed. Santiago de Chile: Editorial Universitaria de Chile, 2019.

[108] R. Descartes, *Meditaciones metafísicas*. Madrid: Alianza Editorial, 2011.

[109] C. H. Bennett y G. Brassard, «Quantum cryptography: Public key distribution and coin tossing», *Theor. Comput. Sci.*, vol. 560, pp. 7-11, dic. 2014, doi: 10.1016/j.tcs.2014.05.025.

[110] C. Rovelli, *Quantum gravity*. en Cambridge monographs on mathematical physics. Cambridge: Cambridge University Press, 2010. doi: 10.1017/CBO9780511755804.

[111] U. Eco y U. Eco, *La estructura ausente: introd. a la semiótica*. en Ediciones de bolsillo. Barcelona: Ed. Lumen, 1978.

[112] C. S. Peirce, *Claves semióticas*. Buenos Aires: Editorial Cactus, 2024.

[113] A. N. Whitehead y B. Russell, *Principia mathematica to *56*, 2. ed., Repr. en Cambridge mathematical library. Cambridge: Cambridge Univ. Press, 1999.

[114] J. Schoeffel y P. R. Mitchell, Eds., *Chomsky esencial*, Primera edición impresa en México en Austral. Ciudad de México: Editorial Planeta Mexicana, 2020.

[115] C. Lévi-Strauss, J. Almela, y C. Lévi-Strauss, *El hombre desnudo*, 8. ed. en Mitológicas / por Claude Lévi-Strauss.

Trad. de Juan Almela, no. 4. México: Fondo de Cultura Económica, 2006.

[116] G. W. Leibniz, *Discurso de metafísica*, Tercera edición. en El Libro de bolsillo (Alianza). Filosofía, no. 48. Madrid: Alianza, 2017.

[117] K. Conrad, *La esquizofrenia incipiente: ensayo de un análisis gestáltico del delirio*, 1a. ed. Madrid: Fundación Archivos de Neurobiología, 1997.

[118] T. R. Gruber, «A translation approach to portable ontology specifications», *Knowl. Acquis.*, vol. 5, n.º 2, pp. 199-220, jun. 1993, doi: 10.1006/knac.1993.1008.

[119] V. Kukkonen, A. Kücükavci, M. Seidenschnur, M. H. Rasmussen, K. M. Smith, y C. A. Hviid, «An ontology to support flow system descriptions from design to operation of buildings», *Autom. Constr.*, vol. 134, p. 104067, feb. 2022, doi: 10.1016/j.autcon.2021.104067.

[120] T. Nagel, «What Is It Like to Be a Bat?», *Philos. Rev.*, vol. 83, n.º 4, p. 435, oct. 1974, doi: 10.2307/2183914.

[121] C. I. Lewis, *Mind and the world-order: outline of a theory of knowledge*. en Dover books on philosophy. New York, NY: Dover Publ, 1956.

[122] F. Jackson, «Epiphenomenal Qualia», *Philos. Q.*, vol. 32, n.º 127, p. 127, abr. 1982, doi: 10.2307/2960077.

[123] D. C. Dennett, «Quining qualia», en *Consciousness in Contemporary Science*, A. J. Marcel y E. Bisiach, Eds., Oxford University Press, 1992, pp. 42-77. doi: 10.1093/acprof:oso/9780198522379.003.0003.

[124] L. Wittgenstein y J. Padilla Gálvez, *Investigaciones filosóficas*, Segunda edición revisada. Madrid: Editorial Trotta, 2021.

[125] D. J. Chalmers, *The conscious mind: in search of a fundamental theory*, 1. issued as an Oxford University Press paperback. en Philosophy of mind series. New York: Oxford University Press, 1997.

[126] G. M. Edelman, *Bright air, brilliant fire: on the matter of the mind*, 12. print. New York, NY: BasicBooks, 2001.

[127] A. R. Damasio, *The feeling of what happens: body and emotion in the making of consciousness*, 1. Harvest ed. en A Harvest book. San Diego, CA: Harcourt, 2000.

[128] E. Husserl, A. Serrano de Haro, y E. Husserl, *Lecciones de fenomenología de la conciencia interna del tiempo*. en

Col. estucturas y procesos serie filosofía. Madrid: Trotta, 2002.

[129] F. Faggin, *Silicon: from the invention of the microprocessor to the new science of consciousness*, First printing. Cardiff, CA: Waterside Productions, 2021.

[130] *La catedral de Turing: los orígenes del universo digital*, Primera edición con esta encuadernación: diciembre de 2020. Barcelona: Debate, 2020.

[131] H. J. Levesque, *Common sense, the Turing Test, and the quest for real AI*, First MIT Press paperback edition. Cambridge, Massachusetts London, England: The MIT Press, 2018.

[132] A. M. Turing, «I.—COMPUTING MACHINERY AND INTELLIGENCE», *Mind*, vol. LIX, n.º 236, pp. 433-460, oct. 1950, doi: 10.1093/mind/LIX.236.433.

[133] M. O. Riedl, «The Lovelace 2.0 Test of Artificial Creativity and Intelligence», 2014, *arXiv.* doi: 10.48550/ARXIV.1410.6142.

[134] K. Koch, *El test del árbol: el dibujo del árbol como medio de psicodiagnóstico auxiliar*, Reimp. Buenos Aires: Kapelusz, 1983.

[135] P. O. Haikonen, *Consciousness and robot sentience.* en Series on machine consciousness, no. vol. 2. Singapore ; Hackensack, NJ: World Scientific, 2012.

[136] H. P. Stapp, *Mindful Universe: Quantum Mechanics and the Participating Observer*, 2nd ed. en The Frontiers Collection. Berlin, Heidelberg: Springer Berlin / Heidelberg, 2011.

[137] R. Penrose, *La nueva mente del emperador*, 3ª ed., 1ª reimp., Junio de 2020. Barcelona: Debolsillo, 2020.

[138] A. C. Schwaninger, «The Philosophising Machine – a Specification of the Turing Test», *Philosophia*, vol. 50, n.º 3, pp. 1437-1453, jul. 2022, doi: 10.1007/s11406-022-00480-5.

[139] N. Nurgalieva y R. Renner, «Testing quantum theory with thought experiments», *Contemp. Phys.*, vol. 61, n.º 3, pp. 193-216, jul. 2020, doi: 10.1080/00107514.2021.1880075.

[140] *Robotic musicianship: embodied artificial creativity and mechatronic musical expression.* en Automation, collaboration, & e-services, no. 8. Cham: Springer, 2020.

[141] D. C. Dennett, *Consciousness explained*. New York: Little, Brown and Company, 2017.

[142] J. McCarthy y V. Lifschitz, *Formalizing common sense: papers by John McCarthy*. en intellect Books. Exeter: Intellect, 1998.

[143] G. M. Edelman y G. Tononi, *El universo de la conciencia: cómo la materia se convierte en imaginación*, 2ª ed. Barcelona: Crítica, 2005.

[144] A. G. Casali *et al.*, «A Theoretically Based Index of Consciousness Independent of Sensory Processing and Behavior», *Sci. Transl. Med.*, vol. 5, n.° 198, ago. 2013, doi: 10.1126/scitranslmed.3006294.

[145] D. C. Dennett y F. Paéz de la Cadena, *Tipos de mentes: hacia una comprensión de la conciencia*, 1. ed. Madrid: Debate, 2000.

[146] W. Penfield, C. W. Hendel, y W. Feindel, *The mystery of the mind: a critical study of consciousness and the human brain*. en Princeton Legacy Library. Princeton, New Jersey: Princeton University Press, 1978.

[147] J. Von Neumann, *Theory of Self-Reproducing Automata*, 3rd ed. New Haven, Conn.; London: Yale University Press, 1966.

[148] D. Kahneman, *Pensar rápido, pensar despacio*, 20a. ed., 10a. reimp. Barcelona: Debate, 2024.

[149] K. S. Dobson y D. J. A. Dozois, Eds., *Handbook of cognitive-behavioral therapies*, Fourth edition. New York: The Guilford Press, 2021.

[150] M. Polanyi, *The tacit dimension*, Reproduction en fac-Similé. Chicago: University of Chicago press, 2009.

[151] L. Bass, P. Clements, y R. Kazman, *Software architecture in practice*, Fourth edition. en Sei series in software engineering. Boston: Addison-Wesley, 2021.

[152] G. Frege, *Begriffsschrift und andere Aufsätze*, 2. Auflage, 8. Nachdruck; [Nachdr. der Ausg.] Halle/S. 1879. Hildesheim Zürich\$ßNew York: Georg Olms Verlag, 2020.

[153] G. Wessel, *Alfred Wegener: Universalgelehrter, Polarreisender, Entdecker*, 1. Auflage. Hamburg: mare, 2024.

[154] *Tratado de la argumentación: la nueva retórica*, Cuarta edición: abril de 2018. Madrid: Editorial Gredos, 2018.

[155] G. Majone, *Evidence, argument, and persuasion in the policy process*, Nachdr. en Politics. New Haven: Yale Univ. Press, 1989.

[156] A. Schopenhauer, *El arte de tener rázon: expuesto en 38 estratagemas*, Segunda edición. Madrid: Alianza Editorial, 2010.

[157] T. Berners-Lee, J. Hendler, y O. Lassila, «The Semantic Web», *Sci. Am.*, vol. 284, n.º 5, pp. 34-43, may 2001, doi: 10.1038/scientificamerican0501-34.

[158] P. Hitzler, M. Krötzsch, y S. Rudolph, *Foundations of semantic web technologies*. en Chapman & Hall/CRC textbooks in computing. Boca Raton (Fla.): CRC press, 2009.

[159] J. McCarthy, «Programs with common sense», *1959*, vol. Stanford University.

[160] E. F. Codd, «A relational model of data for large shared data banks», *Commun. ACM*, vol. 13, n.º 6, pp. 377-387, jun. 1970, doi: 10.1145/362384.362685.

[161] A. Kriegel, *SQL bible*, 2nd ed. Indianapolis, Ind: Wiley, 2008.

[162] D. Allemang, J. A. Hendler, y F. L. Gandon, *Semantic web for the working ontologist: effective modeling for linked data, RDFS, and OWL*, 3e ed. en ACM books, no. 33. New York: Association for computing machinery, 2020.

[163] S. Abiteboul, R. Hull, y V. Vianu, *Foundations of databases*. Reading, Mass: Addison-Wesley, 1995.

[164] J. Rumbaugh, I. Jacobson, y G. Booch, *The unified modeling language reference manual: the complete UML training course*. Reading, Mass.: Addison-Wesley, 2000.

[165] B. Rumpe, «Agile Modeling with the UML», en *Radical Innovations of Software and Systems Engineering in the Future*, vol. 2941, M. Wirsing, A. Knapp, y S. Balsamo, Eds., en Lecture Notes in Computer Science, vol. 2941. , Berlin, Heidelberg: Springer Berlin Heidelberg, 2004, pp. 297-309. doi: 10.1007/978-3-540-24626-8_21.

[166] S. Toro *et al.*, «Dynamic Retrieval Augmented Generation of Ontologies using Artificial Intelligence (DRAGON-AI)», *J. Biomed. Semant.*, vol. 15, n.º 1, p. 19, oct. 2024, doi: 10.1186/s13326-024-00320-3.

[167] S. A. Cook, «The complexity of theorem-proving procedures», en *Proceedings of the third annual ACM symposium on Theory of computing - STOC '71*, Shaker

Heights, Ohio, United States: ACM Press, 1971, pp. 151-158. doi: 10.1145/800157.805047.

[168] R. M. Karp, «Reducibility Among Combinatorial Problems», en *50 Years of Integer Programming 1958-2008*, M. Jünger, T. M. Liebling, D. Naddef, G. L. Nemhauser, W. R. Pulleyblank, G. Reinelt, G. Rinaldi, y L. A. Wolsey, Eds., Berlin, Heidelberg: Springer Berlin Heidelberg, 2010, pp. 219-241. doi: 10.1007/978-3-540-68279-0_8.

[169] M. R. Garey y D. S. Johnson, *Computers and intractability: a guide to the theory of NP-completeness*, 27. print. en A series of books in the mathematical sciences. New York [u.a]: Freeman, 2009.

[170] M. Davis, *Computability & unsolvability*. New York: Dover Publications, 199d. C.

[171] L. Babai, «Graph Isomorphism in Quasipolynomial Time», 2015, *arXiv*. doi: 10.48550/ARXIV.1512.03547.

[172] P. W. Shor, «Algorithms for quantum computation: discrete logarithms and factoring», en *Proceedings 35th Annual Symposium on Foundations of Computer Science*, Santa Fe, NM, USA: IEEE Comput. Soc. Press, 1994, pp. 124-134. doi: 10.1109/SFCS.1994.365700.

[173] L. K. Grover, «A fast quantum mechanical algorithm for database search», 1996, *arXiv*. doi: 10.48550/ARXIV.QUANT-PH/9605043.

[174] Euclide, L. Vega Reñón, y M. L. Puertas Castaños, *Elementos*. en Biblioteca clásica Gredos, no. 155,191,228. Madrid: Ed. Gredos, 1994.

[175] F. Nietzsche, *La gaya ciencia*. en Los esenciales de la filosofía. Madrid: Tecnos, 2016.

[176] D. Hume, A. Sánchez., D. Hume, y D. Hume, *Investigación sobre el conocimiento humano: predecida de la autobiografía titulada «Mi vida»*. en Clásicos del pensamiento, no. 20. Madrid: Biblioteca Nueva, 2002.

[177] K. Gödel, «Über formal unentscheidbare Sätze der Principia Mathematica und verwandter Systeme I», *Monatshefte Für Math. Phys.*, vol. 38-38, n.º 1, pp. 173-198, dic. 1931, doi: 10.1007/BF01700692.

[178] R. Guy, *Unsolved Problems in Number Theory*, 2nd ed. en Problem Books in Mathematics Ser, no. v. 1. New York, NY: Springer New York, 1995.

[179] R. Bellman, *Dynamic Programming*. en Dover Books on Computer Science. Newburyport: Dover Publications, 2013.
[180] B. B. Mandelbrot, *The fractal geometry of nature*. San Francisco: W.H. Freeman, 1982.
[181] Y. Hui, *Recursividad y contingencia*. Buenos Aires: Caja Negra, 2023.
[182] S. Wolfram, *A new kind of science*. Champaign, IL: Wolfram Media, 2019.
[183] A. Baricco, *The game*. Torino: Einaudi, 2021.
[184] R. Shankar, *Principles of quantum mechanics*, 2nd ed. New York London: Plenum press, 1994.
[185] R. P. Feynman, «Simulating physics with computers», *Int. J. Theor. Phys.*, vol. 21, n.º 6-7, pp. 467-488, jun. 1982, doi: 10.1007/BF02650179.
[186] X. Wang, K. Fang, y M. Tomamichel, «On converse bounds for classical communication over quantum channels», 2017, doi: 10.48550/ARXIV.1709.05258.
[187] «Quantum theory, the Church–Turing principle and the universal quantum computer», *Proc. R. Soc. Lond. Math. Phys. Sci.*, vol. 400, n.º 1818, pp. 97-117, jul. 1985, doi: 10.1098/rspa.1985.0070.
[188] P. A. M. Dirac, *The principles of quantum mechanics*. New York: Snowball Publishing, 2013.
[189] Felipe Diniz Lima *et al.*, «STATE OF THE ART OF QUANTUM COMPUTING: OVERVIEW», oct. 2023, doi: 10.5281/ZENODO.10051347.
[190] L. Manovich, *Software takes command: extending the language of new media*. en International texts in critical media aesthetics. New York ; London: Bloomsbury, 2013.
[191] P. Senge, *La quinta disciplina*. Buenos Aires: Ediciones Granica, 2012.
[192] A. Dix, Ed., *Human-computer interaction*, 3rd print. New York: Prentice Hall, 1993.
[193] M. Rot, *Infoxicación: identidad, afectos y memoria: o sobre la mutación tecnocultural*, 1a. ed. en Paidós contemporánea. Barcelona, España: Paidós, 2023.
[194] B. Haubold y T. Wiehe, *Introduction to computational biology: an evolutionary approach*. Basel ; Boston: Birkhäuser Verlag, 2006.

[195] W. H. Press, Ed., *Numerical recipes in C: the art of scientific computing*, 2nd ed. Cambridge; New York: Cambridge University Press, 1992.

[196] M. McLuhan, *Understanding media: the extensions of man*, 1st MIT Press ed. Cambridge, Mass: MIT Press, 1994.

[197] U. Eco, *Kant y el ornitorrinco*, 1a. ed., 1a. reimp. Barcelona: Debolsillo, 2017.

[198] I. Casado Parada, *Realidad aumentada: tecnología para la formación*. Madrid: Síntesis, 2016.

[199] G. F. de Arruda y Y. Moreno, «On the temporal resolution limits of numerical simulations in complex systems», 2024, *arXiv*. doi: 10.48550/ARXIV.2403.06605.

[200] E. Davis y G. Marcus, «The Scope and Limits of Simulation in Cognitive Models», 2015, *arXiv*. doi: 10.48550/ARXIV.1506.04956.

[201] X.-J. Wang *et al.*, «Computational neuroscience: a frontier of the 21st century», *Natl. Sci. Rev.*, vol. 7, n.º 9, pp. 1418-1422, sep. 2020, doi: 10.1093/nsr/nwaa129.

[202] R. S. Nickerson, «Confirmation Bias: A Ubiquitous Phenomenon in Many Guises», *Rev. Gen. Psychol.*, vol. 2, n.º 2, pp. 175-220, jun. 1998, doi: 10.1037/1089-2680.2.2.175.

[203] H. H. Friedman, «Cognitive Biases that Interfere with Critical Thinking and Scientific Reasoning: A Course Module», *SSRN Electron. J.*, 2017, doi: 10.2139/ssrn.2958800.

[204] *Tractatus logico-philosophicus*, 3ª ed., 9ª reimp. Madrid: Alianza Editorial, 2022.

[205] N. Bostrom, «Are We Living in a Computer Simulation?», *Philos. Q.*, vol. 53, n.º 211, pp. 243-255, abr. 2003, doi: 10.1111/1467-9213.00309.

[206] M. M. Vopson, *Reality reloaded: the scientific case for a simulated universe*. Hampshire, UK: IPI Publishing, 2023.

[207] University of Louisville y R. Yampolskiy, «How to Escape From the Simulation», *Seeds Sci.*, mar. 2023, doi: 10.53975/wg1s-9j16.

[208] J. Baudrillard, *Simulacra and simulation*. en The Body, in theory. Ann Arbor: University of Michigan Press, 1994.

[209] D. Chalmers, «Facing Up to the Problem of Consciousness», *J. Conscious. Stud.*, vol. 2, n.º 3, pp. 200-19, 1995.

[210] J.-P. Sartre, *El existencialismo es un humanismo*. Barcelona: Edhasa, 2017.
[211] J. I. Latorre, *Ética para máquinas*, Primera edición. Barcelona: Ariel, 2019.
[212] H. Jonas, *El principio de responsabilidad: Ensayo de una ética para la civilización tecnológica*, 1st ed. Barcelona: Herder, Editorial S.A, 1995.
[213] M. Heidegger, *La pregunta por la técnica*. Barcelona: Herder, 2021.
[214] E. Morin, A. Sánchez Torres, y D. Sánchez García, *La naturaleza de la naturaleza*, 9a ed. Madrid: Ediciones Cátedra, 2010.
[215] A. Toffler y J. Ferrer Aleu, *El «shock» del futuro*. Esplugues de Llobregat, Barcelona: Plaza & Janés, 1981.
[216] *Cartas a Lucilio: epístolas escogidas*, Primera edición: enero de 2018. Segunda impresión en esta presentación: abril de 2022. Barcelona: Ariel, 2018.
[217] C. Lévi-Strauss, M. Delgado Ruiz, y N. Bastard, *Tristes trópicos*. en Humanidades, no. 741. Madrid: Austral, 2012.
[218] R. J. A. Goodland, Ed., *Environmentally sustainable economic development: building on Brundtland*. Paris: UNESCO, 1991.
[219] A. Escohotado, *Los enemigos del comercio*. Barcelona: Espasa, 2014.
[220] D. A. Schon, *El profesional reflexivo Cómo piensan los profesionales cuando actúan*. Barcelona (España): Paidós, 1998.
[221] Epicteto, *Manual de Vida*, 1st ed. Barcelona: Arpa Editores, 2022.
[222] G. Moody, *Rebel code: Linux and the open source revolution*. London: Penguin Books, 2002.